61 | 계명한국학총서

# 1990년대 한국문학의 주체

| 계명대학교 한국학연구원 편 |

계명대학교 출판부

| 계명한국학총서 61 | 1990년대 한국문학의 주체

## 책을 묶으며

1990년대 문학과 비평의 재구성

1990년대는 동구사회주의권의 몰락과 소비에트 연방의 해체, 문민 정부의 탄생으로 이어지는 격변과 이행의 시기였다. 이 시기는 집단적 이념과 정치적 억압에서 풀려난 개인적 욕망이 자신의 자유와 권리를 주장하던 시기였으며, 대량소비사회로의 진입으로 인한 소비주의적 향유가 폭발하던 시기였다. 또한 이 시기는 1980년대를 지배했던 결단과 투신과 연대의 정동이 강렬한 단절의 강박 속에서 집단적 가치와 규범에서 일탈하는 탈승화의 정동으로 바뀌어가던 문제적인 시기였다. 그리고 그 배면에는 지난 시기의 가치에 대한 환멸의 정서가 짙게 깔려 있었다. 동요와 기대가, 환멸과 쾌락이 기묘하게 뒤섞여 들끓었던 1990년대는 그렇게 시작되었고, 1997년 IMF 외환위기에서 비롯된 사회적 혼란과 위기를 통과하며 종언을 맞기까지 지속되었다. 이 책은 1990년대라는 이 문제적 시기를 풍미했던 새로운 문학의 흐름을 '민주화 이후 한국문학의 주체와 젠더'라는 주제 아래 고찰한다.

최근 한국문학 연구는 지금의 한국사회를 낳은 기원의 시간으로서 1990년대에 집중되고 있다. 1990년대 문학은 '87년체제'라는 타협적 정치체제에 의해 형성된 '민주화 이후'의 문학이며, 해방 이후 한국문학의 흐름이 오랜 지속과 단절의 계기를 겪으며 이르게 된 근대문학의 종착점이자 종언의 출발점이다. 최근 연구는 개인과 내면의 진정성이라는 문제설정, 문학이라는 제도와 권력, 문학을 둘러싼 젠더적 규범과 위계 등에 대한 반성적 성찰을 통해 1990년대 문학을 전혀 새로운 관점에서 재구성하고 있다. 이 책은 이런 최근 연구의 논점과 쟁점들을 중심으로 1990년대 민주화 이후의 한국문학을 새로운 관점에서 고찰하고, 이를 통해 연구의 심화, 확장과 소통을 지속하려는 의도로 기획되었다.

이 기획은 지난 2024년 5월 '민주화 이후 한국문학의 주체와 젠더'라는 타이틀로 상허학회와 계명대학교 한국학연구원의 공동 주최로 계명대학교에서 열린 학술대회 발표와 토론이 베이스가 되었다. 특히 여기 실린 글들은 상허학회 회원들이 중심이 된 '90년대 문학 세미나팀'의 지난 몇 년 간의 공동학습과 토론 과정의 성과를 수렴한 것이기도 하다. 그리고 그밖에 1990년대 문학에 대한 그간의 의미 있는 성과를 여기에 더해 더욱 풍부한 내용이 되도록 했다. 이 책에는 1990년대 한국문학과 주체에 대한 첨예한 논점을 다루면서 소설과 비평, 사회 담론과 대중소설에 이르기까지 폭넓은 대상을 아우르며 새로운 시각에서 1990년대 문학을 새롭게 재구성하는 글들이 실려 있다. 이 기획이 이후 1990년대 문학에 대한 연구 성과를 더욱 확산시키는 계기가 될 것이라 기대한다.

2025. 6.

계명대학교 김영찬

• 차례

## 제3부 정치와 젠더

제1부

# 1990년대 문학 테제와 진정성

# 백낙청이 신경숙을 만났을 때

## : 1990년대 문학주의 레짐의 비평적 기원

김영찬

# 백낙청이 신경숙을 만났을 때
## : 1990년대 문학주의 레짐의 비평적 기원

—

김 영 찬

## 1. 들어가며

신경숙은 최근 문학연구와 비평의 장에서 집중적인 비판 대상이 되고 있는 1990년대 문학 레짐의 최정점에 있었던 작가다. 신경숙은 그 스스로가 이미 하나의 상징이었다. 신경숙 문학에 대한 기왕의 통상적 규정에 따르면 그는 "대중성과 문학적 자율성"이 통합된 문학생산 시스템의 상징이고, "리얼리즘과 모더니즘"의 "화해와 통일의 상징"이었다.[01] 이때 '대중성과 문학적 자율성의 통합', '리얼리즘과 모더니즘의 화해와 통일' 같은 항목들은 1990년대 문학장에서 펼쳐졌던 비평 담론을 비롯해 문학의 제도적 생산과 평가 기준 및 유통 시스템의 맥락과도 긴밀한 관계가 있다. 신경숙의 소설은 그 자체로 이 모든 것들이 교차하며 '1990년대적'이라는 수식의 내용을 채워 넣고 확산시킨 대표적인 장소였다. 이는 신경숙 소설의 상징성이 다름 아닌 1990년대 문학 레짐과 밀접하게 관련되어 있음을 의미한다.

무엇보다 신경숙은 1990년대 문학 레짐의 시작과 끝을 장식하는

---

01 정은경, 「신경숙 표절 논란에 대하여」, 『창작과비평』, 2015년 가을호, 315쪽과 317쪽.

상징이다. 그는 진정성·내면성·문학주의의 삼항조로 구축된 문학 레짐의 본격적인 정착을 알린 상징이며, 이후 그것이 이제 끝났음을 저 자신의 문학적 운명으로 증거한 종언의 상징이다. 특히 신경숙 문학의 정점인 『외딴방』(문학동네, 1995)은 1990년대 문학의 본격적인 시작을 알린 문학적 상징이었다. 『외딴방』의 글쓰기는 '80년대적인 것'과 '90년대적인 것'의 타협 형성으로서 1990년대 문학이 탄생하는 장면의 알레고리였고,[02] 1990년대적 문학주의의 탄생을 문학사에 고지한 상징적 원점이었다.[03] 그리고 2015년 표절 사태와 이를 계기로 촉발된 문학권력 논쟁은 『외딴방』에서부터 시작된 신경숙 신화의 종언을 알리는 표지였다. 나아가 그것이 신경숙 문학을 정점으로 한 1990년대 문학 레짐의 장기 지배를 마감하는 결정적인 표지이기도 했음은 물론이다. 이 모든 의미에서 신경숙은 한국문학의 '장기longue durée 90년대'의 시작이며 끝이다.

특히 신경숙은 『문학동네』가 내세운 탈이념적 개인의 내면성과 진정성의 문학을 대표하는 작가였다. 황종연은 신경숙의 소설을 윤대녕의 소설과 함께 정치와 이념의 담론이 배제한 자기정의적 주체의 내밀한 진실을 포용하는 진정성 문학의 범례로 평가했고,[04] 서영채는 『외딴방』을 '1990년대의 마음'과 윤리적 무의식을 독특한 방식으로 건드리는 1990년대 문학의 대표선수로 소환했다.[05] 그런 측면에서 『문학동네』 창간호에 실린 첫 장편 연재 중 하나가 다름 아닌 『외딴방』이었다는 것은 우연성을 넘어서는 상징적인 의미를 갖는다. 이에 더해 『외딴방』이 거둔 유례

---

02 김영찬, 「'90년대'는 없다—하나의 시론(試論), 1990년대를 읽는 코드」, 『문학이 하는 일』, 창비, 2018, 166쪽.

03 강동호, 「문학이라는 시뮬라크르—신경숙의 『외딴방』과 문학적 진정성에 대한 해체적 읽기」, 『상허학보』 69, 상허학회, 2023, 626~638쪽 참조.

04 황종연, 「내향적 인간의 진실—신경숙, 윤대녕, 내면성의 문학에 대한 고찰」, 『비루한 것의 카니발』, 문학동네, 2001 참조.

05 서영채, 「신경숙의 『외딴방』과 1990년대의 마음」, 『문학동네』, 2017년 봄호 참조.

없는 성공이 이후 『문학동네』가 견지한 탈이념적 문학주의의 대중적 호소력과 문학적 정당성을 확보하는 데 중요한 근거가 되었다는 사실도 지적할 수 있다.

하지만 신경숙이 1990년대 문학 레짐의 상징이었다는 것은 그의 문학이 단지 '문학동네'(이하 '문동')를 중심으로 구축됐던 진정성·내면성·문학주의를 대표했다는 사실만으로는 온전히 설명되지 않는다. 이와 함께 주목해야 하는 것은 바로 신경숙의 문학이 서로 판이한 문학적 세계관과 경향(대표적으로 '창비'와 '문동')이 만나는 교차 지점이었다는 사실이다. 좀 더 구체적으로 말하면, 신경숙의 문학은 변화한 1990년대적 상황에 적응해 가던 민중민족문학의 경향('창비')과 새롭게 등장한 탈이념 개인주의의 문학적 경향('문동')의 가시적인 연합을 추동하고 가능하게 함으로써 1990년대 문학 레짐의 형성을 매개한 강력한 촉매였다.

그리고 뒤집어 보면 그런 교차 지점으로서 신경숙 문학의 역사적 의미는 1990년대 문학 레짐의 구축이 다름 아닌 '문동'과 '창비'의 연합을 통해 가능해진 것이었을 말해준다. 즉 1990년대 문학 레짐은 크게 보면 '문동'과 '창비'의 연합체제이며, 동시에 '문지'까지를 포함한 여러 진영과 요인들의 상호 관계에 의해 규정되고 만들어진 복합적인 구조다. 그럼에도 불구하고 1990년대 문학에 대한 최근의 문학사적 해석과 평가는 주로 '문동'이라는 축을 중심으로 집중적으로 이루어졌다.[06] 내면성과 진정성 담론에 대한 일련의 비판적 논의[07]도 같은 맥락이다. 하지만 이는 또

---

06 다음의 글이 대표적이다. 조연정, 「『문학동네』의 '1990년대'와 '386세대'의 한국문학」, 『한국문화』 81, 서울대학교 규장각 한국학연구원, 2018; 조연정, 「문학주의의 자기동일성: 1990년대 『문학동네』의 비평 담론」, 『상허학보』 53, 상허학회, 2018.

07 배하은, 「만들어진 내면성: 김영현과 장정일의 소설을 통해 본 1990년대 초 문학의 내면성 구성과 전복 양상」, 『한국현대문학연구』 50, 한국현대문학회, 2016; 강동호, 「'언표'로서의 내면—1990년대 문학사의 비판적 재구성을 위한 예비적 고찰들」, 『한국학연구』 56, 인하대학교 한국학연구소, 2020; 안지영, 「'문학' 혹은 '근대'란 무엇인가 하는 물음—'(포스트)진정성'의 탈구축과 90년대 미적 근대성 비판」, 『상허학보』

다른 한 축인 '창비' 진영에 대한 충분한 고려를 괄호 친 것이어서 1990년대 문학 레짐에 대한 해석으로는 불완전할 수밖에 없다.

문학의 레짐regime은 일정한 문학적 가치체계와 규범에 의해 지배되는 문학의 제도적 생산 및 유통 시스템과 문학적 주체화 장치, 비평 담론의 질서와 배치 등을 포괄한다. 그것은 서로 다른 문학적 가치체계와 문학 진영들 간의 경쟁과 협력의 상호관계를 기반으로 구축되는 하나의 '구조'다. 1990년대 문학 레짐은 크게 보면 민중민족문학/리얼리즘의 위기를 돌파하면서 문학적 가치체계를 새롭게 정비하고 변모시켜야 했던 '창비'와, 탈이념적 문학주의와 미적 대중주의를 표방하는 새로운 흐름으로 등장한 '문동'이라는 두 축을 중심으로 한 각 진영 간의 경쟁과 협력, 타협의 체제다. 1990년대 문학이 일종의 타협 형성물이라는 판단이 그르지 않다면,[08] 그런 맥락에서 이 시기 문학 레짐 자체도 마찬가지로 일종의 타협의 체제였다고 할 수 있다. 신경숙의 문학은 그 경쟁, 협력, 타협을 뚜렷하게 가시적인 장면으로 만든 문제적인 장소다.

이런 문제의식 아래, 이 글은 백낙청의 『외딴방』론을 중심으로 백낙청과 신경숙의 만남이 갖는 의미를 추적한다. 한편으로 이는 변화한 1990년대의 현실에서 민족문학 진영의 부진과 지리멸렬을 통과하면서 신경숙의 문학을 매개로 민족문학/리얼리즘의 새로운 진로를 모색했던 백낙청 문학론의 풍경과 운명을 비판적으로 조명하는 작업이다. 그리고 다른 한편, 이는 백낙청과 신경숙의 만남이 어떤 점에서 1990년대 문학주의 레짐 형성의 결정적인 분기점으로 작용했는지를 밝히고 그것이 갖는 문학사적 의미를 성찰하는 작업이기도 하다.

---

63, 상허학회, 2021; 차미령, 「진정성의 아포리아—1990년대 후반 문학비평의 진정성 담론을 중심으로」, 『상허학보』 69, 상허학회, 2023.

08 김영찬, 앞의 글, 161~166쪽 참조.

## 2. 이데올로기적 통념을 넘어

'창비'/백낙청과 신경숙의 만남이 갖는 의미에 대해서는 일찍이 천정환의 유력한 해석이 있었다. 천정환에 따르면, '창비'가 신경숙의 소설을 포용하게 된 맥락은 신자유주의 경제 논리에 편승한 출판 상업주의로의 전환, 민족·민중문학의 해체 등의 사태와 관련된다. '창비'는 그런 변화의 와중에 '90년대 문화·문학'과 접속하는 데 성공했고, 이념적인 것과 상업적인 것 양자에 걸친 이 성공의 결정적인 계기를 마련한 것이 바로 백낙청의 『외딴방』론이었다는 것이 그의 주장이다. 천정환에 따르면 이 글이 발표된 이후로 평단에서는 "'만장일치' 호평"이 이뤄졌고, 신경숙은 "문단 전체를 대표하는 작가의 반열"에 올랐다. 그리고 여기엔 마침 "신경숙 문학과 『외딴방』이 탈-1980년대 문학, '탈 민중/민족문학'의 알리바이가 필요했던 남성 주류 비평가들의 구미에 맞는 것"이었다는 사정도 가세했다.[09] 그에 따르면 '창비'의 입장에서 신경숙의 문학은 자유주의와 상업주의로의 투항을 정당화하는 맞춤한 알리바이였다.

> 한편 신생 출판사이자 잡지였던 문학동네에서 나온 '문지 출신' 작가의 소설에 대한 극찬과 만해문학상 수여는 문학사와 문학자본주의 체제에서 또 다른 의미를 갖는다. 이는 곧 1970~80년대식 '문학적 진영'이 완전 해체되고 창비-문동-문지 세 주류 출판사 잡지의 과두체제가 성립되었음을 알린다. 이제 이전까지의 문학적 입장이나 운동적 노선은 완전히 부차화되거나 무의미해진다. 초점을 창비에 두고 보면 이는 창비의 '90년대식 자유주의'에로의 전향 아니면

---

09 천정환, 「창비와 '신경숙'이 만났을 때: 1990년대 한국 문학장의 재편과 여성문학의 발흥」, 『역사비평』, 2015년 가을호, 287~291쪽.

> '탈-민족문학', 그도 아니면 상업화 전략의 일환으로 볼 수 있다.
>
> 특히 2000년대 이후엔 『외딴방』 사례와 같은 문동과 창비의 '교집합'이 우연이 아니라 필연이 된다는 사실이 중요하다. 창비와 문동의 교합은 물론 2000년대 전반의 한국 문학체제의 주요 특징이다. 많은 논자들이 지적한 대로 이는 두 회사의 사업상 이해관계에 잘 맞아왔는데, 신경숙은 그 중요한 매개였다.[10]

'창비'/백낙청이 신경숙의 문학을 상찬하고 띄워 올린 배경에는 운동 노선의 청산과 폐기, 자유주의와 상업주의로의 전향이 있었고, 이는 "창비-문동-문지 세 주류 출판사 잡지의 과두체제"로 대표되는 문학자본주의 체제의 성립으로 이어졌다는 주장이다. 그리고 이 과정에서 '창비'와 '문동'의 교집합을 만들어낸 신경숙의 소설은 "두 회사의 사업상 이해관계"에 철저히 부합했다는 것이다.

당대 문학장의 복잡다단한 콘텍스트를 과감하게 단순화하고 도식적으로 요약한 명료한 논의다. 그런 만큼 이 주장은 '창비'와 신경숙의 만남에 대한 대중적, 통념적 해석에 강력한 레퍼런스를 제공했다. 그러면서도 이 글은 1990년대 문학 레짐과 관련한 중요한 진실 하나를 포착한다. 그것은 바로 신경숙 문학이 '문동과 창비의 교집합'으로서 '창비-문동-문지 세 주류 출판사 잡지의 과두체제' 성립의 매개가 되었고 그것이 2000년대 전반의 문학 체제를 구축하는 것으로 이어졌다는 점, 그리고 이와 '문학자본주의 체제'의 구축이 긴밀하게 관련된다는 점이다. 여기엔 비록 전혀 다른 관점에서이긴 하나 1990년대 문학 레짐 형성에서 신경숙 문학이 수행했던 매개자로서의 문학사적 기능이 뚜렷하게 암시되어 있다.

---

10 같은 글, 293쪽.

문제는 그런 문학 체제 형성의 계기를 청산주의에 입각한 노동문학의 폐기와 상업주의적 의도 혹은 전략의 결과로 단순화한다는 점이다. 물론 이런 관점의 배경에는 무엇보다 노동문학 혹은 '운동으로서의 문학'이 갖는 문학사적 가치가 1990년대에도 여전히 유효하다는 의미 있는 문제의식이 있다. 이는 1990년대의 문학장에서 노동의 추방과 신자유주의 문화의 지배로 인해 노동문학이 체제의 바깥으로 밀려나고 배제된 역사에 대한 비판적 시각에 의해 뒷받침된다.[11] 그가 '창비'와 신경숙의 만남이 노동문학과 민중문학의 '폐기처분'과 맞물렸고 그 결과 『외딴방』이 "그 시대 여성 노동자의 삶이나 그 문학"을 부당하게 과잉 대표하고 심지어 "횡령"하는 사태로까지 이어졌다고 주장하는 것도 그런 맥락이다.[12] 그에 따르면 이 사태는 운동 노선의 폐기와 자유주의, 상업주의로의 투항을 의미한다. '창비'가 1990년대 후반 이후 문학운동의 대의보다 안정적인 물질적 기반의 확보라는 과제를 걸고 그 스스로 상업적 문학출판의 중심이 되어갔던 저간의 과정을 상기하면 이 비판은 겉으로 큰 무리가 없어 보인다. 그럼에도 이 주장은 매우 선명한 만큼 다른 한편으론 '창비' 비평의 맥락에 대한 부주의한 단순화와 기계적 환원론에 기반하고 있다. 비평 담론의 논리와 상업 출판의 논리를 상상적으로 동일시하고 직결시키는 것도 그렇다.

그리고 여기엔 제도권 바깥에서 활발하게 이루어지던 노동자 글쓰기와 노동문학의 성과를 마땅히 포용해야 했다는 당위론과 그런 공론장으로서 역할을 방기한 '창비'에 대한 비판이 전제되어 있다. 하지만 어찌됐든 이 문제와 '탈민족문학' 및 '자유주의로의 전향'(이 자체도 실제 팩

11 천정환, 「1980년대 문학·문화사 연구를 위한 시론 (1) — 시대와 문학론의 '토픽'과 인식론을 중심으로」, 『민족문학사연구』 56, 민족문학사연구소, 2014 참조.

12 천정환, 「창비와 '신경숙'이 만났을 때: 1990년대 한국 문학장의 재편과 여성문학의 빌흥」, 291쪽.

트와 어긋나지만)은 직접적이고 필연적인 관련이 없는, 엄연히 층위가 다른 문제다. 물론 이 바탕에 노동문학의 배제에 대한 비판적 문제의식이 있다곤 해도, '창비'와 신경숙의 만남을 운동 노선의 청산 및 자유주의로의 투항과 직결시키는 것은 '창비'/백낙청 비평의 내적 논리와 팩트에 대한 주관적·상상적 단정과 곡해에 기반한 지나친 논리 비약이다. 결과적으로 '창비'에 대한 천정환의 비판은 대개가 대상의 실제와 의도를 그에 대한 '상상적 관계'를 통해 규정한다는 점에서 (알튀세르적 의미에서) 이데올로기적이다.

중요한 것은 이런 주장이 여전히 대중적으로 광범위한 호소력을 발휘한다는 사실이다. 이는 (다른 문학권력 비판론자들의 논의와 함께) 이 논의가 2015년 신경숙 표절 사태로 문학권력과 상업주의의 결탁에 대한 비판이 거세지고 '창비'측의 대응에 대한 대중적 공분이 불붙던 시점에서, 해당 문제의 전후 맥락과 그 역사성·필연성을 앞뒤 자르고 쉽고 간명하게 이해할 수 있는 선명한 논리를 제공했기 때문이다. 때로는 이런저런 복잡한 전후 사정의 고려나 논리의 정합성에 대한 요구가 그다지 중요하지 않게 되는 시기도 있는 법이다. 문학 제도와 권력에 대한 비판과 공격이 폭발적으로 터져나오고 '창비'가 상업주의에 오염된 타락한 문학권력으로 매도되던 신경숙 표절 사태 직후의 국면이 바로 그런 시기였다.[13] 그런 측면에서 '창비'와 신경숙의 만남에 대한 천정환의 주장이 여전히 강한 호소력을 발휘한다는 것 자체가 이미 '창비'와 '문동'의 연합이 구축했던 한국문학의 90년대가 신경숙 표절 사태를 계기로 돌이킬 수 없이 끝났음을 증거하는 일종의 증상이다.

하지만 문제는 이런 관점이 한편으로 지금의 학술장 일각에서도 의

13 이 시기 신경숙 표절 사태를 계기로 떠오른 한국문학과 비평의 문제들에 대한 전반적인 검토는 황호덕·김영찬·소영현·김형중·강동호(좌담), 「표절 사태 이후의 한국문학」, 『문학과사회』, 2015년 가을호 참조.

심 없이 자명한 통념으로 받아들여지고 있다는 데 있다. 이데올로기적 문제설정은 비록 특정한 어떤 국면에서는 일면 효율적일 수 있지만, 많은 것을 보이지 않는 공백으로 남겨놓는 대가를 치르게 마련이다.[14] 특히 이런 관점에서는 당대 문학장을 지배한 현실 조건, 그것과 상호작용하는 담론의 질서와 배치, 그리고 그 내적 논리 등은 충실한 객관적 검토의 대상이 되기보다 개별 주체(혹은 문학권력)의 주관적 의도나 전략 같은 우연적 작인作因이나 윤리적 문제로 간단히 환원되어 버린다. 이 시점에서 다시 백낙청과 신경숙의 만남이 갖는 문학사적 의미를 새롭게 재구성해야 할 필요가 제기되는 이유다. 이는 그 둘의 만남 자체뿐만 아니라 1990년대 문학 레짐 전체의 객관적인 이해를 위해서도 중요로운 일이다.

## 3. 물신주의적 부인과 리얼리즘의 승리

그렇다면 다시 물어보자. 백낙청에게 신경숙의 소설은 무엇이었나? 이 둘의 만남은 1993년으로 거슬러 올라간다. 백낙청은 「지구시대의 민족문학」에서 지구시대의 본격화와 더불어 더욱 거세진 자본주의의 위력과 외부의 도전에 창조적으로 대응하는 "새로운 리얼리즘의 모색"[15]이 더욱 절박한 과제가 되었음을 주장한다. 그러면서 그는 "활발한 기법실험으로 리얼리즘 쇄신에 기여하고 있는 소설가"[16]로 다름 아닌 신경숙을 꼽

14 과학이 아닌 이데올로기적 문제설정에 대한 전반적인 비판은 루이 알튀세르, 『자본론을 읽는다』, 김진엽 옮김, 두레, 1991, 64~66쪽 참조.

15 백낙청, 「지구시대의 민족문학」, 『창작과비평』, 1993년 가을호, 98쪽.

16 같은 글, 108쪽.

는다. 이런 맥락에서 그는 『풍금이 있던 자리』(문학과지성사, 1992)에 실린 소설들과 「모여 있는 불빛」(『창작과비평』, 1993년 봄)을 중심으로 '재현 기법의 탐구'가 갖는 의미와 가치를 소상하게 부각한다. 그런데 왜 하필 신경숙인가? "90년대 문학이 보여주는 사인성의 세계의 한 극단에 서 있는 작가"[17]라는 평가를 받았던 신경숙이야말로 어떤 측면에서 민족문학 '진영'의 바깥 중에서도 '창비'의 문학적 지향과 가장 멀리 떨어진 작가가 아닌가?[18]

이 시기에 백낙청이 그렇게 굳이 민족문학 진영 바깥으로 눈을 돌린 것은, 그에 따르면 표적의 상실과 그간의 소홀함 때문에 맞게 된 "'물건'이 딸리는 곤경"[19]에 대처하는 하나의 방편이었다. 그런 상황에서 신경숙을 리얼리즘론으로 포섭하는 그의 평가는 민족문학의 범주를 진영 바깥으로 유연하게 확장하려는 기획과 맞물려 있었다.[20] 그리고 여기엔 진영 내부의 작가와 작품들로만 한정하면 그러잖아도 위기설에 휘말린 민족문학의 빈곤을 스스로 부각하는 결과로 이어질 수 있다는 나름 절박한 상황 판단이 있었다.[21] 어쨌든 선제적으로 진영을 해체해야 한다는 이런

17 박혜경, 「사인화(私人化)된 세계 속에서 여성의 자기 정체성 찾기」, 『문학동네』, 1995년 가을호, 31쪽.

18 신경숙의 소설을 리얼리즘 쇄신의 범례로 부각한 백낙청의 평가에 대해 당시 민족문학 진영 내부에서 보여준 부정적인 반응을 백낙청은 이렇게 회고한다. "그때도 물의는 많았어요.(웃음) 그게 바로 진영 개념과 관련된 것인데, 말하자면 분명히 우리 진영에 속하지 않는 작가에 대해서 이렇게 관심과 애정을 보인다는 것은 섭섭하고도 부당하다는 정서가 강했지요." 백낙청 · 백영서 · 김영희 · 임규찬, 「회화: 백낙청 편집인에게 묻는다」, 『창작과비평』, 1998년 봄호, 37~38쪽.

19 백낙청, 「지구시대의 민족문학」, 118쪽.

20 이어 1995년에 백낙청은 좀 더 분명한 어조로 진영 개념의 해체를 선언한다. "(…) 민족문학운동에 적극적으로 참여해온 '민족문학 진영'의 창작만이 국내 창작계의 '민족문학적 성과'를 이루는 것도 아니다. 그러므로 새 단계 민족문학의 실적에 관한 점검은, 민족주의 문학의 이념과 더불어 민족문학 '진영'이라는, 실제로 문민정권 수립 이후 그 효용이 거의 소진된 개념을 해체하는 작업과 병행되어야 할 것이다." 백낙청, 「'통일시대'의 한국문학—최근의 시를 중심으로」, 『통일시대 한국문학의 보람』, 창비, 2006, 141쪽.(유종호 외, 『한국현대문학 50년』, 민음사, 1995.)

21 백낙청, 「2000년대의 한국문학을 위한 단상」, 『창작과비평』, 2000년 봄호, 213쪽.

주장은, 이후 전면적으로 확산된 민족문학 진영 내부의 청산주의와는 명백히 대비된다.[22] 백낙청에게 진영 개념의 해체는 그보다는 오히려 민족문학의 위축 혹은 위기를 돌파하려는 방안으로 제시된 것이었다. 그리고 이는 '민족문학' 같은 외적 구호나 간판이 아닌 '작품 자체'라는 근본으로 돌아가야 한다는 문제의식과 자연스럽게 맞물렸다. 여전히 민족문학의 유효성을 강조하긴 하지만, 다른 한편으로 그가 경계한 것은 '민족문학'이라는 틀이 오히려 문학을 '제대로' 쓰고 사유하는 데 장애가 되는 외적 굴레로 작용할 수 있을 가능성이었다.[23] 이때 백낙청에게 무엇보다 중요한 것은 말 그대로 '물건'이었다. '물건'은 이를테면 '좋은 문학'의 다른 이름이며, 그것을 가늠하는 것은 당연히 리얼리즘적 성취였다.

이후 『외딴방』을 중심으로 신경숙의 소설은 '창비'의 민족문학론과 리얼리즘론의 구도 속에 자연스럽게 포섭된다. 가령 염무웅은 『외딴방』을 두고 "언어의 무력에도 불구하고 끝내 언어를 틀어쥐고 삶과 사물의 진상에 육박하려는 시도"를 통해 "글쓰기의 진정성"을 보여주는 소설로 평가한다.[24] 그리고 『외딴방』은 1996년 '창비'가 주관하는 만해문학상을 수상한다. 이때 최원식은 '심사경위'에서 『외딴방』이 "새로운 리얼리즘의 가능성을 연, 최근 우리 문학이 거둔 최고의 수확 가운데 하나"라고 극찬한다.[25] 이런 맥락에서의 절정의 평가는 물론 1997년에 제출된 백낙청의 『외딴방』론이다. 이 글에서 그는 『외딴방』을 "문학에 대한 물음의 집요성이나 현실에 대한 탐구의 깊이"라는 차원에서 『난장이가 쏘아올린

---

22 "이제 '민족문학'은 끝이다. 깃발을 내림은 물론 문도 닫아야 한다"는 비평가 김명인의 다소 과격한 주장이 그런 청산주의를 대표한다. 도정일 · 황현산 · 임규찬 · 김명인 · 손경목(좌담), 「90년대 문학계의 신쟁점을 논한다」, 『실천문학』, 1995년 여름호, 176쪽.

23 이후 1999년에 리얼리즘과 모더니즘의 회통과 '작품으로의 귀환'을 주장한 최원식의 논의도 이와 유사한 문제의식의 연장선상에서 제출된 것이었다. 최원식, 「'리얼리즘'과 '모더니즘'의 회통: 작품으로의 귀환」, 『문학의 귀환』, 창비, 2003.

24 염무웅, 「글쓰기의 정체성을 찾아서」, 『창작과비평』, 1995년 겨울호, 281쪽.

25 최원식, 「만해문학상 심사경위」, 『창작과비평』, 1996년 가을호, 407~408쪽.

작은 공』『삼대』『임꺽정』 등의 성과를 어느 면 능가하는 문학적 성취로 상찬한다.[26] 이때 그는 의식적으로 '리얼리즘'이라는 개념을 쓰진 않지만, 그가 말하는 『외딴방』의 성공은 곧 최량의 리얼리즘적 성취를 뜻하는 것이었다. 그런데 왜 『외딴방』이었을까?

백낙청에 따르면 자본주의 세계체제의 지배가 본격화된 1990년대의 상황에서 요구되는 것은 "세계시장의 파괴적인 논리에 대항하는 문학과 그러한 저항에 때로는 필수적인 정예주의"[27]였다. 이런 맥락에서 그는 '구체적인 작품'의 중요성과 "작품의 창작과 향유를 통한 예술성의 구현"[28]을 특별히 강조한다. 즉 백낙청의 기획은 모든 인간적 가치를 파괴하는 자본주의 세계시장의 대세에 저항하는 창조적인 방어 진지陣地로서 '좋은 작품' 창작의 중요성을 부각하는 것이었다. 왜냐하면 그에 따르면 '좋은 작품'은 그 자체로 개인의 쇄신과 세상의 변화를 추동하는 해방의 잠재력을 가질 뿐만 아니라 '진리'를 드러내는 역능을 품고 있기 때문이다. 그런 측면에서 '좋은 작품'을 의미하는 '물건'은 백낙청에게 단순치 않은 의미를 갖는다. 신경숙의 『외딴방』은 그런 '물건'이 위축되고 딸리는 시대에 극소수의 최정예 '물건'으로 발견된 것이었다.

백낙청이 『외딴방』론의 첫머리에서부터 대뜸 "내게 글쓰기란 무엇인가?"라는 물음을 "제대로 묻고 있다"는 점이야말로 "『외딴방』이 이룬 성취의 큰 몫"[29]이라고 강조하는 맥락이 바로 거기에 있다. 그 물음을 제대로 묻는다는 것은 무엇인가? 그는 『외딴방』에서 글쓰기란 무엇인가라는 '나'의 절실한 물음이 "이야기를 진실되게 해내려는 서사적 노력"과 뗄 수 없이 결부되어 있고 또 그것이 "언어예술만이 가능한 진실의 드러남"

---

26 백낙청, 「『외딴방』이 묻는 것과 이룬 것」, 『창작과비평』, 1997년 가을호, 234~235쪽.
27 백낙청, 「지구시대의 민족문학」, 93쪽.
28 같은 글, 118쪽.
29 백낙청, 「『외딴방』이 묻는 것과 이룬 것」, 231쪽.

도 가능하게 했다고 주장한다.[30] 『외딴방』이 그려낸 "'풍속화'의 독창성과 정직성"[31]이라는 재현의 성과도 그런 진실에 대한 헌신의 결과이며, 또 그것이 자기 자신의 변화는 물론 억압된 과거의 해방과 그 시절의 여공들에게 인간적 위엄을 부여하는 일까지도 가능하게 했다는 것이다. 백낙청이 그의 리얼리즘론에서 줄곧 강조해 왔듯이, '좋은 작품'에서는 글쓰기(문학)에 대한 물음과 세상에 대한 물음이 따로 분리되지 않는다. 글쓰기에 대한 물음이 철저하다는 것은 곧 세상에 대한 물음이 철저하다는 뜻이다. 이를 통해 '좋은 작품'은 자기의 변화와 세상의 변화까지를 아우른다. 『외딴방』의 성취에 대한 평가의 초점은 바로 거기에 놓여 있었다. 즉 『외딴방』은 그가 주장하는 '정예주의'/'좋은 작품' 의 역능을 확인시켜주는, ('모더니즘의 세례'를 통과한) 리얼리즘의 이 시기 최적의 사례였다.

백낙청이 『외딴방』에서 '나'의 발언을 통해 드러나는 작가의 몰이념적, 개인주의적 문학관이 작품의 성취에 별 영향을 끼치지 않는 것으로 대수롭지 않게 취급하는 것도 그런 맥락에서다. 예컨대 그는 작가 자신의 문학관을 거론하며 '나'의 소박한 개인주의적 문학관이 피력된 소설의 한 구절[32]을 인용한다. 이곳에서 드러난 '나'의 문학관이 정확히 작가의 문학관임은 의심의 여지가 없다. 하지만 이에 대한 백낙청의 코멘트는

---

30 같은 글, 230~234쪽.

31 같은 글, 238쪽.

32 참고로 해당 대목은 이렇다. "(…) 오빠, 그때 내가 정말 싫었던 건 대통령의 얼굴이 아니라 무국을 끓이려고 사다놓은 무가 꽝꽝 얼어버려가지고 칼이 들어가지 않은 것 그런 것들이었어. 눈이 내린 아침에 수돗물을 틀었을 때 말야. 물이 얼지 않고 시원스럽게 나와주면 너무 좋았고, 안 그러고 얼어서 나오지 않으면 너무 싫고 그랬어. 내가 문학을 하려고 했던 건 문학이 뭔가를 변화시켜주리라고 생각해서가 아니었어. 그냥 좋았어. 그것이 있다는 것만으로도 나는 꿈을 꿀 수가 있었지. 대체 그 꿈은 어디서 흘러온 것일까. 나는 내가 사회의 일원이라고 생각해. 문학이 좋아서 내가 꿈을 꿀 수 있다면 사회도 꿈을 꿀 수 있는 거 아니야?"(신경숙, 『외딴방』 1권, 문학동네, 1995, 260~261쪽.)

사뭇 증상적이다. 그는 말한다. “이 진술을 그대로 작가 자신의 문학관과 동일시할 일은 아니다.”[33] 백낙청은 이렇게 ‘나’의 문학관의 문제를 알면서도 애써 모른 척 부인한다. 그러면서 그는 어쨌든 그렇다 해도 『외딴방』의 글쓰기가 한 시대의 역사적 현실을 생생히 그려냄으로써 “(작중에서 민족문학과 민중문학의 입장을 대변하는—인용자) 셋째오빠가 주문한 거의 모든 것, 어쩌면 그 이상을 써냈다는 사실”[34]을 강조한다. 그에게 중요한 것은 ‘나’/작가 자신의 명시적 문학관이 아니다. 실제로 백낙청은 문학이 뭔가를 변화시키리라 기대하지 않는다는 ‘나’의 발언에도 불구하고 “이 작품의 글쓰기는 그 무엇보다도 중요한 것 곧 ‘나’ 자신을 변화시켰음이 드러”[35]난다고 평가한다. 백낙청이 『외딴방』에서 본 것은 ‘나’/작가 자신의 문학관까지도 일거에 넘어서는 일종의 ‘리얼리즘의 승리’였던 셈이다.

그러나 정작 문제는 백낙청이 애써 가볍게 넘겨버리는 ‘나’의 문학관이 실은 『외딴방』의 리얼리즘적 성취의 한계와도 직결된다는 사실이다. 그는 『외딴방』에서 작업장의 노동자들이 “다들 너무도 온순하고 착한 모습”[36]으로 그려진다고 하면서 이를 소소한 결함으로 지적한다. 그러나 그것은 ‘성취’에도 ‘불구하고’ 남는 작은 결함이 아니라 오히려 그 성취를 근원에서 제약하는 한계와 관련되어 있다. 즉 백낙청이 지적하는 그 결함은 근본적으로 ‘나’(와 ‘나’의 가족) 바깥의 모든 타자를 그 타자성을 지워 버리고 ‘나’와 동일시하거나 자기화하는 신경숙 문학의 탈사회적 자기중심주의가 낳은 필연적인 현상이다. 그리고 그 자기중심주의가 ‘나’의 “섬세한 진실”(고쳐 말하면 ‘자기화된 진실’)을 다른 모든 사회적

33 백낙청, 「『외딴방』이 묻는 것과 이룬 것」, 240쪽.
34 같은 곳.
35 같은 곳.
36 같은 글, 249쪽.

가치에 앞세우는 개인주의적 문학관과 뗄 수 없이 연관되어 있음은 물론이다. 또 바로 그것이야말로 '글쓰기에 대한 물음'의 철저함을 '나' 스스로 봉쇄하는 지점이며, 그리하여 『외딴방』의 글쓰기가 "있는 사실, 있어야 할 사실의 엄숙함"에 대한 '빼저린 체득'[37]을 보여준다는 백낙청의 평가를 그 내부에서 해체하는 지점이기도 하다. 그런 측면에서 '나'의 개인주의적 문학관에도 불구하고 이룩된 '리얼리즘의 승리'를 확인하는 백낙청의 『외딴방』론은, 그보다는 차라리 작품에 대한 '백낙청 리얼리즘론의 승리'를 보여주는 장소였다고도 할 수 있겠다.

그렇다면 백낙청이 『외딴방』론에서 암시한 '리얼리즘의 승리'의 이면에는 어떤 논리가 작동하는가? 앞에서 잠시 그 일면을 본 바 있지만, 그것은 이 글이 발표된 얼마 후 '창비' 편집진과 가졌던 좌담에서도 똑같이 증상적으로 드러난다. 이 자리에서 김영희는 백낙청이 미흡한 대목으로 지적한 "다들 너무도 온순하고 착한 모습"으로 그려진다는 점이 노동 현실의 재현이나 자신과의 대면이라는 문제에서도 미흡한 것 이상의 중대한 문제를 낳는 게 아니냐고 온당하게 지적한다. 이에 따르면 『외딴방』(을 포함한 다른 작품들)의 '심각한 결함'은 모든 인물에 '신경숙적 색깔'을 덧칠해버리는 데 있다. 이런 지적에 곧바로 이어지는 아래 백낙청의 답변 방식에 주목해보자.

> 김영희 (…)많은 인물들이 크게는 한 가지 인간형, 신경숙적 색깔이 덧칠된 인간형 같단 말예요. 이런 문제점이 최근 작품들에서는 증폭된다고 할까요? 가령 사람이 아닌 귀신들까지도 똑같아져버리는 식으로 말예요. 그런 점에서도 이런 경향이 이 작품에서나 신경숙 문학세계에서나 심각한 결함으로 적시되어야 하지 싶은데, 지엽적인 문제를 지적했나

37 같은 글, 231쪽.

요?(웃음)

백낙청 아니, 지엽 문제는 아니지요. 신경숙의 다른 작품과 『외딴방』을 물론 완전히 따로 떼어서 생각할 수는 없지만 『외딴방』은 소재 면에서도 별다른 데가 있고 특히 예술적 성취를 따질 때는 별개로 봐야 한다고 생각해요. 지금 언급한 내 글은 어디까지나 신경숙의 『외딴방』론이고 『외딴방』에 대해서 높은 평가를 한 것은 틀림이 없는데, 『외딴방』을 높이 평가했으니까 다른 작품들도 따라서 높은 평가를 받는다고 읽는 이도 있겠지만—

김영희 (아니, 그게 아니라—인용자) 저는—

백낙청 아니, 김선생이 그런다는 것이 아니라, 그렇게 읽는 사람도 일부 있을 것이고, (…) 그런데 『외딴방』 자체에 대해서 지금 김선생이 지적한 결함은 물론 나도 지적한 것인데 그것이 더 큰 비중을 차지해야 하지 않느냐는 얘기라면, 글쎄 그것은 그럴 수도 있겠다는 생각은 드네요.(웃음)[38]

김영희는 『외딴방』에서 많은 인물들이 "한 가지 인간형, 신경숙적 색깔이 덧칠된 인물들"이 되어버리고 그 결함이 이후 작품들에서는 더 증폭되는데, 이 점이 적시돼야 하지 않느냐고 질문한다. 이에 대해 백낙청은 김영희가 지적하는 그 결함을 『외딴방』이 아닌 신경숙의 다른 작품에만 해당하는 것으로 치부하고 짐짓 모른 척 방향을 돌려 외려 다른 작품과는 구별되는 『외딴방』의 뛰어난 성취를 재차 강조하는 방향으로 교묘하게 논점을 일탈한다. 그러면서 백낙청은 김영희의 문제제기를 단지 그 결함에 대한 지적의 "비중"이 큰가 작은가의 문제로 돌려버린 후 논리를 성큼 비약해 "『외딴방』에 대한 높은 평가야말로 『외딴방』만 못한 신경숙

38 백낙청 · 백영서 · 김영희 · 임규찬, 「회화: 백낙청 편집인에게 묻는다」, 38~39쪽.

자신의 작품에 대한 준엄한 비판"[39]이라고 덧붙인다. 문제를 알고도 대수롭지 않은 듯 비약하는 이 흥미로운 문답에서 우리는 무엇을 볼 수 있는가?

이때 김영희의 지적에 대해 보이는 백낙청의 반응은 다분히 자기반영적이다. 즉 거기에는 작품에 대한 그의 비평적 태도가 정확히 그대로 반영되어 있다. 이 대화에서 드러나는 태도는 '나'의 몰이념적 개인주의 문학관의 문제를 알면서도 애써 부인하며 그와 무관하게 이루어진 작품의 뛰어난 성취를 강조했던 『외딴방』론에서의 그것과 정확히 동일하다. 그것은 다름 아닌 '알고 있어, 그렇지만'이라는 태도다. 이를 정신분석의 언어로 고쳐 말하면 바로 물신주의적 부인否認의 논리가 될 것이다.[40] 즉 『외딴방』론에서 백낙청은 신경숙의 개인주의적 문학관의 문제를 '알고 있지만' 모른 척하면서 '그럼에도 불구하고' 작품 자체는 그와는 차원이 다른 성취를 이룩한다는 것을 강조한다. 같은 맥락에서 이 좌담에서도 그는 『외딴방』의 재현이 안고 있는 결함을 알면서도 작품의 뛰어난 성취를 강조하면서 대수롭지 않은 것으로 일부러 가볍게 넘겨 버린다. 그러고 보면 『외딴방』에 대한 백낙청의 비평적 태도에서 작동하는 물신주의적 부인이 어디에서 기인하는 것인지는 더없이 분명하다. 그것은 작가 자신의 한계까지도 능히 뛰어넘는 '작품 자체'의 역능에 대한 강한 믿음에서 나오는 것이다.

이처럼 『외딴방』의 글쓰기에 대한 상찬의 근저에서 작동하는 것은

---

39 같은 좌담, 39쪽.

40 프로이트에 따르면 물신주의적 부인은 아이의 유아기 경험에서 기인하는 페티시즘(fetishism, 물신주의)의 형성 논리로, 엄마에게 페니스가 없다는 충격적인 사실에 접한 아이가 그 페니스의 부재에 대처하는 방식이다. 그것은 '엄마에게 페니스가 없다는 걸 알고 있어. 그렇지만 나는 엄마가 그걸 가지고 있다고 믿어'라는 논리로 요약된다. 이때 작동하는 '알고 있어. 그렇지만……'의 태도가 바로 물신주의적 부인의 공식이다. 물신주의적 부인에 대해서는 지그문트 프로이트, 「절편음란증」, 『성욕에 관한 세 편의 에세이』, 김정일 옮김, 열린책들, 1996, 28~30쪽 참조.

시종일관 그의 문학론의 중심에 있었던 문학주의(혹은 문학중심주의)다. 그것은 진리의 장소로서 문학(예술)의 예외적 가치를 강조했던 F. R 리비스, D. H. 로런스, M. 하이데거 같은 비평적·철학적 전통에 뿌리를 두고 있다. 물론 이 문학주의가 고립된 절대적 실체로서의 문학을 신비화하는 입장과 애초부터 거리가 먼 것임은 분명하다. 백낙청의 문학주의를 지탱하는 것은 애초에 예술과 역사적 실천이 분리된 것이 아니라는, 따라서 "문학이 문학으로서의 본모습에 충실할수록 '문학 외적' 현실이 어떤 식으로든 작품에 개입하기 마련"[41]이라는 하이데거적 아이디어다. 그런 의미에서 문학이 진리의 장소이자 역사적 실천의 거점이며, 그 둘은 애초에 하나라는 것이 백낙청 문학주의의 핵심이다. 『외딴방』이 이룩한 '리얼리즘의 승리'의 이론적 근거는 바로 거기에 있다.[42]

문제는 백낙청이 옹호하는 '문학'과 신경숙이 집착하는 '문학'은 동일한 기표임에도 불구하고 애초에 그 함축부터가 다른 것이었다는 점이다. 백낙청의 '문학'이 역사적 실천과 불가분한 창조적 '진리'가 드러나는 장소라면, 신경숙의 '문학'은 1980년대적 이념과 역사적 실천을 대체하는 개인의 내면적 진실의 성소聖所였다. 게다가 백낙청이 『외딴방』의 글쓰기가 "진실의 드러남"[43]을 이룩한다고 말했을 때, 그가 시사하는 '진실'과 '나'/작가가 실제 작품에서 그리는 '진실' 사이엔 큰 거리가 있다. 『외딴방』에서 모든 인물이 '신경숙적 색깔'로 덧칠돼 버리는 원인도 '나'/작가의 '진실'이 (백낙청의 바람과는 달리) 본질적으로는 모든 역사적 실천이

---

41 백낙청, 「서장: 민족문학, 세계문학, 한국문학」, 『통일시대 한국문학의 보람』, 창비, 2006, 27쪽.

42 백낙청의 리얼리즘론이 하이데거의 사상을 어떤 지점에서 어떤 방식으로 흡수, 참조했는지는 이 글의 초점이 아니므로 더 이상 상론하지 않는다. 직접 연관된 것은 아니지만 백낙청 문학론과 하이데거의 이론적 연관에 대해서는 김영희, 「진리와 이중과제: 백낙청의 과학과 예술 논의를 중심으로」(설준규·김명환 엮음, 『지구화시대의 영문학』, 창비, 2004)를 참고할 수 있다.

43 백낙청, 「『외딴방』이 묻는 것과 이룬 것」, 233쪽.

나 사회적 가치와 절연된 '자기화된 진실'의 차원을 크게 벗어나지 않기 때문이다. 백낙청의 『외딴방』론에서 물신주의적 부인의 대상이 되는 것은 바로 이 '차이'다. 앞에서 지적한 것처럼 『외딴방』에서 피력되는 '나'의 탈사회적 개인주의 문학관을 작가 자신의 문학관과 동일시해선 안 된다고 말하는 백낙청의 진술은 그 차이를 애써 무화하는 부인의 전략이다.

그런데 '차이'에 대한 이런 물신주의적 부인의 전략이 은연중 함축하는 것은 무엇인가? 그것은 바로 '문학'('리얼리즘'/'작품 자체')에 대한 형이상학화의 위험이었다.[44] 문학의 내용과 형식이 자본과 시장, 이데올로기와 대중문화 등에 둘러싸여 그로 인한 자기 자신의 침식과 오염을 결코 피할 수 없게 된 후기 근대의 현실에서, 어떤 외부로부터의 침식이나 작가 자신의 세계관에 의한 오염도 능히 이겨내는 작품 자체의 역능이란 도대체 무엇인가? 적어도 『외딴방』에 대한 비평적 태도에서 드러나는 것은, 그에 대한 믿음이 유지되기 위해서는 물신주의적 부인이 필요했다는 사실이다. 이때 진실을 드러내는 문학적 글쓰기(작품 자체)의 역능이란 오직 작가의 몰이념적, 탈사회적인 개인주의 세계관 및 문학관이 야기한 작품의 자기중심주의적 오염에 대한 물신주의적 부인을 통해서만 유지되는 (라캉-알튀세르적 의미에서) '상상적인 것'이었을 따름이다.

44 물론 백낙청 자신은 문학과 리얼리즘 개념의 '형이상학적 왜곡'을 부단히 경계한다.(백낙청, 「서장: 민족문학, 세계문학, 한국문학」, 28쪽 참조) 하지만 그런 경계 자체가 오히려 거꾸로 보면 그것이 얼마나 형이상학화에 취약한지를 반증하는 것이기도 하다.

## 4. 타협의 풍경, 문학주의 레짐의 비평적 기원

다소 의외로 비칠지 모르지만, 백낙청은 2006년 황종연과의 인터뷰에서 스스로를 "꽤 완고한 문학주의자"[45]로 지칭한다. 그러잖아도 사실 그의 문학주의자로서의 면모는 1960년대부터 일관된 것이었다. 그의 문학주의의 중심에 있는 것은, 간략히 요약하면 문학이 자율적 영역에서 그 자신이 이를 수 있는 최상의 예술적 성취에 도달했을 때에야 비로소 최상의 의미에서 실천적, 정치적일 수 있다는 인식이다.[46] 그리고 이는 예술의 본질 자체가 역사적이고 실천적이라는 신념에 의해 뒷받침된다. 일례로 1980년대에 그가 전체 민중의 인간해방을 위한 문학적 실천의 과정에서 노동자 체험수기가 갖는 한계를 지적하면서 "좀 더 문학적인 형식에 대한 갈증"[47]을 피력한 것도 그런 맥락에서 이해할 수 있다. 백낙청이 신경숙의 『외딴방』론에서 암시하는 '리얼리즘의 승리'는 탈이념·탈운동 시대에 대응하는 이런 독특한 문학주의의 1990년대적 버전이다.

그런데 백낙청의 이 '좋은 작품 중심주의' 혹은 문학주의가 안고 있었던 문제는 1990년대의 문학적 정세 속에서 또 하나의 의도치 않은 부산물을 낳는다. 그것이 하필 신경숙의 소설이었다는 것도 문제의 발단이다. 그리고 백낙청과 신경숙의 만남이 1990년대 문학주의 레짐의 구축에 미친 효과는 다름 아닌 바로 이 지점에 걸려 있다. 그것은 무엇인가?

그것은 바로 개인과 사회를 바라보는 작가의 인식이나 정치적 신념, 문학적 이념 등이 문학에서는 그다지 중요하지 않은 것으로 부차화된다

45 황종연 · 백낙청(인터뷰), 「무엇이 한국문학의 보람인가: 문학평론가 백낙청과의 대화」, 『창작과비평』, 2006년 봄호, 293쪽.

46 이에 대해서는 김영찬, 「저개발의 근대와 백낙청의 리얼리즘」, 『문학이 하는 일』, 창비, 2018, 148쪽 참조.

47 백낙청, 「민중 · 민족문학의 새단계」, 『민족문학의 새 단계』, 창비, 1990, 30쪽.

는 점이다. 중요한 것은 오직 '작품 자체'이고 정치적 지향이나 사회적 책무에 대한 의식의 굴레를 떼어 버린 '문학' 자체다. 본연의 문학이 문학으로서 갖는 고유한 임무 혹은 "문학과 예술작품이 '작품'임으로써 지니는 해방적 기능"[48]을 강조해 온 백낙청으로서는 어찌 보면 이는 당연한 논리적 귀결이다. 그리고 (그가 보기에) 문학 자체가 전지구적 자본주의의 침투와 각종 외적 도전에 위협받는 1990년대의 상황에서 이런 방식의 문학 옹호는 더욱이나 정세적 정당성까지도 확보한다. 그에 따르면 그것은 "'역사적 임무'를 의식 않는 것이 도리어 '문학 나름'의 더 큰 이바지를 가능케 한다는 명제"[49]를 더욱 긴요하게 만드는 상황이다.

하지만 전체 문학장의 질서와 문학시장의 논리는 백낙청의 애초 본의 따위는 헤아리지도 아랑곳하지도 않았다. 오히려 '창비' 외부의 시선으로 볼 때, 백낙청의 『외딴방』론에서 유달리 두드러지게 부각된 것은 오로지 이념의 굴레를 벗어던진 '작품 자체'와 '문학'이라는 특권적 장소에 대한 강조와 애착이었다. 대화적 정신분석치료의 요체인 프로이트의 '전이transference' 모델에 따르면, 내러티브의 진실은 상황에 의존하며 진실의 작용은 상호관계 속에서 발생한다.[50] 문학이 이념을 대체하는 특권적 장소로 부각된 1990년대 중후반의 특수한 정세 및 담론들과의 보이지 않는 대화적 관계에 놓여 있었던 백낙청 비평의 내러티브도 그 점에서 예외가 아니었다.

요점은 그 문학이라는 특권적 장소에의 애착이 갖는 의미와 효과가 백낙청 자신의 본의와는 무관하게 1990년대의 특수한 문학적 정세와 담론의 질서가 만들어낸 특정한 배치 속에서 결정되고 작동했다는 사실이다. 『외딴방』론이 발표된 당시는 민족문학 계열의 작품이 눈에 띄게 쇠퇴

48 백낙청, 「보론」, 『창작과비평』, 1993년 겨울호, 87쪽.
49 백낙청, 「서장: 민족문학, 세계문학, 한국문학」, 15쪽.
50 피터 브룩스, 『정신분석과 이야기 행위』, 박인성 옮김, 문학과지성사, 2017, 149쪽.

하고 탈이념적·개인주의적인 내면성/진정성의 문학으로 계열화된 작품들이 한창 성황중이었다. 그런 상황에서, (『외딴방』론에서 겉으로 부각된) 정치적 지향과 이념을 부차화한 특권적 장소로서의 '문학'에 대한 애착과 옹호는 자연스럽게 탈이념적 문학주의를 표방한 (『문학동네』 중심의) 당대 문학적 경향이나 비평 담론과 의도치 않은 공통의 접점을 형성했다. 물론 『외딴방』을 최량의 리얼리즘적 성취로 부각하는 백낙청의 주장은 애초 신경숙의 소설을 탈리얼리즘의 성과로 내세운 '문동'의 입장과는 정확히 대척점에 있었다.[51] 그리고 앞에서 지적한 것처럼 그가 옹호하는 '문학'과 '문동'이 강조하는 '문학'은 겉보기에 기표만 같을 뿐 그 기의는 엄연히 큰 차이가 있었다. 하지만 이때 이 둘의 차이는 담론의 장 속에서 자연스럽게 망각된다. 당대 문학장의 흐름과 담론의 질서는 '리얼리즘'이라는 백낙청의 애초 문제의식을 부차화하거나 비가시적인 것으로 만들었다.[52] 더욱이 백낙청이 이 시대 최상의 '물건'('좋은 작품')으로 상찬한 대상이 공교롭게도 내면성/진정성 문학의 대표주자로 내세워지던 신경숙의 소설이었다는 점은 차이를 무화한 둘 사이 접점의 접착력을 더욱 강화했다. 그리고 이런 결과는 차이에 대한 물신주의적 부인을 작동시켰던 백낙청의 『외딴방』론의 내적 논리에서부터 이미 예견된 하나의 가능성으로 잠재하던 것이기도 했다.

이를 고려할 때, 그런 문학장의 배치 속에서 백낙청의 『외딴방』론은 '작품 자체'를 물신화하고 문학의 탈정치와 탈이념적 문학주의를 정당화하는 논리로 오해될 소지가 다분한 것이었다. 여기에 『외딴방』을 포

---

51 예컨대 황종연은 신경숙의 소설을 "개념적으로 고정되지 않는 삶의 경험적 진실"에 대한 감각적 묘사를 통해 리얼리즘의 전체 지향적 서사의 충동과 서사 관습을 무력화하는 90년대적 탈리얼리즘의 대표적인 성과로 꼽았다. 황종연, 「개인 주체로의 방법적 귀환: 구효서, 박상우, 신경숙, 채영주의 소설에 대한 고찰」, 『문학과사회』, 1993년 겨울호, 1317~1321쪽 참조.

52 백낙청이 『외딴방』론에서 '리얼리즘'이라는 개념의 사용을 의식적으로 자제했던 것도 이런 결과와 무관하다고는 할 수 없다.

함한 신경숙의 소설이 당시 문학시장에서 예외적인 성공을 누리던 정황까지 더해지면, 백낙청과 신경숙의 만남이 상업주의와의 영합으로까지 오해될 가능성도 충분히 존재했다. 후일 그 만남을 탈이념과 탈민족문학, 자유주의·상업주의로의 투항으로 해석한 일련의 오해[53]도 바로 그 가능성에서 비롯된 것이다. 하지만 오해도 그 나름의 물질적 근거를 갖는다. 그리고 그것은 더 나아가 현실에서 실질적 효과를 발휘한다. 이것이 백낙청과 신경숙의 만남이 1990년대 문학장 속에서 갖는 의미와 효과였다.

이를 더욱 강화하면서 백낙청의 문학 옹호를 결과적으로 1990년대 문학 레짐을 지탱하는 한 축의 결정 요인으로 만든 것은, 공공연하게 탈이념적 문학주의를 표방한 『문학동네』라는 다른 한 축의 존재다. 즉 백낙청의 『외딴방』론이 1990년대의 상황에서 가졌던 의미는 결국 근본적으로는 '문동'과의 상호관계의 효과 속에서 결정된 것이었다. 1980년대의 '민중/민족'과 '이념'을 대체하는 '개인'과 '내면'의 기치를 내건 『문학동네』의 등장은 1990년대 문학 레짐의 본격적인 시작을 알린 지표였다. 1994년에 창간된 『문학동네』는 이전까지 문학장을 크게 양분한 '창비'와 '문지'의 틈새에 끼어들어 기존의 진보적 이념이나 엘리트주의 고급문학에서 벗어난 새로운 문학적 흐름을 만들어 갔다. 그것은 "창비의 비판담론과 대중적 소통 감각"과 '문지'의 "문학의 자율성이라는 테제"를 각기 새롭게 전유한,[54] 그 둘의 탈이념적·대중주의적 종합이었다. 그러면서 문학의 주체를 민족과 민중이 아닌 개인으로, 이념적 주체가 아닌 미학적 주체로 재설정했던 '문동'의 지향은 1980년대 민중민족문학을 대표했던 '창비' 진영의 문학적 지향과 뚜렷한 대척점을 형성했다. 이는 『문학동

53 대부분의 문학권력 비판론자를 포함해 앞서 언급한 천정환의 시각이 대표적이다.
54 이광호, 「문학 장치의 경계에서—'문학권력론'의 재인식」, 『작별의 리듬』, 문학과지성사, 2024, 54쪽.

네』 편집진의 출사표와도 같은 창간호의 특집 기획이 '문학, 절망 혹은 전망'이었고, 이 시대 문학의 가치와 전망을 피력하는 그 특집 글의 세 편 중 두 편[55]이 민중민족문학에 대한 비판을 담고 있었다는 데서도 확인된다.

그런 『문학동네』의 일관된 입장은 탈이념적 문학주의로 정리할 수 있다. 편집진이 '창간사'에서 "특정한 이념에 구애"되지 않는 "문학만이 가질 수 있는 의미와 가치의 수호"[56]를 주장했을 때 의미했던 것이 바로 그것이다. 그런 기치 아래 황종연은 이념이라는 외적 권위에 기대지 않는 자기정의적 주체의 '내면성의 문학'을 근대문학을 지탱한 문학의 보편적 특징으로 부각하는데, 이는 이념이라는 권위적 대타자의 자리를 (개인주의적인) '문학'으로 대체하려는 『문학동네』의 경향을 대표한다. 그렇게 "문학주의로 이름 붙여진 예술의 자율성"[57]과 탈이념적 개인의 미적 주체성의 가치를 전면화한 것이 '문동'의 입장이었다면, 백낙청식 문학주의(혹은 문학중심주의)는 분명 그와 다르다. 백낙청에게 좋은 문학작품은 진보적 실천과 절연된 '미적 가치'가 아니라 인간 활동과 결속된 (과학의 진리보다) "더 높은 차원의 진리"[58]가 드러나고 이룩되는 장소였다. 따라서 그에게 문학작품은 "인간해방을 위한 잠재력"[59]이 발휘되는 최상의 장소이며, 그런 "문학 자체의 고유한 권능"[60]을 옹호하는 것이야말로 최고의

---

55 황종연, 「민족을 상상하는 문학—한국소설의 민족주의에 대한 비판적 고찰」과 류보선, 「전환기적 현실과 민족문학의 운명」(『문학동네』, 1994년 겨울호)

56 문학동네 편집위원, 「계간 문학동네를 창간하며」, 『문학동네』, 1994년 겨울호, 15~16쪽.

57 신수정, 「다시 문학이란 무엇인가」, 『문학동네』, 2000년 봄호, 367쪽.

58 백낙청, 「작품 · 실천 · 진리」, 『민족문학의 새 단계』, 창작과비평사, 1990, 375~76쪽.(강조는 원문)

59 백낙청, 「지구화시대의 민족과 문학」, 『통일시대 한국문학의 보람』, 창비, 2006, 74쪽.(『내일을 여는 작가』, 1997년 1~2월호)

60 백낙청, 「지구시대의 민족문학」, 93쪽.

역사적 실천과 분리될 수 없는 것이었다.

그런 측면에서 '문동'의 문학주의와 '창비'의 문학주의는 전혀 다른 맥락과 함의를 갖는 것이었다. 그럼에도 불구하고 이 둘은 '문학'이라는 특권적 기표를 매개로 자연스럽게 하나로 합류한다.[61] 이 둘의 교집합은 당연히 문학을 제약하는 모든 외적 굴레를 떼어버린 '본연의 문학'에 대한 옹호였다. 이때 백낙청식 문학주의를 정당화한 '물건'이었던 신경숙의 소설은 그 둘을 하나의 공통 지점으로 수렴시켜주는 일종의 누빔점으로 작용했다. 일례로 1999년에 문학동네에서 재출간된 『외딴방』의 해설로 백낙청의 작품론(「『외딴방』이 묻는 것과 이룬 것」)이 원래 있던 남진우의 해설[62]을 대신해 실린 것은 이를 뚜렷하게 보여주는 지극히 상징적인 장면이다. 얼핏 우연한 일회적 사건처럼 보이지만, 여기엔 의미심장한 함축이 있다. 최근 강동호는 『외딴방』이 내면성과 진정성을 문학의 핵심 가치로 내세웠던 비평가들의 '문학주의' 담론의 장을 고정하는 누빔점으로 기능했음을 지적한 바 있다.[63] 적절한 지적이지만, 그럼에도 실제로는 당시 '문동' 비평가들 사이에서 정작 『외딴방』에 대한 본격적인 비평은 의외

61 이후 2006년에 『창작과비평』 지면에서 이뤄진 백낙청과 황종연의 대담 중 다음 대목은 두 개의 서로 다른 문학주의가 어떻게 어떤 지점에서 타협하고 접점을 형성했는지를 사후적으로 보여주는 상징적인 장면이다. "자신이 실은 문학주의자라는 그의 말이 내겐 그리 이상하게 들리지 않는다. 문학주의가 문학을 그 이외의 활동과 분리시켜 생각하고 숭상하는 태도를 가리키는 말이 아니라 문학 고유의 역할과 권능에 대한 신뢰를 가리키는 말이라고 한다면 세상에는 여러 유형의 문학주의가 있지 않을까." 이어 황종연은 문학의 탈신비화 사태 이후에도 여전히 창조적인 사업으로서 문학의 주도성을 강조하는 백낙청의 입장이 예사롭지 않음을 지적하는데, 이를 받아 백낙청이 말한다. "다른 의미의 문학주의, 문학을 통해 문학 이외의 것과 만나기 위해서라도 문학을 문학으로서 제대로 해야 한다는 의미의 문학중시사상마저 부정하는 '탈신비화'에는 동의하지 않습니다." 황종연 · 백낙청, 앞의 인터뷰, 293~294쪽.

62 남진우, 「우물의 어둠에서 백로의 숲까지—신경숙의 『외딴방』에 대한 몇 개의 단상」, 『외딴방』 해설, 문학동네, 1995.

63 강동호, 「문학이라는 시뮬라크르—신경숙의 『외딴방』과 문학적 진정성에 대한 해체적 읽기」, 635~636쪽.

로 활발하지 않았다는 사실에 주목할 필요가 있다.[64] 이 지점에서 오히려 실질적인 행위자agent는 바로 백낙청의 『외딴방』론이었다. 백낙청의 비평은 '문동'측의 비평가가 쓴 해설을 대체하는 제도적 임대차賃貸借 형식을 통해 '문동'의 문학주의와 교차, 합류하면서 『외딴방』과 관련한 '문동' 측 담론의 결여와 공백을 측면에서 메워 주었다. 서로 다른 두 개의 문학주의 간의 협력은 이렇게 이루어진다. 백낙청의 『외딴방』론은 그렇게 다른 한편에 존재하던 '문동'식 문학주의와 교차, 합류하면서 이후 '창비'와 '문동'의 연합전선이 문학의 자율성을 전면에 내세우는 하나의 레짐으로 형성되어 가는 데 결정적인 촉매가 되었다. 이때 신경숙의 소설은 '문동'의 탈이념적·반反리얼리즘적 문학주의와 '창비'의 탈진영적·리얼리즘적 문학주의가 '본연의 문학'이라는 공통의 이름으로 교차하는 일정한 합의와 타협의 장소였다.

그리고 '문학'이라는 특권적 주인기표를 매개로 한 이러한 합의와 타협은 이미 현실적으로 존재하던 '창비'-'문지'-'문동' 삼각 체제 중심의 1990년대 문학장에 '문학주의 레짐'이라는 새로운 의미와 제도적 정당성을 소급적으로 부여한다. 그 배경에 있었던 것은 물론 (저마다 다른 관점에서이긴 하지만) 사회주의권의 해체 이후 더욱 전면화된 전지구적 자본주의에 맞서는 문학의 고유한 권능과 역할에 대한 보이지 않는 합의였다. 백낙청과 신경숙의 만남이 갖는 의미는 이로써 분명해진다. 그것은 이념이라는 외적 굴레를 떼어버린 문학의 자율성에 대한 합의 아래 세 문학 진영이 상호의존적으로 서로를 참조하고 토픽과 작가를 공유하면서 '문학주의 레짐'으로 구조화, 재생산되던 과정을 소급적으로 매개하고 정당화한 문학사적 사건이었다.

---

64 이 점은 백낙청도 지적한다. "과문 탓인지 몰라도 『외딴방』을 따로 다룬 평론은 별로 많지 않은 듯하다."(백낙청, 「『외딴방』이 묻는 것과 이룬 것」, 281쪽 각주 7)

## 5. 두 개의 문학주의, 혹은 문학주의 레짐의 운명

역사는 주체의 본의야 어찌 됐든 제 갈 길을 갈 뿐이다. 백낙청과 신경숙의 만남은 결과적으로 이후 1990년대 문학에서 탈이념적 문학주의가 지배적 우세종이 되어 가던 흐름을 승인하고 정당화하는 데 비평적 다리를 놓아 주었다. 그리고 1970~80년대를 대표했던 구舊진영('창비'와 '문지')[65]이 1990년대의 새로운 현실에 적응하는 가운데 그들 식의 문학주의와 『문학동네』식 문학주의 사이의 차이가 점점 지워져가는 흐름이 이를 뒤따랐다. 이 과정에서 '창비'식 문학주의는 그 자신이 포함된 문학주의 레짐의 구조(와 그 효과) 속에서 이를 구성하는 조건 중 하나로 자연스럽게 수렴된다. 이는 이후 '물건'의 점차적 소멸에 맞닥뜨린 '창비' 고유의 진보적·실천적 민족문학론/리얼리즘론이 1990년대의 문학적 흐름 및 지배적 문학 담론과 동떨어져 문학장에서 영향력을 잃고 '창비' 내부에서만 소통되는 자족적 담론으로 고립되어 가는 과정과 맞물렸다. 그리고 다른 한편 문학출판의 차원에서 그것은 비평 담론과 상업 출판 모두에 걸쳐 관철되던 '문동'의 미적 대중주의를 유력한 흐름으로 승인하고 서서히 그 흐름의 일부로 합류해갔던 과정과 불가분의 것이었다. 물론 이는 개인주의적·탈이념적 문학주의가 대세를 이뤘던 1990년대 문학의 실제적 흐름과 문학시장의 요구가 강제한 불가피한 사태이기도 했다.

그러면서 1990년대식 문학성의 제도적 기준과 규범, 취향 등에 따른 특정한 선택과 배제의 메커니즘이 정착되는 과정이 자연스럽게 뒤따랐

65 1990년대 '문지'에 대한 논의는 여기선 부득이 건너뛴다. 이에 대해서는 또 다른 지면이 필요하다. 이와 관련해 1990년대 '문지'의 문학적 대응에 대한 논의로는 안세진, 「1990년대 후반 『문학과사회』의 변별성 연구—90년대 '결산' 담론을 중심으로」(『한국현대문학연구』 74, 한국현대문학회, 2024)를 중요하게 참고할 수 있다.

고, 여기에 상업 출판의 논리가 또 하나의 결정적인 상수로 자리잡았다. 이 과정에서, 거세진 신자유주의적 자본주의의 침략과 도전에 대한 문학적 대응의 방식이었던 '창비'식 문학주의가 본래 의도와는 전혀 다른 맥락에서 자본주의 문학출판 제도와 시스템의 작동을 보완하는 상징자본 형성의 알리바이와 같은 것으로 기능하게 된 아이러니는 필연적인 것이었다. 이런 상황의 진전을 통해 이광호의 진단처럼 "문학의 신성함을 상품화하면서 소비자의 취향을 '저격'하는 새로운 형태의 '문학주의'", 즉 '시장 문학주의'[66]가 한국문학의 대세적 흐름이 되어버린 것. 그것이 바로 1990년대 문학주의 레짐이 맞이한 운명이었다.

2015년 신경숙 표절 사태가 발발했을 때 '창비'와 '문동'이 공히 대중적 공분의 대상이 되고 비판의 지점이 문학권력의 문제로까지 확대된 것은, 그 양 진영을 지탱한 두 개의 문학주의 간의 타협과 협상, 경쟁의 체제였던 문학주의 레짐의 장기지속이 이제 결정적으로 끝에 이르렀음을 알리는 증상이었다. 이에 더해 곧바로 이어진 #문단_내_성폭력 논란, 페미니즘 리부트는 1990년대를 기점으로 제도화된 문학성의 기준이 이제 시효를 다했음을 고지하는 결정적인 문제제기로 작용했다. 이 사건들을 차례로 거치며 1990년대 문학 레짐의 장기 지배는 종언을 고했다. 그것은 문학주의 레짐이 구축한 '신경숙 신화'의 종언과 동시적인 사건이었다. 백낙청과 신경숙의 만남은 그 신화가 시작되는 지점이자 적어도 2015년 이전까지 장기 지배를 유지한 문학주의 레짐의 비평적 기원이었다.

66 이광호, 앞의 글, 58~61쪽.

# 진정성의 아포리아

: 1990년대 후반 문학비평의 진정성 담론을 중심으로

차미령

# 진정성의 아포리아

## : 1990년대 후반 문학비평의 진정성 담론을 중심으로

—

차 미 령

## 1. 진정성이라는 문제 - 네트워크

진정성authenticity은 '나르시시즘'이나 '쾌락주의'와 구별되는, 서구 근대성의 기저에 있는 하나의 도덕적 이상이다.[01] 진정성 이념의 역사를 거슬러 올라가면 루소나 헤르더와 같이 자기self를 도덕적 판단의 중심에 두는 관점을 발명해 낸 사상가들이 나타나며, 그 이후 키에르케고르, 니체, 사르트르, 하이데거 등 타락한 세계에 맞서 강력한 주관을 사고했던 존재들에게서도 두드러지게 발견된다.[02] 또한 진정성은 1960년대 서구의 뉴레프트 운동의 정치적 동력이었고,[03] 자본주의 비판의 중요한 차원을 구성하기도 했다.[04] 그러나 고전적 의미의 진정성은 20세기를 지나면

---

01 『불안한 현대 사회』(미국 출판 제목: The Ethics of Authenticity)에서 찰스 테일러는 1960년대 이후 서구 사회에서 성장한 자기 실현의 개인주의에 대한 다니엘 벨, 크리스토퍼 래쉬, 앨런 블룸 등의 비판에 어느 정도 동의하면서도, "매우 강력한 도덕적 이상"으로서 "자기 자신에게 진실하라"는 진정성 고유의 이상을 간과하고 있다고 지적한다. 찰스 테일러, 송영배 옮김, 『불안한 현대사회』, 이학사, 2001, 24~39쪽.

02 김홍중, 「진정성의 기원과 구조」, 『한국사회학』 43(5), 한국사회학회, 2009, 4쪽 및 11쪽.

03 Marshall Berman, *The Politics of Authenticity: Radical Individualism and the Emergence of Modern Society*, (New ed.) London; New York: Verso, 2009.

04 Luc Boltanski & Eve Chiapello, The New Spirit of Capitalism, trans. Gregory

서 그 개념적 유효성이 변화 혹은 상실된 것으로 파악되고 있기도 하다. 진정성이라는 개념과 그것이 지시하는 현실 적합성을 20세기적 모더니티의 상황 예컨대, 한국의 경우라면 87년 체제에 국한시켜야 한다는 관점이 그것이다.[05]

한편, 한국 문학비평과 연구에서 진정성의 개념과 담론, 그 실천과 수행의 양상에 대한 논의는 1990년대 후반을 지나며 본격화되었으며, 현재에 이르러 다시 활발해지고 있다. 그간 진정성 논의의 주된 관심은, 단절과 연속을 포함하여 1980년대 문학과 1990년대 문학의 관계적 측면에 놓이는 경향이 있고, 이 글의 작업도 그러한 범주에서 그리 멀지는 않다. 그러나 사실 진정성은 나름의 두꺼운 역사를 가지며, 담론의 표층에서 가시화된 내용보다 더 심층적인 논의를 요청하는 테마 중 하나일 것으로 사료된다. 왜냐하면 진정성 개념을 구성하는 근대적 개인, 그가 지향하는 부정성 혹은 성찰성과 같은 중요한 원리들이 넓은 의미의 근대문학을 이루는 기본 가치들이기 때문이다.

지금 이 글이 검토하고자 하는 황종연과 서영채의 진정성에 대한 논의는 1997년 겨울 황종연의 「진정성의 이념과 소설」을 필두로 하여, 주로는 1999년을 전후한 시기에 발표된다.[06] 이후 2000년대 중반 무렵부터 평단은 '왜소한 주체', '탈내면의 상상력', '무중력 공간' 등의 명명과 함께

---

Elliott, London ; New York: Verso, 2005.

05 김홍중, 앞의 글.

06 이 글에서 검토하는 황종연과 서영채의 비평은 다음과 같다. 황종연, 「진정성, 개인주의, 소설」(「진정성의 이념과 소설」, 『창작과비평』 98, 창작과비평사, 1997), 「내향적 인간의 진실—신경숙, 윤대녕, 내면성의 문학에 대한 고찰」(『21세기 문학이란 무엇인가』, 민음사, 1999), 「비루한 것의 카니발」(『문학동네』 21, 문학동네, 1999) 이상 『비루한 것의 카니발』, 문학동네, 2001. 서영채, 「소설의 운명, 1993」(『상상』 1, 살림, 1993), 『소설의 운명』, 문학동네, 1996. 서영채, 「냉소주의, 죽음, 마조히즘: 1990년대 소설에 대한 한 성찰」(『문학동네』 21, 문학동네, 1999), 「왜 문학인가: 문학주의를 위한 변명」 (『문학동네』 23, 문학동네, 2000), 이상 『문학의 윤리』, 문학동네, 2005. 앞으로 평문을 본문에서 인용할 경우 출간된 단행본의 쪽수로 대신한다.

2000년대 문학 논의로 접어드는데, 1990년대 후반의 진정성 담론은 이러한 논의들이 대타적으로 호명하는 1990년대 문학담론과 연루되어 있었다.

그리고 최근 몇 년간 다시 점화된 진정성 논의 역시 진정성에 대한 비판과 그 탈구축에 초점이 맞춰져 있다. 요컨대, 1990년대 후반에 이르러 한국문학의 한 측면을 '진정성'으로 명명하는 본격화된 담론적 생산이 있은 이후, 진정성이라는 문제-네트워크를 지속적으로 활성화하는 것은 역설적으로 포스트 진정성 담론인 것이다.

특히 최근 논의들은 신경숙 표절 사태, 문단 내 성폭력 말하기 운동 등으로 촉발된 2010년대 중반 이후 문단의 재구성 움직임과 연동되어 있다. 그리고 대체로 내면성 담론에 대한 비판과 결합하여 '문학주의', '문학권력' 비판의 형태를 띠고 있다. 비평과 논문이 거의 같은 시기 다수 제출되었는데, 논문의 경우 비평 세대의 교체 속에서 주로 현장 비평을 겸하고 있는 연구자들이 그 흐름을 주도하고 있다는 점도 특징적이다.[07]

이러한 논의들이 시사하듯이, 진정성은 하나의 픽션이자 신화, 혹은 허위의식이자 담론적 구성물에 불과할 수 있다. 그러나 그것이 단번에 해체될 수 있다고 보는 것 또한 이와 유사한 문제를 수반한다. 진정성은 단지 문학만의 개념이 아니며, 한국 사회에서 진정성이라는 문제-네트워크는 관념과 인물, 사건과 텍스트, 담론과 이미지 등을 아우르는 무수한 수행들로 구성되어 있다. 당연한 말이 되겠지만, 진정성 담론을 발전적으

---

07 관련 논문으로는 김영찬, 「'90년대'는 없다—하나의 시론試論, '1990년대'를 읽는 코드」, 『한국학논집』 59, 한국학연구원, 2015; 조연정, 「'문학주의'의 자기동일성—1990년대 『문학동네』의 비평 담론」, 『상허학보』 53, 상허학회, 2018; 배하은, 「혁명성과 진정성의 탈신비화—1980~90년대 문학 연구의 동향과 과제」, 『상허학보』 66, 상허학회, 2022; 강동호, 「'언표'로서의 내면—1990년대 문학사의 비판적 재구성을 위한 예비적 고찰들」, 『한국학 연구』 56, 인하대 한국학 연구소, 2020; 안지영, 「'문학' 혹은 '근대'란 무엇인가 하는 물음—'(포스트)진정성'의 탈구축과 90년대 미적 근대성 비판」, 『상허학보』 63, 상허학회, 2021.

로 재구성하기 위해서는 우선 다양한 형태의 독해를 축적해 나가야 할 필요가 있다.[08] 비판과 옹호의 문제를 떠나, 1990년대 후반의 진정성 담론에는 아직 덜 읽힌 부분이 있고, 그 부분을 좀더 살피고자 하는 것이 이 글의 조촐한 목표이다.

## 2. 1990년대 초반 문학 비평의 진정성 논의

이 글의 작업을 위해 먼저 1990년을 전후한 시기 문학비평의 진정성 논의를 간략히 살펴 보기로 한다. 폭넓은 개념사적 탐구가 더 진행되어야 하겠지만, 이 시기는 진정성이라는 용어가 문학비평의 공간에서 의미 있는 기표로 부각된 시기로 판단된다. 가령, 1987년 이후에 등장한 잡지들인 『문학과 사회』, 『녹색평론』, 『한길문학』 혹은 『비평의 시대』와 같은 무크지에서는 진정성이 언급되거나 그에 대한 논의들이 전개되었다.[09] 그

---

08 진정성을 1990년대 문학을 검토하는 개념으로 활용한 논의들은 현재까지는 주로 작가론의 형태를 띠고 있으며 그 스펙트럼도 넓다. 김예리, 「부정의 윤리와 진정성 너머의 문학—종교로서의 자본주의를 향한 장정일의 시적 대응」, 『한국현대문학연구』 56, 한국현대문학회, 2018; 오자은, 「전환기의 내면, 진정성의 분화—김인숙 소설을 중심으로」, 『현대문학의 연구』 62, 한국문학연구학회, 2017; 정주아, 「이념적 진정성의 시대와 원죄의식의 내면—1980년대 이문열 소설의 존재방식과 텍스트의 이중성」, 『민족문학사연구』 54, 민족문학사연구소, 2014; 천정환, 「세기를 건넌 한국 노동소설(2)—『노동자의 이름으로』에 나타난 열사, 진정성 그리고 1990년대」, 『반교어문연구』 56, 반교어문학회, 2020.

09 이 글이 '진정성'이란 어휘가 써진 모든 내용을 검토의 대상으로 할 수는 없다. 물리적으로 어렵기도 하지만, 진정성이라는 말은 각별한 자의식 없이 진심, 진정 등의 의미로 쉽게 쓰이기 때문이다. 그러나 최소한 다음 사례들에서 진정성은 일종의 논쟁적 문제로 부상한다. 정과리, 「민중문학론의 인식 구조」, 『문학과사회』 1, 문학과 지성사, 1988 ; 권성우, 「예술성 · 다원주의 · 문학적 진정성—최근의 민족문학 논의에 대한 몇 가지 생각」(『한길문학』 8, 한길문학사, 1991), 『비평의 매혹』, 문학과지성사,

중에서도 정과리, 김종철, 권성우의 글과 권성우, 박철화, 이광호 등이 참여한 좌담을 검토하면서, 1990년대 초반까지 진정성이라는 용어가 어떻게 이해되고 있었는지를 간단히 짚어 둔다.

우선, 정과리가 『문학과 사회』 창간호(1988)에 쓴 글의 다음 구절은 진정성이라는 용어의 쓰임을 징후적으로 드러낸다. "왜냐하면 민중문학론들은 그 기본적 인식구조 자체의 특성으로 말미암아, 자신의 진정성을 위해 다른 것들과 싸움을 벌이고 위계관계를 수립하기 때문이다. 민중문학론의 시각에서 보자면, 비진정한 것들은, 다시 말해 민중적 입장에 충실하지 못한 것들은 배제되어야 하거나, 아니면 진정한 입장 속에 포섭되어야 한다."[10] 민중문학론에 대한 비판적 관점을 견지하면서, 정과리는 진정성을 민중문학론이 활용하는 핵심 코드(진정한 것/비진정한 것)로 이해하고 있다. 이때 진정성은 "민중적 입장에 충실한 것"을 지시하게 되며, 진정하지 못한 것은 반민중성을 가리키게 된다.[11]

이와는 반대로 권성우의 글(1991) 은 "문학적 진정성"을 민족문학의 갱신을 위해 요청하고 있다.[12] 이 글에는 "이제 우리의 의식에 육화된 가장 강력한 '문학적 권력의 체계'"[13]로서 당시 '민족문학'의 한계에 대한 저자의 우려 섞인 비판이 흩뿌려져 있다. "관료주의와 교조주의", "소박한

---

1993; 김종철, 「인간, 흙, 상상력」(『녹색평론」 3, 녹색평론사, 1992), 『시적 인간과 생태적 인간』, 삼인, 2020; 권성우 · 박상우 · 박철화 · 유하 · 이광호, 「새로운 세대의 문학적 지평」, 『비평의 시대 1: 문학을 향하여 문학을 넘어서』, 문학과지성사, 1991.

10 정과리, 앞의 글, 73쪽.

11 단편적인 사례이지만 1986년의 일기에서 고은의 시편을 "비진정성이 진정성의 탈을 쓰고 있다"고 평가한 김현의 언급도 아울러 상기할 것. (김현, 『행복한 책읽기』, 문학과지성사, 1992, 22쪽) 보다 정밀한 이해를 위해서는 민족 · 민중문학론과 김현 비평을 위시하여 1970~80년대 비평 담론의 진정성 문제에 대한 검토가 있어야 할 것으로 보인다.

12 권성우의 글은 이른바 '김영현 논쟁'의 일부를 이루는 글이다. 이에 대한 논의로는 배하은, 「만들어진 내면성—김영현과 장정일의 소설을 통해 본 1990년대 초 문학의 내면성 구성과 전복 양상」, 『한국현대문학연구』 50, 한국현대문학회, 2016.

13 권성우, 앞의 글, 146쪽.

환원론과 기계적 복무" 등의 언급은 그 단적인 예이다. 그리고 권성우는 작품의 평가와 관련된다는 점에서 특히 민족문학의 위계를 비판한다. 이는 정과리의 입장과 상통하지만, 권성우는 '문학적 진정성'으로 민족문학이 상정하는 이분법적 위계를 해소하려 한다.

그 방향은 '진정성'이라는 가치 기준은 유지하면서, '문학적 진정성'의 범주를 리얼리즘 외 "우리 문학의 여러 가지 경향들"로 확대하는 것이다. 이와 같은 취지에서 권성우의 '문학적 진정성'은 다원주의와 결합하지만, 그의 글에서 '문학적 진정성'이 무엇인지 명확히 제시되지는 않는다. 이를 추론하기 위해서는 권성우가 '지도 비평'을 넘어서는 "비평 방법"으로 제시한 내용을 짚어볼 필요가 있다. 예의 "작가의 욕망 깊은 곳으로 내려가기"[14]가 그것으로, 이를 참조하면 권성우에게 있어 문학적 진정성은 "작가의 욕망 깊은 곳"에서 점화되는 어떤 것이다.

한편, 김종철의 「인간, 흙, 상상력」(1992)에 이르러 진정성 논의는 하나의 선명한 이론적 근거를 갖게 된다. 그는 라이오넬 트릴링의 논의에 기반하여, 신실성sincerity과 달리 의도와 의지의 힘만으로 도달할 수 없는 "마음속 깊은 내부에 있는 어둡고, 비합리적이며, 무의식적인 자아의 요구와 합치하거나 적어도 근접할 때"[15] 확보되는 것으로서 진정성authenticity을 이해한다. 그리고 김종철은 이를 다시 "전인적인 인격 또는 총체적인 인간성을 전제하는 개념"으로 풀이하고, 리얼리즘론의 갱신을 요구하며, "문학적 진정성"에 대한 논의로 접어든다. 그의 주장에 따르면, 문학적 진정성의 바탕이 되는 "진정하게 총체적인 인간의 이념"은 역설적으로 인간중심주의적 시각을 벗어나야 달성될 수 있는 것이다.

이상의 논의에는 그 입장의 차이에도 불구하고, 진정성 담론이 출발

---

14 위의 글, 154~155쪽.

15 이하 이 단락의 인용은 김종철, 앞의 글, 90~91쪽.

한 하나의 배경이 드러나 있다. 논자에 따라 '민중문학론'(정과리), '민족문학론'(권성우), '리얼리즘론'(김종철)으로 제각각 지칭되고 있기는 하지만, 지난 연대의 대표적인 문학담론에 대한 비판적 개입의 의도가 뚜렷하다. 즉, 세 논자 모두 그것이 그 본질로서건 혹은 실태로서건 명확한 한계에 도달했다고 평가한다. 현재 이 시기의 단절론 비판은 새롭게 등장한 비평 주체의 헤게모니 투쟁을 공박하는 형태로 전개되는 경향이 있는데, 당시 비평이 발견한 한계는 그 자체로 인식될 필요가 있다. 위와 같은 불만들은, 새롭게 도래한 변화를 읽어내지 못하거나 그 변화를 수용하기를 거부하는, 현장 비평에서 감당하기 어려운 담론적 경직성을 공통적으로 지시하고 있기 때문이다.

또한 진정성과 관련하여 함께 언급되는 "민중적 입장"(정과리), '다원주의'(권성우), "진정하게 총체적인 인간의 이념"(김종철)등의 진술도 주목을 요한다. 이러한 진술들에는, 개체로서의 개인을 넘어서는 공적 지평에 대한 특정한 관념이 은닉되어 있기 때문이다. 비판적으로 언급한 정과리가 이를 상대적으로 분명하게 기입하려 했다면, 권성우와 김종철은 그 지평의 확장을 도모하고 있어 차별적이다. 이 차이는 후자가 민족문학론/리얼리즘론을 비판적으로 갱신하려 한 사실과 무관하지 않아 보이지만, 그럼에도 그것은 확장된 만큼 추상적이라는 지적을 면하기 어려웠다.[16]

이 문제는 비단 비평가 뿐 아니라 시인과 소설가를 포함한 좌담에서 더 첨예한 논점이 된다.[17] 장정일의 「아담이 눈뜰 때」가 논의의 테이블에

16 이어서 살펴보겠지만, 백지연은 "문학적 진정성은 무한한 의미가 담긴 포괄적인 개념으로서 단일한 의미구조로 존재하기 불가능한 것"이라고 지적한다. 백지연, 「문학적 진정성, 계몽과 전망을 넘어서」(『새로운』 1, 김영사, 1997), 『미로 속을 질주하는 문학』, 창작과비평사, 2001, 28쪽.

17 이하 이 좌담에서의 인용은 권성우 외, 「새로운 세대의 문학적 지평」(좌담), 앞의 글, 160~164쪽.

놓인 가운데, 소설가 박상우가 그에 대한 문단의 반응이 "지나치게 보수적이고 도덕주의적인 것이 아닌가 하는" 의문을 제기하자, 권성우는 "일부 포스트모더니즘 소설이나 장정일의 작품"의 경향, 나아가 "보다 근본적으로는 그러한 문학이 담보하고 있는 '문학적 진정성'을 신뢰할 수 없기 때문"이라고 반박한다. 이에 더해 박철화 역시 "경쾌함과 발랄함이라는 것이 진정성을 상실할 때는 경박함으로 떨어질 우려가" 있으며 "무수히 쏟아지는 작업의 결과들은 분명히 진정성이란 척도에 의해 여과되어야" 한다고 진단한다. 이러한 공방의 과정에서 균형점을 찾은 논자는 이광호다. 그는 문제가 복잡하다고 전제하면서, 진정성의 두 측면을 공평하게 언급한다. 진정성이 내장한 '반성적 사유'는 중요하지만, 그것이 "창작 주체인 작가"를 겨냥하게 될 때 '자기동일성'의 문제가 발생한다는 지적이 그것이다.[18]

하지만 이 좌담에서의 논의는 더 이상 진전되지 못하는데, 답답한 공전이 반복되는 것은 그 개념적 모호성 때문이다. 자리에 모인 모두가 어느 정도 수긍하고 있듯이, 그것은 명확할 수는 없는 기준이었다. 텍스트의 가치는 평가하되, 그 실제적 면면은 해명하지 못하는 공허한 용어로 귀착되어 버린 것이다. 나아가 이 좌담에서는 진정성이 일종의 '태도로서의 진지함'으로 환원되고 있으며, 그러한 척도에 따라 새롭게 등장한 문학적 경향이 주된 비판의 대상이 되고 있다. 특히 "진정성이라는 척도에 의해 여과되어야 한다"는 강한 주장은, 비평적 권위를 관철시키는 또다른 위계의 도입으로 이해될 소지가 농후했다. 즉, 애초의 취지와 달리 '문

18 이후 '자기동일성'은 진정성 담론을 비판하는 논의에서 하나의 상수(常數)가 된다. 데리다, 레비나스 등이 개시한 전통적 주체 개념의 해체를 놓고 보면 정당한 지적이다. 하지만 진정성 논의에서 대개 그것은, 내파가 아닌 외파의 형식을 띤다. 진정성의 근원적인 타자성, 진정성에 내재한 자기-부정의 강박적 충동에 대해서는 상대적으로 관심이 덜하기 때문이다. 적지 않은 경우 진정성이, 트릴링이 언급한 '신실성(sincerity)'의 차원에서 이해된 것처럼 읽히는 것도 이와 무관하지 않다.

학적 진정성'이라는 관념은, 실제 현장 비평에 대입되었을 때 그 이념적 보수성을 노출해 버렸던 것이다.

거리를 두고 조망할 수 있는 시간이 경과한 후, 위와 같은 비평적 논의의 흐름을 놓치지 않고 메타적으로 개입한 글로 백지연의 「문학적 진정성, 계몽과 전망을 넘어서」(1997)를 꼽을 수 있다. 백지연의 논의는 최근의 진정성 담론 비판을 여러모로 선취하고 있어 주목된다. 이 글에서 먼저 백지연은 문학의 위기가 진정성의 위기로 등치된 사정을 아우른다. 앞선 논의들과 비교해 볼 때 백지연의 글에서 상대적으로 더 부각된 맥락은 "상품 가치와 긴밀한 관계를 갖는 소설 장르"에 대한 문제제기이다. 애초부터 시사되고 있었거니와, 이 시기에 이르면 '문학적 진정성' 논의의 위치는 좀더 선명해진다. 즉, 그것은 재래의 문학담론의 억압과 "상품미학"의 도전 사이에서 새로운 세대의 문학비평이 상상한 하나의 돌파구로 자리매김한다.

또한 백지연은 '문학적 진정성'의 문제점을 다음과 같이 지적한다. 그는 "문학에서 진정성이라는 개념이 매우 폭넓은 의미범주를 지닌다는 점"[19]을 환기하며, 그것이 문학비평의 용어로 기능하기 어렵다고 진단한다. 아울러 '문학적 진정성'을 의심받는 "일차 표적"이 1990년대의 일상을 감각적으로 다룬 작품들이라는 점에서 "보수화된 비평논리를 정당화"하는 데 쓰이고 있다고 비판한다.

요컨대, 이 글이 다루고자 하는 황종연과 서영채의 진정성에 대한 논의는 바로 이러한 남론석 상황에서 등장한 것이다. 진정성이라는 기표가 활용되고 언급되면서 다양한 의미가 부여되고 있었지만, 1990년대 중반까지, 진정성은 근대성을 이루는 주체 형성의 원리, 혹은 윤리·정치적 태도라는 특정적 규정을 부여받지 못한 채, 다소 부유하며 떠도는 언표였

19 이하의 인용은 백지연, 앞의 글, 14쪽.

던 것이다. 뒤에서 자세히 살펴보겠지만, 진정성이라는 문제에 그 의미와 방향을 구체적으로 부여한 대표적인 비평가가 황종연과 서영채이다. 이러한 측면에서 한국문학 공간의 진정성 담론 탐구에서 두 비평가의 사례를 고찰하는 것은 일정한 함의를 갖는다.

## 3. 부정과 역설로서의 진정성

황종연의 논의에서 진정성은 모호하거나 자의적인 용어가 아니다. 그는 진정성을 개념적으로 쓰고 있다. 진정성의 윤리·정치와 관련하여 중요한 저작을 남긴 찰스 테일러와 마샬 버먼의 자취는 황종연의 관련 글들에서 쉽게 발견된다. 『자아의 원천들』의 찰스 테일러로부터는 내면과 자아의 발견이라는 테마를, 『The Politics of Authenticity』의 마샬 버먼으로부터는 급진적 개인주의의 테마를 각각 시사받은 것으로 보인다.

위의 사실들은 황종연이 말하는 진정성을 왜 문학에 국한된 개념으로 보기 어려운지 방증한다. 실제로 그는 '문학적 진정성'이라는 표현을 사용하지 않는다. 대신 그는 진정성을 서구 근대 형성 과정에서 근대적 인간이 스스로를 자율적 주체로 형성시켜온 역사의 맥락에서 바라 본다. 가령, 탈주술화와 자기정의적 주체라는 테일러의 논의를 참조하며 전개되는 황종연의 「내향적 인간의 진실」에서는, "내면성의 문학"이 데카르트의 코기토를 원형으로 하고 칸트 등의 자율론과 헤르더 등의 표현론을 상보적으로 하여 정립된 근대적 주체성의 원리 아래 조명되고 있다. 황종연의 진정성론은 이 주제의 각론으로 제시되고 있으며, 그 핵심을 이루는 것은 "근대적 주체성의 원리를 어떻게 실현하는가"[20]라는 질문에 다름아니다.

하지만 그 시점이 미묘하다. 황종연 스스로 지적하고 있듯이, 1990년대는 라캉, 푸코, 데리다 등 탈근대 담론의 대대적인 유입과 유행 속에서, 주체가 가진 역능에 대한 해체가 하나의 경향으로 성립되고 있었기 때문이다. 진정성론에 대한 가장 간단하면서도 강력한 비판은 그것이 주체 중심의 기획이라는 사실이다. 하지만 황종연은 "자아가 허구라는 소식은 이제 조금도 추문의 느낌이 없다"라고 이러한 상황을 수긍하는 듯하면서도, 동시에 "자아의 이상이 인간의 자기 해방에서 중요한 역할을 담당했다는 역사적 사실도 아울러 기억해야 한다"[21]라고 주장한다. 이 진술로 미루어 보면, 황종연에게 있어 1990년대라는 시간대는 1980년대에 못지 않게, 인간의 자기 해방을 중심축으로 회전하는 시대였던 것으로 짐작된다.[22]

그러므로 황종연이 그려나간 진정성의 이론이 문학의 장에서 어떤 의미를 갖고 있었는지를 파악하기 위해서는 한국문학사에서 진정성의 주체가 어떤 방식으로 표상되어 왔는지를 물어야 한다. "루소적인 의미에서 진정성의 추구는 소설에서도 일반적인 주제"[23]라는 황종연의 지적처럼, 한국문학의 근대성은 진정성을 추구하는 소설적 주체들과 긴밀한 연관을 갖고 있었을 것이기 때문이다.

말하자면, 황종연의 진정성론은 지난 연대 주로 '지식인 남성' 중심으로 착목되어 왔던 진정성의 이상이, 1990년대에 이르러 좀더 광범위한 형

---

20 황종연, 「내향적 인간의 진실」, 앞의 책, 122쪽. 서구의 진정성 논의를 망라하여 이를 서구 근대가 개발한 근대적 주체 형성의 장치로 분석한 논의로는 김홍중, 앞의 글 참조.

21 황종연, 「내향적 인간의 진실」, 앞의 책, 136~137쪽.

22 황종연은 각론을 시작하며 "지난 수세대 한국문학에서 정체성의 정치를 주도한 민족주의와 민중주의"(위의 글, 128쪽)를 언급한다. 즉, 그는 식민, 전쟁, 분단, 독재의 기나긴 시간 이후에 도래한 시대로 1990년대를 의식하고 있다.

23 황종연, 「진정성, 개인주의, 소설」, 앞의 책, 261쪽.

태로 확산되고 있음을 포착하고 가시화하려는 시도로 이해된다. 황종연은 "다원화된 정체성의 정치라는 새로운 상황의 도래"를 강조하며, 1990년대에 이르러 비로소 "진정성에 대한 지지"가 다양한 서사적 권역에서 두루 나타난다고 지적한다.[24] 이는 1990년대의 사회상과 어느 정도 조응하는 관점이다. 새삼스러운 지적이 되겠지만, 한국의 1990년대는 특정한 적대를 절대화한 담론 바깥에서 코드화되지 못하던 개인들의 정체성이 개화하던 시기였고, 그것은 곧 주체화의 문제를 동반하고 있었던 것이다.[25]

이는 테일러와 버먼의 논의와 마찬가지로, 황종연에게도 진정성은 주체와 세계의 대립, 주어진 정체성의 부정, 정체성을 강요하는 사회에 대한 부정을 전제하는 개념이라는 사실을 의미한다. 다시 말해, 진정성은 부정의 과정 속에 있는 자들의 에토스로, 부정의 정신이 없는 진정성은 존재할 수 없다. 앞서 존재했던 진정성 논의가 황종연의 진술을 빌리면 진정성을 "실정적으로 정의된 어떤 행위나 상태"로 전제했기 때문에 도리어 그것을 정의할 수 없는 교착 상태에 빠졌다면, 황종연은 진정성을 "부정의 용어"로 이해함으로써, 새로운 진정성의 이미지를 구축하는 데 이른다. "진정성을 추구한다는 것은 개인 각자가 내면 속으로 들어가 어떤 자아를 마치 잊었던 물건을 찾아내듯 발견하고 그것과 일치를 꾀하는 것이 아니"며, 진정성은 "현재의 자아를 부정하고 초월하려는 노력 속에 존재"한다고 그는 쓴다.[26]

---

24 "관습적 정체성들에 순종하지 않는 것, 개인 자신에게 진실해지는 것", "간단히 말해 '진정성authenticity'의 모럴"이, "변혁의 희망이 기만이었음을 시인하는 환멸의 이야기들, 여성성의 규범과 갈등하는 자신을 긍정하고자 하는 여성들의 이야기들, 도덕에 대한 조롱 혹은 금기의 위반에 매혹된 이야기들, '신세대적' 체험을 보란 듯이 내세우는 이야기들" 속에 감지된다고 진술한다. 황종연, 「내향적 인간의 진실」, 앞의 책, 128쪽.

25 이는 1960년대 이후 신좌파의 불만은 민주자본주의가 "너무 개인주의적"이어서가 아니라 "충분히 개인주의적이지 않다"는 데서 기인한다는 버먼의 지적과도 맥락을 같이 한다. Marshall Berman, op.cit., p.xviii.

26 황종연, 「진정성, 개인주의, 소설」, 앞의 책, 261쪽. 황종연이 참조한 장 스타로뱅스

진정성에 대한 이러한 시각은 관습적 정체성에 대한 반항을 적극적으로 읽어내는 한편, 문학의 영역에서 일어난 변화를 이해하는 데에도 유비적으로 소환된다.[27] 즉, 현재의 자아를 부정하고 초월하려는 노력은, 현재의 문학을 부정하고 초월하는 노력으로 치환된다. 이로써 새로운 소설을, 마땅히 있어야 할 '문학적 진정성'의 결여로 비판하는 것이 아니라, 오히려 이를 관습에 대한 도전으로 읽고 진정성을 매개로 맥락화할 수 있게 된다. 그리고 이와 같이 선명한 이론적 입장은 작품을 읽는 시선으로 연결되고 있다.

가령, 황종연이 루소를 원용하면서 처음으로 진정성 개념을 도입한 「진정성, 개인주의, 소설」(원제, 「진정성의 이념과 소설」)은 징후적이다. 이 글은 계간평으로, 1997년 가을에 발표되었던 여덟 편의 소설들이 다뤄진다. 그런데 그 소설들 중 은희경의 「명백히 부도덕한 사랑」과 방현석의 「겨울 미포만」에 대한 논평은, 두 소설이 직접적으로 비교되고 있지 않음에도, 확연한 대조를 이룬다. 황종연에 의하면, 전자는 "허위와 미망으로부터 개인 자신을 자유롭게 하려는 의지의 발현이라는 점에서 진정성의 이상에 닿아 있다." 반면에 후자는 그것이 노동현실의 실재를 드러내고자 노력을 경주했음에도 불구하고 "전체적으로 이념적 당위에 치우친 작품"으로 "진정성의 문화와는 거리가 있는 소설"이다.[28] 이러한 판단

---

키의 논의를 살피면 다음과 같다. 루소는 『몽상』의 '네 번째 산책'에서 "나는 자주 이야기를 지어냈다. 하지만 나는 거짓말을 하지 않았다"라고 쓴다. 루소에게 있어 "진정성이 규칙"에 따르면, "작가는 "진정한 자아"를 굳어져 버린 과거에서 찾으려들지 않고 이 자아를 글을 쓰면서 구성해야 한다는 점을 받아들여야 하고 그렇게까지 해야 한다." 스타로뱅스키는 이 점에서 '진실성(sincerity)'과 '진정성'은 구별되며, 전자에는 후자와 달리 "자기 자신에 대한 성찰"이 들어 있지 않다고 지적한다. 이상의 내용은 장 스타로뱅스키, 이충훈 옮김, 『장 자크 루소 투명성과 장애물』, 아카넷, 2012, 391~392쪽.

27 "진정한 삶이란 언제나 부정의 방식으로 추구되는 것이라면, 그 소설적 표현은 당연히 표현의 관습에 대한 도전을 필요로 한다." 황종연, 「진정성, 개인주의, 소설」, 앞의 책, 271쪽.

28 위의 글, 274~275쪽. 진정성 내러티브를 스스로의 기만을 자각하고 새로운 각성에

이 고려하는 것은 물론 문학적 관습만은 아니다. 평론집에 수록하며 수정한 제목이 말해주듯이, 이 시기의 그에게는 두 소설이 '개인' 및 '개인주의individualism'에 대해 얼마나 열려 있느냐의 문제가 놓여 있었다.

황종연의 논의에서 주체와 세계의 대립은 곧, 사회와 대립하는 개인의 문제로 수렴한다. 이 글에서는 이를 다음의 차례로 재구성해 나가고자 한다. 첫째, 진정성의 한 원리로서 부정성과 그 역설, 둘째, 진정성의 이상이 자리 잡을 공적 지평, 셋째, 진정성의 체험 양태로서 '진정성 사건'이 그것이다. 먼저 급진적 개인주의에 주목한 버먼의 다음 언급을 잠시 경유하기로 한다.

> 우리가 근대의 거의 모든 곳에서 발견하게 되는 이 진정성에의 추구는 사물들의 현 상태에 대한 급진적인 거부와 긴밀하게 연관되어 있다. 그것은 인간들이 살고 있는 사회, 정치적 구조가 자아를 숨막히게 하고, 쇠사슬로 묶어 놓거나 아니면 감금시키고 있다는 주장으로부터 시작한다. 그 주장에 의하면, 오직 과거의 구조가 혁신되거나 새로운 구조가 바닥으로부터 재건축될 때—혹은 과거의 구조가 붕괴하고 그 자리에 아무 것도 설립되지 않음으로써 인간이 어떤 구조도 없이 살 수 있을 때에만—자아는 그 자신이 될 수 있다고 주장한다. 그것은 무엇을 해야 하는가를 묻고, 그렇게 하기 위해 시도한다. 이처럼 진정성에의 욕망은 근대 사회에서 인간 충동의 가장 정치적인 폭발물로서 나타나게 된다.[29]

이르는 단계와, 그러한 과정을 통과한 후 세계 속에서 실천하며 갈등을 겪는 단계로 나누어 본다면, 황종연의 관심은 주로 전자에 놓여 있어 보인다.

29 Marshall Berman, op. cit., p.xxvii.

프랑스 혁명을 예시하는 고전적 진정성의 이상은 극단적으로까지 읽힌다. 자아가 그 자신이 되기 위해서 구조는 붕괴되어야만 한다. 버먼은 그 급진성 안에 진정성의 정치성이 있다고 보고 있는 듯하다. 그런데 이렇듯 진정성의 핵심에 있는 도저한 부정성은 진정성의 원리 자체를 하나의 역설로 만든다. "진정성을 하나의 이상으로서, 완수되어야 하는 어떤 것으로 추구하는 것은 자기의식적으로 역설적인 행위이다."[30]

진정성은 그것이 추구하는 것에 도달했다고 믿는 순간 더 이상 진정성이 아니다. 즉, 진정성은, 구조나 체계로 환원될 수 없다. "진정성은 진정성이 부재한다는 인식 속에, 진정성을 추구하는 행동 속에 존재한다"[31]라는 황종연의 진술은 그가 주목하는 진정성의 서사가 부정의 순간을 예각화할 수밖에 없음을 말해준다. 1990년대 황종연의 진정성 논의들에서 가장 주목된 작가는 차례로 은희경(「진정성, 개인주의, 소설」), 윤대녕(「내향적 인간의 진실」), 장정일(「비루한 것의 카니발」)이다. 황종연이 분석한 바에 따르면, 각각의 소설에서 진정성 부재의 인식은 '사랑의 본질에 대한 각성'(은희경), '타자성의 체험'(윤대녕), '비루하게 만들기'(장정일)로 이어지거나 포개진다. 공교롭게도 후자로 갈수록, 그 부정의 충동은 더 강해진다.

하지만 그렇다고 세계가 바뀌는가. 다음으로, 진정성의 이상이 자리잡을 공적 지평의 문제다. 자아가 허위의 껍질을 벗는다 해도, 새로운 정체성을 기다리고 있는 구조가 여전히 변함이 없을 것이라는 전망은 무리한 것이 아니다. 예컨대, 「비루한 것의 카니발」에서 기성의 윤리에 반하는 것으로서 '광기'를 진정성으로 다시 호명하며 황종연은 그 특유의 화법으로 "사회를 지배하는 타락한 이성이 억압된 광기의 복권을 통해 타파

30 Ibid., p.xxiv.

31 이하 「비루한 것의 카니발」에서의 인용은, 황종연, 「비루한 것의 카니발」, 앞의 책, 30~31쪽.

되리라고 믿는다면 그것은 아무래도 순진한 생각이다"라고 진술하고 있다. 광기의 역설이라는 원문의 맥락을 잠시 벗어난다 해도, 이러한 논평의 대상이 장정일 소설이라는 사실은 유의미하다. 진정성이 정치 윤리이기 이전에 문화인 것은, 새로운 아이덴티티가 뿌리내리고 관계를 맺을 세계가 얼마나 확보되어 있는지의 문제와 관련이 있다. 테일러를 참조하면, 그 세계란 개인의 진실, 그 진정성의 이상을 인정하고 지지하는 이들이 연결되고 연대하는 공적 지평이다.[32]

진정성의 파토스가 사회에 대한 개인의 우위나 승리를 예고해서가 아니라 "현대사회를 지배하는 억압의 기제들을 발견하고 그것들에 대항할 능력의 도덕적 원천"이 되기 때문에 지지한다는 황종연의 진술은 위와 같은 측면에서 이해된다. 설령 그 이야기가 사사롭거나, 환상 나아가 장난이자 광기로 치부된다 하더라도, 진정성의 이념을 공유하는 이들에게 그것은 하나의 계기가 될 수 있다. 과거의 방식처럼 소설에 집합적 대의의 전망을 확인하는 것이 아닌 방식으로, 1990년대 소설은 집단적 결속의 바깥에서 이제 막 스스로를 인식한 이들에게 일종의 공감을 불러일으켰을 가능성이 없지 않다.

마지막으로, 진정성의 체험 양태로서의 '진정성 사건authenticity event'[33]을 짚어 둔다. 황종연은 그 대표적인 사례로 윤대녕 소설에 주목한다. 1990년대 중반부터 황종연은 윤대녕 소설에 지속적으로 관심을 할애해 왔고, 윤대녕 소설이 "급진적 개인주의를 문학적으로 예각화하고 있는 것"으로

---

32 테일러와 버먼의 이론적 낙차가 고려되어야 하겠으나, 버먼의 논의가 이러한 지평에 무관심하다는 뜻은 아니다. 진정성 논의가 촉발된 맥락에서 버먼은 "모든 구성원이 받아들이는 고정된 규범과 전통에 의하여 지배되는 사회"에서 진정성의 이상은 그 자리를 찾지 못한다고 지적한다. Marshall Berman, op. cit., p. xxvii.

33 이에 대해서는 김유하, 「진정성 기획으로서의 인도여행」, 『문화와 사회』 22, 한국문화사회학회, 2016 참조. 이 논문은 여행서사를 진정성 기획의 관점에서 검토하며, '실존적 진정성'(닝 왕)등 유사한 현상을 지목한 개념들의 참조를 통해, 여행서사에서 의미화된 진정성 경험을 '진정성 사건'으로 기술하고 있다.

보았다.[34] 먼저, 윤대녕 소설의 자아에 대한 논의에서 황종연이 가장 주목하고 있는 대목은 "그 내면적 경험이 자아의 투명한 현전에 도달하는 집중된 성찰이 아니라 정반대로 자아의 근본적인 낯설음과 우연한 만남이라는 형태를 띤다"는 점이다. 황종연은 윤대녕 소설에서 "자아와 진실하게 접촉하는 일은 그 자아 혹은 자아 정체성이란 허구에 불과함을 체험하는 일과 같다"고 지적하며, 그의 소설이 "통일성을 갖고 있는, 그래서 또한 정체성을 갖고 있는 자아"는 가상에 불과하고 "자아의 실상은 그것의 타자를 포함하고 있는 상태, 다시 말해 스스로 분열되어 있는 상태라는 생각을 보여준다"고 풀이한다.[35]

그러나 윤대녕 소설은 이 타자성으로 인한 분열을 더 밀어붙이지 못한다. 황종연은 윤대녕 소설이 이를 "진정성이 회복되는 일종의 제의적 계기"로 삼고 있으며 『은어낚시통신』의 몽환적이고 비의적인 사건의 핵심에는 "진정성의 회복, 즉 삶의 의미를 충만하게 하는 자아와의 완전한 일치"가 있다고 분석한다. 황종연에 의하면 '일상적 의식 속의 세계'와 다른 그 세계란 "자아의 본향에 해당하는 세계이자, 신비와 마법이 살아있는 세계이며, 영원회귀의 법칙이 지배하는 세계이다."

위와 같은 해석이 도출되는 국면은 윤대녕 소설의 예의 '에피파니 epiphany'에 이르러서다. 이를 추동하는 것은 상실된 시원을 향한 노스탤지어("자아의 본향")이고, 그 감각적 이미지는 비진정성으로서의 일상적 삶

---

34 황종연이 분석한바 "개인의 정체성의 불확실함에 사로잡힌 고뇌, 자아 내부에 틈입한 허위에 대한 근심, 자신과의 진실한 접촉을 원하는 욕망, 자아 충족과 갱신의 체험에의 몰입" 등 윤대녕 소설의 특징은 「진정성, 개인주의, 소설」에서 처음으로 '진정성'을 키워드로 처음으로 조명된다.(황종연, 앞의 책, 266쪽) 이후 「내향적 인간의 진실」에서 진정성의 테마를 중심으로 한 윤대녕 소설에 대한 관심은 심화된 형태로 발전하는데, 보다 선명해진 대립구도는 개인과 사회의 대립구도이다. 그는 "사회란 개인의 자율성에 대한 위협이라는, 진정성의 개인주의적 이상에 기초가 되는 관념"이 윤대녕의 초기작들의 바탕이라고 지적한다. (황종연, 앞의 책, 129쪽)

35 이하 윤대녕 소설에 대한 논의는 황종연, 「내향적 인간의 진실」, 앞의 책, 129~131쪽.

("후기 자본주의적 삶의 풍경")과 대조된다. 따라서 진정성의 작동원리의 측면에서 본다면, 소설 속 '에피파니'의 기능은 '진정성 사건'과 유사하다.[36] 진정성 사건은, 사건성이 대개 그러하듯 불현듯 도래한다. 그리고 진정성에 방향성을 부여하고, 비진정한 삶에서 벗어날 것을 자아에게 촉구한다. 즉, 많은 윤대녕 소설이 갖고 있는 플롯이다.[37]

이에 대한 황종연의 평가는 얼마간 유보적으로 읽힌다. "이피퍼니의 낭만적—탈낭만적 모티프"가 진정성의 테마에 미치는 결과를 다음의 두 가지 방향에서 접근하고 있기 때문이다. 개인을 사회로부터 더욱 고립시키고 자기 탐닉을 배가시키는 방향과, 자유를 향유하는 존재로 의식하도록 만드는 방향이 그것이다. 전자가 나르시시즘으로의 귀착을 뜻한다면,[38] 후자는 좀더 짚어볼 필요가 있다. 황종연이 윤대녕의 한 소설을 통해 발견하는 이미지, "초월적 비의와 세속적 사실 사이의 경계에서 유랑하며 자족적으로 인생을 사는 행려자의 이미지"는 뒤에서 살펴보겠지만 볼탕스키와 시아펠로가 예술적 비판과 진정성의 관계를 논의하며 언급했던 '보헤미안적 삶의 양식의 발명'의 한 후예처럼 보인다. 그리고 황종연은 이를 '이미지'로 읽어내고, 최종적으로 논의는 미학과 '미적 주체성'으로 수렴한다.

---

36 여행자가 마주하는 '진정성 사건'은, 복제되거나 재생산될 수 없는 아우라로 비일상적 상태를 유발한다. 그렇기 때문에 진정성 사건의 중요한 특징은 기억과 반추 즉, 서사화이다. 비진정성으로 점철된 삶과 대비되는 기억을, 주체는 희박한 가능성으로 보존하며 자신의 삶을 재설정한다. 김유하, 앞의 글, 126~131쪽.

37 여기서 더 물어져야 할 것은 '진정성의 젠더'를 비롯하여, 이러한 내러티브가 생산하는 이데올로기적 효과이다. 윤대녕의 여행서사는 이를테면, 김승옥과 홍상수의 여행서사 사이에 위치한다. (젠더적 관점에서 이미 제출된 윤대녕 소설에 대한 비판적 견해로는 이미림, 「윤대녕 소설의 여행구조와 여성타자 연구-「신라의 푸른 길」, 「피아노와 백합의 사막」과 『눈의 여행자』를 중심으로」, 『여성문학연구』 17, 한국여성문학학회, 2007.) 이에 대해서는 별도의 지면에서 논의하고자 한다.

38 "또한 진정성의 윤리에 비추어 말하면, 현현에 대한 윤대녕의 관심은 나르시시즘의 미학적 정당화에 치우쳐 있지 않은가 하는 의심도 든다."(「진정성, 개인주의, 소설」, 앞의 책, 266쪽.)

이 지점에서 황종연이 처음으로 진정성론을 발표했던 1997년 즉, IMF시대가 예고된 겨울로 돌아가 본다. 황종연은 「진정성, 개인주의, 소설」을 다음과 같이 시작하고 있다. "요즘처럼 자기 연출이 생존을 위한 필수이자 쾌락인 시대에, 진정성에 대한 욕망이 소설에서 진지하게 다루어졌으면 하는 것은 당연한 기대이다."[39] 이 진술은 진정성에 대한 기대를 피력하고 있지만, 동시에 생존을 위한 '자기 연출'의 시대가 도래했음도 지시되고 있다. 황종연의 표현을 빌리면 "자본주의 시장의 식민지로 전락"한 시대에 진정성의 향방 역시 진정성 담론의 주제 중 하나이므로 다음 장에 이어서 검토해 보기로 한다.

## 4. 진정성의 역사화

창공의 별이 사라진 타락한 세계에서 진정한 가치를 찾아 길을 떠나는 영혼이라는 레토릭은 20세기 한국문학의 한 때를 풍미했다. 『소설의 이론』에서 청년 루카치는, 세계와 불화하는 개인이 근대 자본주의 세계에서 겪어야 하는 존재론적 험로를 소설의 본령으로 설정함으로써, 민주화시대 한국의 문학도들에게 큰 영향을 미쳤다.[40] 그리고 헤겔과 아도르노 혹은 프로이트의 지젝처럼 서영채의 비평 전반에 영향을 미친 것은 아

39 황종연, 「진정성, 개인주의, 소설」, 앞의 책, 261~262쪽.

40 『소설의 이론』 출간 100년을 맞은 한 잡지의 기획에서 서영채는 1970,80년대 한국의 지식인들에게 루카치의 영향력을 언급하며, 『소설의 이론』보다는 "『역사와 계급의식』(1923)이나 『청년 헤겔』(1948), 『이성의 파괴』(1954) 같은 책들이 더 중요한 것으로 취급되었"지만 그럼에도 자신에게 중요했던 것은 "바로 이 책, 『소설의 이론』"이라고 회고한다. 서영채, 「루카치의 『소설의 이론』 세 번 읽기」, 『문학과 사회』 29(2), 문학과지성사, 2016.

니라 하더라도, 문학과 진정성의 문제를 처음으로 시사한 그의 「소설의 운명, 1993」만큼은 저 루카치의 반향 속에 있다. 당겨 말하자면, 황종연의 진정성론이 주된 관심이 주체성의 문제에 놓여 있다면, 서영채의 진정성론을 이끌어가는 핵심은 (반)자본주의다.

초기 루카치를 대표하는 저서 『영혼과 형식』과 『소설의 이론』을 낭만적 반자본주의의 힘을 증언하는 사례로 읽는 글을 참조하면,[41] 세기 전환기의 반자본주의는, 자본주의가 돌이킬 수 없는 과정이 되었다는 사실과 그로 인한 '비극적 의식', 이전 시대의 향수 등으로 특징지어진다. 이후 루카치 스스로는 이를 한계로 규정했지만, 이러한 특징은 서영채가 압도적인 첫 문장으로 회고하는 『소설의 이론』의 서두에 압축되어 있다.

「소설의 운명, 1993」에서 서영채는 예의 길찾기의 양식으로서 근대소설에 대해 환기하며, "곧 신적인 세계를 향한 열망 없이는 소설적 방황이 가능하지 않"으며, "진정한 가치를 향한 탐색 없는 소설이란 단순한 읽을거리에 불과"하다고 진술한다.

> 그러나 문제는 '신적인'이나 '진정한'과 같은 한정어이다. 무엇이 진정한 것인가. 진정한 것이 과연 존재하기는 하는가. 소설적 인물의 탐색은 또한 이러한 질문에 당면해야 한다. 현실은 추악하지만 어디까지나 현실이다. 그것을 전면적으로 부정하는 것은 자신의 존재 근거 자체를 부정하는

---

41 Rodney Livingstone, "Introduction", Georg Lukacs, *Essays on realism*, ed. Rodney Livingstone, trans. David Fernbach, Cambridge, Mass.: MIT Press, 1981, pp.4~5. 뢰비에 따르면 자본주의에 대한 광범위한 반대의 스펙트럼은 낭만주의 운동에 뿌리를 두고 있으며, 19세기 후반에 이르러 낭만적 반자본주의(romantic anti-capitalism)는 게오르그 짐멜, 막스 베버 등 다양한 이질적인 인물들에 의해 새로운 자극을 얻는다. 진정성 개념의 기원이기도 한 낭만주의는 자본주의에 대한 항의의 문맥으로도 나타났던바, 책의 편자 리빙스톤은 이 흐름에 초기 루카치를 위치시키며, 『영혼과 형식』은 '진정성'으로, 『소설의 이론』은 개인과 공동체 사이의 좁힐 수 없는 간극과 그 속의 비극적 운명으로 정돈한다.

> 것과 동일하다. 그 추악한 현실 어디에 진정한, 혹은 신적인 세계가 존재하는가. 이러한 질문에 직접적으로 답변한다면 그것은 아마도 소설 아닌 어떤 것으로 비약해 버릴 것이다. 소설 속에서 유토피아는 단지 부정적인 형상으로만, 신이 존재하지 않는 현실에 대한 부정태로만 존재할 수 있다. 그 부정은, 소설의 주인공이 경험하는 자기 부정, 그리고 소설의 역사가 구현하고 있는 형식의 자기 부정과 만나야 했다. (…)[42]

아도르노와 루카치가 공명하는 위 인용문의 한 진술을 고쳐 쓰면, 소설에서 진정성은 그것이 존재하지 않는 현실에 대한 부정태로만 존재할 수 있다. 나아가 그 부정이 "소설의 역사가 구현하고 있는 형식의 자기 부정과 만나야 했다"는 진술이 시사하는 것처럼, 서영채에게 있어서도 진정성 담론은 곧 근대소설의 역사에 닿아있다. 그런데 이 글에서 동시대 소설의 문제는 궁극적으로 "신이 아니라 적의 부재"로 단언되고 있다. 형식적 민주화와 현실 사회주의권의 붕괴 이후 지식인 사회의 혼돈을 지시하는 레토릭으로 낯설지 않다. 하지만 "냉전 이데올로기와 군부 파시즘"이 소설이 "저 압도적인 상품화의 압력 속에서도 생동하는 예술 작품"으로 남을 수 있게 했던 동력으로 서술될 때, 이 글에서 묻고 있는 동시대 소설의 운명은 좀더 자명해진다. 자본주의 시장의 상품으로서의 운명이 그것이다.

1999년에 발표된 「냉소주의, 죽음, 마조히즘: 90년대 소설에 대한 한 성찰」과 2000년에 발표된 「왜 문학인가: 문학주의를 위한 변명」에서 서영채는 한국문학의 변화를 진정성의 역사화를 통해 재서술하고자 한다. 「냉소주의, 죽음, 마조히즘」에서는 1980년대에서 1990년대의 이행이

42 서영채, 「소설의 운명, 1993」(『상상』 1, 살림, 1993), 앞의 책, 18~19쪽.

문제가 되며, 이러한 이행은 사적 진정성으로의 전화로 설명된다.「왜 문학인가」에서 또한 한국문학의 변천이, 진정성의 원리 아래서의 변화 곧, 실천 테제, 반성 테제, 자율성 테제로의 변화로 서술된다. 서영채의 일련의 글들을 진정성 담론에서 특정하게 위치 지을 수 있는 이유는, 역사철학의 세례를 받은 비평가답게 그가 진정성의 역사화를 시도하고 있기 때문이다.

1999년 발표된「냉소주의, 죽음, 마조히즘」에서 서영채는 이제 소설은 "1980년대식의 전면전"을 벌일 수 없고 "정면대결은 불가능하다"고 쓴다.[43] 문단의 상업주의를 경계하고 비판하는 논의들과 일견 유사해 보이지만, 그러한 비판보다는 발본적인 데가 있다. 그가 강조하는 바에 따르면 근대적 주체, 코기토의 신화가 수렴하는 곳은 시장이다. "계몽이성의 빛은 이제 시장에서 가장 밝게 빛난다." 상품도, 산업도, 대중도 아닌, 시장의 생산자와 소비자 '그 관계를 가능케 하는' 시장이야말로 새롭게 진주한 신화의 핵심으로 지목된다.

신자유주의의 도래가 예민하게 의식되는 이 글에서 시장은 문화를 포함하여 삶의 모든 권역을 재패한 신화로 묘사된다.[44] 이미 "우리 자신이 그 신화의 일부이고, 그 신화는 이미 삶의 전제조건이며 제 2의 자연" 곧, "우리 자신"이다. 이러한 맥락에서 보자면, 주체와 세계의 이분법, 그 이항대립은 더 이상 작동하지 않는다. 하지만 서영채가 보기에 동시대 문

---

43 이하 두 단락의 인용은 서영채,「냉소주의, 죽음, 마조히즘」, 앞의 책, 106~108쪽.

44 "사실 전통적으로 문화는 거의 자본주의의 상극이었다. 문화는 가격보다는 가치, 물질보다는 도덕, 속물근성보다는 고상함에 관한 것이었다. 문화는 천박하기 그지없는 실용적 동기보다는 그 자체가 목적인 인간 능력의 배양에 관한 것이기도 했다. 이런 인간의 능력은 조화로운 총체성을 형성해주었다. 즉 이런 능력은 일종의 특화된 도구가 아니었으며, '문화'는 이런 모든 능력의 종합을 의미했다." 테리 이글턴, 이재원 옮김,『이론 이후』, 길, 2010, 43~ 44쪽. 서영채 역시 현재와 과거를 대비하며 과거의 문화가 "시장 논리에 의해 계량화되지 않는 것들이 스스로를 표현하고 존재를 드러내는 장"이었다고 상기한다. 이와 같이 자본주의와의 구도를 중심으로 한 문화의 현재와 과거의 대비는 진정성의 시대의 시효에 대한 예감으로 이어지게 된다.

학은 자본주의적 삶의 질서에 대한 항의를 여전히 품고 있었고, 따라서 그는 문학의 전략을 '부정'과 '부인'이라는 방식으로 예시하기에 이른다.

글의 논리를 따라가면 이러하다. 전자의 부류는, 적대를 "개인적인 차원으로 전치"시킨다고 설명된다. 1990년대는, 1980년대와 같이 전선이 적과 나 사이에서 명료하게 그어지는 것이 아니라, "분할되고 겹쳐지고 전이"되어 있다. 1980년대에 진실과 허위의 대립이 사회적·역사적인 것이라면, 1990년대에 그 대립은 "피아가 구분할 수 없을 정도로 뒤엉켜" 개인적인 것으로 전이된다. 이 경우 개인의 내면은 현실이 침범할 수 없는 아성 같은 것이 아니라, 침범당해 있기 때문에 전장이 된다. 이어지는 분석을 쫓아가면, 자기 자신까지 그 냉소의 대상이 되는 방식으로서 장정일과 은희경의 시도들이 거론된다. 「냉소주의, 죽음, 마조히즘」에서는 이 부류의 서사가 "시장의 냉소주의"라는 "못된 아버지"와 대결하려 하지만, "우리 몸에 그의 피가 흐르고 있음을 부정할 수 없"으며, 따라서 그 대응은 "매를 맞고 있는 것은 나 자신이면서 동시에 내 안에 숨어 있는 못된 아버지"라는 근본적으로 마조히즘적인 방식이 라고 분석된다.[45]

다른 하나는 '시장의 냉소'를 '프로이트적 의미에서 부인Verleugnung'하는 부류로, 신경숙과 윤대녕 소설을 중심으로 비평적 논리가 구축된다. 서영채에 따르면, "그들에 의해 포착되는 세계는 시장의 손길이 미치지 않는 곳"으로 "시장의 원리 같은 것은 아예 안중에도 없다."[46] 여기서 서영채가 쓴 '부인'이라는 용어는 중요해 보인다. 주지하다시피, 그것은 외상적 경험이기에 지각하고도 인정하지 않는 주체의 방어기제이다. 「냉소주의, 죽음, 마조히즘」에서 1990년대 문학의 진정성은 이러한 비평적 구도 아래 도입되고 있다.

45 서영채, 「냉소주의, 죽음, 마조히즘」, 앞의 책, 150쪽.
46 서영채, 「냉소주의, 죽음, 마조히즘」, 앞의 책, 112쪽.

> (…) 진정성에 대한 추구로서의 고백은 일차적으로 일종의 자기 갱신에의 의지와 연관되어 있다. 신이나 그의 대리자 앞에서 행하는 참회가 고백의 원형이다. 과거보다 좀더 나은 자기를 지향한다는 점에서 그렇다. 그러나 문제는 그 고백의 진정성이 극단화될 때다. 진정성만을 추구하는 고백은 독백의 차원으로, 신과의 절대적인 관계 이외의 다른 모든 것들을 무화시키는 방향으로 나아가게 된다. 절대 고독과 고립의 상태를 향해 나아가게 된다는 것이다. 그러나 절대 고독이라면 외계의 어떤 대상과도 차단되어 있는 상태, 고립과 격절과 은둔의 상태, 곧 죽음의 상태가 아닌가. 설령 '신 앞에 선 단독자' 자신에게는 그것이 지복과 열락일 수 있을지라도 그 바깥에 존재한 사람들에게 그것은 죽음에 다름아닌 것이다.[47]

위 인용문을 통해 서영채가 1990년대 소설의 진정성을 어떠한 요소들로 구성하고 있는지 짚어볼 수 있다. 서영채는 "글쓰기 앞에서의 나는 아무런 비밀도 없습니다"(「낯선 것에 찔린 자국」)라는 진술과 함께 신경숙의 글쓰기가 "사적인 형태로 전화된 진정성에 대한 추구"를 나타낸다고 읽는다. 이어서 진정성의 형식적인 특징으로서 '고백'을 들고 있는데, 그 고백의 원형은 '참회'이다. 요컨대, 서영채에게 있어 진정성은 글쓰기 주체의 몫으로 환원되며, 그 형태는 자기 서술이다. 그리고 자기 서술은 진정성을 추구하는 이에게 강도 높은 자기 성찰을 요구한다. 이어서 서영채는 그 성찰의 결과를 '일차적인' 것과 '극단화된 것'의 두 가지 방향으로 예시한다. "자기 갱신의 의지"로서 전자는 "세계에 대한 새로운 긍정"을 수반하지만, 성찰성이 극단화된 후자는 "절대 고독" 곧 "죽음의 상

47 위의 글, 115쪽.

태"로 이어진다는 것이다.

'신 앞에 선 단독자'라는 말로 흔히 상기되는 인물은 키에르케고르이다. 『영혼과 형식』이 진정성으로 호명하기도 한 그는, 신 앞에 선 단독자로부터 '자기'를 도출했다. 하지만 문제는 신경숙 소설의 한가운데에 있는 죽음이다. 서영채는 그 죽음의 대표적인 사례로 '희재 언니'를 들고 "'희재 언니'의 죽음에는 어떤 사회적 의미도 없다"[48]고 쓴다. 당연하게도 사회적 의미가 없을 수 없지 않은가.[49] 하지만 이 글에서 서영채는 "고립과 격절의 상징"을 맥락화하는 길 대신 "내면의 고유한 징표"로 축약하는 방향을 취한다. 그의 해석을 따라가면, 죽음 충동과 삶 충동이 동거하는 신경숙 소설은 일종의 분열을 내장하지만, 결국 "화해와 자기긍정의 세계에 도달"하게 된다. 이때 긍정에는 '자기'라는 수식어가 또렷하게 붙게 되는데, 이는 그러한 긍정이 '부인'으로부터 도출된 것임을 의식하는 흔적처럼 읽힌다.

프로이트적 부인이 시장의 냉소에 대응하는 전략이라는 사실은 더 생각할 여지를 남긴다. 진정성이 글쓰기 주체, 텍스트 바깥의 저자의 문제로 돌려졌기 때문에, 이 전략은 아이러니한 감각을 동반한다. 간단히 말해, 신경숙은 누구나 알고 있듯이 시장에서 살아남은 대표적인 작가이기 때문이다. 한국 사회에서 시장에서 상업적으로 성공했다는 사실은 무

---

48 위의 글, 118쪽.

49 여기서 고려되어야 할 것은 1980년대를 의식하는 비평가들에게 '사회적'이라는 말이 가지는 화용론적 함축이다. 그리고 이는 1980년대 신경숙 소설이 비평보다 먼저 감지하고 의식하던 것이기도 했다. "이숙이 혼자 있는 시간을 견디지 못해 쓰러져 갈 때 우리는 그 장례식 행렬을 따라 시청엘 갔다."(신경숙, 「밤길」) 서영채가 지적하고 있듯이 고립된 여성의 죽음이라는 모티프는 최초의 '이숙'이 등장하는 「밤길」에서 먼저 써진다. 신경숙은 거리가 아니라 방의 죽음을 이야기하고자 했으며, 2010년대에 제출된 서영채의 『외딴방』론은 이 거리, 혹은 사회를 "공적 대의"(서영채, 「신경숙의 소설과 1990년대의 마음」, 『문학동네』 90, 문학동네, 2017.)로 명명한다. 본고의 논의를 잠시 벗어나지만, 2000년대의 한 소설은 이 구도를 다음과 같이 뒤집는다. "미스터 블론드가 경찰의 귀를 잘라내고 있을 때 종로 근처의 어느 인쇄소 기계 뒤에서 남학생 하나가 쓰러져 죽었다."(윤이형, 「큰 늑대 파랑」)

엇을 의미하는가. 2010년대에 발표한 『외딴방』론에서 서영채는 성공서사에 대한 거부감을 읽어낸다. "그 밑바닥에서 움직이고 있는 것은 성공서사에 대한 거부감, 그런 구도 속으로 들어가고 있는 자기 자신의 글쓰기에 대한 거부감이라고 해야 하지 않을까."[50]

그런데 이 질문에 이르기까지의 과정에서도 성공서사의 주인을 심판하는 시선의 위치는 '시장'과 "우리"로 분열되어 있다. 서영채는 먼저 성공을 향한 사회의 압력('경쟁에서의 승리')을 읽고, 다음으로 그 이면의 분노('경쟁을 받아들였다는 것')를 읽는다. 하지만 그 기원은 동일해 보인다. 「냉소, 죽음, 마조히즘」으로 돌아오면, "고립과 격절과 은둔" 다시 말해 진정성의 또 하나의 축으로 제시되었던 '죽음'이 그것이다.

이렇게 놓고 본다면, 시장 안에서 시장주의와 싸운다는 것, 서영채가 자본주의 이후 주체를 읽는 독법으로 제시한 피아의 구분 불가능성은 곧 그가 생각하는 동시대의 비평이 놓인 좌표이기도 하지 않을까. 그로서는 부정하거나 부인하거나, 둘 중 하나의 길밖에 보이지 않았다는 것. 동어반복이 되겠지만, 그럼에도 비평 앞에 놓인 소설들이 시장의 냉소에 두 가지 방식으로 대응하고 있다는 것이 그의 생각이었다.

그러나 바로 이듬해이자 21세기의 첫해, 서영채는 역사철학적 관점이 노정하는 마지막 지점, 즉 소멸과 종언의 지점으로 이월해 간다. 2000년에 발표된 「왜 문학인가: 문학주의를 위한 변명」에서 저자는 다시 한번 진정성을 논의한다. 서영채는 1980년대까지 문학적 논리의 두 축이 "실천테제와 반성테제"였고, 둘은 "서로 대척적인 자리에 놓였으면서도 사실은" 상보적이었다고 진술한다. 「소설의 운명, 1993」에서도 언급한바 "단지 부정적인 형상으로만" 존재할 수 있는 '유토피아에의 꿈'이 두 테제의 공유점이

50 서영채, 「신경숙의 『외딴방』과 1990년대의 마음」, 앞의 책, 20~21쪽.

다.[51] 서영채는 실천테제가 먼저 무력해지고, 이후 실천테제를 잃어버린 반성테제는 자율성 테제로 바뀌지만, 이와 같은 세 가지 테제 모두 그 기저에는 "진정성의 원리"가 있다고 쓴다. 그 원리는 매우 간명해서 '진실/거짓의 대립항'이며, "진정성의 원리는 곧 모든 위선과 형식적인 것과 허위에 대한 배격이며, 자유로운 개인의 자율성과 자발성과 내면성으로 이어져 있다."

비슷한 시기인 1999년 갈리마르에서 첫 발간된 뤽 볼탕스키와 이브 시아펠로의 논의를 서영채의 글과 겹쳐 읽고자 하는 것은 이 대목에서다. 볼탕스키와 시아펠로에 의하면 자본주의에 대한 비판은 네 가지 분노의 감정적 원천을 갖는다. 그 원천들 중 "사물들, 사람들, 감정들 그리고 더 일반적으로 그와 연관되어 있는 삶의 장르의 환멸 혹은 비진정성의 원천으로서의 자본주의"와 "자유, 자율, 그리고 종속된 인간 존재들의 창조성에 대립하는 한에서, 억압의 원천으로서의 자본주의"[52]가 그들이 말하는 예술적 비판의 핵심이다. 예술적 비판의 최종 가치는 자율이며, 이 자율의 달성에 진정성이 중요한 가치로 개입해 있다. "예술적 비판은, 보헤미안적 삶의 양식의 발명에 뿌리를 내리고 있는 것으로서, 우리가 앞서 말한 두 가지 분노에서 원천을 길어온다."[53] 그런데 20세기 후반의 자본주의는, 사회적 비판과 예술가적 비판 중 후자를 회수하여 변신시켰다는 것이 그들의 논지이다.

「왜 문학인가」에서 서영채는 앞에서 본 바와 같이 과거의 문학에서 진정성의 원리가 수행한 지점을 밝힌 후, 자율성 테제가 시효를 다했다는 사실을 환기한다. 문학의 자율성이 "문화산업의 논리 앞에 전면적으로 노출"되어 있어서만은 아니다. 그는 "문학의 자율성 자체가 시장의 논리와 매우 밀접한 동맹관계"를 가지고 있으며, 그 속성상 양자는 "냉

51 이하 이 글에서의 논의는 서영채, 「왜 문학인가」, 앞의 책, 92~99쪽.
52 Luc Boltanski & Ève Chiapello, op.cit., p.37.
53 Ibid., p.38.

소주의"를 공유하고 있다고 지적한다.

세계는 이미 "탈승화와 탈정신화의 시대"로 접어들었기 때문에 "벌거벗은 육체의 언어는 더 이상 충격도 놀라움도 아니"다. 따라서 "진정성의 차원도 아니게" 되며, "진정성의 차원과 개념이 오히려 전도"되기에 이른다. 한국 사회에서 서영채의 이러한 인식이 사회학적으로 논의되는 것은 2000년대 중반에 이르러서이다. 2000년대 중반에 이르면 예의 자기계발 담론, 동물/속물론 등에 의해 진정성 시대의 종언이 언급되기 시작한다. 쉬운 예로, 자기 고백이라는 진정성의 장치는 취업 시장의 자소서로 변형되었다는 것, 다시 말해 그것은 더 이상 반사회(자본주의)적 문맥을 정지시키고, 하나의 자본으로서 경쟁에 활용된다는 것이다.

서영채가 예감한 "문학사적 단절"은 김영하 소설 등 새로운 세대의 문학을 통해 예감된다. 하지만 그 단절은 부정적인 시각에서가 아니라, 새로운 세대의 글쓰기의 특징을 서술하는 것으로서 거론된다. 「왜 문학인가」 이후 서영채는 한 차례 더 진정성을 유의미하게 언급하는데, 그 대상은 "출발점의 김연수"이다. 그리고 김연수론에서 그는 다음과 같이 쓰고 있다. "요컨대 『스무 살』의 세계에서는, 고백의 절실함보다는 지적 유희의 경쾌함이, 진정성보다는 독창성에 대한 추구가 좀더 우세한 힘으로 작용하고 있다. 곧 출발점의 김연수에게 문학적 글쓰기는, 자신의 진실을 고통스럽게 토로하는 것보다는 상상력을 통해 세계를 재구성하는 쪽에 훨씬 더 가까이 있다는 것이다."[54]

54 서영채, 「유토피아 없이 사는 법: 유령 작가 김연수」(『문학동네』 30, 문학동네, 2002), 앞의 책, 281쪽.

## 5. 맺음말

황종연과 서영채의 진정성 논의의 중심에는 '반사회성'이 있다. 개인과 사회의 대립구도를 설정한다는 점에서 그러하고, 사회보다는 개인의 편에 선다는 점에서 또한 그러하다. 흔히 이들의 논의는 1990년대 문학의 한계로서의 탈사회성을, 주체의 내면을 특권화함으로써 옹호한 것으로 이해되어 왔다. 그리고 이 글은 이 문제를 진정성의 원리 혹은 조건의 문제로 다시 들여다보고자 했다.

진정성 담론에서 황종연의 기여는 분명하다. 그는 '문학적 진정성'이나 '작가적 진정성' 등의 모호함을 버리고, 계보학적 탐색을 통해 진정성을 개념적으로 구축한다. 그는 루소, 테일러 등 진정성 개념을 이루는 중요 저작을 검토하여 진정성을 주체화의 장치로 이해하고, 이를 주체 형성의 문제로 풀어낸 비평가로 판단된다. 또한 황종연은 한국 문학에서 마샬 버먼의 중요한 매개자이기도 하거니와,[55] 이 시기의 그는 절대화된 담론적 기표로 누벼지지 않는 개인주의 정치 윤리를 진정성을 경유하여 사고하고자 했다.

황종연의 글에서 주목하여야 할 다른 하나의 지점은, 그가 진정성을 부정의 용어로 정립한 사실이다. 그는 진정성 개념에서 부정성의 원리를 읽어내고, 그 역설에 주의를 기울임으로서 기존의 진정성 논의로부터 나아갈 수 있었다. 그러나 부정과 역설에 입각해 보자면, 1990년대 소설의 진정성은 미완의 기획이기도 했다. 광기어린 부정의 파토스는 그것이 놓일 새로운 공적 지평을 개시할 수 없었고, 자아와의 일치에 이르는 에피

55 황종연, 「모더니즘의 망령을 찾아서—마셜 버먼의 『난난한 것은 모두 녹아 날아간다』에 관하여」, 『세계의 문학』 19(2), 민음사, 1994.

파니는 나르시시즘의 혐의를 완전히 지울 수가 없었다. 하지만 그럼에도 황종연에게 있어 진정성이라는 가치는 하나의 계기로서 지속적으로 요청되어야만 했던 것이었다.

그 요청의 배경에 1980년대 문학이 놓여 있는바, 황종연에게 그것이 지양하고 극복해야 할 대상이었다면, 서영채에게 그것은 1990년대 문학의 존재론적 결여를 환기하고 자극하는 것에 가까웠다. 서영채는 진정성과 시장의 긴장 관계를 본격적으로 다루면서, 은유와 반어가 강한 화법을 구사하며, 자본주의 상품으로서 문학예술의 존립 근거를 탐색해 나간다. 그 과정에서 서영채는 진정성을 글쓰기 주체의 문제로 환원하고, 그의 성찰성 안에서 죽음 충동과 삶 충동이라는 두 축의 방향성을 읽어낸다. 그러나 그렇게 해서 획득된 화해와 긍정의 세계는, 지적으로 연역된 '부인'의 논리 안에서만 가능한 것이기도 했다.

아울러 서영채는 진정성의 역사화를 시도한 논자로 평가할 수 있다. 그는 우선 1990년대 문학을 사적인 진정성으로의 이행으로 고찰했고, 진정성의 원리로 묶인 세 가지 테제를 상정하고 이들의 변천으로 지난 연대 문학을 설명하고자 했다. 그리고 진정성의 차원이 전도되고 있음을 직관하며, 진정성을 중심으로 문학사적 단절을 예감하기에 이른다.

이들의 진정성 논의는 주로 1999년과 2000년에 제출된다. 그 짧은 사이, 20세기가 끝나고 21세기가 시작된다. 한 사람은 정초하는 담론을 구성하고자 했고, 다른 한 사람은 역사적 소멸을 예지하고자 했다. 황종연과 서영채가 서로 분기하는 지점을, 이를테면 그들의 비평적 논리와 상상력에 어느 정도 영향력을 끼쳤다고 보이는 버먼과 루카치의 차이를 통해 짚어 보면 어떨까. 최소한 이 시기의 글들에서, 황종연은 그럼에도 자아의 창조적 능력 쪽으로 기울어진 반면에, 서영채는 세계 속의 비극적 운명에 경사되고 있었다. 두 비평가의 진정성 논의들은 1990년대를 결산하는 글인 동시에 2000년대를 여는 글이기도 했던바, 이들의 앞에는 곧 근대문학종언론이 주어질 것이었다.

진정성의 현실 적합성이 어디까지인가. 지금 이 글의 역량을 벗어나는 일이지만, 지금의 시대 혹은 세대가 견지한 주요한 에토스라고 할 수 없다. 볼탕스키와 시아펠로는 네트워크 사회의 도래와 함께 진정성은 시대착오적인 것이 되었다고 진단한다. 하지만 진정성의 이상과 실천이 소멸했다고 단언할 수 있을까. 본격적인 검토가 있어야 가능한 지적이 되겠지만, 일례로 2010년대 후반 한 시기 평론계의 정동적 흐름은 진정성의 정치 윤리라는 측면에서 검토할 여지가 전혀 없지는 않아 보인다. 단지 텍스트 비평이 아니라, 작게는 프로필의 작성에서부터 잡지의 서문, 에세이, 인터뷰와 좌담 등에 이르기까지, 자기 자신에게 진실하라는 호소, 세계의 압력에 대한 저항, 이상에의 동조 등이 뚜렷한 하나의 흐름을 형성하고 있었기 때문이다.

진정성은 낭만주의를 기원으로 한다. 그것은 청년의 시간을 살며, 그 뿌리에는 죽음이 있다. 한 시대 혹은 세기가 끝났다. 하지만 '포스트'라는 수식어를 단 이후에도 이십년 동안, 문학비평은 그 담론의 처리에 부심해야 했다. 과거와 현재, 미래의 연결 속에서 여전히 진정성이 하나의 문제라면, 이를 문제로 만드는 것에 어떤 힘들이 연관되어 있는지까지를 포함하여 보다 정밀한 연결망을 그려 나가야 한다. 단절의 선언이 놓치는 지점을 그 자신의 시대는 알지 못한다. 지금 우리에게 직선적인 환원론보다 더 필요한 것은 진정성이라는 문제의 다층적 측면을 읽어내는 것이 아닐까. 우리 시대에 놓인 진정성의 아포리아는, 어쩌면 이것이다.

# 1990년대 후반 『문학과 사회』의 변별성 연구

: 90년대 '결산' 담론을 중심으로

안세진

# 1990년대 후반 『문학과 사회』의 변별성 연구
: 90년대 '결산' 담론을 중심으로

—

안 세 진

## 1. 들어가며 – 패배 이후의 결산

세기말의 문단에서 시도된 숱한 결산의 흔적들을 지금의 시점에서 되짚어 볼 때, 그와 같은 아카이브의 가장 앞머리에서 발견되는 것은 바로 『문학과 사회』의 이름이다. 1998년을 기점으로 한국 문단은 본격적으로 90년대 문학을 결산하기 시작하는데, 그 분수령이 되는 기점은 『문학과 사회』가 1998년 봄호에 기획한 〈오늘의 한국 문학 - 한국문학의 지형적 조망〉 특집으로 보인다. 문단 내부에서 결산 작업을 가장 먼저 주도한 주체가 다른 누구도 아닌 『문학과 사회』였다는 사실, 그리고 그와 같은 기획이 제출되기 시작한 상황적 시점이 IMF 외환위기 직후와 정확히 겹쳐지고 있다는 사실은 앞으로 진행될 본고의 논의를 위한 중요한 착안점이 된다. 이에 대한 본격적인 논의를 시작하기에 앞서, 결산 담론이 본격적으로 전개되기 시작하였던 1990년대 말 한국 문단의 풍경을 연대기 순으로 간단하게 소묘해 보는 것이 도움이 될 것이다.

90년대 결산 담론의 물꼬를 튼 『문학과 사회』 1998년 봄호는 공교롭게도 『문학과 사회』의 창간 10주년 특집호이기도 하였는데, 그러한 부제가 무색하게도 해당 권호 전면에 노출되어 있는 것은 강한 패배주의다. 소비사회에 대한 문학의 패배가 IMF로 인해 기정사실화되었다는 비관적 현실 판단을 바탕으로, 상업주의에 맞서 비판적 예각을 세우고자 했던 『문학과 사회』의 입지점조차 "근거 없는 낙관주의의 거품"[01]에 침윤되어 있었으며 기껏해야 "문화 산업의 공모자"[02] 노릇밖에 할 수 없었다는 자기반성이 절망적 파토스에 실려 반복된다. 소비 사회의 거품이 꺼진 자리에 남은 것은 오직 "신파적 지둔"과 "지성의 빈곤"[03]의 흉한 꼴뿐이었다는 참담한 자기서술과 함께, 『문학과 사회』는 어떠한 환영이나 기념도 없이 자신의 창간 10주년을 마무리한다. 이와 같은 비관적인 현실 인식은 당시 사회상을 고려하였을 때 충분히 이해할 만한 것이지만, 문제적인 것은 이들이 "불안·분노·자조, 무기력과 허무에 시달"리며 곧장 "20세기를 마감"[04]해 버리기에 이른다는 것이다. 『문학과 사회』에게 90년대, 더 나아가 20세기는 IMF를 기점으로 즉각 종료되며 그곳에는 문학의 패배와 산업의 승리라는 부제가 붙는다.[05]

90년대의 발 빠른 종언을 선언함과 동시에 『문학과 사회』는 90년대

01 편집부, 「이번 호를 내면서」, 『문학과 사회』 1998년 봄호, 30쪽.

02 같은 글, 29쪽.

03 같은 쪽.

04 같은 글, 30쪽.

05 90년대가 1997년 IMF 외환위기를 기점으로 종언되거나 최소한 형질변화를 이루었다는 주장은 많은 논자들에 의해 지적되어 왔다. 다만 그 구체적인 메커니즘에 대해서는 이견이 있는 것으로 보인다. 김홍중에 따르면 '97년 체제'를 기점으로 한국 사회를 지배했던 '마음의 레짐'은 '진정성의 레짐'에서 '생존주의 레짐'으로 이동한다. 외환위기 이후 한국 사회가 승자독식, 무한경쟁, 적자생존을 요체로 하는 신자유주의 사회로 진입함에 따라 사회적 관심 역시 '진정한 삶'이 아닌 '생존(삶 자체)'의 문제로 집약된다는 것이다. (김홍중, 「진정성의 기원과 구조」, 『한국사회학』 43(5), 한국사회학회, 2009, 4쪽.) 한편, 노태훈은 매체사적인 측면에서 1987년과 1997년 사이의 10년을 '90년대적 시기'로 상정한다. 1987년 10월 문화공보부가 판금도서를 해제하고 출판 및 잡지의 신규 등록을 자유화함에 따라 90년대 한국의 문화/매체는 급속도로 늘어나 '문자문화의 마지막 전성기'를 구가했지만, 이와 같이 확대된 종이 매체 시장이 1997년 IMF를 계기로 위축되어 결국 담론의 공간이 '지면'에서 '화면'으로 옮겨가게 되었다는 것이 그 논거이다. (노태훈, 「비평의 시대와 그 무수한 흔적들 – 90년대 문학의 매체와 그 지형도」, 『현대소설연구』 83, 한국현대소설학회, 2021, 9-10쪽.)

한국 문학의 공과를 검토하는 결산 작업에 몰두하기 시작한다. 『문학과 사회』의 〈오늘의 한국 문학〉 란은 1996년 가을호부터 매 호 개별 작가를 한 명씩 선정하고 이에 대한 평문을 싣는 '집중 조명'의 형식으로 개편되어 진행되고 있었는데, 1998년 봄호에서 편집동인은 해당 기획을 일시 중단시키고 그 자리에 "90년 이후의 한국 문학의 흐름을 종합적으로 점검"[06]하기 위한 〈오늘의 한국 문학 - 한국문학의 지형적 조망〉 특집을 새롭게 마련한다. 해당 특집에서 박혜경, 김양헌 두 명의 필자는 각각 '주체의 위기', '불상유통不相流通/동기감응同氣感應'의 키워드로 90년대 한국 소설과 시의 전반적 흐름을 정리한다. 이어지는 여름호에서도 『문학과 사회』는 〈한국 문학의 빈곤〉 특집을 통해 결산 작업을 이어 나간다. "외양적 풍요 속에 심각한 빈곤을 앓고 있"는 현재의 한국 문학으로부터 "잠복해 있는 풍요의 원천"[07]을 길어내는 것을 목적으로 기획된 해당 특집에서 홍정선, 정과리, 박혜경 세 명의 필자는 90년대 문단의 풍토를 비판적으로 검토하며 90년대를 역사화하는 작업에 착수한다.

이에 화답하듯 『창작과 비평』에서는 1998년 가을호에 자체적으로 좌담 「90년대 문학을 결산한다」를 마련하며, 1999년 여름호 〈세기의 갈림길에 선 우리 문학: 90년대 비판〉 특집에서 본격적으로 90년대 문학에 대한 결산 작업을 시작한다. 『문학동네』 역시 1998년 겨울호부터 20세기 한국 문학을 결산하는 5회의 장기 특집을 진행하게 되는데, 특히 마지막 기획인 1999년 겨울호의 〈90년대 한국문학이란 무엇인가 II〉 특집에는 당시 『문학동네』의 편집위원이 총집합하여 90년대 소설을 '내면성', '문학주의, '진정성' 등의 키워드로 묶어내는 인상적인 모습을 보여주기도 한다. 이외의 문예지들 또한 앞다투어 저마다의 결산을 진행한다. 『문학과

06 편집부, 「이번 호를 내면서」, 『문학과 사회』 1998년 봄호, 31쪽.
07 편집부, 「이번 호를 내면서」, 『문학과 사회』 1998년 여름호, 442쪽.

의식』은 1999년 봄호에 〈90년대 문학의 성과와 반성〉이라는 주제로 90년대 한국 문학의 제 분야를 총괄하는 의욕 있는 특집을 꾸리고, 『오늘의 문예비평』은 1999년 봄호부터 이어진 세 차례의 특집을 통해 90년대 비평 담론에 대한 총정리를 시도한다. 『문예중앙』 역시 1999년 가을 〈한국문학 비평을 비평한다〉라는 키워드로 90년대 문학비평 전반에 대한 메타적 접근을 시도하고 있다. 1999년 여름 『실천문학』에서는 90년대의 여성문학의 성취를 개괄하는 〈90년대 여성문학, 무엇을 남겼나〉 특집을 따로 마련하는데, 이에 대한 메타적 작업으로는 동해 『여성과 사회』로부터 제출된 「90년대 여성문학 논의에 대한 비판적 고찰」 역시 빼놓을 수 없다. 이처럼 문단 각지에서 수행된 서로 다른 결산은 이후 단행본 『90년대 문학 어떻게 볼 것인가』로 묶여 1999년 민음사에서 출판되기도 한다.[08]

어느 시기나 10년 단위로 세대를 결산하려는 시도는 이루어지기 마련이지만, 90년대를 결산하기 위한 각종 문예지의 이와 같은 몰두는 자못 과도하게까지 느껴진다. 더군다나 그것이 IMF라는 기정사실화된 패배 앞에서 남겨진 문학의 몫을 추수하는 방식으로 이루어졌음을 상기한다면 그러한 고투는 더욱 의미심장하다. 한 세대를 결산하는 것이 곧 그것을 역사화하는 것이며, 역사화라는 것이 지나간 시간에 하나의 선형적 내러티브를 부여하는 작업이라는 것을 고려하였을 때, 이와 같은 결산

08 지면에 모두 담을 수는 없지만 이외에도 문단 각지에서 개별적으로 수많은 결산 작업들이 이루어졌다. 그 일부를 다음과 같이 밝혀둔다: 이현식, 「주체에 대한 반성과 새로운 실험들 - 90년대 소설을 바라보는 시각」, 『황해문화』 1998년 여름호 ; 서경석, 「1990년대 비평적 사유의 변모」, 『오늘의 문예비평』 1998년 겨울호 ; 임규찬, 「세기말의 어둠과 희망 – 1990년대의 비평행적을 뒤돌아본다」, 『내일을 여는 작가』 1999년 봄호 ; 신철하, 「다시 문제는 비평이다 – 오늘의 한국문학, 현상과 극복」, 『문예중앙』 1999년 여름호 ; 김정란 「90년대 문학의 가능성 – 새로운 진정한 언어의 도래를 꿈꾸며」, 『동서문학』 1999년 여름호 ; 김미현, 「불한당들의 문학사 – 90년대의 악마주의 소설」, 『세계의 문학』 1999년 겨울호.

담론의 기저에 놓인 것은 결국 지나간 과거와 거리를 두고 메타적인 '이후'의 위치로 이동하려는 서술주체의 욕망일 수밖에 없다. 서둘러 90년대를 닫고 주어진 패배를 특정 주체에게 귀책하는 한편, 특정한 단절과 연속의 감각 속에서 시작과 끝을 만들어내는 결산의 작업 속에서 분명해지는 것은, 그것을 통해 결산된 시대의 모습이라기보다, 그러한 결산을 이야기하는 개별 주체의 태도와 좌표이다.

이와 같은 관점에서 본고는 90년대 후반 한국 문단 각지에서 수행된 수다한 결산 작업을 'IMF 이후'라는 동질적 현실조건 하에서 개별 문예지들이 자신의 변별성을 창출하려는 노력으로 이해한다. 당대 한국 문단에서 IMF가 의미하였던 것이 결국 '시장의 전일적 지배'라는 동질적인 구조 내부에 놓인 문학의 위치를 승인하는 것이었다면, 전면적인 신자유주의 사회로의 돌입과 함께 문단 전체가 "문화 산업의 회오리"[09]로 휘말려 들어가는 긴박한 상황 속에서 각종 문예지가 앞다투어 마련한 결산 특집은 결국 각각의 문학 주체가 지나간 1990년대를 정리하고 다가올 2000년대를 예비하며 저마다의 변별적 입각점을 다시 한 번 정교화하는 작업으로 이해될 수 있다. 그것은 문학의 동질화된 미래가 어느 정도 기정사실화되고 있었던 IMF 직후의 시점 문단 각지에서 이루어진 마지막 비평적 고투인 것이다. 그러한 의미에서 본고는 복수의 결산 담론이 펼쳐졌던 1998년 초부터 1999년 말 사이의 문학 공간을 타 구성원과 스스로를 구별 지으면서 변별적 정체성을 창출하는 개별 문학 주체의 각종 전략이 펼쳐졌던 역동적인 장champ으로 바라본다.

본고는 당대 문단의 '주류'에 위치해있었던 『문학동네』, 『창작과 비평』, 『문학과 사회』 세 문예지의 90년대 결산 담론을 검토함으로써 그들이 90년대 문학에 각각 어떠한 내러티브를 부여하였고 또 스스로와 90

09 편집부, 「이번 호를 내면서」, 『문학과 사회』 1998년 봄호, 29쪽.

년대의 관계를 어떻게 설정하였는지 분석할 것이다. 그 중 본고가 주목하고자 하는 것은 『문학과 사회』인데, 이는 90년대 후반 『문학과 사회』가 타 주류 문예지와 비교했을 때 내적으로 가장 심각한 정체성의 위기를 겪고 있었다는 판단에 근거한다. 본론에서 자세히 부연되겠지만, 종래의 『문학과 지성』이 끈질기게 견지해 온 좌파적 정체성은 90년대 후반 민중문학의 약화로 인하여 그 변별적 자질을 잃고 상업주의와의 이자적 관계 위에서 간신히 유지되고 있었다. 그러한 맥락에서 IMF로 말미암아 문단에 대한 시장의 전일적 지배가 기정사실로 수리되는 상황은 매우 치명적이었으며, 이는 서두에 언급하였듯 『문학과 사회』가 타 문예지들과 비교했을 때 가장 먼저 90년대에 대한 결산 작업을 시작하게 되었던 사실과 무관하지 않다. 이에 『문학과 사회』는 곡예적인 내러티브로 90년대를 정리하기 시작하는데, 그러한 『문학과 사회』의 결산 작업이 현상하는 특수성은 당대 주류 문단에서 동시다발적으로 진행되었던 서로 다른 결산의 시도들을 한 눈에 넣는 시각 아래에서만 온전히 파악될 수 있다.[10]

본고는 크게 다음과 같은 두 개의 부분으로 구성된다. 본론 2장에서는 90년대 후반 『문학과 사회』가 위치하고 있었던 문단 내부의 지형도를 톺아보며 그들이 직면하고 있었던 위기의 실체를 분명히 살펴본다. 민중문학 진영의 붕괴와 『문학동네』의 부상으로 말미암아 『문학과 사회』가 이른바 '순수문학'이라는 용어에 대한 배타적 소유권을 더 이상 주

10 90년대 후반 한국의 역동적인 문학 공간을 오직 주류 문예지 세 개 사이의 관계에 한정해서 분석한다는 것은 그 자체로 많은 맹점을 내포할 수밖에 없는 기획이다. 이와 같은 구상이 현재의 시점에서 투영되는 사후적인 편향으로부터 결코 자유로울 수 없음을 인정하는 한편으로, 본고는 『문학과 사회』의 결산 담론 자체가 유독 주류 문예지의 상대적인 구도 안에서라야 가장 명확하게 파악될 수 있는 종류의 것이었다는 소명을 덧붙이고자 한다. 요컨대, 주류 문예지의 삼자구도라는 한정된 연구 대상은 이 논문 자체의 한계임과 동시에 90년대 후반 『문학과 사회』의 비평적인 전략이 주조될 수 있었던 대타적 가능성의 한계이다. 본고의 작업이 문단의 '중심'에 대한 하나의 스케치로 활용되어 추후 보다 넓은 시각으로 이어질 연구를 예비할 수 있기를 소망한다.

장할 수 없게 되었던 상황이 문단 내부에서의 『문학과 사회』의 변별성을 현저히 약화시키는 결과를 낳았음을 논증할 것이다. 본론 3장과 4장에서는 『문학동네』, 『창작과 비평』, 『문학과 사회』에서 진행되었던 서로 다른 결산 담론의 세부를 검토한다. 그 과정에서 각각의 문학 주체가 '90년대'라는 내러티브의 시작과 끝을 명시하기 위해 설정한 '단절'과 '연속'의 키워드가 중요하게 검토될 것이다. 각각의 문예지가 저마다의 결산에 있어서 90년대를 단절적인 기원으로 삼고 있는지, 혹은 그것을 모종의 전사前史를 지닌 연속적인 시대로 이해하고 있는지, 만약 그렇다면 그 소급점은 어디까지 거슬러 올라가는지, 그 구체적인 양상을 변별하며 『문학과 사회』가 시도했던 결산 작업의 특수성을 드러내는 것이 본 연구의 최종적인 목적이다.

## 2. 무당파성의 당파성과 '순수'의 누수

90년대 한국 문단을 수놓았던 수많은 '위기'의 담론들이 무색하게도, 90년대를 결산하는 세기말의 자리에서 반복해서 강조되는 것은 바로 주요 문예지의 비평적 입장이 서로 충분히 구별되지 못했다는 지적이다. 소속이나 지위 여하를 막론하고 필자들은 입을 모아 90년대 문단의 특징으로 "에콜정신의 약화"[11]와 "응집적 설득력"[12]의 해체, 그리고 그로 인해 발생한 문예지별 개성의 부재를 거론한다. 당파성의 부재는 이윽고

11 이광호, 좌담 「다시 문학이란 무엇인가」, 『문학동네』 2000년 봄호, 416쪽.
12 김정환, 「새 천년의 언어는 무엇인가」, 『문학과 사회』 1999년 겨울호, 1657쪽.

90년대 한국 문단이 상업주의의 물결 앞에서 비평적 정박점을 획득하지 못하고 속수무책으로 휘말릴 수밖에 없었던 핵심적인 이유로 거론된다. 주류 문예지의 비평가들이 뚜렷한 문학관의 부재로 인해 출판자본에 영향력을 행사하기는커녕 오히려 자기네 출판사에서 키워낸 스타들을 백화점식으로 홍보하는 데만 급급하였다는 비판이 이어지는 한편, 차라리 『창작과 비평』과 『문학과 지성』이 이원 체제를 구가하고 있던 이전의 시기가 문학산업에 대한 문학적 항전력의 측면에서 더 낫다는 식의 서술도 눈에 띈다.[13] 문화산업의 논리에 속수무책으로 휘말려 들어간 IMF 이후 한국 문단의 양상을 비판적으로 바라보며 그것의 원인을 당파성의 부재에서 찾는 이와 같은 내러티브는 당대의 많은 필자들이 공유하고 있었던 감각이었던 것처럼 보인다. 이와 같은 평가는 "출판 행위와 비평 행위가 한 집단 안에서 이루어지는 한국 문학 특유의 '문예지 시스템'"의 구축으로 인해 "비평의 독자성이 확보되지 못하고 비평이 출판에 종속되어 버렸"[14]다는 조연정의 평가나 90년대에 이르러 70-80년대식의 문학적 진영이나 운동적 노선이 해체되고 그 자리를 "창비-문동-문지 세 주류 출판사 잡지의 과두체제"[15]가 대체했다는 천정환의 지적에서도 유사하게 반복되고 있다. 형식적 민주화와 현실사회주의의 몰락이라는 국내/국외

13 "저도 90년대 비평의 문제는 오히려 진정한 자신의 색깔이나 개성이 없었다는 지적에 전적으로 동감합니다. (…) 90년대 들어 『창작과비평』과 『문학과사회』의 이원체제가 약화됨으로써 상호대립적일 수 있는 색깔이 약해진 상황에서 모든 문학잡지들이 너무나 다변화되고 백화점식의 나열주의가 된 측면이 있거든요."(김미현, 앞의 글, 좌담 「다시 문학이란 무엇인가」, 416쪽.) ; "오히려 창비나 문지가 양대 에꼴로 있던 80년대에는 참 선명했어요. 폐해가 없지 않았지만 입장은 선명했다고 보는데, 지금은 자기네 출판사에서 키워낸 스타들을 그냥 뒷바라지하는 게 비평가들의 역할이 되어버린 것 같아요."(김정란, 좌담 「90년대 문학을 결산한다」, 『창작과 비평』 1998년 가을호, 31쪽.)

14 조연정, 「'문학주의'의 자기동일성 – 1990년대 『문학동네』의 비평 담론」, 『상허학보』 53, 상허학회, 2018, 11쪽.

15 천정환, 「창비와 '신경숙'이 만났을 때 – 1990년대 한국 문학장의 재편과 여성문학의 발흥」, 『역사비평』 112, 역사비평사, 2015, 293쪽.

의 체제적 변화에 직면하여 기존 한국 문학을 분할하고 있었던 욕망의 전선 자체가 전면적으로 재편될 수밖에 없었고, 이데올로기의 공백 지대에 밀어닥치는 자본주의의 세례 속에서 서로 다른 '에콜'들은 결국 '출판사-계간지'라는 동질한 지위로 현상되는 자신의 나신裸身을 직면하게 되었다는 지적이다.[16]

당파성의 부재라는 90년대 한국 문단의 풍경을 그것이 필연적으로 마주할 수밖에 없었던 '지연된' 구조의 현현으로 새기는 선행 연구의 입장에 동의하는 한편으로, 본고는 그것을 또한 특정한 문단 내 행위주체에 의해 촉발된 하나의 정치적 효과effect로 바라보고자 한다. 무정치성이야말로 때로는 가장 정치적인 선택일 수 있다는 아렌트의 교훈을 잊지 않는다면, 결과로서 90년대 한국 문단에 도래한 '무당파성'을 하나의 효과로 사용한 집단의 '당파성'에 대해 따져 묻는 것 역시 무리가 아닐 것이다. 그것은 구체적으로 다음과 같은 질문으로 이어진다: 당파성의 부재라는 90년대의 유일한 당파성은 구체적으로 누구의 당파성이었는가?

1994년 『문학동네』의 출범이 한국 문단에 불러일으킨 파급력에 대해서는 더 이상 부연할 필요가 없을 것이다. "『문학동네』는 어떤 새로운 문학적 이념이나 논리를 표방하지는 않으려고 한다. 대신 현존하는 여러 갈래의 문학적 입장들 사이의 소통을 촉진하고, 특정한 이념에 구애됨

---

16 90년대에 이르러 현상된 이와 같은 '한국 문학 시스템'의 기원은 70년대 중반으로 소급될 수 있을 것이다. 70년대 한국의 출판문화는 기존의 대형 전집 중심의 월부 외판 형태에서 단행본 중심의 서점 유통 형태로 변화하게 된다. 이로 인해 영세 출판사의 시장 내부 진입은 보다 용이해졌으며, 이윽고 문단에는 소위 '계간지의 출판사화' 또는 '출판사의 계간지화'로 요약될 수 있는 동시다발적인 현상이 발생한다. 이와 같은 거시적인 흐름 속에서 편집 주체와 출판 주체의 행위성은 뒤섞이기 시작했으며, 계간지-출판사의 융합에 말미암아 문단 내부에는 문학 자본을 재생산하는 독자적 사이클이 형성된다. 1976년 민음사에 의해 창간된 계간지 『세계의 문학』과 그것이 제정한 '오늘의 작가상'의 운영은 70년대 중반 한국 문단에 발생한 구조변동의 모습을 가늠해볼 수 있는 좋은 시금석이 된다. 이에 대한 정치한 논의는 후속 연구를 통해 보충하기로 한다.

이 없이 문학의 다양성이 충분히 존중되는 공간이 되고자 한다"[17]는 기념비적인 창간사와 함께 실로 『문학동네』는 90년대 후반 한국 문단의 중심에 위치했다. 무당파성의 태도와 젊은 작가에 대한 지지를 앞세워 『문학동네』는 "사라진 문학정신의 회복"[18]을 위한 열린 공론장을 자임했으며, 현 시점 그것이 차지하고 있는 지위로 인해 소급되는 일정한 과장과 편향을 감안한다고 하여도 『문학동네』의 출범이 이후 '90년대적인 것'의 본격적인 시작을 알리는 중요한 기점이 되었음은 부인할 수 없다.

여기서 우리는 『문학동네』가 그 출범부터 끈질기게 무당파성의 잡지를 자임했다는 사실을 당파적으로 바라볼 필요가 있다. 90년대 문단에 있어서 각 문예지 사이의 당파성이 희미해지는 현상은 앞서 지적된 것처럼 '문예지-출판사' 구조로 대표되는 한국 문학 시스템의 완전한 구축과 변혁 운동 노선의 약화를 틈탄 상업주의의 전면적 침투라는 사회/경제적 요인과 결부되어 있는 현상이라고 보는 것이 유효할 테지만, 그러한 현실 판단과 모순되지 않는 측면에서 『문학동네』는 후발주자로서 어느 정도 양생된 90년대적인 성격과 맥락을 정확히 판단하고 문단에 진입한 것으로 생각할 수 있다. 『문학동네』가 무당파성이라는 90년대 문단의 효과를 누구보다 먼저 활용하고 선점했다면, 결국 『문학동네』가 내세운 무당파성이라는 태도는 90년대에 대한 정확한 현실 판단에 의거한 당파성에 다름 아니다.

이러한 관점에서 90년대 말 한국 문단을 결산하는 자리에서 진영을 막론하고 반복해서 언급되고 있는 '당파성의 부재'라는 프레이즈는 의미심장하게 들린다. 그것은 한국 사회가 전면적인 신자유주의 사회로 돌입함에 따라 행위자로서의 '출판 자본'의 입지가 강해지며 각각의 문예지

17 「계간 『문학동네』를 창간하며」, 『문학동네』 1994년 겨울호, 16쪽.
18 같은 쪽.

사이의 비평적 변별성이 무화되는 현상이라고 볼 수 있지만,[19] 다른 각도에서 보자면 『문학동네』가 선점했던 '무당파성이라는 당파성'으로 문단 전체가 흘러 들어가는 형국을 가리키고 있기도 하다.[20] 그렇다면 각종 결산에서 당파성의 부재를 비판적으로 지적하는 필자들의 무의식에는 『문학동네』를 중심으로 재구성되고 있는 90년대 후반 문단 헤게모니에 대한 일정한 견제의식이 담겨져 있다고 보아도 무방하지 않을까?[21] 이와 같은 질문을 차치하고서라도 실로 90년대 후반 한국 문단에서 '무당파성'과 '상업주의'는 행복하게 결합하고 있었으며, 그 구조적 수혜자는 『문학동네』였다.

그러나 결과적으로 『문학동네』가 "2000년대 이후 한국 문학산업의 거대화·과점화의 최대 수혜자 중 하나가"[22] 되었으며 그것이 "후발주자

---

19 이광호, 「문학 장치의 경계에서 - '문학권력론'의 재인식」, 『문학과 사회』 2015년 겨울호, 404-414쪽. 일찍이 조영일은 90년대 이후 한국 문단 전반이 보여주었던 무당파성이 '생산수단(문예지)의 소유'라는 계급적 공통점에서 비롯된 '한국 문학 시스템'의 당파성이었음을 비판적으로 지적한 바 있다. (조영일, 「문학을 보호해야 한다: 장편소설 대망론에 대하여」, 『작가와 비평』 2008년 하반기.)

20 최가은은 최근의 논문에서 이를 두고 '문단의 문학동네화'라는 테제를 제시한 바 있다. 이와 같은 현상 인식에 상당 부분 동의하는 한편으로, 장 내부에서 발생한 그러한 '동질화'에 대해 어떤 문학 주체가 가장 민감하게 반응했느냐의 문제는 별도로 섬세히 다루어져야 한다고 생각한다. (최가은, 「여성-문학, 자기이론적 글쓰기: 1990년대를 중심으로」, 한양대학교 국어국문학과 박사학위논문, 2024, 10-12쪽.) 한편, 그와 같은 주류 문단의 동질화는 『문학동네』의 출범 이전에도 어느 정도 ('포스트모더니즘'이 아닌 '미적 근대성'의 이름에 의해) 담론적으로 예비되어 있었다고 볼 수 있다. 이에 대해서는 안세진, 「1990년대 한국 문학 비평의 '패배할 수 없는 구조' - 포스트모더니즘과 미적 근대성이라는 두 개의 선택지」, 『상허학보』 72, 상허학회, 2024를 참고할 수 있다.

21 실제로 관점에 따라서 당파성의 부재는 얼마든지 90년대 문단의 성과로 여겨질 수도 있다. 그것은 무엇보다 한국 문학이 파행적 근대사를 통과하며 처음으로 모종의 '이념적 자율성'을 획득하였다는 사실을 의미하고 있기 때문이다. 그러나 90년대를 결산하는 당대적인 맥락에서 문학잡지의 다변화된 풍경은 그 자체로 쉽게 긍정되지 않는다. 본고는 이와 같은 문단 내 평가가 이루어지게 된 배경으로 무분별한 상업주의에 대한 불만 또는 민족/민중주의의 유효성에 대한 믿음뿐만 아니라, 당대 문단 헤게모니를 잠식하고 있었던 새로운 행위주체인 『문학동네』에 대한 모종의 공시적 견제의식 역시 작동하고 있었다고 생각한다.

22 천정환, 앞의 글, 294쪽.

로서 문학의 상품성을 추구하는 데 보다 적극적"[23]이어야 했던 『문학동네』의 입지와 관련되어 있었음을 부인할 수는 없더라도, 『문학동네』의 무당파성과 문단의 상업주의를 직접적으로 연결 짓는 이와 같은 사후적 작업에는 어폐가 있기 마련이다. 왜냐하면 문학동네가 견지한 무당파성의 가치와 그 우연한 – 혹은 필연적인 – 효과로서 마주한 상업주의의 현실 사이에는 언제나 '문학주의'라는 기표가 자리하고 있었으며, 그것이 일정 수준까지 양자 사이의 침투를 가로막는 담론적 삼투막의 역할을 수행했기 때문이다.

종종 간과되는 사실이지만 『문학동네』는 그 출범에서부터 당대 민중문학 진영을 직접적으로 지시하는 "교조적 사고방식"과 "허위의식"[24] 뿐만 아니라 사회 전반에 팽배해 있던 "천민자본주의"와 "무분별한 상업주의"[25]를 자신의 '적'으로 분명하게 의식하고 있었다. 그리고 그러한 대타적 의식을 지탱한 것이 바로 '문학주의'라는 용어였다. 90년대 중후반 이래 한국 문단에서 진영을 막론하여 사용되며 그것의 외연을 끝없이 확장해 나갔던 '문학주의'라는 용어 자체에 대해 현 시점에서 일관된 정의를 제시하는 것은 불가능에 가깝겠지만,[26] 최소한 출범 당시 『문학동네』가 내세웠던 '문학주의'라는 기표는 무당파성과 반상업주의를 스스로의 변별적 자질로 분명히 설정하고 있었다.[27] 요컨대, 그 탄생과 동시에 『문

---

23 조연정, 앞의 글, 12쪽.

24 앞의 글, 「계간 『문학동네』를 창간하며」, 16쪽.

25 같은 글, 15쪽.

26 현재의 시점에서 '문학주의'라는 용어를 재정의하는 작업의 어려움에 대해서는 배하은, 「만들어진 내면성 – 김영현과 장정일의 소설을 통해 본 1990년대 초 문학의 내면성 구성과 전복 양상」, 『한국현대문학연구』 50, 한국현대문학회, 2016, 556쪽을 참고할 수 있다.

27 조연정 역시 90년대 한국 문단에서의 '문학주의' 개념이 결코 상업주의에 대한 무분별한 옹호와 동치될 수 없음을 지적하고 있다: "90년대 이후의 한국 문학에서 비평이 '문학주의'를 경유해 지켜내고자 한 것이 있다면, 그것은 세간의 비판적 평가와 달리 상업주의에 공모하는 일이었다고 보기는 힘들다. 문학에 관한 한, 상업주의에서의

학동네』는 '민중문학'과 '상업문학'이라는 두 가지 종류의 문학을 대타항으로 삼아 자신의 변별적 정체성을 벼려내고 있었으며, 그러한 정체성을 상징적으로 대표하고 있었던 '문학주의'라는 용어 위로 '내면성' 혹은 '진정성'이라는 가치가 부착되는 것은 그 이후의 일이다.[28]

어째서 '문학주의'라는 용어가 그것이 무당파성의 이념과 동시에 담지하고 있던 반상업주의의 가치를 끝까지 고수하지 못하고 2000년대에 이르러 상업주의와 『문학동네』의 만남을 승인해 버렸는지, 그것이 '내면성' 내지 '진정성' 개념과 접합하며 스스로의 외연을 확대해 온 역사가 '문학주의'의 반상업적 항전력이 약해지는 과정에 어떤 방식으로 기여했는지, 그것에 대한 정치한 탐구는 본 연구의 영역을 뛰어넘는다.[29] 다만

---

생존과는 무관하게 [문학의] 존재 자체의 정당성을 보증하는 일이 가능하고 필요하다는 사실을 확인하는 작업에 비평이 복무했다고 보는 편이 맞을지 모른다."(조연정, 「'문학주의' 시대의 '포스트모더니즘' - 1990년대 비평이 '포스트모더니즘'과 접속하는 방식」, 『대중서사연구』 24(4), 대중서사학회, 2018, 356쪽.)

28 배하은에 의하면 현실 사회주의의 붕괴와 포스트모더니즘의 도래라는 90년대의 정치·사회·문화적 변화는 재래의 '문학성'에 이중의 위기를 선사했다. 문학은 그것이 시대 현실을 변화시킬 수 있었던 이념과 실천의 자리를 박탈당했고, 대중문화는 문학이 독점하고 있었던 배타적인 영역에 대한 소유권을 주장했다. 이때 '문학성'이 스스로의 특권을 지속하기 위해 택한 전략은 바로 그것을 주체의 '내면'에서 이루어지는 '윤리적 진정성'의 작업으로 치환하는 것이었다. 90년대 후반 『문학동네』의 담론적 작업을 통해 사회 현실에서 작동하는 '실천적 정치'(앙가주망)는 주체의 내면에서 작동하는 '반성적 윤리'(윤리적 진정성)로 대체되었으며, 90년대적인 것은 80년대적인 것의 '변증법적인 후예'로서 문학성에 부착되어있었던 기존의 특권을 계승하는데 성공했다. (배하은, 앞의 글, 549-550/559-560쪽.) 더불어 『문학동네』의 주요 필진들이 90년대 초반부터 표방하였던 '미적 근대성'의 벡터가 그와 같은 개념적 접합을 보다 용이하게 만들었음을 지적할 수 있겠다. (안세진, 앞의 글.) 미적 근대성의 프레이즈가 내면성, 진정성, 문학주의 등의 용어와 맺고 있는 친연성에 대한 분석으로는 안지영, 「'문학' 혹은 '근대'란 무엇인가 하는 물음 - '(포스트)진정성'의 탈구축과 90년대 미적 근대성 비판」, 『상허학보』 63, 상허학회, 2021, 578-579쪽을 참고할 수 있다.

29 이에 대해서는 강동호, 「'문학주의'와 '새로운 자본주의 정신' - 1990년대 『문학동네』의 자본주의 비판 분석」, 『지나간 시간들의 광장』, 문학과지성사, 2022를 참고할 수 있다. 해당 연구에서 강동호는 자본주의에 대한 분명한 비판의식을 담지하고 있었던 '문학주의'라는 레테르가 90년대 이후 상업화되는 문학장의 풍경을 정당화하는 논거로 사용되었던 역설적 현상에 주목하여, 이론과 현실 사이에서 발생했던 이와 같은

본고가 여기서 비판적으로 지적하고자 하는 것은 1994년 『문학동네』가 내세운 '문학주의'라는 용어가 최소한 그 시작에 있어서는 전혀 새로운 용어가 아니었다는 점이다. 한국 문학사에는 그것과 거의 정확하게 일치하는 용어가 있다. 그것은 '순수'이다.

『문학과 사회』가 소유하고 있었던 '순수'라는 용어의 의미값이 90년대를 통과하며 결국 『문학동네』가 내세운 '문학주의'라는 텅 빈 기표 속으로 흡수되는 과정을 살피기에 앞서, 본고는 그 전사前史로서 『우리 세대/시대의 문학』에서 『문학과 사회』로 이어지는 80년대 '문지' 계열의 흐름을 짧게 톺아보며 90년대 이전 한국 문단에서 '순수'가 위치하고 있었던 의미망의 좌표를 분명히 확인해 보도록 한다.[30] 1982년 문학과지성사에서 간행된 연간 무크지 『우리 세대의 문학』은 그 시작에 있어 80년대에 촉발되고 있는 문학적 이념들이 자유롭게 소통할 수 있는 열린 공간을 만들어내는 역할을 자임하는 것을 스스로의 세대적 정체성으로 삼았다. "적극적인 소통과 대화, 그리고 열린 개방성을 전제로 한 비판적 토론을 실천하는 일이야말로 70년대 계간지 주역들이 이루어내지 못한 자신들 세대의 임무"[31]라는 차별적 세대 인식을 바탕으로 이들은 동세대와의 연대 가능성으로부터 스스로의 토대를 정립했으며, 이는 진영을 막론한 필진들의 모집과 독자와의 소통을 중시하는 다양한 권호 기획으로 실현되었다.

그러나 강동호의 연구에 따르면 1985년 4호를 기점으로 『우리 세대

---

이율배반적 간극을 매개하는 분석틀로서 뤽 볼탕스키와 에브 시아펠로의 '새로운 자본주의 정신'을 탐구한다.

30 본고는 '순수'의 의미를 엄밀히 정의하기보다는 그것을 『문학과 사회』가 스스로의 정체성을 변별하기 위해 사용해온 하나의 상징적 구호로 이해하는 한에서 그 전사(前史)를 살펴보기로 한다. 그것은 의미 계열체로써 『문학과 사회』가 내세웠던 '문학의 자율성', '문학성', '탈이념'과 같은 단어들과 밀접하게 교호한다.

31 강동호, 「반시대적 고찰 – 1980년대 '문학과지성'과 『우리 세대의 문학』」, 『상허학보』 52, 2018, 35-36쪽.

의 문학』은 모종의 형질 변화를 보인다. 이성복과 이인성의 탈퇴와 권오룡과 성민엽의 합류로 『우리 세대의 문학』의 동인이 비평가 위주로 재편되는 동시에, 이들은 동세대와의 연대 가능성을 모색하기보다는 민중문학과 상업문학에 대한 비판을 앞세워 '문지 2세대'로서의 자신의 문학관을 구체화하는 작업에 집중한다. 이는 『우리 세대의 문학』이 "연대와 만남이라는 초기 지향점으로부터 점차 '나뉨'과 '분화'의 단계로 접어들고 있다는 사실"[32]을 암시하기도 한다. 『우리 시대의 문학』으로 제호를 바꾸어 출판된 5/6호에서 이들은 '열린 집단'으로의 세대적 정체성을 자임하기 보다는 어느 정도 확립된 80년대의 시대적 맥락 속에 스스로를 기입하는 상징적 작업을 수행한다. 이때 『우리 시대의 문학』이 택한 전략은 바로 민중문학과 문화산업을 자신의 이중적 대타항으로 설정하는 것이었다. 강동호의 지적대로 80년대 후반 이들이 차지한 좌표는 "문학 운동과 출판 시장이라는 당대의 제도적 주류 사이의 공간"[33]이었으며, 이는 이전의 『문학과 지성』이 차지하고 있었던 장 내부의 위치와 질적으로 구분되지 않는다.[34] 『우리 시대의 문학』이 서서히 계간지의 구성을 회복함

32 같은 글, 44쪽.

33 같은 글, 47-48쪽.

34 인아영에 따르면 '참여문학과 순수문학의 대립'의 공소함을 극복하겠다는 본래의 포부와는 달리, 1970년대 중후반 프랑크푸르트학파 이론을 경유하며 『문학과 지성』의 문학관은 점차 '참여문학'과 '대중문학'이라는 두 영역에 대해 일정한 거리를 둠으로써 사회의 억압을 비판적으로 성찰하는 문학적 태도를 특권화하는 방식으로 구체화되게 된다. (인아영, 「『문학과지성』의 이론적 기반과 미학적 실천」, 서울대학교 국어국문학과 석사학위논문, 2017, 59-74쪽.) 그러나 이와 같은 『문학과 지성』의 사이적 존재 방식이 '참여문학' 그리고 '상업문학' 양자에 대한 완전한 부정이나 무시가 아닌, 거리감각의 끊임없는 조정을 통해서만 얻어질 수 있었던 종류의 것이라는 사실은 재차 강조되어야 한다. 특히 창간 초 이들이 『창작과 비평』과 공유하고 있었던 세대적 유대감과 그를 통해 열릴 수 있었던 대화적 관계, 그리고 김병익을 중심으로 전개되어온 '대중(문학)'에 대한 지속적인 논의들은 결코 간과되어서는 안 될 것이다. 이는 1970년대 『문학과 지성』의 변별적 정체성이 대타항에 대한 기계적 부정에 그치지 않고 시대의 변화에 맞추어 매우 정교하게 조절되고 있었음을 의미한다. (안서현, 「계간지 시대 비평 담론 연구 – 1966-1980년 『창작과비평』과 『문학과지성』을 중심으로」, 서울대학교 국어국문학과 박사학위논문, 2017, 95-127;148-175쪽 ; 허선애, 「『문학

과 동시에 1987년 정기간행물 등록이 자유화됨에 따라 이와 같은 정체성은 자연스럽게 1988년 창간된 『문학과 사회』로 계승된다.

이중의 부정(반민중문학, 반상업문학)을 통해 획득되는 좌파적 변별성은 『문학과 지성』에서부터 『우리 세대/시대의 문학』을 거쳐 『문학과 사회』까지 일관되게 이어지는 '문지'의 유구한 정체성 창출 전략이었다. 시대적 상황에 따라 때로는 그 중 하나가 다른 하나보다 강조되는 경향을 보이기도 하지만,[35] '문지' 일반의 정체성은 언제나 민중주의와 상업주의를 양쪽 대타항으로 설정한 삼중구도 속에 놓여 있었다. 이러한 관점에서 『문학과 사회』가 다소간의 난감함 속에서도 암묵적으로 고수해온 '순수문학'이라는 용어 역시 바로 그러한 중첩된 부정성 위에서, 민중문학과 상업문학 양쪽을 스스로의 변별적 자질로 삼은 채 존재하고 있었다고 볼 수 있다.[36]

---

과 지성』의 비평적 글쓰기 연구 - '문학-지식'의 형성과 전개를 중심으로」, 서울대학교 국어국문학과 박사학위논문, 2019, 100-117;194-226쪽.)

35 일례로, 1988년 『문학과 사회』 창간호에서는 '반상업문학'의 정체성이 두드러지지 않는다. "이성적이고 과학적인 논의"를 통해 매개되지 않은 "변혁에의 열망은 자칫 낭만적 열정에만 치우쳐 (…) 체제 이데올로기에 변질당할 수 있는 여지를 스스로 마련[할]"(「『문학과사회』를 엮으며」, 『문학과 사회』 1988년 봄호, 14쪽.)수 있다는 프레이즈에서 드러나듯 이곳에서 '민중문학'에 대한 비판의식은 어느 정도 유지되고 있지만, 그에 반하여 '문화산업'에 대한 비판적 예각은 다소 누그러지고 있는 모습을 보인다. '지성'이 아닌 '사회'로 제호를 바꾸어가며 "문학을 문학만으로 보던 관점은 적어도 우리의 80년대에는 사라져"(「『문학과사회』를 창간하면서」, 『문학과 사회』 1988년 봄호, 13쪽.)야 한다고 선언할 정도로 변화한 시대의 막중한 무게를 의식하고 있던 당시 『문학과 사회』에게 상업주의에 대한 저항은 부차적인 것으로 여겨졌을 것이다.

36 이와 같은 난감함은 한편으로 그것의 모태가 되는 계간 『문학과 지성』이 소위 『현대문학』으로 대표되는 해방 이후 '순수문학'의 기조에 대한 매우 강력한 비판의식을 토대로 탄생했다는 아이러니에서 기인한다. 『문학과 지성』이 그 창간사에서부터 "한국문학의 고질적인 병폐가 되어온 참여문학과 순수문학의 대립의 지양"을 표방하며 이를 최인훈, 이호철, 이청준, 조해일, 최인호 등 기성 문인 작품들의 재수록을 통해 실천하였음은 잘 알려져 있다. (김병익 · 김치수 · 김현, 「창간호를 내면서」, 『문학과 지성』 1970년 가을호.) 그러나 『문학과 지성』이 『창작과 비평』으로 대표되는 민중문학 진영과 대타적 관계를 형성하며 문단의 중심으로 이동함에 따라 '순수'라는 용어의 소유권 또한 자연히 『문학과 지성』으로 넘어가게 된다. 그리고 다음과 같은 김병익의 회고에서 드러나듯이 그것은 어느 정도 의도된 효과이기도 했다: "김현의 경우에는

그러나 90년대에 『문학과 사회』가 택한 이와 같은 정체성 창출 방식(중첩적 부정, 사이적 방식)은 더 이상 기능하지 못한다. 그 이유는 『문학과 사회』의 개념적 대타항 중 하나였던 민중주의 자체가 무화되었기 때문이다. 1989년 현실사회주의의 몰락 이후 조성된 급격한 해빙과 화해의 무드는 민중문학 진영의 헤게모니를 약화시켰으며, 상업문화의 급격한 침범은 문학 창작/수용의 주체로 '민중'이 아닌 '대중'을 부상시키는 결과를 낳았다.[37] 백낙청 스스로의 표현에 의하면 그것은 각지에서 "소명을 다한 민족문학론이 물러날 때가 되지 않았는가 하는 일종의 '명퇴 권고'"[38]가 빗발치는 상황에 다름 아니었다. 신경숙을 경유해 '90년대적인 것'과 접속하는 한편으로 분단체제론을 통하여 종래의 민족/민중문학론을 쇄신하고 확장하려는 90년대 『창작과 비평』의 고투는 어디까지나 이와 같은 민중문학의 헤게모니 상실로부터 연유한 현상이라고 볼 수 있다. 이를 "급격한 소멸과 증발의 형식"이라고 호명하는 것에는 다소간의 어폐가 있을지라도, 최소한 90년대 문학장에서 민중문학의 헤게모니 상실이 결코 "비판적 자기 해체"[39]의 과정을 거친 것이 아니었음은 분명하다. 그것은 무엇보다 문단 외부에서 '주어진 것'이었으며, 『창작과 비평』은 물론 『문학과 사회』 또한 그것을 예비하고 문단 내부에서 담론적으

---

아까 말한 정치적인 감각 속에서 자신의 문학적인 이념이랄까, 문학의 순수성을 지켜야 한다는 생각에서 참여론에 비판적인 입장에 서 있었지만 순수파들은 흩어져 있고, 참여파들은 창비니 백낙청 선생님을 비롯해서 진영이 짜여 있는데, 그래서 뭔가 결집할 미디어가 필요하지 않겠느냐, 그런 순수문학적인 의도를 가지고서 저한테 얘기를 했던 것이죠. (…) 제호에 대한 얘기도 많이 했습니다만, 문학이란 것은 순수문학을 말하고 지성이란 것은 언론 자유, 독립된 지적인 의지 같은 것, 이런 것을 생각해서 문학과지성이 된 거죠."(김병익, 좌담 「『창작과비평』, 『문학과지성』을 말한다 - 김병익, 염무웅 초청 대담」, 『동방학지』 165, 연세대학교 국학연구원, 2014, 268-269쪽.)

37 노태훈, 「전형기 소설사의 풍경 - 1990년대 초 '새로움'에 관한 논의를 중심으로」, 『상허학보』 62, 상허학회, 2021, 56-57쪽.

38 백낙청, 「2000년대 한국문학을 위한 난상」, 『창작과 비평』 2000년 봄호, 217쪽.

39 강동호, 앞의 글, 52쪽.

로 충분히 대응할 수 없었다. 물론 90년대 한국 문단에서 민중문학론은 한쪽에 끈질기게 존재해 왔다고 볼 수 있지만, 그것이 어디까지나 '이미 지나간 것' 또는 '80년대적인 것'으로 인식되고 작금의 문학적 풍경이 "억압된 욕망과 금지된 정열"[40]의 회귀라고 칭송되는 한에서, 민중문학의 의제가 더 이상 공시적인 차원에서 『문학과 사회』의 정체성을 벼려내는 역동적인 개념적 대타항으로 작동하지 못했음은 분명하다.

민중주의-순수주의-상업주의라는 삼자 구도 속에서 『문학과 사회』가 스스로의 대타항 중 하나였던 민중주의를 잃게 됨에 따라, 결국 『문학과 사회』가 견지하고 있는 '순수'의 가치는 상업주의와의 이자적인 관계에 놓일 수밖에 없었다. '순수문학'이라는 소명의 의미값을 지탱해 온 변별적 자질은 이제 반상업주의의 기치 아래에서 다소 위태롭게 존재하게 되었으며, 그것은 『문학과 사회』의 변별적 정체성을 유지하기 위해 충분치 않았다. 상업주의에 대한 반발 자체가 좌파적 입각점을 보장하지 못한다는 사실은 물론이거니와, 서론에 언급하였듯이 1997년 IMF로 말미암아 한국 경제가 신자유주의 체제로 본격적으로 진입하고 상업주의에 대한 문단의 최종적 패배가 기정사실화되는 상황에서 『문학과 사회』에게 더 이상 어떠한 반상업주의적 입지점이 남아 있었을지도 의문이다. 『문학과 사회』가 사용해 온 '순수문학'이라는 기표를 붙들고 있었던 두 변별적 자질(민중주의/상업주의) 중 하나(민중주의)가 흔들리고 다른 하나(상업주의)가 공고해짐에 따라 '순수'는 누수되기 시작했다. 종래 삼자적 관계 위에서만 정확하게 이해될 수 있었던 '순수'의 계열체는 이제 상업주의와의 이자적 관계 위에서만 논의되기 시작했고, 상업주의에 반하는 입장이라면 누구라도 그것을 자임할 수 있었다.

---

40 황종연, 「비루한 것의 카니발 – 90년대 소설의 한 단면」, 『문학동네』 1999년 겨울호, 446쪽.

주지하였듯 90년대 말의 혼란상 속에서 최종적으로 '순수'라는 용어를 획득한 것은 『문학동네』였다. 무당파성과 반상업주의를 기치로 내세운 '문학주의'라는 용어는 민중주의와 상업주의를 스스로의 대타항으로 설정하였던 '순수주의'의 전통적 용례와 기능적으로 구별되지 않았다. 그런 의미에서 1994년 『문학동네』의 출범은 입지점을 잃고 누수되고 있던 '순수주의'라는 기표를 '문학주의'라는 용어로 세련되게 포장하여 본래 『문학과 사회』가 차지하고 있었던 영역에 대한 소유권을 주장하는 헤게모니 전략과 함께 시작된 것이라고 볼 수 있다. 90년대를 결산하는 좌담에서 울려퍼지는 "[문학주의의] 생각을 나타내는 전통적인 용어는 순수문학이지만 그것은 워낙 닳고닳은데다가 많은 추문과 얽힌 용어라 사용하지 않으니만 못하"[41]다는 황종연의 자신감 넘치는 일축은 90년대 후반 『문학동네』가 『문학과 사회』의 '순수주의'를 담론적으로 포섭함과 동시에 곧장 폐기했음을, 그리고 이제 '순수주의'라는 용어가 '문학주의'라는 용어로 완전히 대체되었음을 증명한다.[42] 이후 90년대 말에서 2000년대를 거쳐 『문학동네』의 '문학주의'는 '내면성' 또는 '진정성'과 같은 용어와 스스로를 접합하며 그 외연을 성공적으로 확장해 나가게 된다.[43]

---

41 황종연, 앞의 글, 좌담 「다시 문학이란 무엇인가」, 410쪽.

42 이는 또한 『문학동네』가 한국 근대문학사에서 이어져온 '순수'라는 용어의 두터운 역사가 파급하는 수많은 의무과 책임을 회피한 채 그로부터 오직 자신들이 원하는 요소만을 추출하여 획득했다는 사실을 의미하기도 한다. 30년대의 세대론적 지형도에서 배태되어 4-50년대의 순수문학 논쟁, 60년대의 순수/참여 논쟁을 통과하며 굴절되어온 한국 근대문학사 속 '순수'의 개념사적 변천에 내해서는 한 권의 책이 필요할 것이다. 그 시론격의 글로는 한수영, 「'순수문학'이라는 오해」, 『역사비평』 74, 역사문제연구소, 2006을, 대략적인 전개에 대해서는 이봉범, 『전향, 순수, 전후, 참여』, 성균관대학교출판부, 2023을 참고할 수 있다.

43 이상의 논의는 90년대 문학사 연구의 성과를 중간 점검하며 강동호가 던졌던 세 개의 질문 중 하나("'문학주의'를 지지하던 비평가 스스로가 고백하고 있듯, 문학주의라는 개념 자체가 실천적 효력을 발휘하던 시기가 1990년대 후반이라고 한다면, 그것이 전대의 유력한 문학론이었던 민족문학론과 어떤 관계를 맺고 있었는가?")에 대한 우회적인 대답이기도 하다. (강동호, 「'언표'로서의 내면 – 1990년대 문학사의 비판적 재구성을 위한 예비적 고찰들」, 『한국학연구』 56, 인하대학교 한국학연구소,

## 3. 상쾌한 단절, 이념적 연속 -『문학동네』,『창작과 비평』의 결산

믿음직한 대타항이었던 민중주의가 무너지고, 상업주의에 대한 패배를 승인하지 않을 수 없으며, 애써 지켜온 '순수'라는 용어마저 잃게 된 절체절명의 상황에서,『문학과 사회』는 재빠르게 90년대를 결산하기 시작한다. 주지하였듯 여타 문예지와 비교했을 때『문학과 사회』가 가장 먼저 결산 작업에 뛰어들었다는 사실은 당시 그들이 가장 심각한 정체성의 위기를 겪고 있었다는 사실을 방증한다. 결산이라는 행위를 문단이라는 장 안에서 개별 문학 주체들이 스스로를 타 구성원과 구별 지으며 변별적 정체성을 획득하고자 하는 고투로 이해한다면, 90년대를 역사화하고 그것으로부터 거리를 두어 반성과 성찰의 자세로 스스로의 변별적 입각점을 정교화할 필요성은 누구도 아닌『문학과 사회』에게 가장 시급하게 요청되었던 것이다.

『문학과 사회』를 필두로 한 주요 문예지의 90년대 결산 작업을 분석함에 있어서 본고가 주목하고자 하는 것은 '단절'과 '연속'의 감각이다. 특정한 시기를 역사화함에 있어서 가장 핵심적인 것은 그 서사의 시작과 끝을 어디로 잡느냐일 것이다. 이야기의 시작과 끝이 정해짐과 동시에 역사가 구획되고 그것이 위치한 좌표가 결정된다. 예컨대, 같은 90년대를 이야기한다고 해도 그 90년대는 전사前史를 지니지 않은 단절적 기원으로 존재할 수 있으며, 70-80년대와의 관계 속에서 연속적 후일담으로 존재할 수도 있다. 특정한 현상을 돌출적인 사건으로 이해할 것인지 혹은 선형적인 역사적 맥락 속에 위치시킬 것인지는 지극히 정치적인

---

2020, 268-269쪽.) 나머지 두 질문에 대한 대답은 앞선 연구를 통해 제출한 바 있다. (안세진, 앞의 글, 520쪽.)

판단이며, 그 과정에 발화주체의 가치판단이 개입됨은 물론이다.[44] 『문학동네』, 『창작과 비평』, 『문학과 사회』 세 문예지는 90년대를 설명하는 내러티브에 있어서 서로 다른 '단절'과 '연속'의 감각을 지니고 있었으며 또 그러한 작업을 통해 스스로의 변별적 정체성을 구성하고 강화했다.[45] 본 장에서는 먼저 『문학동네』와 『창작과 비평』의 결산 작업을 순서대로 살펴보며, 『문학과 사회』의 결산이 현상하는 당대적 특수성을 가늠해볼 수 있는 하나의 기준점을 마련해 보고자 한다.

계간 『문학동네』는 창간 4주년을 맞는 1998년 겨울호부터 20세기 한국문학에 대한 결산을 목표로 한 5회의 연속 특집을 진행한다. 첫 회 〈20세기 한국문학이란 무엇인가〉(1998년 겨울호)에서는 김윤식, 권영민,

---

44 이와 같은 개별 주체의 결산 작업이 '문학사 집필'이라는 보다 큰 테마 하에서 논의될 수 있음은 물론이다. 90년대 후반 각각의 문학 주체가 수행한 결산 작업을 그들이 실시간으로 '문학사'의 초고를 작성하는 행위로 이해한다면, 그 속에서 드러나는 것은 결국 이들이 문학사의 결절점(結節點, node)을 어떻게 설정하고 있는지, 그리고 구획된 계보 속에 자신의 이름을 어떤 방식으로 기입하고 있는지의 면면일 것이다. 사후의 감각 속에서 이와 같은 결산은 '메타 문학사'라는 이름으로 갱신되기도 한다. 『문학동네』가 2016년 겨울호부터 2019년 여름호까지 진행한 〈문화사 프로젝트 1990-2010년대〉 특집은 그 일례일 것이다. 해당 특집이 1998년에 제출되었던 『문학동네』의 기존 결산 작업과 맺고 있는 관계에 대한 분석은 조연정, 「『문학동네』의 '90년대'와 '386세대'의 한국 문학」, 『한국문화』 81, 서울대학교 규장각한국학연구원, 2018에서 한 차례 이루어진 바 있다.

45 본고가 개별 필자들의 결산을 해당 매체의 결산으로 환원하고 있다는 지적은 타당하다. 하나의 지면이 이질적인 목소리로 구성되어 있다는 점은 언제나 강조되어야 하며 그것이 결코 단일한 구호로 환원될 수 없음은 물론이다. 또한 실제로 다양한 매체가 외부 필진들을 초청하여 다양성과 개방성을 확보하려는 모습을 보였으며, 이는 특히 결산을 예비하여 진행된 좌담에 있어서 두드러지게 나타났다. 그러나 최소한 본고에서 분석한 『문학동네』, 『창작과 비평』, 『문학과 사회』 세 계간지의 결산 특집에 있어서 최종적으로 호명된 필자는 대부분 해당 매체의 편집위원이었다. 편집위원이라는 직함이 그 자체로 집단의 대표성을 보장하는 것은 아니지만, IMF로 말미암아 현상된 정체성의 위기 앞에서 이들이 힘을 모아 모종의 특집을 기획하고 있었음을 비정치적으로 바라보기란 힘들다. 또한 위기를 타개하기 위한 방향성은 특집의 제목이나 기획의 변, 발문 등에 이미 상징적으로 드러나 있기도 했다. 필자 선정과 특집 기획 과정에서부터 이들이 모종의 '경향성'을 담지하고 있었으며, 최종적으로 제출된 권호 내 결산들 사이에서도 특기할 만한 이질성이 발견되지 않았다는 것이 본고의 잠정적 결론이다.

최원식, 김인환 등의 중진 평론가가 '한국 근대문학의 기원과 구조, 성격과 계보'를 살피는 문학사적인 작업을 먼저 수행하고, 이어지는 특집 〈20세기 한국문학의 반성 I〉(1999년 봄호)에서는 정호웅, 신승엽, 김미현 등의 소장 평론가가 각기 '극단의 상상력', '민족문학', '젠더'라는 키워드로, 〈20세기 한국문학의 반성 II〉(1999년 여름호)에서는 서영채, 류보선, 오형엽, 류준필이 각각 '파토스', '성장', '미적 근대성', '국문학'이라는 키워드로 백여 년간 이어져온 한국 근대문학 제 분과의 역사를 거시적으로 검토한다.

첫 3회의 특집이 20세기의 한국문학의 공과를 전반적으로 점검하는 작업을 수행했다면, 이어지는 두 특집은 〈90년대 한국문학이란 무엇인가〉라는 제호 아래에서 무엇보다 '90년대'라는 시대에 초점을 맞추어 진행된다. 1999년도 가을호에서는 정끝별, 김혜순 시인이 앞장서서 90년대 한국 시단을 각기 '시적 현실', '대중성'의 키워드로 정리하고 조남현, 이성욱, 이광호 등의 외부 평론가가 90년대 비평장에 대한 메타비평을 시도한다. 주목해야 할 것은 1999년 겨울호의 마지막 기획이다. 90년대 한국 소설을 중심적으로 다루는 해당 특집에서 "1990년대 우리 소설이 21세기에 넘겨줄 유산으로서의 성과를 결산하고 그 한계와 전망을 아우"[46]르기 위하여 호명된 필자는 서영채, 황종연, 신수정, 류보선인데, 이들이 전원 『문학동네』 편집위원으로 구성되어 있다는 점은 주목을 요한다.[47] 20세기 한국문학에 대한 일반론적인 논의나 90년대 시·비평에 대한 평가는 부분적으로 외부 필자에게 할당하더라도 90년대 소설만큼은 사수하겠다는 『문학동네』의 강한 의지가 엿보이는 대목이다.

---

46 편집부, 「1999년 겨울호를 펴내며」, 『문학동네』 1999년 겨울호, 19쪽.

47 『문학동네』 창간 당시의 편집위원은 남진우, 류보선, 박해현, 서영채, 이문재, 황종연이다. 박해현은 1997년 봄호를 끝으로 사임하고 1998년 겨울호부터 신수정이 편집위원으로 새롭게 합류한다.

이들은 윤대녕, 신경숙, 장정일, 은희경, 김영하 등 90년대 한국 문단을 풍미했던 소장 작가들의 이름을 풍부하게 호명하며 '내면성', '문학주의', '진정성' 등의 키워드로 90년대 소설을 결산한다. 서영채의 「냉소주의, 죽음, 매저키즘: 90년대 소설에 대한 한 성찰」은 신경숙과 윤대녕의 소설로부터 "사적 진정성의 우물 속으로 침강해 들어가고 초월적 세계의 신비를 응시"하는 "고전적 문학주의"[48]를 읽어내는 한편, 장정일과 은희경의 소설로부터는 시장의 전일적 지배를 비웃는 매저키즘적 농담과 그 냉소적 위악의 이면에 존재하는 "현대화된 불행한 의식"[49]을 발견해 낸다. 서영채에게 있어 이와 같은 태도는 "순정한 낭만주의가 불가능한 시대에" 시장의 냉소주의에 맞서 "삶과 문학의 진정성을 추구하는"[50] 유일한 태도로 자리매김되기에 이른다. 황종연의 「비루한 것의 카니발: 90년대 소설의 한 단면」은 장정일과 최인석의 소설에 등장하는 "일탈자, 패덕자, 범죄자에 대한 (…) [카니발적] 열광" 속에서 현대사회를 지배하는 억압의 기제들에 대항할 도덕적 원천으로의 "진정성의 파토스"[51]를 읽어낸다. 신수정의 「푸줏간에 걸린 고기: 신인新人의 탄생」은 김영현과 장정일, 그리고 김영하의 소설로부터 한낱 "고깃덩어리"[52]가 되어버린 인간의 형상을 길어내며, 90년대 소설 내부에서 수행되고 있는 이와 같은 '금기의 위반'과 '새로운 인간형'에의 탐구가 지난 연대의 문명과 제도가 담고 있었던 폭력성에 대해 문제를 제기하는 역할을 수행한다고 고평한다.[53]

---

48 서영채, 「냉소주의, 죽음, 매저키즘: 90년대 소설에 대한 한 성찰」, 『문학동네』 1999년 겨울호, 425쪽.

49 같은 글, 442쪽.

50 같은 쪽.

51 황종연, 앞의 글, 「비루한 것의 카니발 – 90년대 소설의 한 단면」, 463쪽.

52 신수정, 「푸줏간에 걸린 고기: 신인(新人)의 탄생」, 『문학동네』 1999년 겨울호, 484쪽.

53 류보선의 글 「역사와 기억, 그 영원한 화두」는 박완서, 최인훈, 김원일, 현기영, 임철우 등의 중견 작가가 90년대에 집필한 역사소설을 주 텍스트로 다루고 있다는 점에서 90년대 문학의 단절적 측면에 집중했던 동 특집의 여타 평론들과 어느 정도의 거

필자마다 정도의 차이는 있겠지만 이들에게 80년대와 90년대는 뚜렷한 단절의 감각으로 사유되고 있다. 그것은 해당 특집의 발문에서부터 분명하게 드러난다. "90년대 소설은 지난 연대가 남긴 열정의 잿더미 속에서 새로운 육체와 정신의 영토를 찾아 저마다 낯선 모험을 감행해야 했다"[54]라는 문장으로부터 분명해지는 것은 80년대가 이미 복원 불가능한 폐허가 되었다는 인식이며, 그곳으로부터 무언가를 계승하고 회복하기보다는 아예 새로운 시작을 도모하는 것이 필요하다는 강한 단절 의식이다. 그 일례로, 황종연의 글에서 90년대 한국문학에 등장했던 수많은 '일탈자, 패덕자, 범죄자, 미치광이'의 형상은 "한국 문학의 어떤 선구적 작품을 상기시키기보다는 언어와 국가의 경계를 넘어선 문학의 현대적 관행을 연상시[키]"[55]는 것으로 여겨지며, 이응고 장정일과 최인석의 소설은 디드로의 『라모의 조카』에서 시작하여 괴테와 쉴러, 도스토예프스키와 쿤데라로 이어지는 세계문학의 계보 위에 놓이게 된다.

이들에게 새로운 시작은 막막함보다는 해방의 감각과 연결 지어 사유되고 있는데, 이는 무엇보다 『문학동네』가 90년대를 역사화하는 자신들의 좌표와 방향을 분명히 설정하고 있다는 점에 의거한다. 민중문학 진영의 약화로 말미암아 "초자아를 해체해버린 자아가 맛보게 되는 해방감"과 함께 "'강철 인간'이 폐기하고 지워버린 사적 목록의 면면"[56]이

---

리를 두고 있다. 요컨대, 우연적인 사건마저 역사의 필연성으로 읽어냈던 80년대의 과잉역사화(역사의 물신화)에 대한 불만으로 90년대 담론체계에는 탈역사적 문맥화(일상의 물신화)가 발생했으며, 이와 같은 극단적 사사화(私事化)에 대한 우려로 기성 작가들이 최근 역사소설 집필을 통해 실종된 역사를 복원하고 있다는 것이다. 그러나 류보선의 글에서 이와 같은 역사화의 작업은 어디까지나 '대가'들의 책무로 상상되고 있으며, 그러한 세대적 분할로 인해 지면에서 호출된 작가들은 현장 문학의 필드 바깥에서 일종의 사후적 교정 작업을 수행하고 있는 것처럼 보이기도 한다. (류보선, 「역사와 기억, 그 영원한 화두」, 『문학동네』 1999년 겨울호.)

54 발문 「90년대 한국문학이란 무엇인가 II」, 『문학동네』 1999년 겨울호, 405쪽.

55 황종연, 앞의 글, 「비루한 것의 카니발 – 90년대 소설의 한 단면」, 447쪽.

56 신수정, 앞의 글, 469쪽.

복원되기 시작한다. 상업주의의 전일적 지배로 말미암아 전선은 "전장에서 시장으로"[57] 이동했고, 이제 사회의 차원에서 이루어지는 정의가 아닌 각각의 개인들이 직면하는 삶의 진정성이 문학의 화두로 새롭게 자리매김된다. 이와 같은 내러티브 속에서 '내면', '육체', '욕망'과 같은 키워드가 필자들에 의해 반복해서 부각되며 "이상과 당위의 열정으로 충만했던 이성적 주체로서의 인간은 이제 자신의 욕망과 육체에 충실한 감성적 인간에 의해 새롭게 규정[되]"[58]기에 이른다.

『문학동네』에게 90년대는 실로 말의 역설적인 의미에서 "황금시대"[59]였고, 이들이 정교하게 제작한 각종 개념들은 그것을 80년대와 단절된 공간에서 외따로 구획하는 데 성공한다. 이에 『문학동네』는 90년대를 한국 문학사의 새로운 '기원'으로 설정하는 것에 주저하지 않는다. 그들에게 90년대는 "이 거대한 변화의 흐름이 시작된 출발점"이며, "아직도 진행형인"[60] 시대이다. 90년대는 차라리 다가올 2000년대와 맞닿아 있다. 90년대 문학으로부터 『문학동네』가 길어낸 '진정성의 파토스'는 "한국문학의 20세기가 21세기에 남긴 중요한 유산 중 하나"[61]로 자평되며, 이와 같은 자신감은 신수정의 다음과 같은 발언에서 그 정점에 이른다: "문학은 90년대에 이르러 그 멀고먼 우회의 길을 돌아 마침내 자신을 발생시킨 최초의 기원, 그 영원한 인간의 문제와 다시 한 번 마주하고 있는 것이다."[62] 길고 긴 어둠을 지나 한국문학은 90년대에 이르러 비로소 정상궤도에 안착한 것이고, 『문학동네』에게 진정한 문학이란 이제 막 시작된

57 서영채, 앞의 글, 407쪽.
58 신수정, 앞의 글, 469쪽.
59 서영채, 앞의 글, 412쪽.
60 같은 글, 406쪽.
61 황종연, 앞의 글, 「비루한 것의 카니발 – 90년대 소설의 한 단면」, 464쪽.
62 신수정, 앞의 글, 485쪽.

것이다.[63]

『창작과 비평』의 결산 작업은 주지하였듯 1998년 가을호에 마련된 김사인, 방민호, 김정란, 김영하의 좌담 「90년대 문학을 결산한다」로부터 그 물꼬를 트지만, 그것이 완성된 개별 평론의 형태로 등장하는 것은 1999년 여름호의 〈세기의 갈림길에 선 우리 문학: 90년대 비판〉 특집이다. 해당 특집에서 90년대 『창작과 비평』의 담론을 앞장서서 이끌어간 대표적인 필진인 최원식, 이영진, 신승엽, 윤지관 네 명의 필자는 90년대 전개되어온 한국 문학의 전반적인 양상을 비판적으로 검토한다.

특집의 제목에서 드러나듯 이들이 90년대 문학을 바라보는 관점은 부정적이다. 최원식은 그의 글 「문학의 귀환」에서 '소설'이라는 용어를 둘러싼 동아시아의 문예 전통을 되돌아보며 진정한 의미의 소설이란 언제나 '소설小說'에서 유래하여 '대설大說'적 계기를 획득한 작품을 지칭하는 것이었음을 역설한다. 이와 같은 관점에서 90년대 문학은 하강의 포즈만 보여줄 뿐 진정한 하강기의 미학을 산출하지 못하고 "지리멸렬함"[64]에 머물며 "해방감의 나른한 누림"[65]에 만족하고 있었던 것에 불과하다고

63 90년대를 결산함에 있어서 『문학동네』는 이처럼 '단절'과 '귀환'의 내러티브를 적극적으로 활용하고 있는데, 이들이 '단절'하고자 하는 문학(사)적 맥락이 앞서 살펴본 것처럼 매우 명확하게 캐릭터라이징되어 있는 것에 비하여 그들이 그 결과로 어떤 시공간으로 '귀환'하고자 하는지는 분명하게 드러나 있지 않다. 여기서 『문학동네』는 90년대 문학을 이후 새롭게 펼쳐질 한국문학의 단절적 기원으로 설정하는 작업에 보다 집중하고 있으며, 그것의 회귀적 벡터는 분명한 '적'으로 규정되어 있는 7-80년대 민중문학을 거슬러 그 이전으로 소급되지 않는다. 그러한 측면에서 여기서 반복되고 있는 '귀환'이라는 용어는 역사적 좌표를 사상한 채 다만 수사적 효과를 불러일으키기 위해서 사용되고 있다고 보아도 무방하다. 그것은 근대 계몽 이성의 지배 이전 육체의 욕망이 마음껏 펼쳐질 수 있었던 것으로 상상되는 모종의 기원적 유토피아에 대한 막연한 이미지들과 얽혀있으며, 한편으로 이는 미셸 푸코가 『광기의 역사』에서 이야기하고 있는 고전주의적 전회 이전 중세/르네상스(13-17C) 시대 프랑스 역사에 대한 특정한 내러티브가 낭만적으로 채색된 채 수입되어 재생산되고 있는 것처럼 보이기도 한다. 이는 이후 살펴볼 『문학과 사회』가 결산의 장에서 그 '귀환'의 도착점을 '4.19세대의 문학'으로 분명히 설정하고 있는 모습과 대비되는 지점이기도 하다.

64 최원식, 「문학의 귀환」, 『창작과 비평』 1999년 여름호, 6쪽.

65 같은 글, 10쪽.

강하게 비판된다. 따라서 다가올 시대의 문학은 이처럼 순문학적 요소가 농후한 '문文'의 영역에 머무는 것이 아니라 그것의 대사회적 기능을 가리키는 '학學'적 전통과의 "회통會通"[66]을 통해 진정한 '문학文學'의 모습으로 귀환해야 한다. 이영진의 평가는 한층 더 가혹한데, 그는 「90년대라는 가설, 황무지를 구원하는 견딤의 미학」에서 "자아와 세계 사이의 모든 경계가 무너져 아무런 정체성도 유지할 수 없다고"[67] 호소하는 신세대 작가들에게 전망 부재의 현실은 비단 '90년대'적인 것만은 아니라고 일축한다. 선험적 허무와 문명의 황폐는 70년대 초반부터 이어져온 한국 문학의 항구적인 현실 조건이었으며, 따라서 1989년 동유럽 현실사회주의 블록 붕괴 이후 재편된 세계의 모습에 대해 앞으로의 문학은 90년대의 동시대 한국 시단이 보였던 것과 같은 "죽음과 허무[의] 이데올로기"[68]가 아닌 대안적 이성에 의거한 "희망의 이데올로기"[69]를 통해 대응함으로써 자본주의 체제에 대한 스스로의 긴장을 제련해야 한다는 것이다. 이를 위해 새 시대의 문학은 마치 "해외입양된 아이들[이] 자신의 아이덴티티를 찾기 위해 반드시 버려진 그 지점으로 되돌아오듯"[70] 추방된 80년대로 돌아와 스스로에게 남겨진 비옥한 유산을 확인할 필요가 있다.

이와 같은 내러티브는 다른 필자의 글에서도 유사하게 반복된다. 신승엽은 그의 글 「벗어날 수 없는 일탈, 머무를 수 없는 정주」의 서두에서부터 "그 강렬함에서 80년대의 격동은 90년대의 지리한 일상을 훨씬 능가하[고]"[71] 있기 때문에 80년대의 현실이 90년대 소설에 긍정적이든 부

66 같은 글, 15쪽.
67 이영진, 「90년대라는 가설, 황무지를 구원하는 견딤의 미학」, 『창작과 비평』 1999년 여름호, 33쪽.
68 같은 글, 35쪽.
69 같은 글, 44쪽.
70 같은 글, 32쪽.
71 신승엽, 「벗어날 수 없는 일탈, 머무를 수 없는 정주」, 『창작과 비평』 1999년 여름호, 50쪽.

정적이든 일종의 유산으로 자리하고 있음을 부인할 수 없다는 점을 지적한다. 이후의 논의에서 신승엽은 90년대의 대표적인 작가로 호명되는 전경린, 한창훈, 공선옥의 문학적 성취를 순서대로 평가하는데, 그 공과를 판단하는 기준은 사실상 그들이 '80년대적인 것'을 의식화하고 있는 정도와 연동되어 있다. 예컨대, 전경린이 본인의 태생지인 80년대에 대한 기억을 일방적으로 폐기해버림으로 인해 타자와의 연대로 나아가지 못하고 다만 "나르씨시즘적 (…) 허무주의"[72]로 침잠하고 있다면, 한창훈의 작업은 전통적인 기층민중의 세계와 근대문명의 폭격을 받은 포스트모던적 세계 양자 간의 접점에서 "접경지역 민중의 삶"[73]을 형상화하고 있다는 측면에서 긍정적으로 평가된다. 저자의 비평적 처리를 통해 이들의 문학, 특히 공선옥의 그것은 90년대 문학의 주류적 경향과 대비되는 "충일한 생명력"을 담지함으로써 "새로운 민중문학의 가능성"[74]을 노정하고 있는 것으로 의미화되기에 이른다. 윤지관은 「90년대 정신분석」에서 90년대의 비평적 무의식을 해부하며 그곳에서 "계급·민족·계몽·진지성"에 대한 집단적인 "공포증" 혹은 "혐오증"[75]을 발견하고 있는데, 저자에게 그것은 무엇보다 군부독재 파시즘 체제 아래에서는 진영적 오인의 두려움으로 인해 표출될 수 없었던 "반민중적이고 개인주의적인 자유주의의 충동"[76]이 문민정부의 출범과 함께 일시에 폭발하였던 사건으로 해석된다. 이 글에서 윤지관의 논리는 이처럼 군부독재에서 문민정부로의 이행이라는 현실적 변화를 한 편에 수리受理하여 세워둔 채, 그러한 독립 변인과 무관하게 지속되어온 민중주의 대 자유주의라는 진영적 구도의 연속

72 같은 글, 57쪽.
73 같은 글, 64쪽.
74 같은 글, 71쪽.
75 윤지관, 「90년대 정신분석」, 『창작과 비평』 1999년 여름호, 81쪽.
76 같은 글, 85쪽.

성을 강조하는 방식으로 전개되고 있다. 이처럼 『창작과 비평』의 결산에 호명된 네 명의 필자는 입을 모아 90년대와 70-80년대의 관계는 단절이 아니라 연속이었음을 강조하고 있는데, 동시기 특히 최원식, 신승엽, 윤지관 등의 필자가 소위 '리얼리즘-모더니즘 논쟁'을 통과하며 첨예한 의견 대립을 보여주고 있었음을 고려했을 때, 이와 같은 동질성은 논쟁을 통해 확인되는 표면적 이질성 아래에 놓여 있는 당파성의 심급을 드러내고 있다고 할 만하다.[77] 결산 특집에는 따로 참여하지 않았던 백낙청은 『창작과 비평』 2000년 봄호에 발표된 글 「2000년대의 한국문학을 위한 단상」에서 지나간 90년대에 대한 뒤늦은 결산과 함께 다가올 문학의 모습을 전망한다. 해당 글은 외따로 살펴봄직한데, 본문의 논거를 자세히 살피기에 앞서 먼저 눈에 띄는 것은 글의 형식적 구조가 극히 불균형하다는 것이다. 서문에서 세대론과 진영론에 대한 비판을 갈피삼아 90년대 문단을 스케치하던 백낙청은 몇 페이지 지나지 않아 "문제의 핵심은 민족문학론 자체가 여전히 타당성을 지니느냐는 것"[78]이라는 다소 동떨어진 발문과 함께 남은 글의 대부분을 분단체제론의 유효성 검토에 할애한다. 70년대 정초된 민족문학론이 80년대의 민중문학론을 거쳐 90년대의 분단체제론으로 갱신되는 '창비' 진영의 공인된 역사를 길게 살피며 백낙청은 자신이 근래 새롭게 주창한 분단체제론이 "한반도의 분단현실을 자본주의 세계체제 작동의 한 국지적 사례로 파악"[79]함으로써 "생태계 보존이라든가 성차별 철폐, 전지구 차원의 빈곤해소, 자본주의의 본질적

77 한편 해당 결산 특집을 통해 『창작과 비평』이 90년대 말미 상당한 밀도의 당파성을 세공해내는 데 성공하고 있다는 점은 개별 비평의 적실성을 떠나 실로 『창작과 비평』이라는 매체의 저력을 보여주는 지점이다. 당대 발표된 한 기사에서 그것은 수세에 몰려온 "진보 문학의 대반격"으로 평가되고 있기도 하다. (「'소설'로 떨어진 90년대 문학」, 『한겨레』, 1999.6.1.)

78 백낙청, 앞의 글, 217쪽.

79 같은 글, 219쪽.

반문학성에 대한 저항"[80]을 포괄하는 새 시대의 다원적 문학담론의 구심점으로 작동할 수 있음을 힘주어 말한다. '2000년대의 한국문학을 위한 단상'이라기보다는 '2000년대 민족문학의 유효성에 대한 단상'에 가까워 보이는 해당 글에서 반복되는 것은 '민족/민중/분단문학'의 이념적 유효성을 매개로 90년대 문학을 70년부터 90년까지 이어지는 연속적인 계승·심화·발전의 타임라인 속에 위치 짓는 『창작과 비평』의 전형적 서술 전략이며, 그것은 심지어 중심이 되어야 할 '문학'이라는 서술 대상을 주변화하는 징후적인 방식으로 펼쳐지고 있다.

『창작과 비평』에게 90년대라는 시대는 결코 독립된 공간에서 다루어지지 않는다. 그들의 결산은 언제나 70-80년대를 이야기의 시작으로 삼는 긴 서두와 함께 시작되며, 70-80년대와 90년대의 연속성을 보장하는 것은 형변화한 민족문학론의 유효성에 대한 굳건한 믿음이다. 80년대의 '민중'이라는 말이 상투적이라면 그것은 90년대의 '단자화된 개인'이라는 용어도 마찬가지라는 비평적 언사 속에서 90년대의 시대적 특수성은 사상되며,[81] 90년대의 문학은 오직 80년대의 긍정적/부정적 계승이라는 측면에서만 정확히 다루어질 수 있는 종류의 것으로 판단된다. 이러한 내러티브 속에서 90년대 문학은 스스로의 '일탈'을 반성하고 분단체제론을 통해 갱신된 새로운 민족문학과의 조우를 통해 진정한 문학의 자리로 '귀환'해야 한다. 심지어 90년대를 결산하는 데 있어서 굳이 '민족문학'이라는 용어를 사용할 필요가 없었을지라도 그들은 글 말미에 "이 글에서 나는 민족문학이란 용어를 가능한 자제했[지만] (…) 그것은 이 용어의 시효가 끝났다고 생각한 때문이 결코 아니"[82]라는 췌언을 달아야만 했다.

---

80 같은 글, 220쪽.
81 이영진, 앞의 글, 45쪽.
82 최원식, 앞의 글, 30쪽.

## 4. 30년의 단절을 사이에 둔 연속 – 『문학과 사회』의 결산

『문학과 사회』가 1998년 봄호에 기획한 〈오늘의 한국 문학 – 한국 문학의 지형적 조망〉 특집은 주지하였듯 두 가지 측면에서 강조되는데, 첫째는 『문학과 사회』의 결산이 여타 문예지와 비교했을 때 상대적으로 발빠르게 시작되었다는 점이며, 둘째는 그것이 IMF 직후의 패배주의의 페이소스가 강하게 드리워진 상태로 이루어졌다는 점이다. IMF로 말미암아 벌어진 "자본의 전쟁의 아수라장" 속에서 문학이 회복 불가능한 "문화적 손상"을 입어 "정신적 뇌사"[83] 상태에 빠지게 될 것이 분명해졌다는 절망적 현실판단 위에서 『문학과 사회』는 90년대에 대한 결산 작업을 서두르며 스스로의 변별적 정체성을 길어 올리려고 시도한다.

해당 특집에서 박혜경과 김양헌 두 명의 필자는 「소설이 주체의 위기를 살아내는 방식 – 90년대의 소설을 위한 밑그림」, 「불상유통不相流通/동기감응同氣感應 – 90년대 시읽기의 방법적 시론」 두 글에서 각각 90년대 소설과 시를 결산하고 있는데, 이들의 작업에서 공통적으로 발견되는 것은 바로 현재 진행형인 혼란상으로 그려지고 있는 90년대의 풍경이다. 박혜경에게 90년대 문학이 놓여있는 "탈계몽, 탈재현, 탈역사성"의 지점은 결국 사회적 현실과의 소통 불가능성에 대한 저자의 절망적인 자의식이 싹트는 과도기적 단계에 다름 아닌데, 그곳에서 지금 확인되는 것은 "세계의 불가해한 심연 속에서 표류하는 훼손된 자아의 혼란스럽고도 불투명한"[84] 모습뿐이다. 김양헌에게 90년대 시단은 "정신주의, 우주공동체, 욕망과 일상성, 신리얼리즘, 포스트모더니즘, 페미니즘, 문명 비

83 권오룡, 「문학 공간: 1998년 봄 – 총평」, 『문학과 사회』 1998년 봄호, 170쪽.
84 박혜경, 「소설이 주체의 위기를 살아내는 방식 – 90년대의 소설을 위한 밑그림」, 『문학과 사회』 1998년 봄호, 157쪽.

판, 생태주의, 메타성과 패러디, 통신 문학, 하이퍼텍스트 등 대립항도 아니고 같은 차원에 놓일 수도 없는 논리들"이 난립하며 서로를 밀어내는 "불상유통不相流通"[85]의 공간으로 그려진다.

문제는 이와 같은 불확실한 시대 인식 속에서 결산을 수행하는 주체마저 혼란스러워하고 있다는 것이다. 박혜경은 윤대녕과 신경숙의 소설에서 "훼손된 주체의 복원을 꿈꾸는 (…) 시원始原의 세계에 대한 갈망"[86]을 읽어내지만 그것은 『문학동네』의 경우처럼 끝까지 긍정되지 못한 채 자체적인 한계를 내포한 "자폐적 내면성의 시선"[87]으로 중도에 기각된다. 소통 단절의 징후들을 끊임없이 환기시키는 김영하의 소설을 경유하여 박혜경이 내린 결론은 "우리 문학[이] (…) 세계와의 소통 불능에 대한 절망의 지점을 거쳐 세계에 대한 인식 주체로서의 인간이라는 믿음 자체가 파열되는 (…) 혼란과 불안의 거대한 공동空洞"을 마주하고 있다는 현실 판단이며, 그것은 백민석의 소설 속에 등장하는 고아들이 그러하듯 "앞으로 나갈 수도 뒤로 되돌아갈 수도 없는 (…) 과거도 미래도 없는 막막하고 불안한 현재성의 시간 위에 영원히 결박당해 있는"[88] 상태로 그려진다. 이렇다 할 전망을 드러내지 못한 것은 김양헌 역시 마찬가지인데, 애초에 그의 글은 수많은 변수들이 다양한 층위로 섞여있는 90년대 시단의 파편화된 풍경을 하나의 방정식으로 정리하는 작업이 불가능하다는 사실을 시인하며 간신히 시작되고 있다. 그러한 의미에서 "동기감응同氣感應"의 가치를 배태하고 있는 "융화/화엄/태극"[89]의 시원으로 돌아가자는 그의 마지막 구호는 그 스스로가 밝히고 있듯 "복잡다양한 90년대의 시

---

85 김양헌, 「불상유통(不相流通)/동기감응(同氣感應) – 90년대 시읽기의 방법적 시론」, 『문학과 사회』 1998년 봄호, 137쪽.

86 박혜경, 앞의 글, 159쪽.

87 같은 글, 161쪽.

88 같은 글, 168쪽.

89 김양헌, 앞의 글, 148쪽

적 지형도와 뭔가 어긋[난]"[90] 채 다만 동양적 신비주의의 현학에 머무르고 있을 뿐이다.[91]

총체적 혼란상으로 남아있는 90년대 앞에서 『문학과 사회』는 그것을 받아들이지도 못하고 그것을 비판하지도 못한다. 가장 명확한 비평적 입각점이 필요한 순간에 그들은 90년대 문학에 대한 판단을 유보하며, 그렇다고 지난 시대의 『우리 세대의 문학』이 그러하였듯 문단 내 절충적 공론장을 자임하지도 못한다. 그것은 세기말 『문학과 사회』의 변별적 정체성 자체가 이미 비판적 입각점을 내세우기 어려울 정도로 현저히 약화되어 있었음을 의미한다. 90년대를 오롯이 긍정하기에는 『문학동네』와 구별되지 않고, 90년대를 오롯이 부정하기에는 『창작과 비평』과 구별되지 않는 딜레마 속에서 『문학과 사회』는 스스로의 변별적 정체성을 길어내는 데 실패한다. 역설적으로 표현한다면, 『문학과 사회』는 가장 먼저 결산에 뛰어들었지만 이미 가장 늦어 있었던 것이다.

다소 미진하게 진행되었던 1998년의 결산을 보완하듯 1999년 『문학과 사회』의 편집동인으로 새롭게 합류한 이광호는 동해 여름 「'90년대'는 끝나지 않았다 - '90년대 문학'을 바라보는 몇 가지 관점」을 통

90 같은 쪽.

91 이와 같은 모호한 태도는 다음 호 진행된 〈한국문학의 빈곤〉 특집에서도 반복된다. 1980년대의 무크지 운동에 대한 낭만적 회고(정과리, 「옛날 옛적에 문학이 있었다」, 『문학과 사회』 1998년 여름호.)와 동시대 비평 담론에 대한 과장된 비판(홍정선, 「공허한 언어와 의미 있는 언어」, 『문학과 사회』 1998년 여름호.)이 개별적으로 행해질 뿐, 90년대 문학의 우열과 공과를 비판함으로써 오늘의 한국 문학을 바르게 이해하자는 발문의 포부가 무색하게도 이들은 동시대 문학에 대한 구체적인 비평적 관점을 제공해내지 못한다. 박혜경은 문단에 새롭게 데뷔한 김연경과 김설의 소설로부터 '생각하는 나'의 해체로 대표되는 새로운 세대의 문학적 경향성을 발견해내려고 시도하지만, 이 역시 앞서 김영하와 백민석 소설을 설명하기 위해 동원된 자신의 논조를 건조하게 반복하고 있다는 인상을 지울 수 없다. (박혜경, 「필사적으로 '나'를 찾아서 - 김연경과 김설의 작품들」, 『문학과 사회』 1998년 여름호.) 해당 글은 동 지면을 통해 앞서 제출된 권성우의 비판적 평가에 대한 직접적인 반박이기도 하다. (권성우, 「신세대 문학에 대한 비평가의 대화」, 『문학과 사회』 1997년 겨울호.)

해 90년대 결산 담론에 한 차례 더 개입한다. 이광호의 글은 별도의 결산 작업이라기보다는 당시 실시간으로 이루어지고 있었던 문단 각지의 결산에 대한 메타비평의 성격을 띠고 있는데, 그 전체적인 얼개는 90년대 문학의 특징으로 각지에서 논의되고 있는 '신세대 문학', '문화산업', '문학권력'과 같은 비평적 키워드들의 유효성을 검토하며 그러한 작업 각각의 단면성과 피상성을 지적하는 방식으로 진행되고 있다. 글의 결론은 "역사의 단순한 의미화에 대한 조급한 욕망"[92]에서 벗어나 90년대를 아직 '끝나지 않은' 현재진행형의 물음으로 사유하자는 당위적 주장으로 마무리되고 있는데, 이는 일견 『문학과 사회』의 결산 작업에서 일찍이 노출되었던 유보적 태도를 답습하는 듯 보이기도 한다.

오히려 이광호의 글에서 가장 흥미로운 부분은 그가 80년대 문학과 90년대 문학을 기계적으로 대비시켜 이해하는 세간의 단절적 내러티브에 대해 비평적 예각점을 내세우는 장면이다. 이광호는 그동안 무비판적으로 반복되어온 "80년대 문학과는 달리 90년대 문학이 집단이 아닌 '개인'에 관심을 집중했고, '문학주의'로 귀환했다는 논리"[93]의 추상성을 지적하며, 보다 구체적인 문학사적 연속성 위에서 90년대 문학을 역사화할 것을 주문한다. 만약 90년대 문학이 회귀적 경향성을 보였던 것이 사실이라면 그것이 구체적으로 '무엇'을 향해 귀환했는지가 중요한 안건으로 다루어져야 한다는 것이다. 여기에서 문제적인 것은 그가 90년대 문학의 사적史的 계보를 소위 민족/민중문학의 헤게모니로 상징되는 70-80년대 한국문학의 제국면을 건너뛰어 곧장 '4.19 세대'로 대표되는 "'70년대' 이전 문학의 미학적 성취"[94]와 연결시킨다는 점이다. 이광호에게 있어서 90

92 이광호, 「'90년대'는 끝나지 않았다 - '90년대 문학'을 바라보는 몇 가지 관점」, 『문학과 사회』 1999년 여름호, 764쪽.

93 같은 글, 759쪽.

94 같은 글, 760쪽.

년대 문학의 역사적 성격은 "근대 문학사의 전반적인 맥락을 더듬어, 특히 4.19 세대 문학 이후의 문학사 전개에 대한 보다 세밀한 플롯"[95]을 마련한 뒤에야만 온전히 파악될 수 있는 것으로 여겨지는데, 이와 같은 서술에서 노출되어 있는 것은 이른바 4.19 세대 문학의 '적자嫡子'로서 90년대 문학을 위치시키려 하는 상속에의 욕망이다. 이광호의 글에서 엿보이는 4.19 정신으로 대표되는 60-70년대에 대한 모종의 낭만적 향수는 앞서 심연의 현실 앞에서 방황하는 90년대 작가들에게 "그들의 문학적 계보를 풍부하게 해줄 많은 문학적 전범"으로 "오정희와 김승옥"[96]을 제시하였던 박혜경의 서술에서 일찍이 예비된 것이기도 하다. 그렇다면 결산의 마지막 순간 『문학과 사회』에 의해 호명되고 있는 4.19의 의미는 무엇이며 그것은 구체적으로 어떤 효과를 산출하고 있었는가.

허선애의 연구에 의하면 '4.19 세대'의 세대적 자의식은 역사적 사건으로의 4.19보다는 오히려 이들의 간접화된 전쟁 체험과 연결되어 있다. 60년대 초반 문단에 진출한 일군의 젊은 비평가와 작가들은 전후세대의 기성 문인들과 스스로를 차별화하는 과정에서 자신들이 성인기가 아닌 유소년기에 전쟁을 겪었다는 사실을 강조한다. 이들에게 눈앞에 닥친 전쟁을 해석할 수 있는 선험적인 인식틀은 부재했으며, 그렇기 때문에 유년의 기억 속에서 전쟁은 어디까지나 "태초의 어둠"[97]과 같은 모습으로 존재할 수밖에 없었다는 것이다. 일견 '역사의식의 결여'나 '방향성 상실'이라는 상투적인 프레이즈와 결합되어 손쉽게 비난받을 소지가 있음에도 불구하고 이들은 주어진 세계 인식의 틀이 부재했다는 사실을 스스로의 사상적 입지점으로 삼는 데 주저하지 않는다. 이들은 스스로의 간접화된

---

95 같은 쪽.

96 박혜경, 「소설이 주체의 위기를 살아내는 방식 – 90년대의 소설을 위한 밑그림」, 앞의 글, 157쪽.

97 김현, 「비평고」, 『산문시대』 2, 1962, 229쪽. (허선애, 앞의 글, 34쪽에서 재인용.)

전쟁 체험과 주어진 세계 인식의 모호함을 '알 수 없는 세계 속의 개인'이라는 서구문학의 현대성 개념과 연결시키는 한편, 이를 반공주의로 대표되는 선험적 인식틀에서 벗어나 오로지 주체적인 '사유의 능력, 해석의 능력'만으로 전쟁을 이야기할 수 있는 최초의 세대가 되었다는 자신들의 세대적 특권과 연결시킨다. 이청준과 최인훈을 위시한 일군의 젊은 작가들이 당대 거두었던 문학적 성취와 맞물리며, 세계의 불확실성과 사유의 주체성은 짝을 이루어 이들의 세대적 변별성을 직조했다.[98]

전쟁 체험을 통해 얻어진 이와 같은 세대적 변별성이 '4.19'라는 기원과 연결되는 것은 사후적인 일이다. 60년대 후반 김현, 김병익, 김치수, 김주연을 위시한 일군의 필자들은 지속되어온 세대론의 연장선상에서 스스로를 '4.19 세대'라고 지칭하기 시작하는데, 허선애의 표현을 빌리자면 그것은 "전쟁이라는 단어의 자리에 4.19를 바꾸어놓는"[99] 비평적 행위에 다름 아니었다. 요컨대, 대학 시절 이들이 연달아 목격한 4.19와 5.16의 혼란상이 그들이 유소년기에 목격한 6.25의 장면과 유비되기 시작함과 동시에, 60년대의 총체적 혼란 속에서 주체적 사유를 통해 역사의 의미를 길어내는 것이 다시 한 번 이들의 비평적 책무로 자리매김되는 것이다. '유소년기의 전쟁 체험'이 '청년기의 4.19 체험'으로 전치되는 이와 같은 사후적 과정 속에서 4.19는 이들의 원초적 체험으로 소급되었으며, 이는 1970년 창간 이후 『문학과 지성』 에콜 일반의 정체성으로 자리 잡게 된다.

90년대를 결산하는 『문학과 사회』가 4.19를 이야기하며 『문학과 지성』의 60년대를 현재의 비판적 전사前史로 호명할 때, 이들이 회구하는 4.19의 가치란 결국 세계의 불확실성과 사유의 주체성이라는 4.19 세

98 허선애, 앞의 글, 33-42쪽.

99 같은 글, 39쪽.

대의 변별적 자질에 다름 아니다. IMF 이후 펼쳐진 총체적 혼란상 앞에서 헤매고 있는 젊은 작가에게 넌지시 4.19의 유산을 꺼내 보인다는 것은 결국 이들이 불확실한 세계를 돌파할 수 있는 문학의 응전력을 다시 한 번 '4.19 정신'의 주체적인 사유로부터 찾고 있음을 의미한다. '6.25'에서 '4.19'로, 그리고 'IMF'로 모습을 바꾼 채 이어지는 현실의 혼란상을 한편에 두고 그곳에 주체의 해석적 역량을 맞세우는 것은 정체성 창출을 위한 '문지'의 유구한 전략이었으며, 2000년대를 목전에 둔 『문학과 사회』에게 4.19는 마지막 '비빌 언덕'으로 남아 있던 것이다. 한편으로 이는 1988년 재창간과 함께 『문학과 사회』로 제호를 바꾸어가며 이들이 내세웠던 포부가 무색하게도 그것의 모태母胎인 『문학과 지성』으로의 회귀적 경향성이 전면화되는 장면이기도 했다.[100]

4.19 세대의 문학에 대한 은밀한 향수를 내비쳤던 이광호의 결산이 제출된 바로 다음호인 1999년 가을호부터 『문학과 사회』는 새로운 연속 기획 〈숨어 있는 걸작을 다시 읽는다〉를 연재하기 시작한다. "한국 문학사의 숨어 있는 걸작들을 발굴하여 (…) 우리 문학사를 새롭게 이해하는 비평의 준거틀을 형성"하는 것을 목표로 출범한 해당 기획에서 『문학과 사회』의 필진들은 총동원되어 그동안 한국 "문학사를 수놓은 대가들"[101]의 작품 중 충분히 주목받지 못한 작품을 매 호 하나씩 선정하여 그에 대한 독립적인 비평을 수록한다. 일견 『문학과 지성』의 재수록 제도를 연상시키는 해당 기획은 3회를 끝으로 짧게 마무리되는데, 그 동안 선정된 작가와 작품의 목록은 순서대로 최인훈의 『시유기』, 김수영의

100 소영현에 의하면 문학적 자율성을 향한 90년대 『문학과 사회』의 비평적 지향성은 이들로 하여금 자연스럽게 스스로의 모습을 70년대 비평, 더 나아가 4.19 세대 비평과의 연관관계 속에 비추어 볼 수밖에 없도록 만들었다. 그 과정에서 이루어진 역사적 계보화의 작업은 이윽고 문단 내부에 4.19 세대의 비평관을 구조적으로 재생산하는 시스템이 구축되게 되는 결과로 이어지게 된다. (소영현, 「좀비 비평의 미래: 비평의 죽음에 관한 다섯 개의 주석」, 『문학과 사회』 2012년 겨울호, 408-409쪽.)

101 편집부, 「이번 호를 내면서」, 『문학과 사회』 1999년 가을호, 954쪽.

「꽃잎」 연작, 서정인의 「원무」, 「남문통」이다.[102] 세기의 전환 앞에서 지나간 시대의 고전을 뒤늦게 호명하는 시대착오적인 감각은 차치하고서라도, 이는 실로 결산의 자리에서 이념적 구호로서 제창된 '4.19 문학'의 과거와 지금-여기에서 벌어지고 있는 '90년대 문학'의 현재 사이에 놓인 거대한 공동空洞을 엄선된 정전canon의 선별적 기입을 통해 사후적으로 벌충하는 성실한 비평적 실천에 다름 아니다.[103]

물론 이광호는 1999년 가을호 『문학동네』의 〈90년대 한국문학이란

---

102 권오룡, 「시간이여, 강낭콩 꽃빛으로 흘러라 - 『서유기』의 탈근대적 지향」, 『문학과 사회』 1999년 가을호 ; 박수연, 「「꽃잎」, 언어적 구심력과 사회적 원심력」, 『문학과 사회』 1999년 겨울호 ; 우찬제, 「소설성의 탐색, 탐색의 소설성 - 서정인의 「원무」 「남문통」 다시 읽기」, 『문학과 사회』 2000년 봄호. 그 중에서도 권오룡의 평문은 최인훈의 『서유기』를 '거대 서사의 상실과 합리적 서사 양식의 파괴'라는 90년대 문학의 포스트모더니즘적 경향을 선취한 작품으로 새기고 있다는 점에서 주목할 만하다. 해당 평문에서 권오룡은 최인훈이 보여준 『광장』에서 『서유기』로의 변화를 "정치주의 혹은 운동주의에서 문학주의로, 집단의 논리에서 개인의 감성으로, 이념의 추구에서 자아의 탐색으로"의 이행으로 평가하고 있는데, 그것은 무엇보다 80년대에서 90년대로 이행하며 변모해온 한국문학의 현재 상황을 정확히 예견하고 있었던 것으로 상상된다. 따라서 지금-여기에서 시도되는 '탈근대'에 대한 문학적 실천은 최인훈, 이제하, 이청준을 위시한 4.19 세대의 "비사실주의적 문학"이 시도했던 모색의 양상을 복기하는 작업으로부터 시작해야 한다. (권오룡, 앞의 글, 1296-1298쪽.)

103 출판 · 기획의 차원에서도 문학과지성사는 1990년대 중후반부터 자신의 유산을 정전화하는 작업에 몰두한다. 1996년 중엽부터 문학과지성사는 출판 후 10년 이상이 지난 자사 스테디셀러 중 일부를 선별하여 〈문지 소설 명작선〉이라는 기획으로 묶어 재출간하기 시작한다. 서정인의 『강』, 임철우의 『아버지의 땅』을 시작으로 오정희, 이문구, 최인훈, 윤흥길, 이인성, 조세희, 박상륭 등의 주요 작품이 순차적으로 발간되었다. 1997년 말부터는 〈우리 문학 깊이 읽기〉 시리즈가 새로이 간행된다. '문지' 계열 중견 문인에 대해 주로 당시 『문학과 사회』의 편집동인 중 한 명이 책임편집을 맡아 대담 및 자전 에세이, 관련 주요 비평/연구, 미발표 자료, 연보 및 서지 등을 개별 단행본으로 묶어내는 기획이었다. 『홍성원 깊이읽기』를 시작으로 김병익, 황동규, 마종기, 김주영, 이청준, 정현종 등의 특집이 순차적으로 발간되었다. 구성에서 확인할 수 있듯이 해당 시리즈는 주요 작품을 한 데 모아 출판하는 상업적 기획이라기보다는 특정 문인의 작품세계에 대한 학술적 총결산을 목표로 하고 있었으며, 이는 추후 이어질 비평/연구를 위한 일종의 지침 역할을 수행하고 있었다. 당시 발표된 기사에서 해당 기획이 무엇보다 '4.19 세대' 문인들에 대한 총결산의 의미로 받아들여지고 있는 모습을 어렵지 않게 확인할 수 있다. (「4 · 19세대 문인들 문학인생 결산」, 『동아일보』, 1997.11.17. ; 「한국 현대문학의 밑거름 '4 · 19세대' 작품세계 갈무리」, 『한겨레』, 1999.2.2.)

무엇인가 I〉 특집에 제출된 글 「보이지 않는 '비평의 시대' - 90년대 비평의 반성」을 통해 본인이 제안했던 이와 같은 회귀적 논리에 대한 자기반성을 시도한다. 80년대적 계몽주의와 90년대적인 상업주의에 대항하기 위해 『비평의 시대』, 『포에티카』를 포함한 90년대 신생 문예 매체들은 무엇보다 '반성적·비판적 사유'로 요약될 수 있는 4.19 세대의 고전적 문학이념을 호명하는 경향을 보였으며, 본인이 그려온 비평적 궤적 역시 이와 같은 시대착오적인 논리로부터 자유로울 수 없었다는 것이다.[104] 이 글에서 4.19 세대에 대한 회귀적 경향성을 비단 『문학과 사회』만이 아닌 90년대 문단 전반의 특징으로 확대함과 동시에 그와 같은 '비평적 몽상'의 불가피함을 주장하는 이광호의 언사는 매우 투명하고 또 명확하다. 그러나 이와 같은 자기반성과 무관하게, 90년대 후반 『문학과 사회』의 경향성은 이미 예고된 방향으로 움직이고 있었다. 앞서 언급한 〈숨어 있는 걸작을 다시 읽는다〉 기획이 마무리된 다음호인 2000년 여름호, 4.19 혁명의 40주년과 김현의 10주기가 공교롭게 맞물리며 『문학과 사회』는 자신에게 허락된 지면의 대부분을 4.19 세대 문인들의 위상과 업적을 재평가하는 작업에 할애한다.[105] 이는 실로 『문학과 사회』가 90년대 후반의 결

104 이광호, 「보이지 않는 '비평의 시대' - 90년대 비평의 반성」, 『문학동네』 1999년 가을호. 이광호는 1991년 창간된 문학과지성사의 무크지 『비평의 시대』(편집동인: 권성우, 박철화, 이광호)와, 1997년 창간된 민음사의 비평전문지 『포에티카』(편집위원: 우찬제, 권성우, 이광호) 모두에 편집동인/위원으로 참여했다.

105 해당 권호에서 김태환의 〈김현 10주기 기념 문학 심포지엄〉 참관기를 포함하여 총 아홉 편의 글이 직/간접적으로 4.19 혁명의 역사적 의의와 문학사적 가치를 논하고 있다: 장경렬, 「김현, 그 '부재하는 현존, 현존하는 부재'」, 『문학과 사회』 2000년 여름호 ; 정과리, 「김현 비평의 현재성」, 『문학과 사회』 2000년 여름호 ; 권성우, 「4.19 세대 비평의 성과와 한계」, 『문학과 사회』 2000년 여름호 ; 김동식 「4.19 세대 비평의 유형학」, 『문학과 사회』 2000년 여름호 ; 박철화 「1980년 이후의 비평에 관한 몇 개의 단상」, 『문학과 사회』 2000년 여름호 ; 우찬제, 「비평의 새로운 가능성과 도전」, 『문학과 사회』 2000년 여름호 ; 김호기, 「4월 혁명의 재조명: 사회학적 해석」, 『문학과 사회』 2000년 여름호 ; 성민엽 「시간과 싸우는 법 - 세기말의 황동규와 이청준」, 『문학과 사회』 2000년 여름호 ; 김태환, 「김현 10주기 기념 문학 심포지엄을 다녀와서」, 『문학과 사회』 2000년 여름호. 같은 호 〈오늘의 한국 문학〉란에 발표된 권오룡

산 국면에서부터 노출했던 회귀적 경향성이 정점에 이르렀던 순간으로 기록될 만하다.[106]

90년대 후반, 단절을 추구할 수도 없고 연속을 추구할 수도 없는 정체성의 딜레마 속에서 『문학과 사회』의 결산은 90년대에도 80년대에도 닻을 내리지 못하고 역사 속으로 계속 소급해 들어간다. 이들은 1960년 4월 19일에 이르러 모종의 문학적 항전력을 발견하지만, 이미 그곳은 그들이 출발한 IMF의 시공간으로부터 너무 멀리 떨어져 있었다. 그리고 그 사이에 놓인 공동空洞은 어쩌면 6.25와 4.19 사이의 그것보다 거대했을지도 모른다. 90년대 후반 『문학과 사회』의 비평적 전망이 구체적 당파성을 사상한 채 다만 현실감을 잃은 공허한 구호나 제안의 차원에 그칠 수밖에 없었던 이유는 바로 이곳에 놓여 있었다. "의식의 바늘을 저 시원의 희망"으로 돌리고자 하는 그들의 "회귀적 전진"[107]은 결국 30년의 건너뜀을 사이에 둔 곡예적 형태로 실현될 수밖에 없었던 것이다.

---

의 글 「권력형 글쓰기에 대하여 - 쟁점」도 사실상 같은 심포지엄에서 발표되었던 권성우의 글에 대한 우회적인 비판에 다름 아니다. 해당 권호에 실린 김태환과 권오룡의 글이 자신의 발표문을 부당하게 비판하고 있다는 권성우의 문제제기는 이후 전개될 소위 '문학권력 논쟁'의 포문을 열었다. (「4.19세대의 문학비평에 숨은 의도 있었나? - "헤게모니 장악 위해 50년대 폄하" 권성우씨 주장에 인터넷 논쟁」, 『조선일보』 2000.5.28.)

106 해당 권호를 마지막으로 『문학과 사회』의 편집 체제와 인적 구성은 대대적으로 개편되며, 2000년 가을호 『문학과 사회』 51호는 문학과지성사의 문화무크지 『이다』의 편집위원이었던 김태환과 최성실을 새로운 편집동인으로 앞세운 혁신호로 돌아온다.

107 편집부, 「이번 호를 내면서」, 『문학과 사회』 1998년 봄호, 30쪽.

## 5. 나가며

『문학과 사회』에게 90년대 후반은 엄혹했다. 격변하는 90년대 후반의 사회/정치/경제적 흐름 속에서 반상업주의와 반민중주의를 스스로의 변별적 자질로 내세운 기존 『문학과 사회』의 정체성 창출 전략은 기능할 수 없었다. 『창작과 비평』으로 상징되는 민중주의가 문단 헤게모니를 상실함에 따라 『문학과 사회』의 변별적 정체성을 지탱하던 삼자적 구도는 해체되었으며, IMF 이후 하나의 시대정신으로 밀어닥치는 상업주의의 위력 앞에서 『문학과 사회』가 거처할 수 있는 반상업주의적 입지점은 남아있지 않았다. 그러한 이중의 위기 속에서 『문학과 사회』가 담지해온 '순수주의'라는 구호조차 『문학동네』가 내세운 '문학주의'라는 유연한 기표 속으로 흡수되고 있었다.

변별적 정체성을 잃어버린 『문학과 사회』는 빠르게 90년대를 결산하기 시작한다. 결산 작업이 일종의 역사화 작업이며 그러한 역사와의 관계맺음 속에서 메타 주체의 정체성이 구성된다는 점을 상기했을 때, 90년대를 역사화하고 그것으로부터 거리를 두어 반성과 성찰의 자세로 스스로의 변별적 입각점을 정교화할 필요성은 『문학과 사회』에게 가장 시급하게 요청되었던 것이다. 이와 같은 관점에서 본고는 각종 결산 담론이 펼쳐졌던 90년대 후반 문학 공간을 타 구성원과 스스로를 구별 지으며 변별적 정체성을 창출하는 개별 문학주체의 전략이 펼쳐지는 역동적인 장champ으로 바라보았으며, 그 속에서 진행된 『문학동네』, 『창작과 비평』, 『문학과 사회』 세 주류 문예지의 결산 전략을 '단절'과 '연속'의 키워드로 비교하였다.

결산의 장에서 『문학동네』는 80년대와의 단절을 선언하며 해방의 감각 속에서 90년대 문학을 도래할 2000년대로 열어젖히고 있었다. 반대로 『창작과 비평』은 70-80년대와의 연속을 선언하며 민중주의를 거쳐 분단체제론으로 형질변화한 민족주의의 건재함을 자신했으며, 오히려 90년대 문학은 비판적 관점에서 주변화되는 모습을 보였다. 한편, 『문학과 사회』에게 90년대 문단은 다만 불가해한 공간으로 스케치되고 있었으며 필자들은 이렇다 할 소결이나 전망을 제시하지 못하고 있었다. 그러한 고투 속에서 『문학과 사회』는 IMF 이후 펼쳐진 불확실한 세계에 대응할 문학적 응전력으로 '4.19 정신'을 호출하는 문제적 모습을 보인다. 타 문예지에 대한 의식 속에서 단절도 연속도 선언할 수 없었던 『문학과 사회』의 결산은 최종적으로 '30년의 단절을 사이에 둔 연속'이라는 곡예적 형태로 실현되었다.

비단 결과론에 기대지 않더라도, 이와 같은 90년대 후반 『문학과 사회』의 비평적 방향성이 지극히 시대착오적인 감각 위에 축조되어 있었다는 점은 부인할 수 없는 사실로 보인다. 그러한 진영적 벡터가 선택될 수밖에 없었던 모종의 필연성을 인정하더라도 4.19 세대에 대한 배타적 상속이 90년대 후반의 시점에서 결코 유효한 전략이 될 수 없었음은 분명하다. 이른바 '순수', '문학의 자율성', '문학성', '탈이념' 등으로 계열화될 수 있는 4.19 세대의 비평적 유산은 이미 연성화된 형태로 문단 곳곳에 흩뿌려져 있었으며, 앞서 살펴보았던 것처럼 『문학동네』를 비롯한 문단 내 행위주체들은 90년대 전반에 걸쳐 그것을 담론적으로 재가공하여 소화해내는 작업을 지속했다. 90년대 후반의 시점에서 그러한 개념들은 차라리 공공재公共財에 가까운 형태로 유통되고 있었는데, 그렇기 때문에 스스로가 4.19 세대의 '적자'임을 주장하며 그것에 대한 뒤늦은 상속권을 주장하는 『문학과 사회』의 전략은 다만 공허한 구호에 그칠 수밖에 없었다.

더불어 IMF라는 현실 앞에서 그와 같은 이념적 참조항의 설정이 어떤 현실적 효과를 발휘할 수 있었을지도 의문이다. 그들이 세기말의 자리에서 강조한 '주체의 해석적 역량'으로 대표되는 4.19 세대의 정신이 과연 전방향에서 밀려오는 상업주의의 물결에 대응할 수 있을 정도의 유연성을 확보할 수 있었을까. 4.19 세대의 영광에 대한 『문학과 사회』의 회귀적 고착은 오히려 동시대 '문학권력 논쟁'을 촉발했으며, 얼마 지나지 않아 한국 문단은 - 2000년대 내내 끊임없이 들려오게 될 - 가라타니 고진의 '종언론'을 마주하게 된다. 고진이 제기했던 '근대문학의 종언'이라는 테제가 한국적인 맥락에서 무엇보다 "4.19의 역사적·문학적 기능의 완결"[108]을 가리키고 있었음을 생각한다면, 90년대 후반 『문학과 사회』가 택했던 비평적 전략의 패착은 보다 분명해진다. 어쩌면 세기말의 『문학과 사회』에게 필요했던 것은 IMF로 말미암아 현상된 현실의 변화를 정확히 직시하고 스스로의 문학관을 수정해 가며 그것에 대해 비평적으로 대응하는 것이 아니었을까. 앞선 세대의 비평적·문학적 성취에 대한 연호가 아닌 변화된 국면phase 속에서 생성되고 있었던 당대의 수많은 문학들에 대한 호명을 통해 스스로의 좌표를 재설정해 나가야 하지 않았을까. 만약 그들에게 상속해야 할 4.19 세대의 유산이 남아 있었다면, 그것은 70-80년대의 『문학과 지성』이 개진하였던 '대중(문학)론'에 대한 비판적 참조가 아니었을까.[109]

본고는 이상의 작업을 통해 90년대 후반 『문학과 사회』가 겪고 있었던 정체성의 위기와 그것의 타개 방안으로서 선택된 '곡예적 회귀'의 문제적 양상을 연결하는 하나의 포괄적인 내러티브를 마련해 보고자 했다. 이와 같은 경향성이 비단 90년대 후반 『문학과 사회』에만 한정되는 것인지, 혹은 90년대 한국 문단 전체로 확장될 수 있는 종류의 것인지에 대

---

108 김영찬, 「끝에서 본 기원과 비평/문학 연구」, 『상허학보』 35, 상허학회, 2012, 128쪽.

109 안서현, 앞의 글, 148-175쪽 ; 허선애, 앞의 글, 194-225쪽 ; 노태훈, 「문학의 자율성이라는 난경 -《문학과지성》과《문학과사회》를 다시 연결하며」, 『한국근대문학연구』 24(2), 한국근대문학회, 2023, 101-107쪽.

해서는 앞으로 지속적인 검토가 이루어져야 할 것이다. 그 구체적인 세부가 90년대를 전후로 한 한국 문학 비평 전체를 시야에 넣는 스케일 속에서 실증적으로 파악되어야 할 것임은 물론이다. 덧붙여, 90년대 후반『문학과 사회』의 비평적 공과에 대한 모종의 '결산'을 시도하고 있다는 점에서, 본고의 비판적 작업 역시 역사화의 과정 속에 으레 개입되기 마련인 사후적 편향으로부터 자유롭지 않음을 밝혀둔다. 본고에서는 90년대를 결산하는 세기말의 문단 풍경에서 발견된 단서를 토대로 하나의 가설을 제시하며 추후 진행될 연구를 예비하기로 한다.

# 1990년대 이후 문학/문화 연구와 그 시차

: 기원론, 문화론적 연구, 미적 근대성론을 중심으로

이철호

# 1990년대 이후 문학/문화 연구와 그 시차
## : 기원론, 문화론적 연구, 미적 근대성론을 중심으로

—

이 철 호

## 1. 1990년대 문학/문화 연구사를 거슬러

1990년대 문학/문화 연구사에 대한 비교적 최근의 논의들 중 이 연대를 다른 무엇보다 1980년대와의 '단절'로 이해한 지난 세대의 문학사적 감각을 거슬러 '연속'으로 읽어내려는 시도들이 돋보인다.[01] 그와 더불어 1990년대 한국문학 담론을 구성하는 주요 용어인 개인, 내면, 진정성 역시 자신의 후광을 상실하기 시작했다. 한 시대를 풍미한 진정성 담론이 오늘날 미심쩍은 이유란, 여기에 1990년대 문학을 특권화하려는 의도가 비교적 명백하고 또 그것이 가부장적 남성중심주의의 반영임에도 마치 보편적인 가치라도 되는 것처럼 다루어졌다는 데에 있다. 이러한 비판들을 종합해 보면 '진정성'과 '내면'과 '미적 근대성'은 등가적 관계를 이루면서 '문학주의'로 수렴된다.[02]

---

01 배하은, 「혁명성과 진정성의 탈신비화:1980-90년대 문학 연구의 동향과 과제」, 『상허학보』 66, 상허학회, 2022, 151~160쪽 참조.

02 조연정에 따르면, 문학주의는 우선 "어떤 이념이나 논리도 표방하지 않는다"는 『문학동네』의 발간 이념에 잘 표현되어 있으나 그 슬로건과 달리 특정 개념과 창작 경향을 선호하는 비평적 움직임을 가리킨다. 조연정, 「'문학주의'의 자기동일성:1990년대 『문학동네』의 비평 담론」, 『상허학보』 53, 상허학회, 2018, 13~14쪽.

그런데 문학주의라는 맥락에서 개인, 내면, 진정성 담론에 가해지는 비판 가운데 흥미로운 대목은 1990년대 이후 문학/문화 연구를 바라보는 관점에 내재된 어떤 착종이라 할 수 있다.

> 진정성 담론은 근대 문명 전반을 부정하며 타락한 문명을 문학(예술)으로 초극할 수 있다고 보는 미적 근대성=반근대주의로 전환되기도 한다. 문제는 이러한 담론이 문학에 다른 영역과 구분되는 '신성한' 아우라를 부여함에 따라 문학 언어의 빈곤화가 초래되었다는 데 있다. 미적 근대성을 주장하는 이들은 "자기의 부모나 자기가 속한 역사적 시대와 마찬가지로, 자신의 언어도 우연하다는 점을" 망각함으로써 문학을 신격화한다. (…) '진정성=내면'의 이데올로기에서 벗어나지 못한 **근대문학, 문학사, 문학주의에 필요한 것은 이러한 우연을 통한 문학의 탈신격화이다.**[03] (강조-인용자)

여기서 탈신격화의 대상은 "미적 근대성=반근대주의로 공고하게 쌓아 올린 문학주의라는 성채"[04]이며, 그것을 무너뜨릴 방법은 '우연', 즉 문학을 구성하는 개념과 제도의 '역사성'을 과감히 폭로하는 일이 된다. 1990년대 이후 문학연구의 주요 성과 중 하나인 이른바 기원론이 바로 여기에 해당할 것이다. 그런데 당대 한국문학 담론 내부에서 (탈신화화하는) 기원론과 (신화화하는) 문학주의는 전혀 다르다고 말할 수 있는가.

1990년대 이후 이른바 근대문학연구와 현장비평 담론간의 논의가 상당 부분 교차하고 또 개별 비평가와 연구자 역시 서로 중첩되면서 어

---

03 안지영, 「'문학' 혹은 '근대'란 무엇인가 하는 물음:'(포스트)진정성'의 탈구축과 90년대 미적 근대성 비판」, 『상허학보』 63, 상허학회, 2021, 578~579쪽.

04 안지영, 위의 글과 동일함.

떤 '착시'가 발생했다는 데에 본고의 주된 문제의식이 있다. 그러한 착시가 1990년대 문학/문화 연구의 공적을 과소평가하거나 폄하했다고 지적하려는 것은 아니다. 다만 논의의 선후관계를 뒤바꾸고 담론간의 차이를 단순화함으로써 이 시기에 대한 더욱 생산적인 논의를 지체시킬 우려가 있기 때문이다. 게다가 이 착시와 무관하지 않은 맥락에서, 지난 20여 년간 기원론, 문화론적 연구, 미적 근대성론을 통해 축적된 문학연구의 주요 성과 가운데 일부는 그 급진성을 급격히 상실하는 상황에 직면해야 했다. 그러고 보면 더 이상 기원론, 문화론적 연구, 미적 근대성론이라는 타이틀로 자신의 연구를 정의하거나 의미부여하지 않는 시점에서, 이를 재론한다는 것은 일종의 시대착오라는 비판에서 자유롭지 못하다. 하지만 지난 세대의 문학/문화 연구에 대한 평가가 여전히 현재진행형일 수밖에 없다면, 역사(주의)를 거스르는 작업은 어떤 식으로든 부단히 지속되어야 할 것이다.

## 2. 문화론적 연구 담론과 그 시차적 관점

앞서 언급한 1990년대 이후 문학/문화 연구사를 바라보는 관점의 시차는 2000년대 초반 발표된 천정환의 글에서 비롯되었다. 「'문화론적 연구'의 현실 인식과 전망」(2007)은 결정적인 획을 긋게 될 하나의 역사적 전환, 즉 '문학에서 문화로'를 공식화한 글로서 주목된다. 보통 문화연구라 통칭되는 새로운 경향의 연구방법론을 다시 문화론적 연구라 명명하는 가운데 여기에 이념적, 실천적 의의를 부여했다는 점에서 선언적이고, 앞으로 나아갈 방향과 그 주요 쟁점을 제안했다는 점에서는 선구적이다. 이 글은 이보다 앞서 발표된 「새로운 문화연구와 글쓰기를 위한 시론」(2004)과 함께 초창기 문화론적 연구의 성격과 의의를 명확히 밝혀 준다.

### 1) 기원론의 경우

이 글의 저자는 문학/문화 연구의 새로운 흐름을 진단하며 "근대 문학주의"와 "문화적 현실"에 대한 성찰을 촉구한다. 그가 말하는 문학주의란, 우선 역사적으로는 ①정치적 계몽주의 문학, ②내면성의 문학(과 모더니즘 소설), ③대중적 낭만주의 문학이고, 다시 2000년대 초반의 시점에서 보자면 "작은 문학주의"를 지칭한다. '작은 문학주의'는 "자명해 보이는 모든 규범과 제도를 회의의 대상으로 놓는 태도 자체"[05]가 결여되어 있다는 점에서 (신문학 이후의) "근대 문학주의자"와 동류이다. 여기서 1990년대를 바라보는 관점의 어떤 착시가 주목된다.[06] '(근대)문학'이라는 개념의 제도적 형성을 도외시하는 연구자-비평가들을 향해 '문학주의'라 평가하지만, '문학주의'로 적시된 이들이야말로 그 최전선에 있었기 때문이다. 그렇다면 근대성의 기원을 비판적으로 탐색한 이들에게 다시 근대주의에서 벗어나지 못했다고 말하는 아이러니를 피하기 어렵다.

---

05 천정환, 「'문화론적 연구'의 현실 인식과 전망」, 『상허학보』 19, 상허학회, 2007, 28쪽.

06 앞의 논문에서 조연정은 "1990년대 이후의 한국 문학사가 어떤 착시나 왜곡 없이 서술되기 위해서는 『문학동네』 비평 담론의 프레임을 해체하고 당대의 문학장을 좀더 투명하게 바라볼 필요가 있다"고 지적한 바 있다. 그런데 1990년대 이후 문학/문화 연구에 대한 사후적 비판들 속에도 착시 혹은 시차가 나타난다는 것이 본고의 문제의식이다. 이는 1910-20년대 문학 연구와 1990-2000년대 소설 비평 담론이 서로 공존하며 영향을 주고받는 가운데 발생했으며 그 대표적인 사례가 2장에서 다룰 서영채의 논문 및 평론들이라 할 수 있다.

> 1990년대 이후 한국문학연구의 장에서 제기된 한국 근대문학의 장르, 개념 자체의 성립에 대한, 그리고 독자, 매체, 문단, 정전 등 한국 근대문학의 외연에 대한 근본적인 질문들을 떠올려 보자. 그리고 그 성과로 나온 연구들을 상기해 보자. 이 연구들이 공통적으로 지적하고 가르쳐준 것은 무엇인가? **근대문학의 제 규범과 제도, 그리고 심지어 '문학'이라는 개념 자체가 역사적 산물이라는 것이었다.** 또한 한국 근대 문학'사'가 민족주의와 근대적 미학주의가 모순적으로 결합됨으로써 형성된 '상상의' 산물이라는 것, 그리고 미학적 '자율성'과 문학사의 정전 또한 간단없는 역사적, 이데올로기적 투쟁의 산물이라는 점 또한 알게 되었다. 근대문학사의 기원을 찾는 작업 자체가 근대문학사를 해체하고 다시 쓰기 위한 작업의 시작점이 아니겠는가.[07] (강조-인용자)

천정환은 한국문학 연구와 관련해 1990년대를 탈신화화의 연대로 이해하고 그 주요 대상으로 (근대)문학, 문학사, 미적 자율성을 지목한다. 그런데 '민족주의와 근대적 미학주의가 모순적으로 결합됨으로써 형성된 상상의 산물'이 바로 근대문학이라는 논평은 공교롭게도 이 글이 '작은 문학주의'라고 평한 황종연의 「문학이라는 역어」(1997)와 그 논문이 보여준 성과로부터 연유한다. "이광수는 문학을 감각적, 감정적 삶과 연결하여 심미화하는 동시에 국민적 주체를 산출하는 민족주의적 헤게모니에 편입시켰다고 해도 무방할 것이다."[08] 기원론이 저자들이 그 기

---

07 천정환, 위의 글, 15~16쪽.

08 황종연, 「문학이라는 역어:'문학이란 何오' 혹은 한국 근대 문학론의 성립에 관한 고찰」, 『동악어문논집』 32, 동악어문학회, 1997; 『탕아를 위한 비평』, 문학동네, 2012, 478쪽. 기원론이 보여준 (근대)문학 개념 및 제도에 대한 인식론적 재배치 작업이 김동식, 권보드래, 손정수, 김현주, 강용훈, 소영현 등에 의해 더욱 심화되는 과정의 비평사적 의미에 관해서는 강용훈, 「한국근대문학비평사 연구의 변화 양상과 또 다른 문학/비평사 서술」, 『민족문학사연구』 72, 민족문학사학회, 2020, 183~193쪽 참조.

원론 자체를 부정하는 문학주의자로 재규정되는 상황은, 1990년대 이후 문학/문화 연구를 회고하는 과정에서 노출된 '첫 번째 시차'—기원론의 저자들은 저만치 멀리 있지만, 기원론의 성과는 여기 가까이에 있는—로 기록할 만하다. 다시 말해, 문화론적 연구는 기원론의 성과를 보편화하면서 동시에 그 보편성으로부터 기원론의 저자를 소거시킨다. 그것은 '기원론의 전유'라고 해도 무방하다.

이러한 (무)의식적 착시는 기원론이 아니라 실은 문화론적 연구에 대하여 더 많은 것을 시사한다. 널리 알려진 대로 '일상적인 것이 정치적인 것이다'라는 슬로건은 일상생활의 세부와 그 이면에서 이데올로기적 기원을 폭로하는 작업이 문화 연구의 기본임을 일러준다. 그런 의미에서 문화론적 연구 자체가 문화를 가지고 하는 기원론이다.[09] 실제로 이 논문 이후에 천정환이 펴낸 『근대의 책읽기』는 다른 무엇보다 독자(혹은 독서대중)의 "기원에 대한 탐색"[10]이고, 『1960년을 묻다』(2012)의 경우에도 4.19라는 "기원에 대한 서사"[11]로 이해된다. 기원론과 문화론적 연구는 여러 면에서 밀착되어 있다고 보는 편이 온당하다.[12] 그럼에도 문화론적 연구(자)를 주체화하는 과정에서 기원론의 일부는 전유하고 또 다른 일부는 타자화하는 결과를 초래했다는 비판이 가능하다.

---

09 이는 지젝의 표현에 대한 패러프레이즈이다. 슬라보예 지젝, 「신성한 똥되기의 참을 수 없는 무거움」, 『시차적 관점』, 마티, 2009, 384쪽; Zizek, "The Unbearable Heaviness of Being Divine Shit", *The Parallas View*, Massachusetts:MIT Press, p.191.

10 손정수, 「트로이의 목마:문학 연구의 대중성과 자율성을 둘러싼 아포리아들」, 『문학동네』 39, 문학동네, 2004.

11 김영찬, 「반복과 종언 혹은 1960년대 문학/문화연구의 문제들」, 『사이間SAI』 14, 국제한국문학문화학회, 2013, 645쪽.

12 이와 다른 맥락에서 이경훈은 문학의 탈식민화를 강조하는 입장(하정일)과 탈영토화를 강조하는 입장(천정환)이 풍속사 연구와 관련해 서로 대립하는 것으로 보이지만, 실은 문학/비문학의 경계에 집착한다는 점에서는 다르지 않다고 지적한 바 있다. 「오르페우스의 변명」, 『대합실의 추억』, 문학과지성사, 2007, 30쪽.

## 2) 미적 근대성론의 경우

천정환은 한국문학을 크게 세 가지 유형으로 분류하는데, 그 중 하나가 "내면성의 문학"이다.

> 이는 1910년대 유학생 문학으로부터 비롯되어, 1930년대 이상, 박태원 등의 모더니즘 소설에서 개화하고 1980년대의 이인성, 윤후명, 최수철, 그리고 최근의 작가들에 계속 이어지고 있다. 모더니즘 문학과 더불어 내면성의 소설은, '현대'를 살아가야 하는 개별자의 고립과 개인주의를, 그리고 그 토대 위에서 전개되는 근대적 '예술'의 단자성을 구현한다. 이 소설은 예술적 전위로서의 성격과 "새로움의 역사철학"(아도르노)을 구현하는 '미적 근대성'을 존재 의의로 한다. '미적 근대성'은 근대에 대한 개인적, 미학적 저항을 그 내용으로 하였다 (…) 그러나 이는 읽히지 않는 것 자체를 자신의 본성이자 자원으로 한다. 역사적으로 볼 때 이 계열의 문학은 때때로 '순수문학주의'나 정치적 우익의 논리와 접속하여, 첫째 부류와 '전쟁'을 벌이기도 했다. '순수-참여 논쟁' 같은 것은 그 싸움의 한 역사적 사례이며, 문학사의 '모더니즘 대 리얼리즘' 구도 또한 이 대립의 하나의 줄기를 일컫는 것이다.[13]

새로운 문학/문화 연구의 가능성을 대중문화의 '하방'에서 모색하는 이 글의 저자에게 내면성의 문학, 곧 미적 근대성은 엘리트문화의 전

---

13 천정환, 앞의 글, 20쪽. 미적 근대성 계열의 문학이 역사적 시효를 다했다는 진단은 같은 글에서 수차례 반복된다. "오늘날 내면성의 문학의 경우도 미적 전위로서의 존재 의의와 근대 비판의 선도적 역할은 거의 잃은 채로 존재한다."(22쪽) 그럼에도 결론에 이르러 문화론적 연구의 가능성을 "미와 윤리의 긴장과 융합"(32쪽)에서 찾는다.

유물에 불과할 뿐이다. 그런데 『학지광學之光』 세대의 미학주의부터 1930년대 모더니즘과 김동리를 거쳐 비교적 최근의 작가들까지 미적 근대성으로 통칭하는 방식은 몇 가지 질문에 직면하지 않을 수 없다. 박태원과 김동리 소설을 어떻게 균질화할 수 있는가 하는 물음은 차치하더라도, 순수-참여나 리얼리즘-모더니즘 논쟁을 불러와 미적 근대성론을 역사화하는 것은 여러 면에서 문제적이다. 하지만 그러한 동일시의 시선보다 더 중요한 쟁점은, 문화론적 연구를 고평하기 위해 역설적이게도 자신의 영토에서 미적 근대성론을 배제한다는 데에 있다. 그런데 과연 미적 근대성론과 문화론적 연구는 서로 분리될 수 있는가. 앞으로 상론하겠지만, 문화론적 연구는 기원론으로부터 파생되어 나왔을 뿐만 아니라 그 기원론이 담론적 뿌리를 둔 미적 근대성론과도 밀착되어 있다. 일례로 '근대 청년의 문화정치학'이란 부제가 붙은 『문학청년의 탄생』이 주목한 것은 "내면을 가졌으나 현실과 불화하는 청년의 표상", 곧 "미적 청년"이었다.[14]

다른 한편, 『미적 근대성과 한국문학사』의 저자는 기원론적 연구 동향에 기대를 표하면서, "한국근대문학의 기원과 역사적 변이를 탐구하는 작업은 거대한 보편적 근대성, 동일성으로서의 근대성의 미망에서 벗어나 문학성과 문학 제도의 세밀한 분석을 전제로 한국근대문학사 내부의 자기 모순을 투철하게 인식하는 태도를 요구받고 있다. 그 요구야말로 한국근대문학의 근대성을 그 내부로부터 비판적으로 인식하기 위한 탐구의 조건이다."[15]라고 강조한 바 있다. 이광호가 미적 근대성의 관점에서 바라본 한국문학사란 동시대의 기원론과 배치되지 않을 뿐만 아니라 오히려 서로 결속 가능하다. 또 이 논평에서 의미심장하게 여겨지는 구

---

14 소영현, 『문학청년의 탄생』, 푸른역사, 2008, 17쪽.

15 이광호, 「모순으로서의 한국문학사」, 『미적 근대성과 한국문학사』, 민음사, 2001, 25~26쪽.

절은 '자기 모순'이다. 새로운 도래를 천명한 시점으로부터 현재까지 과연 문화론적 연구 담론이 그러한 의미에서의 자기 모순을 응시했는가 하는 의문이 남는다.[16] 오히려 자기 내부에 존재하는 기원론과 미적 근대성론을 전유하거나 배제하는 방식, 그것이 문화론적 연구가 새로운 연대를 맞이하면서 자신이 통과한 시대와 결별하는 방식이었다.

## 3. 내면, 냉소적 주체, 진정성

1990년대 문학에 관해 논한 글에서 강동호는 두 개의 상반된 경향이 공존하는 현상을 언급한 바 있다. "근대성의 기원을 탐문하는 학술장의 해체적인 작업과 1990년대를 기원(문학 본연적인 것)의 복귀로 설명하는 비평사적 내러티브가 동시대에 출현했던 현상을 어떻게 설명할 것인가?"[17] 전자가 '기원론'이라면 후자는 (내면성, 진정성, 미적 근대성 삼위일체로서의) '문학주의'이다. 그러한 공존은 물론 근대문학의 기원을 탐색한 '연구자'와 문학주의로 지목된 현장 '비평가' 그룹이 서로 중첩된다는 사실로부터 연유할 것이다. 이는 1999년 『문학동네』에 발표된 서영채의 두 편의 글에서 가장 명료한 예증을 얻는다.

먼저 「냉소주의, 숙음, 매저키슴」(1999)에서 서영채는 90년대를 대표

16 문화연구에 대한 비판적 성찰로는 박헌호, 「'문화연구'의 정치성과 역사성:근대문학 연구의 현황과 반성」, 『민족문화연구』 53, 고려대 민족문화연구원, 2010; 「'문학' '사' 없는 시대의 문학연구」, 『역사비평』 75, 역사문제연구소, 2006 참조.

17 강동호, 「'언표'로서의 내면」, 『지나간 시간들의 광장』, 문학과지성사, 2022, 284~285쪽. 1990년대 문학비평 담론에 대한 그의 새로운 문제제기와 접근방식에 관해서는 「문학이라는 시뮬라크르:신경숙의 『외딴방』과 문학적 진정성에 대한 해체적 읽기」, 『상허학보』 69, 상허학회, 2023 참조.

하는 주요 작가로 신경숙, 윤대녕, 장정일, 은희경을 거론하고 이들의 소설을 관통하는 주제로는 죽음과 냉소를 꼽는다. 그 중 우리의 논의와 관련해 주목되는 것은 냉소이다. 그에 따르면, 초국적 자본주의가 지배하는 시대에는 "시장의 냉소주의와 이중성에 대한 문학적 표현"이 중요하고, 80년대식의 전면전과 달리 자기 내면에서 "분할되고 겹쳐지고 전이"되는 진실/허위의 무수한 전선들이 더욱 심중한 의미를 지닌다. 서영채는 시장의 원리에 맞서 진정성의 원리를 내면화한 개인을 가리켜 '냉소적 주체'라 명명하는데, 그 범례에 해당하는 90년대 소설이 은희경의 『새의 선물』(1995)이다. 잘 알다시피, 이 소설의 화자는 십대 초반의 소녀에 불과하지만 이미 어른 못지않게 조숙한 나머지 세상과 삶에 대하여 냉소로 일관한다. 그것은 무엇보다 "상처받는 것에 대한 두려움"으로부터 자기 정체성을 유지하려는 자기 보존의 욕망과 직결되어 있고, 이를 위해 "보여지는 나"와 "바라보는 나"로 스스로를 분리시켜 때로는 위악적인 자아를 연기하기도 한다. "은희경의 냉소적 주체는 시장의 냉소주의가 지배하는 세계의 구조를 속속들이 꿰뚫어보고 있으며, 저 우울한 시장의 리얼리즘을 몸으로 구현하고 있다. 은희경은 그들에 대한 미메시스를 통해, 90년대에 미만해 있는 환멸과 냉소의 정신들에게 서사적 발성을 위한 입과 혀를 제공한다."[18] 그런데 위악, 환멸, 냉소로 이어지는 비평적 수사는 은희경 소설에만 한정된 것이 아니라 실은 같은 해에 발표된 또 다른 평론에서 염상섭의 중단편과 관련해 유의미하게 활용된 바 있다.

한국소설의 기원 중 하나인 염상섭의 초기 중단편에서 서영채가 뜻깊게 발견해낸 것은 "개인으로 살아가는 삶의 진정성"이며, 그 진정성을 향한 열망은 "냉정한 자기 인식과 현실 감각" 곧 냉소주의에 의해 통어

18 서영채, 「냉소주의, 죽음, 매저키즘: 1990년대 소설에 대한 한 성찰」, 『문학동네』, 문학동네, 1999; 『문학의 윤리』, 문학동네, 2005, 146쪽.

된다. 그에 의하면, 이 시기의 근대소설 가운데 이른바 냉소적 주체의 전형으로 내세울 만한 인물은 「만세전」의 이인화이다. 이인화야말로 자기 내면을 냉철하게 투시하고 또 세상살이의 이면을 간파할 줄 안다고 할 때, 이러한 인물평은 다시 앞서 언급한 은희경 소설의 경우에도 무난히 적용 가능하다. 그러니까 적어도 1990년대 후반의 시점에서 (근대문학의) 기원론과 (1990년대 이후 문학의) 내면성 담론은 서로 배타적인 것이 아니었을 뿐만 아니라, 어떤 면에서는 시대와 텍스트와 방법론 간의 호환이 비교적 유연했다고도 말할 수 있다. 이 경우 '내면'은 현장비평보다 문학의 기원, 근대성의 기원을 폭로함으로써 얻어진 내면성, 곧 미적 근대성이다.[19] 그러고 보면, 두 편의 글에서 공히 『소설의 이론』이나 『앙티 오이디푸스』가 중요하게 참조되는 것도 우연은 아니다.[20] 이듬해에 발표된 「왜 문학인가: 문학주의를 위한 변명」(2000)만 하더라도 '진정성의 원리'라는 쟁점을 중심으로 김인숙, 공지영, 신경숙, 윤대녕, 김영하 등의 90년대 작가들과 이광수 같은 근대 작가가 서로 밀착되어 논의되고 있다.

---

19 염상섭 문학에 대해 논한 「염상섭의 초기문학의 성격에 대한 한 고찰」(『문학사와비평』 5, 문학사와비평연구회, 1998)은 위의 평론들보다 앞서 발표되었다.

20 관련 구절은 다음과 같다:①"『소설의 이론』의 루카치가 독일 낭만주의자들의 용어를 차용하여 아이러니라 불렀던 것, 곧 성숙한 남성의 형식으로서의 소설의 한복판에 놓여 있는 바로 그것에 다름아니다. (…) 염상섭의 저 차가운 낭만주의는 근본적으로 이같은 균형 감각의 산물이며, 「만세전」의 냉소주의에서 최고의 표현을 얻는다." ② "냉소주의는 무엇보다도 자본주의 자체의 본질적인 파토스이다. 이 점을 선명하게 보여주는 것은 들뢰즈와 가타리의 『앙티 오이디푸스』이다." (이상 「근대성의 세 가지 파토스」); ③"이 경우 재치란, 『소설의 이론』의 루카치가 소설이라는 장르 자체가 지니고 있는 비정형성과 그로 인해 생겨나는 위험인 추상성에 대해 지적하면서 소설이 소설일 수 있기 위한 가장 중요한 특성으로 지적한, 바로 그 재치를 일컫는 말이다. 바로 그러한 재치로서의 냉소주의가 『새의 선물』에 활기를 부여하는 좀더 근본적인 요소라 할 수 있을 것이다." ④"저 가차없는 냉소주의의 시선을 피할 수 없다. (…) 『앙티 오이디푸스』의 저자들이 자본주의와 더불어 부끄러워할 일이 시작된다고 했을 때의 그 부끄러움은, 더 정확하게 말한다면 이와 같이 값을 매기거나 값이 매겨지는 순간 시작되는 것이라 할 수 있지 않을까."(이상 「냉소주의, 죽음, 매저키즘」)

> 한국의 근대문학이 시작된 이후로 세 세대가 지났다. 이 정도의 시간이라면 기원의 역사가 신화가 되기에 충분한 시간이다. 신화가 수용미학적인 과정을 통해서만 형성되고 유통되고 재생산된다는 것은 자명한 일이다. 한 텍스트에 있어 시간의 축적이란 동시에 연구 역량의 축적이며 또한 다양한 해석과 오독과 비판의 축적이기도 하다. 그 과정을 통해 텍스트는 새로운 맥락 속에 편입되고 의미를 부여받고 그럼으로써 새로운 모습으로 거듭거듭 재탄생한다. 완결된 신화란 존재할 수 없지만, 모든 신화가 자신의 역사성을 은폐하고 있다는 것 또한 명백한 것이다. (…) 그러므로 비평적 담론의 틀 안에서 행해지는 문학적 근대성에 대한 논의는, 무엇보다도 기원의 역사성에 대한 탐구, 자기 자신의 역사성에 대한 탐구, 자기의 기원에 대한 탐구가 시도되고 있다는 것, 혹은 그러한 요구가 제기되고 있다는 것을 의미하는 것이며, 또한 한국문학이 스스로에게 그러한 요구를 제출할 정도의 성숙에 도달했다는 한 지표로 이해될 수 있다는 것이다.[21]

「한국소설과 근대성의 세 가지 파토스」(1999)의 서두에는 '기원' 또는 '역사성'이라는 단어가 빈번하게 등장한다. 이 개념어의 용법이 비록 기원론의 맥락과 일치하지는 않더라도, 저자의 문제의식이 기반을 둔 이론적 토대가 무엇인지는 비교적 분명해 보인다. 이렇듯 근대문학과 현장비평 담론이 중복되면서 '두 번째 시차'가 발생했다고 말할 수 있다. 주요 어휘, 수사, 범주가 두 영역에서 공히 활용되면서 변별되어야 할 담론장이 서로 겹쳐 보이게 된 것이다.[22] 그러한 착시는 문단권력 비판론의 관

21 서영채, 「한국소설과 근대성의 세 가지 파토스」, 『문학동네』 19, 문학동네, 1999.
22 '냉소주의'를 근대문학과 90년대 현장비평에 동시적으로 적용한 비평적 효율성은

점에서 서로 다른 시기의 내면, 진정성, 미적 근대성론을 동일시했고, 이로써 한편의 균열이 연쇄적으로 다른 한편의 균열을 가져왔다.

> 자기동일성이 해체주의의 시대에 주체 탐구와 얼마나 배치背馳되는가에 대해서도 황종연은 다소 당위적인 문장으로만 답변을 제시한다. 이러한 시대에서도 "자아에 대해 고민하고 탐구해야 하는 과제에서 면제되지는 않는다.", "자아의 이상이 인간의 자기 해방에서 중요한 역할을 담당했다는 역사적 사실도 아울러 기억해야 한다"라며 자아 탐구에 관한 당위성을 재차 확인하는 것이다. 그러나 이 같은 방식으로는 1990년대 문학의 새로움은 물론 그 가치가 온전히 지지되기는 힘들다. 자아 중심의 휴머니즘이 여전히 인간 사회의 중요한 가치라는 점과, 신경숙과 윤대녕의 내향적 소설이 1990년대 문학의 새로운 가치를 증명한다는 점은 사실 별개의 논리로 증명되어야 하는 것이다. 전자는 신념으로 주장되어야 하는 것이며, 후자는 사실로서 증명되어야 하는 것이기 때문이다. (가) **개인의 내면에 집중하며 휴머니즘의 가치를 옹호하고 그것을 통해 문학 본연의 가치가 확인되는 것이** 1990년대에 새롭게 나타난 현상이라고는 볼 수 없으므로 후자의 사실 증명이 쉽지 않다는 점은 당연하다. 요컨대 황종연의 「내향적 인간의 진실」은 1990년대 문학의 새로움을 증명하기보다는 (나) **한동안 잊힌 '근대적 개인'의 가치와 '근대 문학'의 가치를 신경숙과 윤대녕의 소설을 경유해 재확인한** 글로 읽히는 것이 더 적당하다. (…) (다) **자아의 개념이 의문에 부쳐지고 문학의 새로운 정체성이 요구되는 시점에서** 이러한 논의는 적절한 해답을 제시하지 못한

---

1990년대 문학/문화 연구에 대한 착시를 불러일으킨 요소 중 하나이다.

채로 문학의 특권, 더 나아가 '문학하는 나'의 권위를 공들여 주장한 셈이 된 것은 아닐까 하고 질문해 볼 수도 있는 것이다.[23] (강조-인용자)

위의 글은 여러 면에서 흥미롭게 읽힌다. 평론 「내향적 인간의 진실」에서 『문학동네』라는 문단권력과 문학주의의 징후를 간파하는 독법은 그 자체로는 매력적이다. 한 편의 평론을 통해 그가 속한 비평가 그룹의 정체성과 논리를 파악해내고 있기 때문이다. 즉, 1990년대 이후 출판상업주의의 요구 속에서 주로 신경숙이나 윤대녕 같은 내향성의 문학을 특권화하고(문단권력), 이들 소설을 고평하기 위해 자아나 내면 같은 휴머니즘의 가치를 우선시했으며(근대문학), 이는 자아와 문학 개념에 대한 최근의 비판적 논의를 도외시한 태도(문학주의)라는 지적이다. 그런데 문학주의와 휴머니즘 비판의 맥락은, 앞서 언급한 「'문화론적 연구'의 현실 인식과 전망」과 2015년 신경숙 표절 논란 직후에 발표된 「창비와 '신경숙'이 만났을 때」로부터 이어지는 비평적 계보에 있다. 즉, 문학주의라는 용어를 다시 사용하되 여기에 문단권력을 가미하고, 휴머니즘 비판에 페미니즘을 결합하는 방식을 취하고 있다. 그것은 (다)의 서술대로 '(탈주체론에 의해) 자아의 개념이 의문에 부쳐지고 (페미니즘에 의해) 문학의 새로운 정체성이 요구되는 시점'의 비평적 산물임을 보여준다. 그리고 특히 문학동네와 관련해 "문학주의와 '비 이념', 그리고 모호한 다양성이 90년대 이후 주류 문학의 주류적 정신이다. 또한 창간사에서 "천민자본주의"나 "무분별한 상업주의의 유혹"을 비판하였으나 바로 문학동네가 승승장구하며 2000년대 이후 한국 문학산업의 거대화·과점화의 최대 수혜자 중 하나"[24]라는 천정환의 논평은 조연정 논문의 핵심 주장과 긴

---

23 조연정, 앞의 글, 33~34쪽.

24 천정환, 「창비와 '신경숙'이 만났을 때:1990년대 한국 문학장의 재편과 여성문학의

밀하게 맞물려 있다.

그런데 (나)의 논평은 반은 맞고 반은 틀리다. 그에 따르면, 신경숙과 윤대녕 소설을 고평하기 위해 근대적 개인이나 근대 문학의 가치를 소환하는 것은 전혀 별개의 문제를 착종시키는 결과를 초래한다. '자아 중심의 휴머니즘이 여전히 인간 사회의 중요한 가치라는 점과, 신경숙과 윤대녕의 내향적 소설이 1990년대 문학의 새로운 가치를 증명한다는 점은 사실 별개의 논리로 증명되어야 하는 것이다.' 그 근거는 황종연의 발언에서 비롯된다. 하지만 해체론 시대에 시대착오적이게도 자아 탐구의 이상을 추구한다는 조연정의 논평은 오독의 우려가 있다. 「내향적 인간의 진실」에서 조연정이 주목한 부분과는 다른 맥락도 엄존하기 때문이다.

> 윤대녕 소설의 자아에 대한 논의에서 황종연이 가장 주목하고 있는 대목은 "그 내면적 경험이 자아의 투명한 현존에 도달하는 집중된 성찰이 아니라 정반대로 자아의 근본적인 낯설음과 우연한 만남이라는 형태를 띤다"는 점이다. 황종연은 윤대녕 소설에서 자아와 진실하게 접촉하는 일은 그 자아 혹은 자아 정체성이란 허구에 불과함을 체험하는 일과 같다"고 지적하며, 그의 소설이 "통일성을 갖고 있는, 그래서 또한 정체성을 갖고 있는 자아"는 가상에 불과하고 "자아의 실상은 그것의 타자를 포함하고 있는 상태, 다시 말해 스스로 분열되어 있는 상태라는 생각을 보여준다"고 풀이한다.[25]

---

발홍」, 『역사비평』 112, 역사비평사, 2015년 가을호, 293~294쪽.

25 차미령, 「진정성의 아포리아:1990년대 후반 문학비평의 진정성 담론을 중심으로」, 『상허학보』 69, 상허학회, 2023, 569쪽.

기존의 논의에 비해 진정성의 함의를 폭넓게 이해하는 차미령에게 "진정성은 진정성이 부재한다는 인식 속에 (…) 존재한다"[26]는 점이 중요하다. 이를 가리켜 차미령은 "부정과 역설의 진정성"이라 명명하고 있는데, 그렇게 보면 (가)의 서술에서 '휴머니즘의 가치를 옹호'한다는 논평은 오히려 정반대로 수정되어야 한다. 이 진정성은 자기 동일성의 확립을 목표로 하는 것이 아니라 그 허구성을 통렬하게 자각하는 순간 자아의 내면에서 감각되는 어떤 것이다. 근대문학의 일부는 자기 동일성의 서사를 지향하지만 그것만이 전부는 아니다. 조연정의 논의는 근대문학연구와 현장비평 간의 분별을 촉구했다는 점에서 주목되지만, 문학주의라는 슬로건 아래 개인, 내면, 진정성 담론을 비판하면서 스스로 그 차이를 지워버린 듯하다. 그런데 어찌 보면 「내향적 인간의 진실」에 엄존하는 반휴머니즘 혹은 동일자의 부정에 대한 이와 같은 오독은 개별 평론가의 문제라기보다 진정성 비판 담론의 자기 정당화가 초래한 (무)의식적 맹목이라고 보는 편이 더 온당할지도 모른다.

따라서 문제의 핵심은 2000년대 초반을 기점으로 문화론적 연구가 선언되는 과정(2장), 또는 1990년대 이후의 한국문학 연구를 탈신비화하는 과정(3장)에서 발생한 착시가 기원론과 미적 근대성론에 대한 평가를 왜곡시켰다는 데에 있다.[27] 그로 인해 기원론과 미적 근대성론 모두 비평적, 학문적 급진성을 박탈당함에 따라 과도한 역사적 비판에 직면할 수밖에 없게 되었다.

---

26 황종연, 『비루한 것의 카니발』, 문학동네, 2001, 30~31쪽. 차미령, 위의 논문, 567쪽에서 재인용.

27 참고로 1990년대 중반 이후 한국문학연구의 급변을 가리켜 "문화론적 전회"라고 평한 류보선은 "문화연구가 그 성취를 이루는 동안 혹여 충분히 하지 않은 질문이 있다면, 그래서 현재의 문화연구에서 엿볼 수 있는 과잉과 과소가 있다면, 그것은 또 무엇인가를 점검하는 작업"을 요청한다. 류보선, 「그러므로 문제는 문학이다」, 『돈암어문학』 32, 돈암어문학회, 2017, 137~140쪽.

### 1) 기원론의 경우

기원론의 시효만료가 거의 분명해지자 김홍규는 식민지 근대성론을 비판한 일련의 평론들을 엮어 『근대의 특권화를 넘어서』(2013)를 펴냈다. 그에 따르면, 서구적 보편을 기준 삼아 내부의 경험을 단절적으로 이해한다는 점에서 기원론은 문제적이다. 이 책에서 제기된 지적들을 관통하는 하나의 공리公理는, 모든 개념과 제도를 근대의 산물로 간주하는 기원론이 근본적으로 기대고 있는 '근대' 자체가 이미 역사적 구성물이라는 것이다. "'근대'는 그것을 버리고 역사를 논하기 어려울 만큼 기본적인 어휘가 되었지만, 그럼에도 불구하고 혹은 그렇기 때문에 더욱더 근대라는 술어와 그것이 동반한 유럽중심적 서사의 해체적 재검토가 긴요하다. 근대에 만들어진 가장 문제적인 구성물은 바로 근대라는 관념 자체다."[28] 김홍규의 논평은 동시대 비판 담론의 종합판이라 할 만하다. 우선 기원론자들은 근대라는 개념의 역사성을 자각하지 못한다고 비판하는 대목은 앞서 살펴본 대로 천정환이 기원론을 전유하는 방식을 떠올리게 하며, 그가 사용하는 근대주의라는 말도 당대 비평용어인 문학주의와 흡사한 의미 맥락과 용법을 지닌다.

그런데 김홍규의 비판은 식민지 근대성론과 내재적 발전론을 동시에 겨냥하고 있음에도 과연 내발론과의 거리두기에 성공했는지는 의문으로 남는다. 사랑을 러브의 역어로 규정한 연구들에 맞서 그 기점을 18세기 중엽으로 교정하거나, 또는 낭만적 연애의 가능성을 입증하기 위해 조선 후기의 사회경제사 속에서 도시의 발달을 강조하는 대목에서, 김홍규는 여전히 내발론의 어법을 빌려 말하고 있는 셈이다.[29] 아마도 김홍규의 시

---

28 김홍규, 「식민주의와 근대의 특권화를 넘어서」, 『근대의 특권화를 넘어서:식민지 근대성론과 내재적 발전론에 대한 이중비판』, 창비, 2013, 192쪽.

29 이철호, 「『무정』의 문학사:민족주의, 자유주의, 탈민족주의론」, 『한국문학연구』 55,

선에서 식민지 근대성론이란 그저 뒤집어진 형태의 내발론에 불과한지도 모른다. 이렇듯 기원론을 일종의 전도된 내발론—연속이 아니라 단절을 강조하는—으로 간주하는 순간에 '세 번째 시차'가 발생한다.

1988년 (월)납북문인들의 작품 상당수가 해금되면서 점화된 대표적인 논쟁 중 하나는 근대기점론이다. 더 정확하게는 문학사연구의 최종 심급이었던 내발론의 권위가 해금을 계기로 점차 해체되면서 근대기점에 관한 다양한 논의가 가능해졌다.[30] 그런 이유로 1990년대 문학/문화 연구의 장field의 변화는 내발론의 해소, 기점론의 점화 그리고 기원론의 부상이라는 연쇄적 사건으로 요약된다. 따라서 기원론 붐의 끝에 이르러 그러한 경향의 연구들을 "단층적 근대성론"이라 표현한다면, 이는 두 개의 시간대를 오버랩시킴으로써 특정 시기의 방법론적 시각을 '본질화'하는 것과 다를 바 없다. 그가 보기에 '단층적 근대화론'과 '내발론'은 전혀 이질적인 것이 아니라 동일한 욕망의 전도된 형태에 불과한 것이다. 이와 같이 유사-내발론자의 착시는 1990년대 이후 십여 년간 꾸준히 지속된 문학/문화 연구의 흐름을 무화시킨다.

### 2) 미적 근대성론의 경우

1990년대 연구방법론을 대표하는 기원론과 문화론적 연구는 실은 하나의 반작용으로부터 비롯되었다. (월)납북문인들의 해금자료가 리얼리즘이 아니라 오히려 모더니즘의 축복이 되는 역설에 뒤이어 김우창은 「감각, 이성, 정신」(1995)이라는 제목의 이광수론을 제출했다. 이 글은

---

동국대 한국문학연구소, 2017 참조.

30 이에 관해서는 이철호, 「해금 이후 90년대 학술장의 변동」, 『구보학보』 19, 구보학회, 2018, 12~14쪽 및 27~29쪽 참조.

멀게는 1974년부터 시작된, 리얼리즘 혹은 한국문학의 근대성을 화두로 한 백낙청과의 대담들로부터 자라 나온 것이면서, 동시에 1990년대 중반 이후로는 기원론과 문화론적 연구로 이어지게 된다.

> 자유연애가 하필 남녀 관계에 한정된, 관습 개조의 의지를 나타내는 것이 아님은 물론이다. 현대적 남녀 관계는 개인과 가족의 사회, 그리고 교육, 직업, 경제의 새로운 제도를 전제하여 가능하여지는 것이었다. 이광수를 비롯한 자유연애론자들의 자유연애는 이러한 개조를 요구하는 것이었다. 이러한 요구는 보다 넓은 이념의 문제로 표현되었다. 그것은 인간 이해의 전환을 요구했다. 새로운 인간론의 핵심은 사회적 의무에 의하여 규정되는 인간에 대하여, 감각적, 감정적 존재, 욕망의 존재로서의 인간을 내세우는 것이었다. 이광수의 자유연애의 옹호는 한편으로는 개체의 자각에 그리고 다른 한편으로는, 이 개체의 근거의 일부로서의 감각적이고 감정적인 인간의 발견에 관계되어 있다. 우리 현대 문학사에서 흔히 현대 소설의 효시로 말하여지는 『무정』은 이러한 주제들을 포함하고 있다. 그 철학적 중심은 감각적 인간에 대한 자각에 있다.[31]

김우창에 의하면, 자유연애는 단순히 남녀 관계만이 아니라 그들을 둘러싼 가족, 사회, 교육, 경제 전반에 걸쳐 제도를 혁신하고 또 이와 더불어 우리 자신을 근본적으로 바꾸는 일이다. 생각과 느낌과 지각의 원천이 되는 내면성의 영역이 중요한 이유가 여기에 있다. 때로는 통제 불

31 김우창, 「감각, 이성, 정신」, 권영민 외 공편, 『한국 문학이란 무엇인가』, 민음사, 1995; 김우창, 『문학과 그 너머:현대 문학과 사회에 관한 에세이』(김우창 전집 7), 민음사, 2015, 366쪽.

가능할 만큼 혼란스럽고 불가해한 것이라 해도, 도덕적 명령이나 정치적 이념의 근거를 자기 내부에서 발견하는 감각적 인간이야말로 삶의 현대성에 가장 부합하는 존재가 된다. 김우창은 감각적 삶과 관련하여 『무정』의 주요 장면들을 분석한 후, 다시 여기에 찰스 테일러가 말한 이른바 '표현적 전환the expressive turn'의 역사적 함의를 더하여, "현대적 합리성과 그 안에서의 미적 이성의 위치"를 되묻는 일—곧 미적 근대성이 지닌 의의를 역설한다.[32] 제도적 합리성과 감각적 인간, 정신과 미학 간의 조화로운 통일성에 대한 요구는 잘 알다시피 김우창의 평론에서 '심미적 이성'이라는 개념어와 정확히 상통한다.

「문학이라는 역어」(1997)가 김우창의 논의를 매우 적극적으로 계승하고 있다는 점은 이론의 여지가 없다. 가령 이광수가 "감각적, 감정적 삶을 정당화한 것은 그 자체를 목적으로 여겼기 때문이 아니라 그것에서 발생하는 새로운 인간 주체의 가능성을 보았기 때문"[33]이라는 구절에서 「문학이라는 역어」와 「감각, 이성, 정신」이 서로 긴밀하게 공유하는 바가 감각적 인간 혹은 미적 근대성이라는 것은 확연하다. 더 나아가 이 글은 미적 근대성의 문제를 이광수의 초기 논설과 문학 개념의 '통언어적 실천translingual practice' 속에서 더욱 면밀하게 검토한다. 즉 감각적 인간에 대한 논의는 『무정』의 단편적인 재현을 넘어 정육론情育論의 맥락으로 확장되고, 이를 위해 유입된 문학 개념과 담론체계가 식민주의 기획에 연루되면서 불거진 미학 이데올로기의 문제도 첨예하게 쟁점화된다. 이렇듯 「감

---

32 세계사적으로는 현실사회주의 붕괴 이후 포스트모더니즘 담론이 유행하고, 내부적으로는 해금을 계기로 카프문학, 민족문학, 리얼리즘 연구가 붐을 이루는 가운데 (탈)근대성 논의가 고조될 수 있었다. 그 성과는 대략 1993-1995년 무렵에 집중된다. 백낙청, 「문학과 예술에서의 근대성 문제」, 『창작과비평』 82, 창작과비평사, 1993; 김성기 외, 『모더니티란 무엇인가』, 민음사, 1994; 이선영 외, 『민족문학과 근대성』, 문학과지성사, 1995 외. 그리고 (탈)근대성론이 다시 미적 근대성론으로 전환되는 과정에서 제출된 수편의 글들 중 「감각, 이성, 정신」은 상징적인 위상을 지닌다.

33 황종연, 앞의 글, 478쪽.

각, 이성, 정신」에서 「문학이라는 역어」로 이어진 문학론은 다른 무엇보다 1990년대 문학/문화 연구의 장에서 미적 근대성론과 기원론이 어떤 연관성을 지니는지 잘 증언해 준다. 그리고 이러한 계보는 다시 문화론적 연구와 접속함으로써 한국문학연구의 형질변화를 촉진할 수 있게 되었다.

2000년대 이후 문화론적 연구가 본격화되는 과정에서 그 최전선을 점유한 테마는 '자유연애'였다. 김동식의 「연애와 근대성」(2001)은 김우창이 제안한 자유연애의 이념, 제도, 담론이 근대문학에 미친 영향력을 실증적으로 검토한다. 이 글의 저자가 연애는 단순히 본능과 감정의 영역에 한정되지 않고 "학교-철도-신문으로 대변되는 공공영역의 네트워크와 결속"된 만큼 "친밀성의 구조를 근원적으로 재구성하는 계기"라고 역설할 때,[34] 또 "연애는 역사적으로 출현한 사회적 관계"[35]라고 전제할 때, 「연애와 근대성」이 앞서 언급한 두 편의 글과 맺고 있는 강한 지적 유대를 상기하지 않을 수 없다. 그러면서도 이 논문은 그보다 더 구체화된 일상생활의 영역—후속논의를 통해 '풍속'과 '문화'라고 통칭하게 되는[36]—에서 자유연애의 이념과 실천을 핵심적으로 재구해 낸다. 게다가 김동식은 신소설부터 시작해 『무정』을 거쳐 (잠정적인 결론을 통해) 1930년대 소설에 이르기까지 자유연애의 문제영역을 매우 폭넓게 보여주는데, 이는 그 이후 문화론적 연구들이 보여준 다종다양한 경합, 분기分岐, 진화에 있어 방법론적 시원을 형성한다.[37]

---

34 김동식, 「연애와 근대성:신소설과 계몽적 논설을 중심으로」, 『민족문학사연구』 18, 민족문학사연구소, 2001, 314쪽.

35 김동식, 위의 글, 300쪽.

36 김동식, 「풍속, 문화, 문학사」, 『민족문학사연구』 19, 민족문학사연구소, 2001, 73쪽.

37 참고로 김동식은 『오빠의 탄생』, 『연애의 시대』, 『근대의 책읽기』에 대한 서평에서 풍속 문화론적 문학 연구를 가리켜 "근대적 일상에 대한 고고학적 탐색"이라 표현한 바 있다. 이는 그 자신의 표현대로 근대성의 경험을 "술어화"하는 작업을 뜻하면서 동시에 문화연구에 내재된 '기원론'의 맥락을 드러내준다. 김동식, 「한국 문학의 근대성에

## 4. 기원론 이후에 남겨진 것

이러한 논의는 김우창에서 황종연, 김동식으로 이어지는 1990년대 문학/문화 연구의 단선적 계보를 작성하려는 것과 무관하다. 다만 기원론, 문화론적 연구, 미적 근대성론이 서로 연접되면서 이루어낸 연구성과의 한 측면을 재확인할 필요가 있기 때문이다. 물론 1990년대 문학/문화 연구를 세 계열의 연속체로 가정하는 것은 도식화의 우려가 없지 않다. 또 각각의 연구가 영향 받은 이론적 원천을 고려한다면 더욱 복잡한 지적 계보를 상정하는 것이 옳다. 그럼에도 기원론, 문화론적 연구, 미적 근대성론이 공동의 문제의식과 방법론을 주고받는 가운데 점차 독자적인 연구영역을 확보했을 가능성은 여전히 존재한다. 하지만 세 계열의 담론이 서로 밀접한 연관 관계를 이룬다는 사실은 2000년대 초반의 어느 시점부터 '망각'된 듯하다. 그 망각은 하나의 사건을 다르게 바라본다는 점에서 일종의 착시 혹은 시차로 이해된다.

첫 번째 시차는 근대성의 기원을 비판적으로 탐색한 이들에게 다시 근대주의에서 벗어나지 못했다고 비판하는 방식에서 나타난다. 문화론적 연구의 세대적, 담론적 정당성을 확보하기 위해 자기 영토 내부의 기원론과 미적 근대성론을 때로는 전유하고 때로는 배제하는 방식으로 타자화한 것은 아닌가 하는 자문이 요구된다. 1990년대에 도래한 새로운 문학 이념과 연구방법론들이 어느 시점에서는 상호간에 중요한 지적 자극과 원천이었음을 상기하는 것은 그것을 망각하는 것보다 더 유용한 일이다.

두 번째 시차는 근대문학과 현장비평 담론이 중복됨에 따라 변별되어야 할 담론장이 서로 겹쳐 보이는 과정에서 발생한다. 2015년 신경숙

---

대한 고고학적 탐색」, 『문학과 사회』 65, 문학과지성사, 2004년 봄호.

표절 논란을 계기로 제기된 이른바 문단권력 비판론은 대표적으로 『문학동네』와 그에 속하는 비평가 그룹이 개인, 내면, 진정성을 키워드로 문학주의 담론을 특권화했다는 데에 비판의 초점이 있다. 그것은 한편으로 이에 해당하는 연구자-비평가들이 개인, 내면, 진정성 테제를 근현대 작가들의 텍스트에 공히 적용함으로써 초래된 착종이면서, 동시에 근대문학과 현장비평 또는 식민지기와 신자유주의라는 시대 조건 간의 격차를 구별하지 않는 독법 속에서 더욱 심화되었다.

그리고 세 번째 시차는 식민지 근대성론을 전도된 형태의 내발론으로 비판하는 논조에서 드러난다. 2013년 출간된 『근대의 특권화를 넘어서』의 저자는 부제를 통해 식민지 근대성론과 내재적 발전론을 동시에 비판하는 것이 이 책의 의도임을 밝혀두었다. 하지만 한국학의 역사에서 오랜 격차를 지닌 두 연구방법론을 이중비판한다는 것 자체가 어떤 면에서는 더 문제적이다. 김홍규는 자신이 속하기도 했던 과거의 내발론과 현재의 (전도된 내발론으로서의) 식민지 근대성론 모두에 대해 비판적 거리두기를 시도했으나, 실은 유사-내발론의 관점에서 기원론이 지닌 급진성 내지는 잠재성을 무화시키는 데에 집중했다.

시기상 세 번째 시차는 첫 번째와 두 번째 시차 사이에서 공론화되었다. 따라서 이른바 '내발론의 역습'은 그 자신의 내재적 논리와 방법론에 의해 이루어졌다고 보기 어렵다. 그것은 첫 번째 시차가 선행되지 않았다면 사실상 제기되기 어려운 문학사적 퇴행이기 때문이다. 하지만 바로 그 내발론의 타격으로 인해, 아마도 가장 상징적인 의미에서, 기원론과 미적 근대성론은 '시대착오적인 것'으로 전락했다. 그러나 역사는 반복되고 어느 순간 또 다시 지난 연대의 문학/문화 연구를 대면해야 할지도 모른다. 그 때 무엇을 더 보고 무엇을 더 말할 수 있을 것인가. 1990년대 이후 문학/문화 연구에 대한 논의는 지금 세 개의 시차가 교차하는 지점에서 멈춰 있다.

# 제2부

# 문학과 주체

# 문학이라는 시뮬라크르

: 신경숙의 『외딴방』과 문학적 진정성에 대한 해체적 읽기

강동호

# 문학이라는 시뮬라크르
## : 신경숙의 『외딴방』과 문학적 진정성에 대한 해체적 읽기

---

강 동 호

이 글은 사실도 픽션도 아닌 그 중간쯤의 글이 될 것 같은 예감이다. 하지만 그걸 문학이라고 할 수 있을 것인지. 글쓰기를 생각해본다, 내게 글쓰기란 무엇인가? 하고.

- 『외딴방』 중에서

이 글쓰기의 요청은 단지 이상할 뿐만 아니라 위험하기까지 하다. 이는 테크닉의 첨가이고, 실은 부재하는 말을 현전하도록 하기 위한 일종의 인공적이고 교묘한 속임수이다.

- 자크 데리다, 『그라마톨로지에 관하여』 중에서

## 1. 들어가며

『문학동네』 창간호(1994년 겨울호)에 연재를 시작하여, 이듬해 초겨울에 출간된 신경숙의 『외딴방』은 연재 초기부터 평단과 독자 그리고 언론으로부터 많은 주목을 받으며 화제의 중심에 놓인 이례적인 작품이다. 연재 첫 회부터 사람들이 보여준 예외적인 관심은 한국문학의 차세대 기수로 부상한 신경숙이 돌연 자신의 과거를 털어놓았다는 사실에서 비롯된 것으로 짐작된다. 연재를 시작하며 저자가 적어놓은 '작가의 말'[01]은 향후 전개될 이야기가 자신의 실제 삶과 깊이 연관되어 있음을 예고하고 있었으며, 작품의 첫 문장에서 제시된 "사실도 픽션도 아닌 그 중간쯤의 글"[02]이라는 대담한 자기규정 역시 『외딴방』의 자전적 성격을 명시적으로 드러내는 중이었다. 『풍금이 있던 자리』(1993)와 『깊은 슬픔』(1994)의 연이은 성공으로 '신경숙 현상'이라는 말까지 만들어냈던 한 신예 작가가 돌연 자신의 과거를 반추하게 된 계기는 무엇이며, 그것을 굳이 소설이라는 장르를 통해 수행해야만 했던 이유는 무엇일까.

잘 알려진 것처럼 『외딴방』은 소설가로 성장한 현재의 '나'가 서술자로 등장하여, 영등포여고 산업체특별학급반에서 문학을 꿈꾸던 16년 전 "열여섯의 나"(I, 11쪽)를 회고하는 내용으로 구성되어 있다. 가난했지만 순수했던 여공 시절에 대한 다채로운 추억과 유년 시절의 친구 '희재'의 죽음을 둘러싼 비밀이 이야기의 주된 내용을 구성하고, 이러한 이야기가 저자 특유의 섬세하고 내밀한 문체, 그리고 글쓰기에 관한 집요한 자의식을 통해 표현된다. 지나간 시간의 상처를 마주한 주인공의 감정이 더욱 깊이 있게 느껴지는 이유는, 과거와 현재가 교차되는 이야기 속에서 저자의 실제 삶을 환기하는 요소들이 곳곳에 포진되어 있기 때문이다.

그런 의미에서 『외딴방』을 향한 당시의 남다른 관심은 "사춘기의 아픔을 담은 자전적 소설"로서 『외딴방』이 털어놓는 신경숙의 유년 시절, 즉 "예민한 소녀 시절을 공장에서 보내야했던"[03] 저자의 이력이 선사한

---

01 "서울에 처음 와서 사년 가량 내가 보고 느꼈던 것들을 쓰려 한다. 열여섯에서 스물이 되기 전까지의 이야기가 될 것 같다." 신경숙, 「연재를 시작하며」, 『문학동네』 1994년 겨울호, 263쪽.

02 신경숙, 『외딴방-I』, 문학동네, 1995, 9쪽. 『외딴방』(I,II) 외에 이 글에서 인용되는 신경숙의 작품은 『겨울우화』(고려원, 1990), 『풍금이 있던 자리』(문학과지성사, 1993)에 수록되어 있다. 이하 인용되는 작품의 출처는 괄호 안에 표시한다.

03 〈산업체 학급서 작가꿈 키웠다〉, 《조선일보》, 1994년 11월 5일.

예기치 못한 충격과 관련 있다고 해야 할 것이다. "열여섯 살 촌뜨기 여공은 작가의 꿈 품고 살았다"[04]는 선정적인 기사 제목이 반영하고 있듯, 산업체특별학급에서 문학에 대한 꿈을 힘겹게 이어가야 했던 가난한 여공이 당대를 대표하는 젊은 작가로 떠오르게 되었다는 성장 스토리, 그리고 그 이면에 숨겨진 어둡고 고통스러운 과거는 사람들의 비상한 호기심을 이끌어 내기에 충분한 것이었다. 특히 "문학주의에로의 회귀현상"[05]을 대변했던 신경숙 특유의 문학적 글쓰기와 저자가 밝힌 출신 계급 사이의 이질성은 『외딴방』이 선사하는 의외성과 놀라움을 더욱 배가시키는 요인 가운데 하나였다.[06]

주지하듯 『외딴방』은 출간 직후 평단의 집중적인 조명을 받으며 1990년대 문학을 상징하는 정전의 반열에 오르게 된다. 아직 문학적 이념 대립이 남아 있던 시기라는 점을 감안할 때 『외딴방』에 쏟아진 진영을 막론한 상찬은 분명 이례적인 것이었다. 물론 『외딴방』에 대한 비평적 평가의 내용은 진영에 따라 적지 않은 편차를 보였다. 이를테면 1990년대에 본격화 된 "내면화의 움직임"에 주목한 황종연은 "글쓰기라는 행위 자체와 일체화되어 있"는 『외딴방』의 내면성에서 "문학사적인 의의"[07]를 찾는다. 신경숙을 "90년대 문학이 보여주는 사인성의 세계의 한 극단에 서 있는 작가"[08]로 규정하려는 이러한 시각은 개인의 진실된 내면으로

---

04 〈열여섯살 촌뜨기 여공은 「작가의 꿈」 품고 살았다〉, 《동아일보》, 1995년 8월 31일.

05 김윤식, 「63세대와 공통의식」, 『90년대 한국소설의 표정』, 서울대학교출판부, 1994, 12쪽.

06 당시 『문학동네』의 편집위원이었던 박해현 기자의 다음과 같은 회고가 이를 잘 보여준다. "그녀를 80년대 말부터 알고 지냈던 나 자신도 이 소설의 첫 회분을 읽고 나서야 그녀에게 독한 상처와도 같은 외딴 방이 있었음을 처음으로 알았다.", 『문학동네』 1996년 봄호, 23쪽.

07 신수정 · 김미현 · 이광호 · 이성욱 · 황종연, 「다시 문학이란 무엇인가」, 『문학동네』 2000년 봄호, 410쪽.

08 박혜경, 「사인화(私人化)된 세계 속에서 여성의 자기 정체성 찾기」, 『문학동네』 1995년 가을호, 9쪽.

부터 문학의 본질을 발견하려는 당시의 문학주의 담론을 전형적으로 대변하고 있다. 반면 『창작과비평』 중심의 민족문학 계열 비평가들의 입각점은 다소 달랐다. 그들은 신경숙 작품 특유의 "감성적 아름다움" 속에 "치열한 사실적 정신"[09]이 깃들어 있다고 강조하며, 작품에서 재현되는 "유신말기의 억압상과 민중의 빈곤, 노조에 대한 부당한 탄압"에 주목한다. 그리고 이러한 요소들에 힘입어 『외딴방』은 "새로운 리얼리즘의 가능성을 연, 최근 우리 문학이 거둔 최고의 수확"[10]이라는 찬사와 함께 "민족문학의 이름"[11]까지도 수여받기에 이른다. 이른바 『외딴방』이야말로 "신경숙 문학의 정점"이자 "「난장이가 쏘아올린 작은 공」 이후 우리가 만날 수 있는 가장 감동적인 노동소설"[12]이라는 헌사는, 신경숙의 글쓰기가 동시대의 문학성과 정치성을 모두 확보한 흔치 않은 사례로 수용되고 있었음을 증명한다.

이러한 전반적인 분위기 속에서 "사실도 픽션도 아닌 그 중간쯤의 글"로 적시된 『외딴방』의 독특한 장르적 성격을 해명하는 것은 비평적으로도 중요한 과제 중 하나였다. 『외딴방』은 사실인가, 픽션인가. 특기할 점은 초기 논의에서 『외딴방』의 픽션적 성격이 좀 더 반복적으로 부각되었다는 사실이다. 예컨대 남진우는 "이 작품의 자전적 성격에 주목"하는 것은 불가피하지만, 이러한 텍스트의 "자기노출은 궁극적으로 또다른 자기은폐"[13]를 위한 소설적 가공의 일환이라고 결론짓는다. 그런가 하면 『외딴방』에 문학적 권위를 부여하는 데 크게 기여했던 백낙청의 글에서도 유사한 입장이 관찰된다. 그는 소설의 서술자를 "바로 소녀 신경숙

---

09 염무웅, 「글쓰기의 정체성을 찾아서」, 『창작과비평』 1995년 겨울호, 281쪽.
10 최원식, 「제 11회 만해문학상 심사경위」, 『창작과비평』 1996년 겨울호, 407쪽.
11 백낙청, 「『외딴방』이 묻는 것과 이룬 것」, 『창작과비평』 1997년 가을호, 240쪽.
12 남진우, 「우물의 어둠에서 백로의 숲까지」, 『외딴방-II』, 문학동네, 1995, 286쪽.
13 남진우, 위의 글, 299쪽.

의 분신"으로 동일시하고, "희재언니의 죽음"과 저자와의 관련성을 당연하게 여기는 독법에 유보적인 태도를 보이며, 작가 후기를 근거로 "이 글은 소설이라는 점을 상기"[14]해야 한다고 거듭 강조한다. 서술 기법과 관련하여 『외딴방』을 "1인칭이되 통상적인 1인칭 소설이 아니라 1인칭적 3인칭 또는 3인칭적 1인칭 소설"[15]로 규정한 최원식의 평가 역시 『외딴방』을 픽션으로 읽어야 할 당위성을 제시하려는 당시의 경향을 보여준다.

이러한 분석들은 일견 타당해 보인다. 확실히 『외딴방』은 자서전이 아니며 소설로서의 허구적 요소들을 상당 부분 함축하고 있다. 그러나 『외딴방』을 픽션으로 규정하는 것과 자전적 요소가 파생시키는 텍스트적 효과를 밝히는 것은 조금 다른 문제일 수 있다. 위와 같은 결론에서 멈추게 된다면 『외딴방』의 자기 반영적 글쓰기가 텍스트에서 차지하는 역할이 제한적으로 설정될 수밖에 없으며, 저자의 자기 고백이 당대를 사로잡을 수 있었던 특별한 역사적 맥락을 해명할 수 없게 된다. 특히 자전적 글쓰기가 『외딴방』의 개별적 특징에 국한되는 것이 아니라 1990년대 초중반의 새로운 소설적 흐름을 반영하고 있다는 점을 고려한다면, 문제는 한층 심화될 수 있다. 관련하여 『외딴방』의 부정적 비교항으로 제시되었던 장르적 개념들, 이를테면 '소설가 소설' '후일담 소설' '포스트모더니즘 소설' 등을 눈여겨볼 필요가 있다. 그것은 당시 유행처럼 씌어지고 있었던 자전적 서사들을 지시함과 동시에, 그와 같은 작품들과 『외딴방』을 구별하는 기준을 마련하는 일이 당시 평단에 요구되고 있었음을 방증하기 때문이다. 염무웅의 지적처럼 "언제부터인지 글쓰는 사람 자신이 점점 더 자주 소설의 주인공으로 등장하"는 현상을 검토하는 것, 이를 바탕으로 "90년대 우리 사회의 독특한 징후로서 왜 소설 속에서 소

14 백낙청, 앞의 글, 246쪽.
15 최원식, 앞의 글, 407쪽.

설가의 존재증명이 요구받게 되었는지 설명"[16]하는 것은 『외딴방』의 성공이 말해주는 문학사적 의미를 분석하는 데 있어서 여전히 유효한 전제이다.

이 지점에서 한층 시야를 확장해 보면, 사실과 허구 사이의 경계에서 있는 글쓰기가 『외딴방』만의 고유한 특성이 아니라는 점을 어렵지 않게 확인할 수 있다. 자신의 삶을 소설의 소재로 활용하는 사례들은 문학사적으로도 빈번하게 발견되기 때문이다. 이를테면 1930년대 카프 작가들의 전향에 대한 자기 고발적 서사, 해방 공간에서 작가들이 수행했던 자전적 작품들, 그리고 최근 문단에서 크게 각광 받았던 퀴어 소설 등에서 우리는 사실과 픽션이 중첩되는 가운데 자신이 실천하고 있는 글쓰기의 정체성을 탐구하는 다채로운 사례들을 만날 수 있다.

그런 맥락에서 『외딴방』은 특수한 역사적 국면마다 반복적으로 나타나는 자전적 글쓰기의 계보에 속하는 동시에, 1990년대 초중반의 새로운 경향을 보여주는 범례로서 검토되어야 한다. 요컨대 관건은 문학사적 전환기에 처할 때마다 소설이라는 장르를 통해 자전적 서사가 거듭 수행되었던 내적 필연성을 이해하는 것, 나아가 이에 대한 이론적 설명 속에서 『외딴방』으로 표상되는 신경숙의 자기 고백적 글쓰기가 당대를 대변할 수 있었던 계기를 조명하는 일이다. 관련해 루스 배러클러프의 다음과 같은 질문은 의미심장하다. "정치적인 입장을 가로질러 많은 사람들이 이 책을 받아들인 것은 무엇 때문인가? 이 같은 합의는 어떤 성격을 갖고 있는가? 모두가 즐길 수 있는, 그리고 또 모두가 흡족해 하는, 여공에 대한 이야기란 대체 어떤 것일까?"[17] 우리의 질문도 이와 크게 다르지 않다. 다만 『외딴방』을 둘러싼 당대의 비평적 '합의'를 비판적으로

---

16 염무웅, 앞의 글, 279쪽.

17 루스 배러클러프, 김원 · 노지승 옮김, 『여공문학-섹슈얼리티, 폭력 그리고 재현의 문제』, 후마니타스, 2017, 309쪽.

문제화하기 위해서라면, 위 질문은 다음과 같이 변주되어야 할 것이다. 1990년대를 사로잡을 수 있었던 '여공에 대한 이야기', 즉 신경숙의 자기 고백은 당시의 수많은 자전적 글쓰기와 어떤 차별성을 가지고 있던 것일까? 그리고 그러한 서사적 요소를 갖춘 신경숙의 글쓰기를 향한 당대의 이례적인 관심에 함의된 문학사적 의미는 무엇인가? 그리고 그것은 진정성, 내면성 등으로 상징되는 1990년대 문학주의 담론 체제의 정립 과정에 관해 무엇을 말해주는가?

이러한 문제의식을 바탕으로 이 글은 『외딴방』에 내포된 독특한 이중성에 주목하고, 그것이 1990년대 진정성 담론의 정치적 무의식을 분석하는 데 유용한 매개가 될 수 있음을 밝히고자 한다. 이를 위해 "사실도 픽션도 아닌 그 중간쯤의 글"이라는 자기 지시적 표현으로 정의된 신경숙의 자전적 서사를 '오토픽션autofiction'의 층위에서 재검토하고, 신경숙의 글쓰기가 구사하고 있는 서사적 전략의 양태를 비판적으로 탐구할 것이다. 오토픽션에 대한 장르적 개념과 그와 관련된 이론적 논의는 신경숙의 글쓰기가 표면적으로 사실과 픽션을 부정하고 있지만, 이러한 부정을 통해 사실과 픽션의 권위와 역량을 모두 확보하고 있음을 드러내는 데 기여할 수 있다.

이를 바탕으로 이 글이 주장하고자 하는 바를 미리 요약하면 다음과 같다. 사실적 재현의 가능성과 한계를 동시에 드러내면서 『외딴방』은 이야기의 핵심에 해당하는 비밀, 즉 '희재'의 죽음을 재현하는 문제로부터 '희재'의 죽음을 재현하는 자기 자신을 재현하는 문제로 서사의 목표를 교묘히 이동시킨다. 이것은 해당 텍스트의 실질적인 욕망이 재현 주체의 정체성, 즉 진정성authenticity을 정립하는 쪽으로 정향되어 있음을 말해준다. 이와 관련해 신경숙이 자신의 글쓰기를 탐문하는 과정에서 끊임없이 '문학'에 대한 욕망을 드러내고 있다는 사실은 징후적이다. 『외딴방』에서 빈번하게 언급되는 이 '문학'이라는 텅 빈 기표는, 저자가 수행하는 글쓰기를 윤리적·미학적·정치적으로 정당화하는 이념적 환영에 해당한다. '문학'이라는 시뮬라크르simulacre를 향한 『외딴방』의 욕망은 '희재'로 상징되는 과거를 성공적으로 애도할 수 있는 권한을 스스로에게 부여하려는 텍스트의 의지에 다름 아니다. 그런 의미에서 『외딴방』에 따라붙는 '진정성'이라는 비평적 언표는 1980년대적인 세계의 돌이킬 수 없는 종언을 확인할 수밖에 없었던, 혹은 확인하고자 했던 한 시대의 정치적 무의식을 반영한다고 해야 한다.

## 2. 후일담 문학과 역사의 종언

소설가가 소설의 무대에 등장해 자신의 과거를 회고하는 자전적 서사는, 앞서 언급했듯 1990년대 초반부터 다시 부상하기 시작한 독특한 흐름 가운데 하나였다. 김영현, 공지영, 이인화, 박일문, 주인석 등 1980년대라는 정치적 격동기에 20·30대의 시절을 보냈던 작가들이 선보였던 자기 고백적 글쓰기는 '소설가 소설', 또는 '후일담 소설'이라고 불리며 새로운 세대의 역사 인식과 현실 감각을 보여주는 낯선 현상으로 여겨졌던 것이다. 이와 관련하여 후일담 문학이라는 개념의 창안자였던 김윤식은 1990년대라는 특수한 시기가 자전소설을 요구하게 된 시대적 배경에 주목하고, 그로부터 모종의 역사철학적 필연성을 도출한다.

> 90년대에 들어오면 소설 판에선 '자전소설'의 등장이 불가피했는데, 두 가지 이유에서 이를 설명할 수 있다. 하나는 광주의 5월까지 소화해낸 사명감의 축적이 그 포화상태에

> 이르렀음을 들 것이다. 언필칭 분단문제, 노사문제라 할 정도로 그 방면의 소설적 축적은 눈부신 바 있었다. 그렇기는 하나, 모종의 성과에 안주할 수 없음이 소설의 특성이라고 보면 이에 대한 반발이랄까 이탈, 곧 새로운 형태의 시도란 필연적이었다고 볼 것이다.[18]

김윤식에 따르면 자전소설의 등장은 '광주의 5월', '분단문제', '노사문제'로 대변되는 1980년대적 서사의 '포화상태' 즉, 1980년대 문학의 종언을 배경으로 이해될 수 있다. 지난 시기의 문학이 천착했던 재현의 이념이 시대착오적인 것으로 밝혀졌을 때, 글쓰기의 주체가 과거에 대한 '반발'과 '이탈'의 일환으로 새로운 형식의 글쓰기를 '시도'하는 것은 '필연적'인 현상이다. 그렇다면 그러한 시도가 왜 하필 자기 고백의 내면적 공간을 필요로 했을까. 관련하여 김윤식은 "리얼리즘(운동권)이 90년대에 겪은 역사의 끝장을, 30년대 문학이 이미 경험하고 있었다는 논법"[19]을 바탕으로 후일담 문학의 문학사적 의미를 분석한다. 카프의 몰락과 소비에트의 붕괴를 동일시함으로써 전면화 되는 것은 역사철학적 목표를 상실한 주체들의 혼란스러운 내면 풍경일 수밖에 없다. 이른바 재현해야 할 세계에 대한 명료한 확신이 부재한 상태에서, 글쓰기 주체는 몰락해버린 세계에 남겨진 자기 자신을 향한 질문으로 글쓰기의 방향을 선회할 수밖에 없다는 것이다. 바야흐로 "사회(세계)란 '변혁할 대상'으로 있는 것이 아니라 죽음에 쫓긴 인간이 그것을 처리할 수 있는 대상(장소)으로서 존재"하게 된다. 변혁과 혁명에 대한 열망이 소진되었을 때 남는 것은 근원적 '죽음'의 불안에 시달리는 남겨진 주체, 그리고 그 주

---

18 김윤식, 「계간 『문학동네』의 '자전소설'과 그 소설사적 의의」, 『문학동네』 2012년 가을호, 98쪽.

19 김윤식, 「체험으로서의 한국근대문학사론」, 『한국근대문학연구방법입문』, 서울대학교 출판부, 1999, 152쪽.

체에 의해 수행되는 자기 탐구와 자기 증명뿐이다. 1990년대의 후일담 문학이 "카프문학에서 벌어진 전향문학에 버금간다"[20]고 평가될 수 있는 것은, 세계의 몰락을 승인하는 패배주의적 세계관이야말로 이러한 "시선 변경의 참뜻"[21]이었기 때문이다.

이처럼 '전향'이라는 말에 함축된 정치적 함의를 고려할 때, 우리는 후일담 문학에 대한 당대의 평가가 대체적으로 부정적일 수밖에 없었던 주된 이유를 추론할 수 있다. 가령, "사소설 범주에 넣을 수 있는 '자기 고백적' 혹은 성장소설들이 계속 출간"되고 있는 당대의 현상이 새로운 세대의 출현을 의미하지만 결과적으로는 "문제의식의 품도와 작가 개인의 실존적 고민은 함량미달"[22]에 불과하다는 평가, "작가의 주관적인 해석을 전면에 내세움으로써 낭만적 경향이 강화"[23]된 끝에 "손쉬운 청산주의나 혹은 단순한 열정에의 집착"[24]할 뿐이라는 비난은 '신세대 작가'로 거론되는 소설가들의 자기 반영적 글쓰기에 대한 부정적 여론을 대변한다. 이와 같은 비판은 자전적 체험에 바탕을 둔 신세대 작가들의 글쓰기가 1980년대에 대한 역사적 평가를 전유하고, 그것을 노스탤지어적 정서로 포장하고 있다는 의혹에서 기인한 것이었다.

그런데 여기서 우리가 환기해야 할 것은, 『외딴방』을 비롯하여 신경숙의 초기 작품들 상당수 역시 후일담 문학으로서 "동시대를 풍미한 정치적 서사에 대한 모종의 항의"[25]를 담은 텍스트로 읽힐 소지가 있다는 점이다. 가령, "작은 『외딴방』"[26]으로도 일컬어지는 초기작 「멀리, 끝없는

---

20 김윤식, 「후일담 문학과 소설가 소설의 넘어서기론」, 『문예중앙』 1993년 여름호, 599쪽.
21 위의 글, 592쪽.
22 이성욱, 「'참을 수 없는' 최근 소설들의 '가벼움'」, 『실천문학』, 1992년 여름호, 140~142쪽.
23 신승엽, 「오늘의 우리 문학 무엇을 이루었나」, 『창작과비평』, 1995년 여름호, 34쪽.
24 임규찬, 위의 글, 33쪽.
25 황종연, 「현대적 실존과의 접촉」, 『비루한 것의 카니발』, 문학동네, 2001, 140쪽.
26 서영채, 「신경숙의 『외딴방』과 1990년대의 마음」, 『문학동네』, 2017년 봄호, 24쪽.

길 위에」(『풍금이 있던 자리』, 이하 「멀리」)는 실제 저자를 강하게 환기하는 소설가 화자의 회고를 통해, 87년 6월 항쟁의 열기 속에서 망각되었던 친구 '이숙'의 사적인 죽음을 기억하는 이야기다. "1963년생의 희망도 비명도 가라앉은 뒤"(「멀리」, 264쪽)라는 표현에서 드러나는 세대 감각, 현재를 1980년대의 "그 아름다운 열기가 하나의 현상으로 지나가던 그 순간"(266쪽)으로 묘사하는 노스탤지어적 정서 등은 당대의 후일담 서사에서 공유되고 있던 "공허와 무력감"과 크게 다르지 않다. "가만히 살다 간 그녀에게 무덤을 만들어줘보겠다"(249쪽). 텍스트의 화자가 거듭된 망설임을 경유하며 힘겹게 만들고자 했던 '그녀의 무덤'은 1980년대에는 전혀 의미화 되지 못했던 한 개인을 향한 사후적 애도를 함축하고 있다.

이처럼 「멀리」에서 직접적으로 전면화 되어 있는 후일담적 세계관은 『풍금이 있던 자리』로 급격히 부상하고 있었던 신경숙 문학에 대한 유보적인 평가를 이끌어낸 주요 원인 가운데 하나였다. 이를테면 백낙청의 다음과 같은 비판적 평가는 시사적이다.

> 그런데 화자의 뉘우침 자체는 얼마나 정당한 것일까? 역사의 대의가 아무리 명백하더라도 가장 가까운 벗의 가장 절박한 필요를 외면하고 태연할 수 없는 깨우침으로서는 충분히 소중하다. 그러나 항쟁의 현장을 마땅히 떠났어야 한다는 일반론이라면 이야기는 달라진다. 그것은 사람마다 달리할 지난한 결단의 대상인데, 작품 안에서는 화자의 뉘우침이 절실할 수밖에 없는 그녀의 특수한 처지가 제시되기는 하지만 그 특수성에 대한 별도의 분석이나 통찰이 이루어지지는 않는다. 가령, "1963년생으로서는 한번도 쐬어보지 못한 바람, 그 아름다운 열기" 운운했지만, 같은 63년생이라도 광주에서 80년 5월을 겪었다거나 타지역 출신으로

> 도 학창생활 중 좀더 일찍 정치의식이 깨었다거나 – 일찍 깨치는 것이 반드시 크게 깨치는 길은 아니지만 – 또는 의식화 여부를 떠나 노동자계급의 일원으로 살아왔더라면, 87년 6월의 체험은 한결 달랐을 것이다. 또한 그때의 감격이 지나고 나자 "아무것도 달라지지 않았다. 그게 단순한 실패가 아니라 희망에 대한 실패였다는 걸 1963년생들은 순식간에 경박스러워지면서 감지했다"라는 진술도 특정 부류의 1963년생들에 적중하기는 해도 지나치게 일반화되었다.[27]

비록 직접적으로 언급하고 있지는 않지만, 「멀리」에 대한 백낙청의 유보적 평가는 '후일담 문학'에 대한 비판의 일반적 논리를 요약하고 있다고 해도 과언이 아니다. "항쟁의 현장을 마땅히 떠났어야 한다는 일반론이라면 이야기는 달라진다." 이러한 지적은 후일담 문학이 보여주고 있는 과거에 대한 시각에 동의할 수 없다는 뜻으로도 읽힌다. 그런가 하면 "그녀의 특수한 처지가 제시되기는 하지만 그 특수성에 대한 별도의 분석이나 통찰이 이루어지지는 않는다"거나 "특정 부류의 1963년생들에 적중하기는 해도 지나치게 일반화되었다"는 비판은 후일담 문학이 근거하고 있는 세대론적 일반화에 대한 불만으로도 연결될 수 있다.

한편 인용한 백낙청의 글에서 좀 더 눈여겨보아야 할 것은 다음과 같은 진술이다. "같은 63년생이라도 광주에서 80년 5월을 겪었다거나 타지역 출신으로도 학창생활 중 좀더 일찍 정치의식이 깨었다거나 (중략) 또는 의식화 여부를 떠나 노동자계급의 일원으로 살아왔더라면, 87년 6월의 체험은 한결 달랐을 것이다." 세대론적 일반화를 경계하는 가운데 제시된 '노동자계급의 일원으로 살아왔더라면'이라는 가정적 표현은 징후적이다. 당사자성에의 요구로 집약될 수 있는 백낙청의 주문은

27 백낙청, 「지구시대의 민족문학」, 『창작과비평』, 1993년 가을호, 113~114쪽.

향후 쓰이게 될 『외딴방』의 서사가 당대의 주목을 받을 수 있었던 예외적 요인이 무엇인지를 미리 예고하고 있기 때문이다. 그렇다면 『외딴방』은 (실제 창작 동기와 무관하게) 백낙청이 「멀리」에 대해 제기했던 비판과 우려에 대한 일종의 반론적 성격의 텍스트로 읽히기에 부족함이 없다.

『외딴방』에서 저자는 당사자성("노동자계급의 일원")에 대한 요구를 충족시켜주는 고백과 더불어, 「멀리」에 대한 다시 쓰기를 이어나간다. 그런 의미에서 서영채가 정확히 평가했듯 '이숙'이 '희재언니'로 대체되고 소설의 무대가 1987년에서 1978년으로 이동했을 뿐, 서사적 목표에 있어 「멀리」와 『외딴방』은 거의 동일한 텍스트이다. 이와 같은 『외딴방』의 대리보충적 성격을 증명하는 것은 다름 아닌 단편 「외딴방」이다. 발표 당시 거의 주목받지 못했던 이 텍스트는 '희재'의 죽음이라는 메인스토리를 전달하고 있다는 점에서 장편 『외딴방』의 축소판에 해당하는 텍스트이다. 물론 결정적인 차이가 없는 것은 아니다. 우리는 두 텍스트의 화자 '나'가 각각 현실과 맺는 과계를 비교함으로써, 이 차이를 좀 더 명확하게 설명할 수 있을 것이다.

> 다음날 나는 직업 훈련원에서 배당받은 〈동남전자주식회사〉로 출근을 했다.(「외딴방」, 『겨울우화』, 287쪽)

> 나는 직업훈련원에서 동남전기주식회사로 함께 배정된 13빈의 얼굴을 고개를 빼고 쳐다본다.(『외딴방 I』, 88쪽)

두 '나'가 각각 지시하는 것은 물론 저자 신경숙이라는 동일한 존재일 것이다. 그러나 두 '나' 사이의 동일성은 장편 『외딴방』의 출간 이후 체결될 수 있는 사후적 협약이라고 해야 한다. 단편 「외딴방」이 발표되었을 당시 '나'는 소설의 규약에 지배받고 있었기에, 그것은 실제 신경숙을 가리킬 수 없었다. 설령 '나'와 '희재'의 관계로부터 저자의 삶을 추정하는 예리한 독자를 상상해볼 수 있다고 하더라도, 그것은 어디까지나 추론에 지나지 않을 것이다. 왜냐하면 텍스트의 '나'가 텍스트 바깥의 실제 저자를 지시한다는 결정적 근거가 작품 안팎에서 발견되지 않기 때문이다. 「외딴방」의 '나'는 저자 '신경숙'과 아직 동일한 존재가 아니니다.

반면 『외딴방』의 '나'가 현실과 맺는 관계는 전혀 다르다. 우선 독자의 입장에서 볼 때, 『외딴방』의 '나'가 텍스트 바깥의 '신경숙'을 지시하는 기표라는 점을 강조하는 요소들이 곳곳에 산재해 있다. 「연재를 시작하며」에 씌어 있는 "서울에 처음 와서 사년 가량 내가 보고 느꼈던 것들을 쓰려 한다"라는 문장은 『외딴방』에서 재현되는 이야기가 저자의 삶과 직접적으로 관련 있음을 독자에게 예고한다. 소설에서 거명되는 실제 인물(최홍이, 한경신 등)과 실시간으로 전해지는 현재의 사건들(오정희와의 만남, 삼풍백화점 붕괴 사고 등), 그리고 첫 장편소설을 출간한 지 얼마 안 된 소설가 화자 '신선생님'이라는 존재를 확인하게 되면, 독자는 『외딴방』을 사실상 저자의 내밀한 사적 체험이 담겨 있는 자전 소설과 다를 바 없다고 확신하게 된다.

그렇다면 우리는 『외딴방』을 후일담 소설로 규정지어야 할까. 그런데 문제는 한층 까다롭고 복잡하다. 이러한 분명한 자전성에도 불구하고 『외딴방』을 당대의 후일담 소설과 동일시 할 수 없게 만드는 근본적인 차이에 대해서도 여전히 말할 수 있기 때문이다. 이와 관련하여 『외딴방』의 주체가 피력하고 있는 당사자성의 특수한 성격은 조금 더 자세하게 분별될 필요가 있다.

우선 후일담 소설이 "'운동으로서의 문학'이 가능했던 지난 시기에 대한 반성"[28]을 운동 주체 당사자의 회고적 시선을 통해 표출하고 있다

28 김윤식, 「소설 형식에 대한 성찰」, 『문예중앙』, 1992년 가을호, 237쪽.

는 점을 상기해 보자. 당시 리얼리즘 계열의 후일담 소설을 대표하고 있는 김영현, 공지영의 작품들이 전면화 하고 있는 것은 "지난 날의 운동권 동료들의 이탈과 원칙주의자들의 비참한 삶, 그것을 보고, 자책감에 빠진 귀순자들의 양심의 아픔"[29] 등으로 요약된다. 반면 『외딴방』의 '나'가 서 있는 역사적 위치는 미묘하게 다르다. 신경숙의 초기 작품들에 등장하는 '나'는 언제나 "스크럼을 짠 동료들 속으로 들어가지 못했"[30]던 존재로, 즉 1980년대의 주변인으로 묘사된다. 『외딴방』의 '나'는 '80년대 운동권'이라는 엘리트주의적 공간으로부터 비켜서 있을 수밖에 없었던 주체, 따라서 정치적으로 뜨거웠던 지난 시기에 대한 대표성을 상실한 존재이다. 그런데 이러한 대표성의 부재는 『외딴방』의 주체에게 더 이상 단순한 결함이 아니다. 여공으로 살아가야 했던 저자의 유년 시절은 '운동으로서의 문학'으로부터 분리된 또 다른 영역이 실재했음을 입증하는 강력한 증언으로 받아들여질 수 있기 때문이다.

물론 여성 노동자의 삶을 재현하는 『외딴방』의 당사자성이 흔한 것은 아니었다고 해도, 유일한 사례라고 말하기는 어렵다. 우리는 석정남, 장남수 등의 수기가 일으킨 충격을 새삼 떠올릴 수 있고, 이러한 '아래로부터의 글쓰기'가 실천하는 재현의 정치학이 1980년대 문학장에 일으켰던 파장을 상기시킬 수도 있다. 하지만 이러한 글쓰기가 여전히 '수기'로 명명되었다는 것, 즉 문학에는 미달한 글쓰기로 이해되었던 것과 달리 『외딴방』은 당대의 떠오르는 작가에 의해 씌어진 "수기나 산문이 아닌 매우 세련된 소설"[31]로 읽혀야 했다는 사실이 중요하다.[32] 이미 성공한

---

29 김윤식, 「후일담 문학과 소설가 소설의 넘어서기론」, 『문예중앙』 1993년 여름호, 592쪽.

30 이혜령, 「포스트 80년대, 비범한 날들의 기억-신경숙과 김인숙의 소설을 중심으로」, 『반교어문연구』, 39호, 반교어문학회, 2015, 530쪽.

31 서영채, 「신경숙의 『외딴방』과 1990년대의 마음」, 『문학동네』, 2017년 봄호, 22쪽.

32 이에 대해 염무웅은 다음과 같은 감상평을 내놓는다. "나는 이 소설을 읽는 동안 오래 전에 나온 장남수의 자전적 수기 『빼앗긴 일터』를 연상하였다. (…) 그러나 물론

소설가로서 신경숙은 스스로의 자전적 '과거'라는 '아래'로 하강했다가 다시 '현재'의 자신의 글쓰기를 향해 되돌아오는 이야기이다. 그런 맥락에서 『외딴방』에서 이루어지고 있는 자기 재현의 픽션적 성격은 조금 더 신중하게 탐구될 필요가 있다. 왜냐하면 '과거'와 '현재' 사이를 쉼 없이 오가는 서사적 기법을 활용한 끝에 마침내 현재의 지평으로 회귀하는 글쓰기의 드라마를 감상하고 나면, 『외딴방』의 주체가 진정으로 재현하는 대상, 즉 이 텍스트의 욕망이 실질적으로 지향하는 대상이 거듭 불명료해지기 때문이다. 선형적 내러티브를 거부하는 『외딴방』의 비체계적 서사는 "거의 실험소설 같은 전위성"[33]을 느끼게 하며, 남진우가 강조한 허구성("또다른 자기은폐")을 강화하는 요소임에 틀림없다. 그런데 거의 동일한 의미에서, 이러한 소설적 자기은폐의 메커니즘은 여공 수기가 보여주는 재현의 진실과 『외딴방』의 진실한 재현 사이의 차이를 무마하는 데에도 기여한다. 따라서 우리가 물어야 할 것은 "우리가 만날 수 있는 가장 감동적인 노동소설"[34]이라는 평가를 이끌어냈던 『외딴방』에서 엿보이는 "진정성에 대한 추구"[35]와 노동자 수기의 재현의 정치학이 근본적으로 분기되는 지점이다.

당사자성을 바탕으로 『외딴방』에서 구현되는 텍스트적 진실을 지시하는 이론적 개념이 추가적으로 요청되는 이유가 여기에 있다. 『외딴방』은 분명 노동자 수기와도 다른 텍스트이지만, 후일담 문학 등의 자전적 서사와도 구분된다. 이러한 차이를 가능하게 하는 결정적 조건은 『외딴방』이 소환하는 과거의 특별한 성격에서 마련된다. 후일담 소설은 그것

---

이 작품은 『빼앗긴 일터』뿐만 아니라 단편 「외딴 방」과의 비교조차 무색하게 만드는 탁월한 문학적 성취이다." 염무웅, 「글쓰기의 정체성을 찾아서」, 282쪽.

33 염무웅, 위의 글, 281쪽.

34 남진우, 앞의 글, 286쪽

35 서영채, 「냉소주의, 죽음, 매저키즘: 1990년대 소설에 대한 한 성찰」, 『문학동네』 1999년 겨울호, 410쪽.

이 사람들이 공유하고 있는 공통의 기억을 대상으로 한다는 점에서, 언제나 타자의 평가에 열려 있을 수밖에 없다. 그런 의미에서 후일담 소설에 관한 논쟁은 결국 다수가 기억하는 과거에 대한 재현representation, 그리고 그러한 재현에 내포된 대의적representative 타당성을 둘러싼 헤게모니 투쟁으로 이해될 수 있다. 반면 『외딴방』의 1978~1981년이라는 시간은 특정 세대 주체들의 경험으로는 온전히 대의할 수 없는 시공간, 타자로부터 철저하게 폐쇄된 공간이다. 사정이 그러하기에 오직 기억과 회고에 기반한 자기 증언의 형식으로 발화될 수밖에 없는 과거의 진실은 당사자에게만 개방된, 당사자에 의해서만 독점적으로 점유될 수 있는 영역이다. "『외딴방』은 한 소녀가 공단에서 청춘을 보내며 작가가 되고자 분투하는 이야기이자, 글 쓰는 작가와 재현의 대상(여공)이 분리되어 있다는 사실에 문제를 제기하는 소설이다."[36] 재현 주체와 대상 사이의 분리의 철폐 속에서, 『외딴방』의 주체는 그 누구도 이의제기할 수 없는 정치적 당사자성의 시공간을 확보한다. 이처럼 글쓰기 주체의 당사자성에 의해 표출된 특수한 형태의 소설적 진실을 일컬어, 우리는 오토픽션적 진실이라고 이름 붙일 것이다.

## 3. 사실과 픽션 사이의 중간 : 『외딴방』의 오토픽션적 공간

오토픽션이라는 개념이 등장하고 그것이 이론적인 논쟁의 대상으로 떠오른 것은 1977년이다. 프랑스의 작가 세르주 두브로브스키Serge

36 루스 배러클러프, 『여공문학』, 291쪽.

Doubrovsky가 『아들Fils』이라는 제목의 소설을 출간하면서, 자신의 글을 전통적인 자서전과 구별하려는 취지로 '오토픽션'이라고 명명하는 것이 논쟁의 시작이라고 할 수 있다.[37] 두브로브스키가 대담하게 제시한 오토픽션이라는 새로운 개념은 '자서전의 규약'으로 널리 알려진 필립 르죈의 테제에 대한 직접적 도전을 의미하는 것이었다. 주지하듯 자서전과 소설을 구별하는 원리를 규명하려 했던 필립 르죈Philippe Lejeune의 논의에서 핵심은 실제 저자와 주인공, 그리고 화자 사이에 형성된 동일성의 원리이다. "자서전은 저자와 그 이야기의 화자, 또 그 속에 이야기되고 있는 인물의 이름이 모두 동일하다는 것을 상정한다."[38] 저자의 고유명을 매개로 성립된 등가의 원리는 독자로 하여금 자서전에서 실제 저자의 삶을 확인할 수 있다는 독서의 협약을 체결하도록 만든다. 이와 같은 엄격한 장르적 기준에 따르면, 자서전은 작품을 통해 저자의 삶을 간접적으로 유추할 수 있는 '자전 소설'과 근본적으로 다른 장르의 텍스트이다. 자전 소설의 등장인물과 저자의 관계가 유사성resemblance에 기반하고 있다면, 자서전에서의 등장인물과 저자는 확실한 동일성의 규약에 지배받고 있기 때문이다.

그런데 르죈은 이름의 동일성을 기준으로 자서전과 소설을 정의하다보면, 자서전의 규약과 소설의 규약 경계에 위치한 애매한 성격의 글쓰기가 가정될 수 있음을 깨닫는다. 르죈은 그것을 아래와 같이 두 가지 유형으로 나누어 설명한다.

37 오토픽션에 대한 이론적 논쟁에 관해서는 다음 연구 참조. 변광배, 「오토픽션의 이론: 기원과 변천 및 글쓰기 전략」, 『세계문학비교연구』, 36호, 세계문학비교학회, 2011; 류은영, 「오토픽션의 논리: 오토=픽션의 미학과 현대성」, 『외국문학연구』, 46호, 한국외국어대학교 외국문학연구소, 2012.

38 필립 르죈, 윤진 옮김, 『자서전의 규약』, 문학과지성사, 1998, 33쪽.

| 주인공의 이름 →<br>규약<br>↓ | 저자의 이름과 다름 | 이름이 없음 | 저자의 이름과 동일함 |
|---|---|---|---|
| 소설의 규약 | 소설 | 소설 | (b) |
| 규약의 부재 | 소설 | 한정되지 않았음 | 자서전 |
| 자서전의 규약 | (a) | 자서전 | 자서전 |

(a) 하나가 서사의 주인공과 실제 저자의 이름이 다르지만, 텍스트가 자서전의 규약을 따르는 경우이다. 르죈에 따르면 이러한 사례는 발견되지 않으며 원칙적으로도 불가능한데, 자서전이라고 명시하면서 저자와 다른 인물이 텍스트에 등장할 이유가 없기 때문이다. 설령 그러한 작품을 가정한다고 하더라도 독자들은 해당 텍스트를 소설로 받아들일 수밖에 없으며 결과적으로 자서전의 규약을 스스로 위배하게 된다는 것이다. (b) 다른 하나는 소설로 명명되고 있지만 주인공과 실제 저자의 이름이 같은 경우이다. 책의 표지에는 소설이라고 적혀 있지만, 정작 텍스트에서 실제 저자와 동일한 이름의 주인공이 등장하게 된다면 어떤 상황이 펼쳐질까? 르죈은 (a)와 달리 이러한 사례가 없는 것은 아니며 원칙적으로도 불가능한 것은 아니라고 인정함에도 불구하고, 텍스트가 일으키는 '내적인 모순'과 혼란으로 인해 진정한 소설로도, 진정한 자서전으로도 간주될 수 없을 것이라고 단언한다.

두브로브스키의 오토픽션은 (b)의 사례, 다시 말해 실제 저자와 동일한 이름을 가진 인물이 등장하지만, 여전히 소설이라는 장르의 규약에 지배받는 글쓰기가 가능함을 입증하기 위해 고안된 개념이다. 그는 자신의 텍스트 『아들』이 소설이지만, 여전히 "저자와 인물이 동일한 정체성을 가졌을 뿐만 아니라 화자 역시 그러"한 글쓰기임을, 거기에 더해 르죈이 자서전의 규약으로 제시한 동일성의 준칙을 충족시키기 위해 특별한 노력을 기울인("장소와 날짜들은 거의 광적으로 확인되었다."[39]) 작품이라고 주장한다. 이른바 두브로브스키의 오토픽션은 허구성에 토대를 둔 소설이 자서전의 진실에 도달할 수 있음을 증명하기 위한 도전적 실험이었다고 할 수 있다.

두브로브스키에 의해 이루어진 최초의 문제제기 이후 오토픽션 개념의 성립 여부와 그 타당성에 관한 이론적 논쟁이 오간다. 여러 쟁점들 가운데 논의의 핵심은 '오토'라는 개념에 표명된 자전적 진실성과 '픽션'이라는 어휘에 내포된 허구성이라는 요소가 양립 가능한지의 여부, 만약 가능하다면 서로 대립되는 두 요소를 매개하는 원리가 무엇인지를 밝히는 문제로 수렴되는 경향을 띠었다. 오토픽션의 가능성을 인정하려는 시각에서 주력하고자 했던 논점은 자서전이 전제하는 동일성의 원리가 사실상 불가능하다는 것, 즉 자서전이라는 장르를 성립하게 하는 '저자=서술자=주인공'의 허구성이다. 기억의 착오, 실수, 거짓, 망각, 왜곡 등으로 초래될 수 있는 동일성의 균열을 불가피한 것으로 전제할 수 있다면, 오토픽션이라는 개념이 명시하고 있는 픽션적 요소는 장르적 결함을 나타내기보다 오히려 자서전의 불완전성을 대리보충하는 계기로 수용될 수 있다는 것이다. 그런 맥락에서 '오토픽션 규약'이라는 용어를 제안한 티에리 로랑Thierry Laurent에 따르면, 오토픽션이라는 개념 자체가 태생적으로 '반-허구적mi-fictif'이고 '반-사실적mi-véridique'인 특성을 함축한 애매한 장르일 수밖에 없다. 하지만 로랑은 이러한 '애매성'ambiguity이야말로 오토픽션에 '본질'에 해당하며, 이러한 애매성을 토대로 오토픽션의 작가가 자서전 작가보다 더욱 솔직해질 수 있는 계기를 마련한다는 과감한 주장을

39 Serge Doubrovsky, "Autobiographie/vérité/psychanalyse", Autobiogrqphie. De Corneille à Sartre, PUF, 1988, pp. 68-69, 변광배, 「오토픽션의 이론: 기원과 변천 및 글쓰기 전략」, 204쪽에서 재인용.

내놓는다.[40]

『외딴방』에서 저자가 선보이고 있는 글쓰기에 대한 자의식을 검토해 보면 『외딴방』이라는 텍스트의 욕망이 지향하는 것, 그 욕망에 대한 반향으로 글쓰기 주체가 시도하는 행위가 사실상 오토픽션에 대한 장르적 방향성과 정확하게 일치된다는 것을 확인할 수 있다. 다시, 소설의 첫 문장으로 돌아가 보자.

> 이 글은 사실도 픽션도 아닌 그 중간쯤의 글이 될 것 같은 예감이다. 하지만 그걸 문학이라고 할 수 있을 것인지. 글쓰기를 생각해본다, 내게 글쓰기란 무엇인가? 하고.(I, 9쪽)

이러한 저자의 예감은 소설의 마지막 대목, "이 글은 사실도 픽션도 아닌 그 중간쯤의 글이 된 것 같다"(II, 281쪽)라는 완료 시제의 문장과 함께 실현되었음이 밝혀진다. 사실과 허구 사이의 "그 중간쯤의 글"이라는 말로 표현된 모호한 글쓰기의 정체성은 오토픽션 규약의 본질로 제시되었던 '애매성'과 다른 것이 아니다. 자서전과 소설에 대한 동시적 부인 속에서 확보된 "중간쯤"이라는 공간은 '반-허구성'과 '반-사실성'으로 개시되는 오토픽션적 공간과 위상학적으로 합치한다.

이처럼 신경숙이 오토픽션적 공간을 요구하게 된 이유는 무엇일까. 이를 탐구하기 위해서는 우선 '중간쯤'이라는 영역을 가시화하기 위해 『외딴방』의 주체가 감행하는 두 층위의 변증법적 부정에 주목해야 한다. 『외딴방』은 사실이 아니면서 동시에 픽션이 아니다. 사실에 대한 부정은 『외딴방』의 픽션적 욕망이 성립될 수 있는 토대이며, 픽션에 대한 부정은

40 변광배, 위의 글, 218쪽.

자전적 사실에 대한 적나라한 공표 의지를 가리킨다. 이와 같은 사실과 픽션에 대한 서로 대립되는 욕망과 의지는 표면적으로『외딴방』을 장르적 체계와 일관성을 상실하게 만드는 요소일 수 있다. 그러나『외딴방』의 글쓰기 주체가 야기한 비일관성과 비체계성은, 부정의 부정이라는 원리로 구축된 층위에서 또다른 차원의 체계와 일관성을 확보하기에 이른다. 이를 살펴보기 위해서는 사실과 픽션을 향한 두 욕망에 대한 기각이 어떻게 재기각 되는지를 살펴보아야 한다.

우선 픽션에 대한 거부.『외딴방』의 주체는 곳곳에서 '소설'이라는 장르의 글쓰기에 함축되어 있는 한계에 관해 피력하는 모습을 연출한다. 가령, 장편『외딴방』을 쓰게 된 직접적 계기가 되었던 하계숙과의 통화 후, 저자는 모종의 죄책감과 함께 '소설'에 대한 무력감에 직면한다. "너는 우리 얘기는 쓰지 않더구나."(I, 37쪽) 물론 엄밀한 의미에서 하계숙의 지적은 사실이 아니다.『외딴방』의 글쓰기 주체는, 단편「외딴방」의 글쓰기 주체로서 이미 그들의 이야기를 쓴 적이 있다.

> 나는 그들 얘기를 쓰지 않았다. 딱 한 번 시도해본 적은 있었다. 그 글은 하계숙이 읽지 못했다는 첫 소설집 마지막에 실려 있다. 하지만 그녀, 하계숙이 그 글을 읽는다고 해도 그녀는 그 글이 그 시절 우리들 얘기라고 생각하지 않을 것이다. 나는 정직하지 못하고 할 수 있는껏 시치미를 떼었으니까. 내 젊음에 대해, 나라는 존재에 대해, 자신은 없고 생생한 아픔만이 성해서 범한 건너뜀. 이건 소설이다, 하면서도 나는 죽을 것같이 가슴이 아팠다. 그 가슴 아픔을 숨기려고 나는 서둘러 십 년 후 이러이러했다고, 끝을 내놓았다. 정면으로 쳐다볼 자신이 없어 얼른 뚜껑을 닫아버리며 나는 느꼈다.(I, 84~85쪽)

"이건 소설이다"라는 말이 주체에게 선사하는 고통은, 단순히 스스로의 기만에 대한 죄의식만으로 설명될 수 없다. 주체가 과거를 "정면으로 쳐다"봄으로써 "정직"한 태도로 작품을 썼더라도 사정은 크게 달라질 수 없을 것이기 때문이다. "하계숙이 그 글을 읽는다고 해도 그녀는 그 글이 그 시절 우리들 얘기라고 생각하지 않을 것이다." 하계숙에만 국한되는 이야기가 아니다. 저자의 글쓰기가 '소설'이라는 장르적 규약에 지배받는다면, 불가피하게 독자는 텍스트를 통해 허구의 세계를 읽는다고 가정할 수밖에 없다. 그것은 단편 「외딴방」의 개별적 결함 때문이라기보다 (르죈의 지적처럼) 소설의 규약을 통해 맺어진 텍스트와 독자 사이의 견고한 협약 때문이다.

문제는 소설의 규약 너머에서도 발생할 수 있다. 설령 하계숙을 포함한 그들의 삶을 온전히 재현한다고 하더라도, 그것이 소설로서 충분히 읽힐 수 있는지는 또다른 문제이기 때문이다. "희미한 목소리로 혼자 웅얼거리듯 얘기하던 희재언니가 나를 빤히 보며 묻는다. 이런 얘기도 소설이 되니?"(I, 237쪽) 희재의 이야기도 소설의 자격을 충분히 갖추고 있음을 입증하려 했던 최초의 시도가 단편 「외딴방」이었다면, 해당 텍스트에 대한 사람들의 무관심은 소설적 글쓰기로는 충분히 조명될 수 없는 여공들의 삶, 그리고 희재의 소외된 죽음에 대한 무관심으로도 받아들여질 수 있다. 저자가 소설 너머의 다른 공간을 요청하는 이유도 거기에 있다.

> ……
>
> 문학 바깥에 머무르라구? 날 보고 하는 소리야?
>
> ……
>
> 문학 바깥이 어딘데?
>
> ……
>
> 언니는 지금 어디 있는데?(I, 249쪽)

문학 바깥에의 요구. 그것은 "문학으로선 도저히 가까이 가볼 수 없는 삶이 언어 바깥에서 흐르고 있음을 절망스럽게 느끼곤"(I, 79쪽) 했던 주체가 스스로에게 던지는 (희재의 유령과의 대화라는 형식을 띠고 있지만) 자기 독백적 명령이다. 타인의 삶에 다가가는 진실한 글이 되기 위해서는 문학에 머무르려는 기존의 태도를 포기해야만 한다. 이러한 문학 바깥에의 요구는 "장식과 연출과 과장들"(II, 44쪽)로 치장된 스스로의 글에 관한 저자의 반성을 이끌어내는가 하면, 자신의 소설을 읽으며 문학적 재미를 느끼는 주변인들을 향한 모종의 반감으로도 이어진다. 그렇다면 단편 「외딴방」의 실패를 만회하기 위해서는, 소설로 온전히 담아낼 수 없는 "언니의 진실을" 전달하기 위해서는 『외딴방』은 문학에 머물러 있기를 원해서는 안 된다. "언니는 지금 어디 있는데?" 그녀는 "사실도 픽션도 아닌 그 중간쯤"에 있어야 한다.

물론 이러한 잠정적이고도 애매한 자기 정의로 모든 문제가 해결되는 것은 아니다. "그 중간쯤"은 소설이 아니지만, 온전한 사실일 수도 없기 때문이다. "『외딴방』은 자서전이 아니다."[41] 이 말이 하나의 사실판단이자, 어떤 당위를 함축한 명제일 수 있음을 보여주는 것은 다름 아닌 저자 자신의 자의식적 고백들이다. 『외딴방』의 주체는 소설의 서술자와 실제 저자를 동일시하는 주변의 시각에 대해 심리적 부담을 토로하고, 자신이 쓰고 있는 글이 여전히 조작과 변용이 가능한 장르라고 반복해서 항변한다. "그건 소설이에요!"(II, 43쪽) 여기서 공표된 '소설'이라는 자기 지시적 기표는 『외딴방』을 자서전으로 읽으려는 사람들로부터 자신의 글쓰기를 보호하는 허구의 장막이자, 스스로를 은폐시킬 수 있는 유용한 알리바이로 기능한다. 동일한 맥락에서 소설이라는 기표는 자신의 글에 타인의 삶을 등장시킬 수 있는 토대이기도 하다.

---

41 루스 배러클러프, 『여공문학』, 281쪽.

"아주 리얼하더구나."
오빠가 말을 마치자마자 아연 긴장한 내 입에서 무심히 튀어나온 말.
"오빠! 신문에 뭐라고 났는지 모르겠지만 난 그렇게 안 썼어."(I, 147~148쪽.)

나 자신을 적나라하게 드러내는 글쓰기는 불가피하게, 나와 관계하고 있는 타인의 삶을 공개하는 일과 분리될 수 없다. 『외딴방』의 1부를 읽고 큰 오빠가 보여준 냉소적인 감상평은 허락 없이 자신의 과거를 공개한 저자를 향한 항의의 메시지이다. "너 지금 쓰고 있는 소설이 우리 가리봉동 살 때 얘기냐?"(I, 159쪽)는 물음에 관한 저자의 대답은 무엇이어야 할까. 『외딴방』의 저자는 이에 대한 적절한 답을 탐구하는 작업을 전개하지는 않는다. 다만 소설이라는 기표를 통해 작품 속 인물과 실제 인물 사이의 간극을 호소하고, 그로부터 자신의 글쓰기를 정당화하는 소극적 근거를 제시할 뿐이다. 「작가 후기」에도 그는 자신의 글쓰기가 소설의 영역으로부터 온전히 벗어날 수 없었음을 확인시키며 이렇게 적는다. "이 글 속엔 수많은 '나'가 등장하지만 이 글은 소설이므로 형식상의 일인칭이다."(II, 303쪽)

그런데 이것을 단순히 자기기만적 변명과 알리바이와 등치시킬 수 없는 이유는, 소설이라는 단어 속에서 표명되는 진실을 향한 저자의 강렬한 자의식 때문이다. 이와 관련하여 소설 속 큰 오빠가 내놓은 감상평, '리얼'이라는 단어는 의미심장하다. 그가 언급한 '리얼'이라는 단어는 재현의 투명성, 즉 과거의 사실을 있는 그대로 전달하고 있다는 사실에 방점을 찍고 있다. 반면 『외딴방』의 주체는 자신의 글쓰기가 시도하는 것이 '리얼'한 재현에 있지 않음을 지속적으로 강조한다. "난 그렇게 안 썼어." 이때 주체는 큰 오빠를 작품에 등장시켰냐는 사실을 부인하는 것이 아니라, 자신의 글쓰기가 궁극적으로 지향하는 바가 재현의 투명성과 거리가 있음을 항변하는 중이라고 해야 한다.

이처럼 『외딴방』에서 드러나는 '리얼'에 대한 부인은 이 텍스트에서 '희재'가 머물고 있는 '중간쯤'이라는 텍스트의 공간이 단순한 사실이 아니며, 사실이 아니어야 한다는 점을 함축한다. 여기서 사실이 아니어야 한다는 당위는 문학 바깥에의 요구와 배치되어 보이는 별개의 욕망, 즉 저자가 유년 시절부터 꿈꾸었던 '문학에의 욕망'을 다시금 지시한다. "내게 떨어진 소설이라는 말. 그때 처음 들었다. 소설을 써보라는 말."(I, 219쪽) 그런 의미에서 『외딴방』의 글쓰기는 유년 시절 저자가 품었던 유일한 희망에 해당하는 저 '소설'이라는 말로 회귀하는 것, 즉 자신이 현재 시점에 수행하고 있는 글쓰기에 의미를 부여하는 과정이라고 해도 과언이 아니다. "옛우물은 소설쓰기로 돌아가려는 내 안간힘의 소산이었어요."(II, 28쪽) 이것은 저자가 소설가 오정희에게서 들은 말이지만 저자의 유년시절의 상처가 머물고 있는 내면적 공간('우물')과 중첩되면서, 저자가 실천하는 글쓰기를 지지하는 말로 전환된다. 『외딴방』 역시 소설쓰기로 돌아가려는 신경숙의 안간힘의 소산이었음이 밝혀지는 것도 바로 그 순간이다.

## 4. 재현의 재현 : 『외딴방』의 자서전적 진정성

> 나는 내가 우물 속을 들여다보고 있다는 것도 잊은 채 내 몸속으로 흘러들어오고 있는 냄새의 근원을 알아내려고 우물 주위를 두리번거렸다. (…) 말간 우물 속엔 그녀(희재; 인

> 용자)의 얼굴이 무슨 말씀처럼 떠 있다. 진짜 하고 싶은 이야기를 할 적이면 몹시도 수줍어지던 때의 표정으로.(II, 254쪽)

여기서 우물 속에서 떠오른 희재의 얼굴이 전하는 "진짜 하고 싶은 이야기", 사실상 『외딴방』의 글쓰기 주체가 희재를 빌려 스스로에게 각인시키고자 하는 "진짜" 이야기의 위상학적 성격을 이해하는 것이 중요하다. 그것은 큰 오빠가 언급한 '리얼'과 저자가 도달하려는 '진짜' 사이의 간극을 표상하며, 『외딴방』이 마침내 규명하고자 하는 '진실'이 무엇인지를 해명해주기 때문이다. 이때 픽션에 대한 부인과 함께 기각되었던 '문학'이라는 언표는 『외딴방』의 글쓰기가 표방하는 '진실'의 독특한 성격을 지시하고, 결과적으로 『외딴방』의 주체를 윤리적·미학적으로 정당화 하는 하나의 이념적 언표로서 복권된다. 『외딴방』의 주체가 "다시 새로운 문장"(II, 261쪽), 즉 새로운 형태의 문학적 글쓰기를 요청하고 그와 같은 글쓰기를 통해 희재의 진실을 복원하겠다고 말할 수 있었던 이유가 거기에 있다.

> 그러려면 언니의 진실을, 언니에 대한 나의 진실을, 제대로 따라가야 할 텐데. 내가 진실해질 수 있는 때는 내 기억을 들여다보고 있는 때도 남은 사진들을 들여다보고 있을 때도 아니었어. 그런 것들은 공허했어. 이렇게 엎드려 뭐라고뭐라고 적어보고 있을 때만 나는 나를 알겠었어. 나는 글쓰기로 언니에게 도달해보려고 해.(I, 248쪽)

'내 기억'과 '남은 사진'의 '공허'함을 토로하며, 그 대안으로 자신의 '글쓰기'를 전면화 하고 있는 『외딴방』의 진정한 의도는 무엇이었을까.

위 장면에서 주체는 '언니의 진실'이 '언니에 대한 나의 진실'과 연계되어 있으며, '글쓰기'는 그러한 '나의 진실'을 연결하는 유일한 방법이라는 것을 깨닫는다. 이때 '언니에 대한 나의 진실', 즉 자기 자신의 진실성은 '언니의 진실'이 가능해지기 위한 전제 조건이자 목표로 재설정된다. 이와 같은 재조정을 통해 '진실'의 위상학에 교묘한 변경이 이루어진다. 이제 타자의 진실은 내 글쓰기의 진실성에 의해 판단될 것이기 때문이다.

앞서 살펴본 오토픽션의 규약은 『외딴방』에서 전개되는 진실의 재편을 분석하는 데 도움을 준다. 여기서 오토픽션의 규약이 르죈의 자서전의 규약을 정면으로 부정하는 것이라기보다 그것을 대리보충하는 것, 즉 소설과 자서전의 특징을 모두 포괄할 수 있는 글쓰기의 근원적 애매성을 강조하고 있다는 점이 중요하다. 오토픽션은 기억의 착오와 왜곡, 그리고 글쓰기 주체의 자기 반영적 욕망의 투사가 야기할 수 있는 자서전의 결함을 보완하는 장르이다. 이때 픽션은 자서전의 빈 공백을 메워주는 방법과 원리, 그리고 그 정당성을 제공함으로써 글쓰기의 현전성을 부여하는 또다른 규약으로 활용될 수 있다. 『외딴방』 초판 해설에서 남진우는 이렇게 쓴다. "그녀의 자기노출은 궁극적으로 또다른 자기은폐임을 우리는 인식해야 하지 않을까."[42] 하지만 우리가 도출한 결론은 일종의 전도된 변증법에 가깝다. 우리가 인식해야 할 것은 저자의 자기은폐(픽션)가 궁극적으로 자기노출(사실)을 위한 것이라는 사실이다. "역설적으로, 그는 자신을 더 잘 보여주기 위해 숨을 것이며, 쓰인 말에 자신을 털어놓을 것이다."[43]

이러한 역설의 기제는 오토픽션에서의 픽션적 특징이 자서전적 욕망을 오히려 보완해줄 수 있음을 말해준다. 그런 맥락에서 오토픽션과 자

42 남진우, 앞의 글, 299쪽.
43 장 스트로뱅스키, 이충훈 옮김, 『투명성과 장애물』, 아카넷, 2012, 107쪽.

전소설의 차이는 거듭 결정적이다. 자전소설의 경우 관건은 저자와 인물 사이를 연결하는 것은 유사성resemblance의 원리이다. 독자는 인물을 통해 저자의 실제 삶을 유추할 수 있고, 그로부터 저자의 자아를 관찰하려 노력할 수 있을 것이다. 그러나 소설의 규약에 지배받는 한 양자 사이의 동일성을 보증하는 결정적 증거는 부재할 수밖에 없다. 그러나 유사성에 의해 지배받는 자전소설과 달리 자서전으로 제시된 "텍스트들의 목표는 단순한 유사성이 아니라 바로 진실에의 유사성인 것이다."[44] 이처럼 자서전이 전달할 수 있는 독특한 '진실성'을 일컫는 말이 바로 '진정성authenticity'이다.

> 그것은(자서전의 모델;인용자) 다시 말하면 우리가 유사성의 관계로 추론할 경우 진리라는 최종의 용어는 더 이상 과거의 즉자être-en-soi 일 수 없고(그러한 것이 존재한다는 가정하에서 이렇게 말할 수 있을 것이다), 언술 행위의 현재 속에 드러나는 대자être-pour-soi임을 내포한다. 주인공에게 일어난 일들(아주 먼 것과 거의 최근의 것)을 이야기하면서 화자가 착각을 하거나 거짓말을 하고, 혹은 어떤 사실을 잊거나 사실을 왜곡할 때, 그러한 실수, 거짓, 망각 혹은 왜곡을 잘 분별해보면 우리는 그것이 이야기의 다른 양태들과 마찬가지로 언술 행위의 한 양상으로서의 가치를 갖는다는 것을 알 수 있다. 언술 행위 자체는 진정한 것이다. 자기에 관해 말하는 이야기에 있어서의 일인칭의 사용만이 갖는 이러한 고유의 내적 관계를 진정성authenticité이라고 부르도록 하자. 그렇게 하면 그것을 고유명사를 지시하는 동일성과 혼동하지 않을 것이며, 마찬가지로 상이한 두 모습이 얼마나

44 필립 르죈, 『자서전의 규약』, 54쪽.

> 서로 닮았는가에 대한 제3자의 판단을 상정하는 유사성과 도 혼동하지 않을 수 있다.[45]

타자의 삶을 재현하는 전기나 자전 소설과 같이 유사성의 원리에 지배를 받는 장르에 있어서 "진리"는 "과거의 즉자" 즉 타자에게 귀속될 수밖에 없다. 그러나 자서전에서는 "언술 행위의 현재 속에 드러나는 대자" 즉, 글쓰기의 자아를 위해 진리라는 용어가 헌정된다. 이러한 자서전적 공간에서는 텍스트의 언술 내용의 정확성을 약화시키는 "실수, 거짓, 망각 혹은 왜곡"이 글쓰기의 진리를 위협하지 않는다. 자서전의 고유한 가치는 "언술 행위 자체"의 진실성, 즉 글쓰기 주체의 '진정성'에 의해 마련되는 것이기 때문이다. 바로 여기서 "자서전의 경우에는 이야기된 내용의 정확성이 그렇게 중요한 문제가 아니라는 다분히 역설적인 사실"[46]이 성립된다.

『외딴방』에서 실현되고 있는 '언니의 진실'과 '나의 진실' 사이의 결합은 이 텍스트를 설명하는 데 거론되었던 비평적 표현으로서의 '진정성'이 자서전적 진실과 밀접한 관련이 있음을 예증한다. 『외딴방』을 소설의 규약 안에서 자서전적 글쓰기를 도입한 오토픽션적 텍스트로 간주할 수 있다면, 타자의 진실과 나의 진실이 동일시될 수 있다는 『외딴방』의 믿음이 사실상 언술 주체의 진정성을 의미하는 것이라고 결론내릴 수 있기 때문이다. 그리고 그것은 희재의 현전을 향한 『외딴방』의 의지가 결과적으로 자기 자신에 대한 글쓰기로 회귀하게 되는 이유를, 즉 『외딴방』의 욕망이 재현에 대한 재현을 향하고 있음을 드러낸다.

『외딴방』에서 이루어지는 재현의 재현을 증명하는 것은 작품 특유

45 위의 글, 59쪽.
46 위의 글, 55쪽.

의 비선형적 서사와 메타 픽션적 구성이다. 과거와 현재를 끊임없이 오가는 가운데 발생하는 텍스트의 파편화 현상은, 잘 알려진 것처럼 『외딴방』의 소설적 독창성을 보여주는 대표적인 특징 가운데 하나이다. 흥미로운 것은 이와 관련하여 당시의 논의들이 『외딴방』을 "포스트모더니즘의 영향"[47]과 구별하기 위해 한 목소리를 내고 있다는 사실이다. 이를테면 남진우는 "소설을 쓰는 작가가 작품의 전면에 등장"하는 "메타 픽션적인 구성 방식"을 "포스트모더니즘의 새로운 기법"[48]으로 오해해서는 안 된다고 강조한다. 백낙청 역시 확실한 서사적 종결closure을 거부하는 『외딴방』의 모호한 결말에서 "포스트모더니즘 계열의 서사이론"의 문제의식을 발견할 수 있지만 "여기에 너무 집착"[49]하게 된다면, 진실에 대한 저자의 의지("'문학'과 '글쓰기'에 대한 (…) '진실' 그것에 대한 헌신"[50])가 충분히 평가되지 못하게 된다고 경고한다.

하지만 『외딴방』의 자서전적 욕망이 구현되는 양태를 분석하고, 그것이 마침내 도달하는 진실의 자기 지시적 성격을 염두에 둔다면 사태는 좀 더 복잡해진다. 물론 우리의 관심사는 『외딴방』과 포스트모더니즘 사이의 구별을 가능하게 하는 이론적 기준을 검토하는 데 있지 않다. 관건은 당대의 비평이 부정적 대타항으로 설정하고 있는 '포스트모더니즘'이라는 애매한 기표를 하나의 징후적 표현으로 상대화 하는 것, 그리고 그것을 매개로 『외딴방』의 서사적 전략이 야기하고 있는 텍스트적 효과를 분석하는 일이다.

돌이켜보면 『외딴방』은 포스트모더니즘의 일반적 특징으로 거론되는 요소들을 상당 부분 공유하고 있다. 거대 서사에 대한 회의, (희재에

---

47 신승엽, 「성찰의 깊이와 기억의 섬세함」, 95쪽.
48 남진우, 앞의 글, 288쪽.
49 백낙청, 「『외딴방』이 묻는 것과 이룬 것」, 245쪽.
50 위의 글, 233쪽.

대한) 재현불가능성에 대한 토로, 비선형적 서사 구조, 서사적 종결의 부재, 몰락한 과거에 대한 노스탤지어적 정서, 저자의 실제 작품에 대한 패러디적 전용과 상호텍스트성, 수많은 서사적 우연들의 개입, 실제와 허구의 경계 붕괴 현상, 글쓰기에 대한 끈질긴 자의식 등이 바로 그것이다. 다만, 결정적인 차이가 있다. 이러한 요소들이 포스트모더니즘 특유의 상대주의적 진리관 또는 주체의 죽음을 피력하기 위해 활용되지 않는다는 점이다. 오히려 사태는 정반대에 가깝다. 서사의 동일성을 훼손하는 비선형적 형식은, 글쓰기 주체의 자기 동일성을 증명하는 역설적 장치에 다름 아니다. 요컨대 과거와 현재, 사실과 픽션 사이의 혼란을 심화시키는 파편적 장면들에 유일하게 일관성과 체계를 부여할 수 있는 글쓰기 주체로서의 '나', 이 왜소하지만 거대한 '나'의 오토픽션적 진정성이 텍스트를 고정하는 라캉적 누빔점point of caption이다.

연재 형식을 통해 『외딴방』이 구현하는 상호텍스트성은 그런 맥락에서 다시 주목될 필요가 있다. 연재 형식은 "내 잠재의식이나 무의식 속으로 순간적으로 뛰어드는 것들이 문장을 만들어낼 때"를 예비하기 위해 "구성을 다 짜놓고 쓰진 않는"(II, 265쪽) 저자의 평소 작법을 자연스럽게 반영하고 있는 것처럼 보인다. 그러나 『외딴방』이 연재 형식을 통해 추구하는 것은 그보다 좀 더 외설적이다.

> 이 소설의 1장을 발표한 후 아무래도 내가 가십거리가 된 모양이다. 전화를 받았다 하면 여성지였다.(I, 189쪽)

> 신문을 펼쳤다. 책과 화제. 부은 듯한 내 얼굴 사진이 실려 있다. 그 곁에 내 이름이 커다랗게 써있다. 사춘기 자전自傳소설 발표.(I, 148쪽)

안녕하세요.
며칠 전 신선생의 외딴방, 2장을 읽었습니다.(II, 87쪽)

만약 희재의 죽음을 『외딴방』의 메인스토리로 간주하게 된다면, 위 장면들은 단지 『외딴방』의 독서에 흥미를 제공하는 주변부 이야기, 즉 서브스토리로 읽힐 것이다. 그러나 『외딴방』의 오토픽션적 진실(재현의 재현)을 염두에 둘 때, 사정은 미묘하게 달라진다. 바깥텍스트epitext를 과감히 내부로 끌어들이면서, "이 소설"로 지시되고 있는 자신의 글쓰기가 현재 실시간으로 씌어지고 있음이 각인되기 때문이다. 2장과 3장에 등장하는 한경신의 편지가 『외딴방』의 현전성을 드라마틱하게 심화시키는 결정적인 텍스트로 간주될 수 있는 이유도 거기에 있다. 영등포여고 산업체특별반에서 현재 교사로 재직하고 있는 실존 인물 한경신으로부터 발신된 두 번의 편지는 『외딴방』의 글쓰기를 잠시나마 중단시킨 우연적 계기이다. 그러나 이 예상치 못한 독자의 편지는 『외딴방』의 주체로 하여금 자신의 과거와 "신선생님의 후배들인 동시에 구체적인 독자들"(I, 201쪽)을 매개하는 또 하나의 원리를 발견하게 만든다. "그의 승낙도 없이 그가 내게 보낸 편지를 그대로 소설 속에 인용"(II, 86쪽)하는 대담한(혹은 위험한) 선택을 통해, 현실에서 발신된 우연한 메시지가 현전에 대한 글쓰기의 욕망을 개진시키는 필연적 텍스트로 다시 쓰이는 것이다. "한경신. 한경신? 아, 아! 최홍이, 아니 한경신 선생님."(II, 86쪽) 이렇듯 지난 시절 자신에게 문학을 꿈꿀 수 있게 했던 은사에 대한 추억과 현실의 한경신이 겹쳐짐으로써, 과거와 현재라는 선형적 선후 관계에 모종의 변화가 발생한다. 오토픽션적 진실의 국면에서는 과거(타자)가 현재의 기원이 아니라, 현재(자아)가 과거의 서사적 기원으로 뒤바뀐다. 모든 것이 텍스트로 다시 씌어질 수 있는 『외딴방』의 세계에서라면, 이제 우연적인 것이란 존재할 수가 없게 된다.

이를 통해 두 가지 텍스트적 효과가 창출될 수 있다. 과거에 대한 재현과 현재에 대한 재현으로 분할되어 있는 『외딴방』의 액자 구도 속에서, 현재의 현전성이 과거에 대한 재현의 사실성을 보장하는 준거로 재기능한다. "액자 안에서의 현전의 재현은 현전의 사건이 아니다. 현전의 욕망은 반대로 재현의 액자, 재현의 재현 등으로부터 태어난다."[51] 루소의 자전적 글쓰기의 액자 형식에 관한 데리다의 논평은 『외딴방』에 있어서도 동일하게 적용 가능하다. 『외딴방』의 자기 지시적 상호텍스트성과 대면한 독자는 작품의 강렬한 현전성을 체험하게 되는데, 이러한 현전의 사건은 자연스럽게 액자 형식으로 구조화 된 속 이야기(과거의 이야기)에 대한 신뢰의 근거로 작용한다. 이때 속 이야기(과거)와 바깥 이야기(현재) 사이의 관계는 순환적이다. 사실성을 확보한 과거의 재현은 다시, 현재의 글쓰기 주체가 벌이고 있는 끝없는 내적 갈등과 번뇌, 고통스러운 몸짓을 미학적으로 정당화 하는 데 기여하기 때문이다. 이러한 순환이 반복되는 텍스트의 구조 안으로 들어가 버리면, 독자가 소설의 화자를 실제 저자와 동일시하지 않고, 소설 속 이야기를 진실로 받아들이지 않기란 거의 불가능해진다.

이처럼 텍스트 바깥에서 발생한 우연적 사건까지도 텍스트 내부로 포섭하는 『외딴방』의 글쓰기로 인해 과거와 현재, 현실과 소설 사이의 경계는 더욱 모호해지고 마침내 붕괴되기에 이른다. 그런데 이러한 해체가 포스트모던적 회의주의를 불러일으키는 것이 아니라, 오히려 텍스트의 진실성을 강화한다는 것이 핵심이다. 포스트모더니즘을 세계의 픽션화, 진실의 허구화, 서사적 필연성의 우연화로 간주할 수 있다면, 『외딴방』에서 이루어지는 사실과 허구 사이의 붕괴 현상은 정확히 정반대의 일을 수행하고 있기 때문이다. 『외딴방』의 세계는 거짓이 있을 수 없는 세계,

51 자크 데리다, 정승훈 · 진주영 옮김, 『문학의 행위』, 문학과지성사, 2013, 144쪽.

우연도 필연의 일부로 전환될 수 있는 세계, 오직 진실만이 존재하는 텍스트의 세계이다. "글 밖에서 지금 나는 가슴이 쓰라리다."(I, 59쪽) 그러나 『외딴방』의 주체가 말한 글의 바깥은 여전히 텍스트의 내부이다. 『외딴방』의 글쓰기에서는 텍스트 바깥과 같은 것은 더 이상 존재하지 않는다Il n'y a pas de hors-texte. 텍스트의 진실이 곧 실제와 등치될 수 있는 세계에서 텍스트 바깥의 현실은 언제나 텍스트 내부로 편입될 수 있는 잠재적 텍스트이기 때문이다.[52]

『외딴방』에서 이루어지는 '현전의 사건'이 희재를 비롯하여 저자의 유년 시절 친구들에 대한 재현으로 온전히 충족되지 않는 이유는 그 때문이다. 관련해서 백낙청은 이렇게 쓴다. "이러한 성취에서 빼놓지 못할 요소는 하계숙들과 동류이면서 또한 여러 면에서 저들 대다수와 뚜렷이 구별되는 '나' 자신의 이야기가 단편 「외딴 방」에서와 달리 큰 비중을 차지한다는 점이다."[53] 이 말은 조금 더 과감하게 변주되어야 한다. 단편과 달리 『외딴방』에서 전면화 되고 있는 자기 자신에 대한 이야기, 즉 메타픽션적 구조에 힘입어 활성화 되는 자서전적 재현이야말로 이 텍스트의 가장 결정적인 현전의 사건이라고 말이다. 재현의 재현에 대한 욕망에 초점을 맞추게 되면 소설의 결말부에서 우물에 떠오른 희재의 형상, 즉 희재가 전하고 싶었다는 "진짜 이야기"의 외설적 자기 지시성이 드러날 수 있다. 이제 다시, '나'가 들여다보는 우물 속을 들여다보자.

---

52 『외딴방』에서 채택되고 있는 시제가 징후적으로 읽히는 이유도 거기에 있다. "이제야 문체가 정해진다. 단문. 아주 단조롭게. 지나간 시간은 현재형으로, 지금의 시간은 과거형으로."(I, 47쪽) 『외딴방』의 전도된 시제는 과거와 현재, 사실과 픽션, 그리고 '메인스토리'(희재의 재현)와 '서브스토리'(재현의 재현) 사이의 역전을 암시하는 일종의 징후적 메시지에 다름 아니다. 이와 같은 포스트모더니즘의 역설적 전도로 인해 마침내 재현 주체와 재현 대상 사이의 위상학적 변화가 야기되기에 이르는 것이다.

53 백낙청, 「『외딴방』이 묻는 것과 이룬 것」, 237쪽.

아, 나는 다시 우물 속을 들여다보았다. 오랫동안 슬레이트로 덮어놓아서 습한 냄새를 풍기던 물과 이끼가 뚜껑을 열어주자 새로운 공기와 샛별을 빨아먹은 모양이다. 우물 속의 바람이 걷혔다. 별이 걷혔다. 말간 우물 속엔 그녀의 얼굴이 무슨 말씀처럼 떠 있다. 진짜 하고 싶은 이야기를 할 적이면 몹시도 수줍어지던 때의 표정으로.

나를 가엾이 여기지 마. 네 가슴속에서 오래 살았잖아.(II, 254쪽)

'새로운 공기'와 '샛별'의 기운이 주입된 새 우물에 떠오른 희재라는 형상, 말씀처럼 현전하고 있는 희재의 말은 여전히 우물 속에 있다. 바람과 별이 걷힌 저 순수한 텍스트의 공간에 떠오른 희재의 얼굴은 사실상 지금 우물(텍스트)에 갇혀 있는 것이다. "나를 가엾이 여기지 마. 네 가슴속에서 오래 살았잖아"라는 메시지는 『외딴방』의 저자가 마침내 타자의 진실을 자신의 내면이라는 공간에 이양하는 데 성공했음을 시인하는 자기 독백적 발화이다. 진실은 타자의 불행에 있는 것이 아니라, 그것을 바라보고 기억하는 글쓰기 주체의 행위(진정성)에서 마련될 수 있다는 것. 『외딴방』의 주체는 비로소 현재의 우물이라는 이름의 텍스트 속에 희재를 봉인함으로써, 과거의 우물로부터 해방되기에 이른다.

이러한 점을 감안할 때 『외딴방』에서 구현되고 있는 자기 회귀의 '성장' 스토리는 사실상 애도의 정치학이며, 그것이 '희재'가 암시하고 있는 지나간 시절(1980년대)을 향한 것임이 밝혀질 수 있다. 『외딴방』에 각인된 문학이라는 언표가 징후적으로 읽히는 이유는 그 때문이다. 그것은 『외딴방』이 수행하는 애도의 정당성을 확인시켜주는 일종의 최종 기표처럼 보이기 때문이다. "이 글은 사실도 픽션도 아닌 그 중간쯤의 글이 된 것 같다. 하지만 이걸 문학이라고 할 수 있을 것인지."(II, 281쪽) 『외딴방』에서 실천되는 재현의 재현은 사실이 아닌 것이 아니면서도 픽션이 아닌 것도 아닌 오토픽션적 시공간을 구축하고, 스스로의 글쓰기에 진실의 이름(진정성)을 부여하려는 노력에 다름 아니다. 여기서 '문학'은 『외딴방』의 현재적 글쓰기(재현의 재현)가 실천하는 애도와 자기 해방에 윤리적 당위성을 제공하는 동시에, 1990년대 비평이 당면한 당대의 전환기적 상황을 지시하는 정치적 기표로도 분석될 수 있다. 요컨대 『외딴방』이 열어 놓은 저 애도의 시공간 속에서 출현한 '문학'이라는 언표는 1980년대의 종언을 확인할 수밖에 없었던 주체들의 정치적 무의식과 긴밀한 관련이 있다고 해야 한다. 『외딴방』의 자서전적 진정성과 1990년대 문학주의 담론이 적극적으로 공명할 수 있었던 계기도 바로 그 지점에서 발견될 수 있을 것이다.

## 5. 문학이라는 시뮬라크르 - 문학주의의 탄생

> 이제 운동의 깃발을 내리고 모든 문학인은 문학으로 돌아오자. 문학은 우선 문학이라야, 문학의 고전적 가치를 지녀야 거기에서 운동도 일어나고 대중성도 확보할 수 있다.[54]

> 나는 만약 우리가 문학, 문학의 존재 자체란 무엇인가를 묻는다면, 이렇게밖에는 대답할 수 없으리라고 생각합니다. 문학의 존재란 존재하지 않습니다. 다만 하나의 시뮬라크르, 문학의 존재 전체인 하나의 시뮬라크르만이 존재할

54 고은, 〈문학인은 문학으로〉, 《조선일보》, 1991년 10월 28일.

뿐입니다.[55]

『외딴방』에서 전면화 되고 있는 글쓰기 주체의 진정성에 의미를 부여하고, 거기에 어떤 체계적인 이념의 형상을 도입하기 위한 노력은 '문학'이라는 언표를 통해 실현된다. 문학을 향한 글쓰기 주체의 끈질긴 탐색은 '중간쯤'에 머무를 수밖에 없는 『외딴방』의 정당성(진정성)을 뒷받침하는 확실한 근거를 문학이 제공할 수 있으리라는 믿음에 기반한다. 신앙에 가까운 이 믿음의 대상으로서의 '문학'은 당대의 후일담 문학과 『외딴방』을 근본적으로 구별시키는 원리를 보여주며, 후일담 문학의 실패가 어디에서부터 기인하는지도 말해준다. 한 시대를 지배하던 문학적 이념, 즉 '운동으로서의 문학'의 돌이킬 수 없는 종언이 가시화 되는 순간을 목격하고 있는 후일담적 주체들은 과거에 대한 노스탤지어적 향수와 죄의식에 괴로움을 토로하지만, 그것을 대체할 수 있는 대안적 원리를 제시하는 데에는 실패했다. 이때 『외딴방』의 '문학'은 바로 그 이념의 부재를 대체할 수 있는 유력한 단어 가운데 하나로 되돌아온다.

따라서 우리가 눈여겨보아야 할 것은 『외딴방』에 적혀 있는 '문학'이라는 언표에 내포된 문학사적 함의이다. 그것은 문학이라는 장르 전반을 가리키는 일반 명사가 아니라 1980년대 문학의 몰락이 명확해진 시점에 출현한, 다분히 1990년대적 고유명사이다.

> 오빠는 곁의 소주병을 들어 잔에 따랐다.
> "나는 문학을 하고 싶었어."
> 오빠의 말이 뜻밖이었는지 올케가 물었다.
> "문학을 하고 싶었다는 사람이 법대엔 왜 갔어요?"

---

55 미셸 푸코, 허경 옮김, 『문학의 고고학』, 인간사랑, 2015, 137쪽.

> 오빠는 잔을 들어 단숨에 마셨다.
> “문학으론 아무것도 변화시킬 수 없다고 판단했지.”
> “뭘 변화시키고 싶었는데요?”
> “사회”
> (…)
> “니가 작가라면 그런 문제들을 외면해선 안 돼. 그 쿠데타가 결국은 광주 일도 불러온 거야. 무시무시한 일이지.”(I, 258~259쪽)

> 내가 문학을 하려고 했던 건 문학이 뭔가를 변화시켜주리라고 생각해서가 아니었어. 그냥 좋았어. 문학이 있다는 것만으로도 현실에선 불가능한 것, 금지된 것들을 꿈꿀 수가 있었지. 대체 그 꿈은 어디에서 흘러온 것일까. 나는 내가 사회의 일원이라고 생각해. 문학으로 인해 내가 꿈을 꿀 수 있다면 사회도 꿈을 꿀 수 있는 거 아니야?(I, 260쪽)

작품 속 셋째 오빠가 표명하고 있는 ‘문학’에 대한 꿈과 나의 ‘문학’ 사이의 거리와 간극이 함의하는 것은 비교적 분명하다. 사회를 변화시키는 데 기여하는 (오빠의) 문학과 금지된 것들을 꿈꿀 수 있게 하는 (나의) 문학. 이 양자 사이의 선명한 대조는 1980년대/1990년대 문학을 담론적으로 이분화 하는 전형적인 대립 구조와 닮아 있다. 1995년이라는 시간 위에서 이루어지는 위 대화를 통해, 『외딴방』의 주체는 한때의 헤게모니를 장악했던 ‘운동으로서의 문학’의 시대착오적 성격을 보여주고 현실 변혁과는 다른 의지를 내포한 문학의 가능성을 조명한다. 물론 그것을 현실 변혁에 대한 포기로 단순하게 등치시킬 수는 없을 것이다. 『외딴방』이 개인의 문학적 진실에 집중한다면 그것은 개인의 꿈(“내가 꿈을 꿀 수 있다면”)과 사회적 꿈(“사회도 꿈을 꿀 수 있는 거 아니야”) 사이를 연결하는 방법과 원리를 문학에서 찾을 수 있으리라 기대하기 때문이다. 일종의 자기 지시적 문학론에 해당하는 이와 같은 사유는 『외딴방』에서 어떻게 구체화 되고 있을까.

이것을 규명하기란 쉽지 않다. 1980년대 문학에 대한 신경숙의 대타적인 입장은 당시 『외딴방』에 '민족문학의 이름'을 부여하려했던 리얼리즘 계열의 비평가들에게도 다소 부담스러운 면모 가운데 하나였던 것으로 짐작된다. 이를테면 백낙청은 위 대화를 "작가 신경숙의 문학관과 동일시할 일은 아니다"라며 자의적으로 전제하고, 저자의 의도와 달리 『외딴방』이 수행하고 있는 정치적 재현에 보다 주목하자고 제안한다. "주목할 점은, 이런 항변에도 불구하고 실제로 '나'는 셋째오빠가 주문한 거의 모든 것, 어쩌면 그 이상의 것을 써냈다는 사실이다. 유신말기의 억압상과 민중의 빈곤, 노조에 대한 부당한 탄압과 YH사건, 12.12와 5.17에 이은 광주학살과 삼청교육대 등등이 고스란히 〈외딴 방〉의 화폭에 재생된 것이다."[56] 물론 이것은 잘못된 지적이 아니다. 비록 파편화 된 삽화의 형태이지만, 확실히 『외딴방』에서는 정치적 엄혹기 속에서의 민중(여공)의 수난사가 그려지고 있다. 그런데 그러한 민중이라는 집단 주체 속에 가려진 개인, "겁많고 볼품없고 익명이고 사소하디 사소한 나라는 존재"[57]의 예외성을 묘사하려는 것에 『외딴방』이 기울어져 있다는 것도 부인하기 어렵다. 사정이 그러하기에 백낙청은 『외딴방』에서 실천되고 있는 자아의 발견이 "'나'의 차원에서 그칠지 사회에 더 널리 번질지는 두고볼 일"[58]이라는 기대를 표명하며 논의를 매듭 짓는다. 사실상 개인과 사회를 매개하는 원리를 발견하는 일을 미래의 과제로 남겨둔 셈이다.

실제로 『외딴방』에서 전개되는 신경숙의 문학론으로부터 어떤 명료

---

56 백낙청, 앞의 글, 240쪽.

57 신경숙, 「아름다운 삶을 일구어간 분들의 자취」, 『창작과비평』 1996년 봄호, 44쪽.

58 백낙청, 앞의 글, 240쪽.

한 원리를 확인하는 것은 거의 불가능하다. 문학에 대한 정의를 요구받을 때마다 저자는 특유의 비유적 수사로 설명을 대신한다. "문학을 생각할 때면 주인을 응시하는 개의 사무친 눈이 떠올라. 그 눈이 가진 운명의 아름다움을, 사랑을 섬기는 슬픔을, 보아선 안 될 것을 보아버린 침묵을."(I, 260쪽) 화려하게 서정적이지만, 사실상 구체화 된 내용을 결여하고 있는 신경숙의 문학적 사유가 그 내용적 부재를 보충하는 방법은 일종의 '차이'의 논리이다. 마치 1980년대 문학과의 선명한 대비 속에서 그 정체성이 가시화 될 수 있었듯, 『외딴방』의 '문학'은 진실에 대한 억압과 은폐의 기제를 통해 비로소 분명한 존재론적 형식을 얻는다.

> 정리는 역사가 하고 정의는 사회가 내린다. 정리할수록 그 단정함 속에 진실은 감춰진다. 대부분의 진실은 정의된 것 이면에 살고 있겠지.(I, 87쪽)

> 연년세세 잊지 않을 것이니 언젠가 다시 새로운 문장이 되어 돌아오렴. 돌아와서 내 숨결이 닿지 않는 곳에서 발생했다 사라진 진실을 들려주렴.(II, 261쪽)

> 내가 애착하는 것들은 끝끝내 숨어버리는 것들이다. 쉽게 끌려나오지 않고 숨어버리는 것들의 진실이 언젠가 삶을 다른 각도로 바라볼 수 있는 심미안이 되어 돌아올 거라고 나는 생각한다. 어디에서 어떤 삶을 살고 있든 문학은 그 진실의 고귀함을 잊지 않을 것이라고.(II, 266쪽)

문학이 끝내 잊지 않는 고귀한 진실, '진실의 고귀함'은 언제나 진실의 은폐 가능성에 연동되어 있다. "끝끝내 숨어버리는 것들"의 재현불가능성을 수용하지 않는 담론들, 이를테면 역사적·사회적 담론을 향한 불신이 피력되는 지점도 거기에 있다. 이처럼 역사·사회와의 차이 속에서 일별되는 '문학'의 주체는 그 "이면"에 은폐되어 있는 진리의 '되돌아옴'을 위해 헌신하기 시작한다. "글쓰기는 결국 뒤돌아보기 아닌가."(I, 87쪽) 이러한 '뒤돌아보기' 속에서 전개되는 억압된 것의 회귀를 지지하는 이름이 바로 『외딴방』의 '문학'이다. 『외딴방』에서 서술되는 진실을 둘러싼 억압과 회귀의 변증법, 그리고 그러한 형식 속에서 정립된 '문학'이라는 이념적 형상은 사실상 『외딴방』에서 수행되는 주체의 회귀('재현에서 재현의 재현으로')와 거의 동일한 움직임을 현상하고 있다.

이러한 회귀의 드라마와 당대의 비평 담론 사이에 형성된 유사성은 주목될 필요가 있다. "90년대 문학에서 내면성의 회복을 생각할 때 신경숙은 누구보다도 먼저 뇌리에 떠오르는 작가일 것이다."[59] '회복'이라는 표현이 암시하고 있듯 신경숙에 의해 구현되고 있는 개인의 내면은 일시적으로 망각되고, 억압되어 있었던 것이다. 주지하듯 당대의 비평담론에서 이 억압의 주체는 다름 아닌 1980년대라는 시대였다.

> 『외딴방』은 인간의 삶을 분단, 계급 등 정치적인 위계로 단선화하던 80년대식 권위주의적 담론을 결정적으로 해체하고 다양한 방식으로 인간의 삶을 파악해야 한다는 필요성을 제기한, 그리고 그러한 문학의 길을 열어젖힌 결정적인 분기점에 해당한다.[60]

> 개인의 실존적 경험을 계급, 사회, 민족, 국가 등과 같은 집단적이고 역사적인 삶의 범주 속에서 인식하고 재현하고

59 황종연, 「내향적 인간의 진실」, 『비루한 것의 카니발』, 123쪽.
60 류보선, 「두 개의 성장과 그 의미-〈외딴방〉과 〈새의 선물〉에 대한 단상」, 『경이로운 차이들』, 2002, 문학동네, 23쪽.

> 자 하는 서사적 충동은 그녀의 작품 어디에서도 느껴지지 않는다. 신경숙의 소설은 오히려 전체성 인식의 범주들을 무력하게 만드는 개인적 경험의 특수한 세목들, 특히 감각적 지각과 경험의 세목들에 치중하고 있다.[61]

신경숙에 대한 가장 모범적인 해설에 해당하는 위 대목들은 『외딴방』을 비롯한 저자의 작품에서 탐색될 수 있는 문학사적 함의를 단적으로 보여준다. 계급, 사회, 민족, 분단, 국가 등과 같은 기표와의 차이 속에 배치된 개인의 '내면'은 "귀환"의 내러티브를 기반으로 존재의 필연적 근거를 얻는다. 『외딴방』의 은폐된 진실처럼, 1980년대에 의해 억압되었던 개인의 내면 역시 필연적으로 회귀될 수밖에 없다는 것이다. 1980년대를 일종의 예외상태로 규정하는 위와 같은 담론의 논리 속에서 '내면'은 문학의 '본질'을 구성하는 가장 중요한 요소로서 복권된다.

> 이처럼 내면성을 중심으로 문학 본연의 책무를 생각하는 관행이 한국 문학에 자리 잡고 있음을 생각하면, '문학주의'라는 말이 통용될 정도로 문학 고유의 글쓰기가 장려된 1990년대 문학에서 내향화 경향이 우세하게 나타난 것은 당연한 일인지도 모른다. (…) 이러한 내향화 경향의 소설에서는 특히 민족적, 민중적 정체성의 오랜 속박으로부터 벗어난 개인의 자기 성찰과 표현이 다채롭게 나타난다. (…) 문학계 일각에서는 90년대 문학을 신경숙과 윤대녕으로 대표시키는 발상이 통하고 있지만, 그들이 거둔 문학적 성공이란 따지고 보면 90년대 문학에서 진행된 내면성의 회복이라는 사정의 돌출된 표현에 해당하는 것이다.[62]

---

61 황종연, 「개인 주체의 귀환」, 『비루한 것의 카니발』, 문학동네, 2001, 207쪽.
62 황종연, 「내향적 인간의 진실」, 『비루한 것의 카니발』, 115~116쪽.

이처럼 귀환, 회복, 회귀라는 내러티브 안에서 신경숙은 "문학 본연의 책무"를 대변하는 상징적인 존재로 평가된다. "민족적, 민중적 정체성의 오랜 속박"으로부터 해방된 내면의 문학은 비로소 1990년대라는 정상상태 위에서 본연의 자리를 되찾을 수 있게 된 셈이다.

물론 이러한 분석은 1990년대의 문학장의 일면을 정확히 반영한 것이라고 할 수 있다. 황종연의 지적처럼 신경숙을 필두로 새롭게 출현한 세대 작가들(윤대녕, 장정일, 은희경, 구효서, 배수아, 김영하 등)의 작품들에서 우리는 과거와는 다른 종류의 세계가 재현되고 있음을, 그들의 서사가 기존의 이념적 기표(계급, 사회, 민족, 분단, 국가)들로 충분히 설명될 수 없음을 확인할 수 있다. 1990년대에 이르러 일종의 규범적 우세종으로 거듭난 이들의 내면은 분명 1980년대에는 찾아보기 힘든 낯선 현상에 가까웠다.

그러나 그것을 억압된 것, 그리하여 과거에 부재했던 것으로 규정하는 것은 조금 다른 문제일 수 있다. 푸코의 지적처럼 '억압 가설'은 역설적이게도 억압 주체와 대상 사이의 존재론적 위계를 전제하고 진실과 거짓의 이분법, 나아가 권력의 억압으로부터 자유로운 영역이 가능하다는 환영을 불러일으킬 위험이 있기 때문이다.[63] 이른바 억압된 대상이 바로 그 억압 담론과 함께 동시에 출현했을 가능성까지도 염두에 두어야 한다는 것. 이것은 억압 가설이 가정하는 '부정적 관계'에 의해 억압된 대상이 선험적 실체이자 본질로 간주될 수 있음을 비판적으로 재인식하는 일과 다르지 않다.

이와 같은 푸코의 비판은 "민족적, 민중적 정체성"에 의해 억압되었던 '내면'과 '문학'이라는 언표가 매혹적인 이념형으로 부상할 수 있었던 담론적 원리를 해명하는 데 도움을 준다. 1980년대의 거대서사에 의해

---

63 미셸 푸코, 홍성민 옮김, 『지식과 권력: 미셸 푸코와의 대담』, 나남, 1991, 151쪽.

일시적으로 사라졌던 내면의 회복이라는 부재와 현전의 변증법은 1980년대적 기표들과의 이분법적 대치와 차이의 국면을 형성함으로써 마침내 그 존재의 내용과 형식을 확보한 것으로 판단될 수 있기 때문이다. 예컨대 '민족(민중) - 개인', '운동 – 문학', '리얼리즘 – 모더니즘' 등 1980년대와 1990년대 사이에 형성된 단절적 이항 대립은 '내면'이 1990년대 문학을 대변하는 이념적 기표로 특권화되는 데 기여한 결정적 담론이다. "원리는 매우 간명하다. 진실/거짓의 대립항이 그것이다. 허위는 드러나 있고 진실은 감추어져 있다. 감추어져 있기 때문에 진실이다. (…) 진정한 의식/허위의식, 유토피아 의식/이데올로기, 프롤레타리아 의식/사물화된 의식 등의 이분법도 궁극적으로는 이 연장선상에 있다. 진정성의 원리는 곧 모든 위선과 형식적인 것과 허위에 대한 배격이며, 자유로운 개인의 자율성과 자발성과 내면성으로 이어져 있다."[64]

이와 같은 대립적 원리의 반복과 변주가 전개되는 담론장에서 내면은 과거와 현재를 분할하는 수행적 언표로 거듭난 것으로 보인다. 내면이야말로 감춰진 진실이 드러나는, 문학 본연의 시공간이라는 주장은 1980년대와 1990년대를 단절적으로 분절하는 가장 효과적인 명제였다. 하지만 우리가 강조해야 할 것은 앞서 지적했듯 억압 가설에 내포된 역설적 정치성이다. 그리고 거의 동일한 맥락에서 가라타니 고진이 근대적 내면의 탄생에 관해 개진한 다음과 같은 논리는 참조할 가치가 있어 보인다. "국가 정치의 권력과 자기 내면에 대한 성실함을 대치시키는 발상은 〈내면〉이야말로 정치이며 전제 권력이라는 사실을 무시하는 일이다. 〈국가〉 쪽에 선 사람과 〈내면〉 쪽에 선 사람은 서로 보완하는 관계에 지나지 않는다. (…) 그들의 이미지는 서로 대립하고 있지만 〈대립〉 그 자

64 서영채, 「왜 문학인가: 문학주의를 위한 변명」, 『문학동네』 2000년 여름호, pp. 97~98.

체가 서로 보완하면서 서로의 기원을 은폐하는 것이다."[65] 인용한 대목에서 '국가'를 '민족' 또는 '민중'으로 대체하게 될 경우, 우리는 1980년대와 1990년대의 특수한 관계를 설명하는 하나의 가설적 모델을 얻을 수 있다. 1990년대의 비평장에서 두 시대는 표면적으로 대립의 양상을 보여주지만, 이러한 대립은 두 시대가 서로의 기원이라는 사실을 은폐하는 담론적 기제로 재인식될 수 있기 때문이다. 80년대적 기표들에 대한 부정적 관계(~이 아닌 것) 위에서 성립된 내면이라는 언표는 역설적이게도 그 부정의 대상에 의존적일 수밖에 없다. 상황이 이러하기에 이러한 대립적 담론 구도에서 '내면성'의 개념이 점차적으로 모호해지고 관념화되는 것은 불가피한 일이었다. 그러나 내면의 이러한 개념적 모호성과 불투명성은 그것의 수행적 범위의 제약과 한계를 제거할 수 있는 원천이기도 했다.[66]

『외딴방』에서 언급되는 '문학'이라는 언표 역시 이와 유사하다. 『외딴방』의 주체에 의해 신앙처럼 추앙되고 있는 문학, 그러나 여타의 담론들과의 차이 속에서 위치를 부여받을 수 있는 이 애매모호한 문학이라는 기표는, 바로 그 정의불가능성을 토대로 점차 그 수행적 영향력을 확장할 수 있게 된다. '문학주의'는 그 텅 빈 기표에 이론적 근거와 이념적 정체성을 제공하는 최종 심급처럼 이해될 수 있다.

> 삶에 대한 질문이 그러하듯이, 문학적인 것에 대한 질문,
> 왜 문학인가에 대한 질문에 대해서도 역시 부정적 규정의 방

---

65 가라타니 고진, 박유하 옮김, 『일본근대문학의 기원』, 민음사, 2005, 127쪽.

66 당시 활발하게 유통되었던 내면이라는 개념의 모호성은 당대 비평가들에 의해서도 빈번하게 지적되었던 사안이었다. 하지만 그와 같은 구체성의 결여에도 불구하고 내면이라는 어휘가 당대의 담론장에서 발휘했던 수행적 영향력을 살펴보는 것이 중요해 보인다. 그것은 내면이 단순한 비평적 개념에 머물지 않고, 일종의 이념적 언표로서 통용되고 있었음을 암시한다. 이에 대해서는 강동호, 「'언표'로서의 내면 - 1990년대 문학사의 비판적 재구성을 위한 예비적 고찰들」, 『한국학연구』 56호, 인하대학교 한국학연구소, 2020.

> 식으로 말할 수밖에 없다. 규정하는 순간 이미 문학은 문학이 아닌 것이 되어버리는 까닭이다. 문학주의는 선언되는 그 순간 문학주의가 아닌 것이 된다. 아웃사이더는 침묵할 때만 아웃사이더일 수 있다. 진정한 문학이 구호가 될 수는 있지만 구호는 결코 문학일 수 없다. 진정성이 변증법적인 것과 같은 이치다.[67]

'부정적 규정의 방식'으로 지시될 수밖에 없는 문학은 결국 아무것도 아닌 것이면서 동시에 모든 것이 될 수 있는, 텅 빈 이름이다.[68] 여기서 구사되고 있는 부정신학적 논리는 타자와의 끝없는 차이라는 관계의 연쇄를 펼침으로써, 1990년대를 대표하는 다양한 문학적 언표들(진정성, 자율성, 개인, 윤리, 보편성 등)을 생산하고, 마침내 문학과 문학 아닌 것 사이의 분절을 가시화 하는 원리로 거듭난다. 이러한 문학적 언표들의 네트워크 안에서 『외딴방』은 '문학주의'라는 담론의 장을 고정시키는 일종의 누빔점과 같은 텍스트였다. 『외딴방』이 보여주고 있는 글쓰기에 대한 집요한 태도는 '문학'이라는 시뮬라크르의 실재를 확인시켜주는 분명한 사례로 읽혔고, 특히 서술자와 저자의 동일성을 바탕으로 구현된 강렬한 현전성은 새로운 '문학'에 대한 당대의 요구를 충족시켜주는 물리적 증거에 가까웠기 때문이다.

---

67 서영채, 「왜 문학인가-문학주의를 위한 변명」, 『문학동네』 2000년 여름호, 102~103쪽.

68 이와 관련하여 황종연의 다음과 같은 발언은 시사적이다. "문학주의는 사실 족보에도 없는 용어이고 많이 쓰이지도 않는 용어지요. 저 자신도 공식적으로는 딱 한 번 써봤는데 쓰고 나서 기분이 개운치 않더라구요. 그럼에도 문학주의라는 말을 쓰기로 한다면 그건 그 말이 문학을 정치나 도덕에 종속시켜 생각하지 말고 그 자체의 고유한 성격이나 기능을 존중하자는 90년대 문학계 일각의 생각을 나타내기에 편하기 때문이지요. (…) 오늘 이 자리에서도 편의상 문학주의라는 용어를 쓰고 있긴 하지만 그걸 가지고 90년대 문학의 현상이나 추이를 온당하게 그려내기란 불가능하다는 생각이 듭니다." 신수정 · 김미현 · 이광호 · 이성욱 · 황종연, 「다시 문학이란 무엇인가」, 『문학동네』 2000년 봄호, 410쪽.

이 지점에서 우리는 『외딴방』의 서사적 본질이 무엇인지 되묻지 않을 수 없다. 일각의 주장처럼 이 소설을 과연 노동소설이라고 부르는 것은 가능한가. 이에 대한 확실한 대답은 불가능하며, 오히려 이와 같은 불확실성이 이 텍스트의 본질이라고 해야 할 것이다. 다만 상대적으로 확실한 것은 『외딴방』 이후 그와 유사한 노동소설이 저자에 의해 더 이상 씌어지지 않는다는 사실이다. 그런 의미에서 "우리가 만날 수 있는 가장 감동적인 노동소설"[69] 『외딴방』이 "한국 노동 문학의 최후의 걸작"[70]으로 남게 된 아이러니한 결과는 단순한 우연이 아닌지도 모른다. 프로이트의 통찰이 말해주듯, 애도에 성공한 주체는 비로소 과거에 대한 죄의식으로부터 해방되어 새로운 현재를 향한 리비도에 집중할 수 있기 때문이다.[71] 『외딴방』의 성공적인 애도 속에서 출현한 '문학'이라는 언표는 그와 같이 과거를 대체할 수 있는 당대의 새로운 '마지막 어휘final vocabulary'이기도 했다.[72] 이 문학이라는 언표를 통해 주체가 얻어낸 것은 현재의 글쓰기에 대한 비할 데 없는 정당성이기에, 그는 더 이상 과거의 아픔을 되돌아볼 필요가 없게 된 것이다.

그렇다면 이러한 애도는 과연 타당한 것이었을까. 이에 대한 평가는 이 글의 목적과 범위를 넘어서는 문제이다.[73] 다만, 우리가 밝히고자 했

---

69 남진우, 「우물의 어둠에서 백로의 숲까지」, 286쪽.

70 루스 배러클러프, 『여공문학』, 328쪽.

71 지크문트 프로이트, 윤희기 옮김, 「슬픔과 우울증」, 『정신분석학의 근본 개념』, 열린책들, 2004.

72 여기서 사용한 '마지막 어휘'라는 개념은 리처드 로티의 것이다. "모든 사람은 그들의 행위, 그들의 신념, 그들의 인생을 정당화하기 위해 채용하는 일련의 낱말들(words)을 갖고 있다. (…) 그것들은 우리가 때로는 앞으로 내다보면서 때로는 뒤를 돌아보면서 우리의 삶에 대한 이야기를 말하는 낱말들이다. 나는 그러한 낱말들을 '마지막 어휘'(final vocabulary)라고 부르겠다." 리처드 로티, 김동식·이유선 옮김, 『우연성, 아이러니, 연대』, 사월의책, 2020, 163쪽.

73 부기하자면 이 글의 목적은 『외딴방』을 둘러싼 당대의 비평적 합의의 역사적 성격을 탐구하는 것이지, 그것을 도덕적으로 비난하는 것이 아니다. 주지하듯 '신경숙 표절 사건'은 1990년대 진정성 체제에 회복 불가능한 균열을 초래하였으며, 신경숙의 몰락

던 것은 『외딴방』에서 시도되는 재현의 재현이 동시대 비평장이 직면했던 담론적 문제의식과 정확하게 공명하고 있었다는 사실이다. 1980년대 문학 체제의 급격한 소멸과 더불어 '역사의 종언'이 운위되었던 전환기의 한가운데에서, 당대의 비평은 붕괴된 과거의 문학적 이념을 대신할 수 있는 대안을 모색해야만 했다. 이때 『외딴방』은 1980년대가 충분히 대의하지 못했던 세계가 있음을 스스로에 대한 적나라한 고백을 통해 증언했고, 거기에 문학이라는 이름을 붙이고 있었다. 과거에 대한 애도를 통해 현재로 되돌아올 수 있었던 『외딴방』의 회귀의 내러티브는, 그리고 그것을 글쓰기라는 문학적 의제로 각인시켰던 저자의 자의식은 당시로서 분명 매혹적인 것이 아닐 수 없었다. 1990년대의 비평은 그런 『외딴방』의 마력에 사로잡힐 수밖에 없었던 스스로를 해명해야 했었을 것이다. 이때 진정성이라는 어휘는 『외딴방』에 바쳐진 헌사이자 1990년대의 비평이 정립한 자기 지시적 이념형으로 가장 매력적인 이름 가운데 하나였다. "『외딴방』이 포착하고 있는 것은 일차적으로 지난 시대를 바라보는 1990년대의 마음"[74]이라는 평가가 정확히 당대의 비평에 적용 가능한 이유는 바로 그 때문이다.

---

은 1990년대 문학의 붕괴를 보여주는 상징처럼 이해되었다. 최근 활발히 이루어지고 있는 1990년대 문학에 대한 비판적 연구 역시 신경숙이 대표하고 있는 진정성 체제에 대한 탈신비화를 겨냥하는 것으로 보인다. 물론 이러한 흐름 속에서 1990년대 문학의 담론적·제도적 한계에 대한 유의미한 탐구가 이루어진 것은 부인할 수 없다. 그러나 과거의 역사적 한계를 분석하는 것과 그것을 전면적으로 부정하는 것은 좀 더 신중하게 구별될 필요가 있다고 생각한다. 일각의 주장처럼 『외딴방』에 대한 당대의 대대적인 지지를 '정치적 전향'이나 '상업주의적 타락'으로 단순화 할 수 없는 이유도 그 때문이다. 이러한 시각에 동의해버리면 『외딴방』이 당대에 발휘했던 소구력을 설명할 필요가 없게 되고, 결과적으로 이 글이 비판적으로 언급한 '억압 모델'에 다시금 의존적일 수밖에 없게 된다. 특히 1990년대 문학장에서 이루어졌던 생산과 배제의 시스템을 주류 엘리트 비평권력의 결과물로 단순하게 묘사한다면, 그로부터 자유로운 영역이 가능하다는 환상을 불러일으킬 우려가 있다. 과거의 비평 담론이 발휘하고 있는 정치적 효과를 비판적으로 분석하기 위해 다른 방법론이 요청되는 이유도 거기에 있다. 1990년대 문학사에 대한 최근의 연구 경향을 정리한 논문으로는 배하은, 「혁명성과 진정성의 탈신비화 - 1980~90년대 문학 연구의 동향과 과제」, 『상허학보』 66호, 상허학회, 2022.

74 서영채, 「신경숙의 『외딴방』과 1990년대의 마음」, 『문학동네』, 2017년 봄호, 24쪽.

# '진정성'의 심연에 도달하기 위하여

: 운동권 여대생 소설의 1990년대적 주체 구성의 기획과 그 역설

배하은

## '진정성'의 심연에 도달하기 위하여
## : 운동권 여대생 소설의 1990년대적 주체 구성의 기획과 그 역설

—

배 하 은

### 1. '권 양 성고문 사건' 이후

"권양을 직접 만나본 사람이라면 그 담담한 당당함에 '짓밟힘으로써 더욱 크게 일어난 여성'이란 그녀에 대한 표현을 수긍하게 될 것이다."[01] 1987년 7월, 특별가석방으로 풀려난 권인숙과의 인터뷰 후 《여성동아》의 기자는 그녀를 이렇게 평했다. 13개월에 걸친 법정 싸움과 수감 생활을 마치고 나온 권인숙은 더 이상 치욕스러운 성고문의 피해자나 신군부 독재 정권의 희생양이 아닌, 극심한 시련을 극복하고 더욱 위대하게 일어선 여성으로 자리매김하게 되었다. 무엇보다도 6월항쟁을 거치면서 권인숙의 폭로는 부패하고 타락한 신군부 독재 정권에 맞서 투쟁한 민주화운동의 상징이자 중요한 계기가 되었다. 이 무렵까지만 해도 '권 양'은 익명으로 남아 있어야 했지만 이윽고 같은 해 10월 국가로부터 받은 고문 배상금 3천만 원으로 노동인권회관을 설립하면서는 마침내 '노동운동가 권인숙'으로 모습을 드러냈다. 한때 운동권 내부에서 소외당하곤

01 「[독점인터뷰] 13개월만에 감옥에서 풀려난 '성고문 사건'의 권양」, 『여성동아』, 1987년 8월호, 18쪽.

했던 미숙한 운동권 여대생은 이제 명실상부 진정한 '운동가'로 다시 선 것이다.

권인숙의 변화가 단순히 그 자신으로 국한되지 않았으리라는 것은 자명했다. 권인숙이 운동권 여대생을 상징하는 인물이 되었을 때, 바야흐로 운동권 여대생 주체 구성의 상징체계에 지각 변동이 일어나기 시작했다. 이를 징후적으로 보여 주는 것이 1980년대 말과 1990년대 초사이에 등장한 운동권 여대생 소설이다.[02] 1991년 7월, 공교롭게도 거의 동시에 출간된 『긴 밤 짧게 다가온 아침』 상·하(동광출판사, 1991), 『그리고, 그들의 아름다운 시작』 1·2(동녘, 1991)는 이른바 '권 양 성고문 사건' 이후 운동권 여대생 주체를 둘러싼 변화의 가장 즉각적인 반응이었다. 운동권 여대생 출신 작가 김인숙과 공지영의 이 두 장편소설은 운동권 여대생을 주인공으로 내세워 그들이 겪는 사랑과 방황, 성장과 자아실현의 서사를 본격적으로 펼쳐 보인다. 그리고 운동권 여대생이 운동권 서사의 주인공이 될 수 있다는 것은 달리 말하면 운동권 경험, 그리고 그러한 경험의 공식적 집합체로서 역사의 주체가 될 수 있는 가능성을 시사하는 것이기도 했다.

일찍이 운동권 대학생 서사는, 여대생 소양의 혼란과 방황을 그린 강석경의 『숲속의 방』(민음사, 1986)이 주목할 만한 성공을 거둔 이후 학생 운동 체험을 비롯해 현실적인 제약과 이상 사이에서 갈등하거나 방

---

02 이 글에서 '운동권 여대생 소설'이라는 말로 지칭하는 김인숙과 공지영의 소설은 작가가 운동권 여대생이며 그러한 자신의 경험을 바탕으로 소설에서 운동권 여대생을 주인공으로 내세워 그 특유의 의식과 경험을 소설의 주요 소재와 사건으로 삼고 있다. 김인숙과 공지영 그리고 이들의 문학 텍스트에서 386세대의 경험과 세계관에 대한 어떤 전형성을 도출하려한 사회학적 분석도 두 작가가 운동권으로서 대학 캠퍼스라는 공간에서 1980년대를 보낸 경험과 그것에 대한 문학적 형상화의 공통성과 유사성에 주목한 바 있다. (김남옥, 「'386'세대 경험의 문학적 형상화: 김인숙, 공지영을 중심으로」, 『사회와 이론』 16, 한국이론사회학회, 2010.) 그런 점에서 '운동권 여대생 소설'이라는 용어에서는 작가와 작품 텍스트 양자에 대하여 운동권 여대생이 핵심적인 요소가 된다.

향을 잃고 실존적 고뇌에 휩싸여 있는 대학생들을 그린 소설들이 쏟아져 나온 흐름 속에서, 1980년대 말과 1990년대 초 사이 부상했다.[03] 그러나 그러한 흐름에서 두드러지는 김영현의 『깊은 강은 멀리 흐른다』(실천문학사, 1990)나 박상우의 『샤갈의 마을에 내리는 눈』(세계사, 1991)이 여실히 보여주듯, 운동권 '여대생'의 경험이 서사화되는 일은 드물었다. 운동권 여대생 출신인 김인숙과 공지영이 본격적으로 다루기 이전에는 김향숙의 『종이로 만든 집』(문학과비평사, 1989) 정도가 있을 뿐이었다.

그러나 운동권 여대생 서사의 본격적인 등장보다 더 중요하고 문제적인 변화는 운동권 여대생의 섹슈얼리티와 그것에 가해지는 폭력이 서사 전면에 가시화되고 이러한 서사에서 운동권 여대생의 주체성을 일정하게 코드화하는 양상에서 찾아야 한다. 김인숙의 『긴 밤 짧게 다가온 아침』에서는 운동권 여대생 은재가 야학 활동을 하던 시골 마을 청년 만우에게 성폭행을 당한 후 고통과 트라우마를 극복해 가는 가운데 만우를 진정한 노동운동가로 거듭나게 하는 서사가 전개된다. 한편, 공지영의 『그리고, 그들의 아름다운 시작』은 자기 자신의 무지, 미숙, 한계로부터 조금씩 벗어나 운동에 투신하는 삶으로 나아가는 두 명의 주인공 지수와 은수의 변화를 그리는 소설인데, 부르주아적인 여대생 지수의 섹슈얼리티가 캐릭터의 핵심적인 요소로 형상화되고, 소설 속 운동권 서클의 핵심 인물인 은경, 그리고 운동권에 적응하지 못하고 방황하던 인물 명화가 성폭력을 당한 후 성장하거나 급격한 변화를 겪는 모습이 다루어진다. 여기에는 분명 '권 양 성고문 사건' 이후 권인숙을 통해 상징적으로 구성된 운동권 여대생의 주체성이 무엇이었고 당대에 정치·사회·문화적으로 어떻게 작용했는지 담론적으로 살펴볼 수 있는 지점들이 내재

03 이재현, 「[발문] 방황, 상처 그리고 시작」, 『그리고, 그들의 아름다운 시작 2』, 동녘, 1991, 264쪽.

한다. 주지하다시피 권인숙의 사건 이전 1980년대 운동권 여대생의 주체성은 여성 정체성을 드러내는 섹슈얼리티를 표백 또는 최소화하는 방식을 통해서 정치적 주체성으로 구성될 수 있었다.[04] 그렇기 때문에 더욱이 김인숙과 공지영의 소설에서 공통적으로 나타나는 이러한 변화는 권인숙 이후 운동권 여대생의 변화된 1990년대적인 주체 구성의 양상을 반영하는 것일 수밖에 없다.

이처럼 1990년대적인 징후로 읽을 수 있는 텍스트임에도 불구하고 김인숙과 공지영의 두 장편소설은 당대 비평의 진지한 주목과 평가를 얻지 못했을 뿐만 아니라, 오늘날의 문학사적인 관점에서도 중요하게 취급되지 않는 형편이다. 당대 문학장을 지배하고 있었던 민족·민중문학론에 비추어 본다면 이 두 소설 텍스트는 멜로드라마 또는 하이틴소설처럼 지나치게 대중적인 감수성에 호소하는 문법을 구사하고 있으며, 충분히 리얼리즘적이지도 이념적이지도 않아 운동권이라는 소재만을 차용한 통속적인 대중문학으로 폄하되기 쉽다. 따라서 차라리 '진정한' 대중문학으로서의 의의를 서둘러 인정해 버리는 것 이상의 독해는 어려웠다.[05]

다른 한편으로 1990년대를 여성문학의 시대로 명명하려는 페미니즘 문학론의 시각에서 본다면 이 두 소설은 실로 퇴행적이다. 1990년대 문학을 대표하는 두 여성 작가가 이러한 소설로 1990년대를 열었다는 사실은 페미니스트 비평가와 연구자들을 당혹스럽게 만든다. 그러한 까닭에 김인숙의 『긴 밤 짧게 다가온 아침』에 대한 선행 연구는 '비스듬히 읽기'를 표방하여 성폭력의 피해자가 가해자를 용서하고 사랑으로 그 트라우마를 극복하며 성폭력 가해자를 '진짜 노동자'로 거듭나게 한다는 이 소설의 서사 이면을 읽어내는, 즉 억압적인 민족·민중문학론의 이데

04 배하은, 「섹슈얼리티와 폭력의 아이러니: 1980년대 운동권 여대생의 정치적 주체성 구성에 관한 연구」, 『인문학연구』 제40집, 인천대학교 인문학연구소, 2023, 12쪽.

05 김철, 「진정한 대중문학을 위하여」, 『실천문학』, 1991년 가을호.

올로기에 저항하여 읽는 여성 독자를 탄생시키는 텍스트로서의 의미를 이끌어 내려 한다.[06] 다른 한편으로는 비약적인 해석으로 나아가는 방법이 있는데, 가령 이 소설의 마지막 법정 장면에서 침묵하는 은재의 부끄러움을 "성폭력 피해자, 성폭력 가해자도 아닌, 오직 '민중'을 현현하는 이들을 위한 환대의 자리만이 마련되어 있음을 시사"하고 "시민의 위계를 노출"하는 것이라고 해석하려는 시도는 이 소설이 여성문학 연구자에게 얼마나 당혹스러운 텍스트인지를 재확인시켜 준다.[07] 그런데 만약 우리가 이 소설 텍스트들을 권인숙 이후 주체 구성의 새로운 지평에 놓인 운동권 여대생의 주체성, 그리고 한 걸음 더 나아가 1990년대적인 주체 구성의 향방을 시사하는 징후적인 텍스트로 분석한다면, 일정 부분 해석의 곤경에서 벗어날 수 있을 것이다. 운동권 경험을 지닌 두 여성 작가가 운동권 여대생의 서사를 통해 섹슈얼리티 문제를 본격적으로 다룬 소설 텍스트를 '권 양 성고문 사건' 이후라는 컨텍스트 안에 (재)배치할 때, 그간 김인숙과 공지영의 작가론에서 건너뛰곤 했던 이 두 개의 텍스트는 의외의 중요성을 갖게 된다. 즉, 1980년대 대항 이데올로기에 의해 헤게모니적 주체로 군림하였던 운동권 (남성) 주체의 틈새에서 운동권 여대생이 정치적 주체로 구성되는 가능성을 실현한 권인숙의 성고문 사건 폭로 이후, 운동권 여대생의 주체성에 대한 담론은 1990년대로의 이행 과정에서 변화하는 주체의 헤게모니와 에토스를 목격할 수 있는 장이 된다. 이러한 가정에서 출발하는 이 글은 당대에 대중적인 파급력을 지녔던 김인숙과 공지영의 운동권 여대생 소설 텍스트 안팎에서 운동권 여대생의 섹슈얼리티 극복이 코드화되는 양상을 분석하고, 이를 바탕으로

---

06 김은하, 「이중의 글쓰기와 비스듬히 읽기—김인숙의 『긴밤 짧게 다가온 아침』을 중심으로」, 『우리문학연구』 제77호, 우리문학회, 2023.

07 이한나, 「부인된 성적 자기결정과 기이한 평화—김인숙, 『긴 밤, 짧게 다가온 아침』을 중심으로」, 『여성문학연구』 제55호, 한국여성문학학회, 2022, 72쪽.

1980년대에서 1990년대로 이행하는 주체의 에토스가 '숭고의 도덕'에서 '낭만적 윤리'로 변화한다는 점을 규명하는 작업이 될 것이다.

## 2. 젠더화된 운동권 주체의 진정성

1980년대를 풍미한 시대정신, 또는 집단적 신념, 가치, 정서로 나타나는 어떠한 양태와 성질로서의 진정성을 일종의 체제인 '마음의 레짐'으로 규정하는 논의에 따르면, 1980년대 민주화운동 과정에서 수립된 이 체제 하에서 특정한 주체, 즉 진정성의 주체가 형성되었다.[08] 소위 386세대라고 불리는 운동권 주체가 이 진정성의 주체 대표 격이라는 점에 대한 별도의 논의는 필요하지 않을 것 같다. 그들은 민주화운동의 전위 한 축을 담당하며 정치·경제·사회·문화적인 헤게모니를 장악하였고, 그렇게 수립된 정치 체제인 이른바 '87년 체제'의 주체가 되었다. 진정성은 1980-90년대라는 시대의 '주역'이었던 386세대의 '마음의 레짐'이었고, 나아가 진정성이라는 개념에 진실함, 진리, 이상, 진품과 같이 어떤 우월한 지위의 관념들이 함축되어 있다는 사실을 염두에 두며 오늘날의 관점에서 볼 때 그것은 그 세대가 전유한 일종의 상징자본으로 기능해 왔다.

그러나 근래에 문학적 진정성을 탈구축하는 비평적 논의가 이루어지면서 진정성은 시대적 조건에 의해 결정되는 특정 세대의 체제가 아닌, 사회적 위치를 통해 생산되는 주체의 문제로 재규정되기 시작했다.[09] "민

---

08 김홍중, 『마음의 사회학』, 문학동네, 2009, 19-24쪽.
09 인아영, 『진창과 별』, 문학동네, 2023, 144-145쪽.

주화운동을 통해 진정성을 형성한 주체인 386세대와 그 영향을 짙게 받은 아래 세대는 이미 젠더적, 계급적, 지역적으로 구성된 집단이며, 주로 대학 교육을 받은 비장애인 이성애자 지식인 남성으로 기본값이 설정되어 있을 가능성이 높"은 동질적인 집단적 주체인 까닭이다.[10] 그러므로 진정성은 단순히 1980년대(그리고 그 연장선상에 놓여 있는 1990년대)라는 시대와의 일차함수 관계로는 이해될 수는 없으며, 무엇보다도 젠더라는 주체 구성의 중요한 사회·문화적인 심급을 고려한다면 그것은 지극히 젠더화된 양상을 띠고 있는 것이다.

민주화운동과 운동권 주체의 젠더화에 대한 논의는 1990년대부터 시작되어 2000년대를 거쳐 지금에 이르기까지 상당한 수준으로 축적되었으므로 여기서 새롭게 부연할 것은 없다.[11] 다만 운동권 주체가 젠더 차별적으로 형성되는 구조에 진정성의 이념이 내재해 있었다는 사실은 짚고 넘어갈 필요가 있겠다. 올바른 삶을 추구하는 자아의 에토스인 진정성은 1980년대 한국 사회에서 그러한 삶을 억압하는 신군부 독재 정권에 대한 저항으로써 실천되었다. 그러했기에 진정성 체제는 1980년대 민주화운동 과정에서 형성된 것이기도 했고, 다른 한편으로 진정성의 척도는 그 저항의 강도, 밀도, 또는 순도가 될 수밖에 없었다. 1980년대의 시작이자 민주화운동의 중요한 기점, 그리고 학생 운동을 폭발적으로 성장시킨 기폭제였던 5.18 광주민중항쟁에서 시민들이 보였던 무장 투쟁의 극한적 저항을 떠올린다면, 왜 1980년대 운동권 대학생들이 일관되게 자신이 학생 운동에 투신하게 된 계기로 5.18을 거론하곤 했는지 짐작할 수 있다.

---

10 위의 책, 144쪽.

11 대표적인 논의로 다음을 참조. 김재은, 「민주화운동 과정에서 구성된 주체 위치의 '성별화'에 관한 연구(1985~1991): 상징정치 담론 분석을 중심으로」 서울대학교 사회학과 대학원 석사학위 논문, 2003; 권인숙, 『대한민국은 군대다』, 청년사, 2005; 전희경, 『오빠는 필요없다』, 이매진, 2008.

문제는 이러한 저항의 척도에 따라 진정성이 판별되는 운동권 사회에서는 운동권 남성만이 진정성의 주체로 생산되는 구조가 자리 잡기 쉬웠다는 것이다. 시위를 무력으로 진압하는 신군부 독재 정권에 맞서기 위해 운동권은 마찬가지로 무력을 사용하는 폭력 시위의 형식을 택했다. 이러한 양식의 저항이 일반적일 때 운동권의 진정성은 기본적으로 전투적인 남성성으로 이루어질 수밖에 없었다. 물론 애초에 운동권 조직 내 성별 분업에 따라 시위에서 주도적인 역할을 맡는 것은 언제나 운동권 남성이었다는 점도 염두에 두어야 한다. 공지영의 『그리고, 그들의 아름다운 시작』에서도 주인공 은수가 학생 운동에 깊이 발을 들여 놓게 된 계기는 이따금 학습 서클에서 공부를 도와주던 남자 선배 명진이 도서관 창문 유리를 깨고 창밖에 서서 절규하던 시위 현장을 목격했던 일이었다. 명진의 외침이 캠퍼스에 퍼져나가는 가운데 그 아래에서 적은 수의 시위대가 구호를 외치는 동안 은수는 "그 속으로 들어가야만 할 것 같"은 "애달픈 마음"을 느낀다.[12] 은수의 마음을 사로잡았던 것은 명진과 함께 시위대의 처절한 저항에서 느껴지는 진정성의 정념이었다.

열사의 죽음은 그러한 정념을 가장 극적으로, 그리고 최대치로 경험하게 하는 민주화운동 특유의 저항 양식이다. 의로움과 숭고함, 그리하여 진정성과 연관되는 열사의 죽음이라는 비극은 "그것을 직접 목도하거나 (추)체험하는 자들에게 가장 극적인 도덕적 고양을 이루게 할 뿐 아니라, 아예 도덕적인 퇴로를 차단하는 공포와 숭고의 기획이다."[13] 그런데 주지하다시피 열사라는 민주화운동의 가장 상징적인 주체 역시 남성에 의해 전유되었다. 민주화운동기념사업회 웹사이트에 정리된 열사 정보에

---

12 공지영, 『그리고, 그들의 아름다운 시작 1』, 동녘, 1991, 153쪽.

13 천정환, 「열사의 정치학과 그 전환: 2000년대 노동자의 죽음을 중심으로」, 『문화과학』 제74호, 문화과학사, 2013, 104-105쪽.

서 118명의 학생 열사 가운데 여학생은 12명뿐이다.[14] 만일 이러한 숫자의 불균형이 당시 대학생 성비의 불균형 때문이라고 한다면, 우리가 그 이름을 기억하는 학생 열사의 대표적인 인물들의 성별이 무엇인지 떠올려 볼 수도 있겠다.[15] 요컨대 운동권 여대생이 열사가 된다는 것은 실로 드문 일이었고, 만일 열사가 된다 하더라도 할복이나(김상진) 분신(김세진) 자살, 또는 시위대 앞줄에서 최루탄에 맞아 죽거나(이한열), 고문사 당한(박종철) 남성 열사들의 장렬한 죽음과 대조적으로, 열사의 죽음에 미달하는 규정 불가능한 죽음(박혜정의 한강 투신 자살)으로 간주되기 쉬웠다.[16]

저항의 정도와 그 힘의 크기가, 칸트 식으로 말해 '역학적-숭고'의 측면에서 운동권 주체의 진정성을 입증하는 것이라면, 인식능력적 숭고, 다시 칸트 식으로 말하면 '수학적 숭고'의 측면에서의 진정성이란 주체의 동일성과 깊게 연관되어 있다.[17] 라이오넬 트릴링Lionel Trilling이 고찰했듯, 진정성에 선행하여 나타났던 진실성sincerity이라는 도덕적 삶의 가치와 미덕은 기본적으로 주체가 자기 자신과 일치·합치congruence한다는 의미

14 〈민주화운동기념사업회〉 https://www.kdemo.or.kr/patriot/category/%ED%95%99%EC%83%9D%EC%97%B4%EC%82%AC/page/1 최종 검색 일자: 2024년 5월 15일.

15 1983년 주요 대학 신입생 중 여학생 비율은 서울대 24.1%, 연세대 31.5%, 고려대 24.5%, 한국외국어대 32.4%였다. (「대학마다 '여학생 급증'에 고심」, 『동아일보』, 1983. 12. 12.) 비록 단적인 수치이지만 이러한 점을 통해 학생 열사의 남녀 비율의 불균형이 온전히 대학생 성비로만 설명될 수는 없는 것임을 짐작할 수 있다.

16 1986년 5월 21일 "분신자살로 치닫는 현실을 감당할 수 없다. 아파하면서 살아갈 용기 없는 자, 부끄럽게 죽을 것"이라는 내용의 유서를 남기고 한강에 투신한 서울대생 박혜정은 현재 민주화운동기념사업회의 학생 열사 목록에 올라 있다. 그러나 박혜정의 죽음 당시에는 서울대 운동권 내에서 그녀를 열사로 부를 것인지 말 것인지 논란이 있었고, 결론을 내리지는 못했지만 다수 의견은 열사라는 말을 쓰지 않는다는 것이었다. (천정환, 앞의 글, 96쪽.)

17 숭고를 인식능력에 의한 수학적-숭고와 욕구능력에 의한 역학적-숭고로 구분하는 이론적 논의는 칸트의 『판단력비판』 참조. 임마누엘 칸트, 『판단력비판』, 백종현 옮김, 아카넷, 2009, 252쪽.

에서 자기 자신에게 진실 되기being true to one's own self를 통해 다른 사람에게도 거짓되지 않도록 하는 존재의 상태를 의미한다.[18] 따라서 이러한 진실성이라는 가치가 도덕적 삶을 구성하는 중요한 요소가 되는 시대와 사회에서는 위선, 즉 참된 자기 자신에 대한 부인과 배반, 그리고 타인에 대한 기만이 곧 악이었다.[19] 진정성의 앞선 형태이기도 한 진실성의 이러한 특성은 진정성에 일정 부분 동일성에 대한 환상이 내재해 있음을 시사하기도 한다. 왜냐하면 현대적인 관점에서 볼 때, 주체가 참된 자기 자신의 정체를 정확히 알고 그것과 일치·합치될 수 있다는 것부터가 현실적으로 불가능함은 물론이거니와, 그렇게 해서 성취한 자기 자신에 대한 진실성과 동일한 수준에 도달할 수 있는, 타인에 대한 진실성은 더욱 불가능한 영역의 일이기 때문이다.

그런데 이러한 실현 불가능한 동일성에의 신념, 갈망, 열정이 진정성을 구성하는 것들일 때, 진정성은 또 다시 운동권 여대생이 획득하기 어려운 자질이 된다. 운동권 사회의 젠더화 양상에 대한 논의들에서 지적되었듯, 가부장제 사회, 그리고 그것의 하위 구조인 가부장주의적 운동권 사회는 남성의 경험을 기준으로 이루어져 있어 그 내부에서 여성은 개인 그 자기 자신으로 존재할 수 없었다.[20] 애초에 한 명의 개인이 될 수 없는 운동권 여대생에게 자아의 진정성을 추구한다는 것은 불가능한 일일 수밖에 없다. 오히려 운동권 여대생은 끊임없이 스스로의 진정성을 의심한다. 『긴밤 짧게 찾아온 아침』에서 은재가 만우에게 당한 성폭행으로 무너져 내리기 전까지 매우 성공적으로 야학 활동과 빈민 탁아 활동을 이끌어 왔음에도 불구하고, 그녀는 "어쩌면 나는 단 한 번도 나 자신을 진

18 Lionel Trilling, *Sincerity and Authenticity*, Massachusetts: Harvard University Press, 1971, pp. 5-6.
19 Ibid, pp. 14-16.
20 전희경, 앞의 책, 40쪽.

심으로 버려본 적이 없었을지도 모른다"거나 "더럽혀진 것은 몸이 아니라 숨겨져 있던 자신의 영혼이었다는 것"을 깨달았다는 식으로 자기 자신의 존재를 송두리째 부정한다.[21]

한편 1980년대 운동권 주체의 동일성에 대한 또 다른 열망이 민중을 향해 있었음은 운동권 내에 편만했던 민중지향성 또는 반지식인 정서로 요약될 수 있다. 이 시기 운동권 대학생들에게는 자기 자신이 지닌 엘리트로서의 기득권을 단호하게 버리고 민중과 동등한 위치에서 그들이 사는 삶을 그대로 사는 것이 곧 진정성의 실천이었다. 이는 명문대 졸업 후에 예비되어 있는 좋은 직장과 안정적인 중산층 생활을 버려야 하는 단지 미래의 일에만 그치지 않고, 현재 자신의 생활 수준과 방식, 습관까지도 완전히 바꾸고 욕구와 감정까지도 억압해야 하는 즉각적인 훈련이었다. 요컨대 계층적으로 존재의 완벽한 전환이 요구되는 일이었던 것이다.

그런데 대체로 이 시기 대학에 진학했던 여학생들 가운데는 중산층 이상의 계층 출신인 경우가 많았다. 대중문화에서 (대체로 부정적으로) 표상되었던 여대생의 이미지가 사치와 허영, 향락으로 점철되어 있는 것은 여대생의 출신 계층과도 무관하지 않았다. 여성지의 '여대생 르포' 특집에서 신촌 연세대 앞에 3억 원을 들여 만든 초호화 레스토랑의 주요 고객이 여대생이라거나, 여대 앞에 즐비하게 늘어선 외제 액세서리 가게와 여대생으로 인산인해를 이루는 디스코장, 대학 캠퍼스 내 여대생 '마이카족'에 대한 원성이 높다는 등의 가십을 늘어놓는 일은 기사의 의도가 어떻든지 간에 일단 여대생들이 그러한 소비 수준을 유지할 수 있는 계층 출신임을 시사하는 것이었다.[22] 이와 대조적으로 남학생들 가운데

21 김인숙, 『긴밤 짧게 다가온 아침 상』, 동광출판사, 1991, 146-147쪽.
22 「[르포] 오늘의 여대생—화염병에서 마이카까지」, 『여성동아』 1986년 7월호, 221쪽.

는 비록 대학에 진학할 수 있는 형편이었다고 하더라도 가족들의 희생—가령 남자 형제의 대학 등록금을 위해 여공으로 일하는 누이의 희생—이 뒷받침되어 가능했던 것이기 때문에 여학생에 비해 상대적으로 낮은 계층 출신인 경우가 많았다. 『그리고, 그들의 아름다운 시작』에 등장하는 운동권 남학생 기훈과 남호 모두 가난한 집안 형편과 운동에 대한 신념 사이에서 갈등하는 인물들인데 반해, 지수는 상류층, 은수는 넉넉한 형편은 아니지만 상류층인 지수의 사촌으로 설정되어 있는 것도 그러한 현실을 일정 부분 반영하는 것이라고 할 수 있다.

이와 같이 계층적으로 상이한 조건 하에서 민중과의 일치·합치를 통한 동일성으로써 주체의 진정성을 입증하는 일이 어느 쪽에게 더 용이한 것이었는지, 반대로 어느 쪽에게는 거의 불가능해 보이는 이상이었는지는 자명하다. 게다가 출신 계층으로 인해 '프티부르주아적'이라는 낙인이 찍혀 있었던 운동권 여대생들에게 1980년대 운동권의 민중지향성을 따라 규정된 언어와 외모, 생활 방식 등의 규범은 훨씬 더 철저한 자기 부정과 자기 절제, 자기 변화를 요구하는 것이었다.[23] 공지영의 소설에서는 주인공 지수의 외모와 패션을 매우 빈번히 상세하게 묘사하며 지수가 운동권이 되기 위해 극복해야 할 그것들이 얼마나 어려운 문제였는지를 암시하곤 한다. 기훈이 지수에 대한 사랑을 포기하는 이유도 그러한 계층 격차의 걸림돌 때문이다.

> 지수가 벗어 놓은 붉은 샌들이 모래사장에 얌전히 놓여 있다. 기훈은 그 신발을 오래 바라본다. 그림에 나오는 이집트의 배처럼 길고 뾰족한 신발이었다.
>
> —산길을 갈 수는 없겠지. 모래 위도 밟을 수 없을 것이

23 권인숙, 앞의 책, 130쪽.

다. 비가 오면 물이 새고 눈이 내리면 미끄러질 것이다. 저애는 아마 다리에 상처가 나는 것보다 제 구두가 더러워지는 걸 못 견뎌 할 거다.

기훈은 얼굴을 부빈다.[24]

지수가 타고난 환경에서 결코 벗어나지 못할 것이기 때문에 운동권인 기훈 자신과 함께할 수 없으리란 그의 예감은 자신을 향한 지수의 사랑을 알면서도 끝내 기훈이 그녀를 포기하게 만든다. 나아가 그러한 지수와 함께 있을수록 기훈은 점점 더 "불길함"을 느끼는데 그것은 "지수의 영혼 한 부분이 자신의 것과 합쳐진다는 것"이다.[25] 어느 날 길을 가다 쇼윈도에서 밀짚모자를 보고 지수를 떠올린 기훈은 자신의 한 달 치 용돈보다 비싼 모자의 가격을 듣고 나서 자기 가슴에 드리워지는 불길함을 예감한다. 그것은 시나브로 지수의 부르주아적 성향에 물들어 가다 결국 운동에 헌신하고자 했던 자신의 진정성까지 상실할지도 모른다는 불길한 예감이다.

『긴밤 짧게 다가온 아침』에서는 운동권 여대생 은재가 스스로 그러한 불길함을 자괴감과 열등감, 그리고 죄악감으로 증폭시켜 체감한다.

경애의 말이 다시 떠오른다. 아무것도 버리지 않고 가진 것에 운동이란 이름을 하나 더 얹어 가지려고 들었을 뿐이라는……. 그렇다. 모두가 자신을 의심스러운 시선으로 바라보았던 것처럼, 자신은 그저 약간의 양심을 덧붙였을 뿐인, 게다가 위선적이기까지 한 소시민에 지나지 않았던 것인지도 모른다. 아니, 그것은 남들의 시선인 것만은 아니었다.

---

24 공지영, 앞의 책, 291쪽.

25 위의 책, 같은 쪽.

은재 스스로 그것을 알고 있었을 것이다. 은재는 그렇게 생각한다. 그러한 흔적들은 과거의 기억 속에 어디든지 있었다.

> 아무리 열심히 운동을 한다고 해도 운동가요나 풍물 따위보다는 모차르트 슈베르트가 더 감미롭고, 한 잔의 막걸리도 보기 좋게 마실 줄 모르는 주제에, 고풍스러운 유리창이 가득 찬 레스토랑 앞에 서면 향기 좋은 커피 생각이 간절했던 기억. 진저리가 쳐지게 싫었건만 아무래도 떨구어낼 수가 없었던 그 더러운 부르주아적 습성……. (…) 예컨대 경섭, 그는 은재보다도 훨씬 더 부잣집 아들이었고 훨씬 더 귀족적인 성장 과정을 겪었으리라. 그런 그가 자연스럽게 체화할 수 있는 민중적 분위기를 왜 자신은 얻을 수가 없는 것인가. 은재는 생각했다. 하루아침에 세계관도 달라졌는데, 습성은 변하지 않았다. 그건 몸에 밴 습성의 문제가 아니야. 그건 어쩌면 세계관의 문제지.[26]

은재의 이러한 극단적인 자기 부정은 그녀가 그간 헌신해 온 야학 활동과 빈민 탁아 활동을 통해 얻은 성과를 생각한다면 기이하다고까지 할 수 있다. 그녀는 야학 활동을 나갔던 ㅅ읍의 마을 사람들과 운동권 동료들로부터 신임을 얻고 있었고, 만우의 장애를 가진 여동생 기숙이 몰라보게 변화할 만큼 진실된 사랑으로 아이들을 맡아 양육하는 모습을 보였기 때문이다. 그녀가 당한 성폭행은 지금까지 그녀가 주체적으로 일구어 온 이러한 운동의 성과를 부정하는 결과로 연결될 수 없는 전혀 다른 차원의 문제였다. 그런데도 은재가 이와 같이 신경증적인 반응을 보이는 근본적인 이유는 '만우에게' 성폭행을 당했다는 사실을 스스

26 김인숙, 앞의 책, 147-148쪽.

로 고통스럽고 치욕스럽게 느끼는 것이 자신의 위선, 즉 자기 자신의 진정성이 모두 거짓이었음을 드러내는 증거라고 여기는 데 있다. 만일 "나 자신을 진심으로 버"리고 "민중에 대한 순결한 애정과 발전하는 역사에 대한 든든한 믿음"의 진정성을 가지고 있었다면, 자신이 당한 성폭력조차 극복할 수 있어야 한다는 기이한 강박에 사로잡혀 있는 것이다.[27] 달리 말하면, 은재는 자기 자신 내면 깊숙한 곳에서 실상 만우와 같은 하층 계급 민중을 자신과 본질적으로 다른—자신과는 결코 이성 관계로, 그리고 성적으로 엮일 수 없는— 존재로 취급해 왔다는 사실을 깨달았고, 이 '죄악'이 자신의 강간 피해 사실과 함께 마땅히 위로받아야 할 그 고통까지도 압도하는 것이다.

오늘날의 젠더 의식과 섹슈얼리티 윤리에 비추어 볼 때 좀처럼 이해하기 어려운 이러한 비합리적인 사고방식은 실상 1980년대 당시 민중과의 일치, 합일, 동일성으로 주체의 진정성을 보증한다는 관념이 얼마나 강력하게 운동권 주체를 억압했는지 단적으로 보여 준다. 김인숙의 소설을 통해 드러나는 더욱 문제적인 측면은, 운동권 여대생에게 민중과의 합일에 대한 진정성이라는 실현 불가능한 이념이 성폭력을 당한 자기 자신을 오히려 죄악시하게 만들 만큼 병적인 억압일 수 있었다는 점이다. 이와 같이 젠더화된 운동권 주체의 진정성 체제 하에서 운동권 여대생은 비단 주체가 될 수 없을 뿐만 아니라, 젠더적·계층적으로 상이한 주체의 진정성에 의한 억압과 차별, 배제, 그리고 분열을 겪었다. 권인숙의 성고문 폭로 사건이 어떤 중대한 변수로 개입한 것은 운동권 여대생들이 이러한 딜레마적인 상황의 한복판에 서 있던 무렵이었다.

---

27 위의 책, 146쪽.

## 3. 섹슈얼리티의 극복이라는 주체화 기제의 문학적 코드

> 오직 진실을 위하여, 오직 인간의 존엄성을 위하여, 권 양은 처녀로서의 수치심과 명예를 모두 내던져 버렸으며 처녀로서는 차마 밝힐 수 없는 것을 만천하에 밝히기 위하여 입을 열었습니다. 이 모든 것을 건 눈물 겨운 결단은 우리들의 잠들어 있던 양심에 엄청난 충격을 주었고 엄청난 감동을 불러일으켰습니다. 권 양의 의로운 절규는 저 두꺼운 감방의 벽, 저 엄청난 억압의 벽을 헐고 나와 마침내 세상 사람들의 가슴 가슴에 닿았습니다.[28]

권인숙의 변호인들이 낭독한 변론 요지서의 이 대목은 성고문 폭로 사건을 통해 권인숙이라는 운동권 여대생이 마침내 운동권 주체로 수립되는 과정에서 중요했던 것이 무엇인지 말해 준다. 그것은 곧 그녀의 행위가 진실을 위한 자기 희생적인 결단과 투쟁으로서의 진정성을 인정받는 일이었다. 앞서 언급했듯 운동권 여대생의 섹슈얼리티는 비가시화되어야만 하는 것이 권인숙의 사건 이전 운동권 여대생 주체 구성의 조건이었다. 그런데 해당 사건에서 '치욕스러운' 섹슈얼리티 문제가 전면화되었음에도 불구하고 권인숙이, 마치 열사와도 같이, "잠들어 있던 양심에 엄청난 충격을 주었고 엄청난 감동을 불러일으"킬 수 있었던 것은, 성고문 사실을 폭로하는 자기 희생적인 행위로써 신군부 독재 정권이 은폐하려 한 진실을 밝혔기 때문이다. 열사의 죽음이란 "너무 억울하거나 끓어오르는 의분을 어쩌지 못한, 그러나 '법'을 위시한 아무런 수단도 갖지

---

28 「변론 요지서」, 한국기독교교회협의회·인권위원회 편, 『우리들의 딸 권양: 고문·성고문 자료집 I』, 민중사, 1987, 236쪽.

못한 사람들이 자기 목숨을 수단으로, 가능한 최대한의 저항을 하거나, 누구도 봐주지 않는 진실을 알리려는 절망에 찬 행동"이다.[29] 운동권 여대생은 남학생 열사들처럼 죽음으로써 자기 진정성의 최대치를 증명할 수는 없으나, 당시 도덕 규범 하에서 목숨과도 같이 소중하게 간주되었던 '성적 순결'을 희생했을 때 그와 동등한 수준의 진정성을 승인받을 수 있었던 것이다. 그리고 실로 권인숙을 유관순에 빗대고 있는 어느 시에서 찬미한 것처럼, 권인숙은 죽지 않았지만 열사와도 같은 지위를 부여받게 되었다.[30] 요컨대, 권인숙의 사건이 운동권 여대생의 주체 구성 조건에 초래한 두 가지 변화는 섹슈얼리티를 가시화할 수 있게 되었다는 점, 그리고 그 대신 섹슈얼리티에 가해지는 위해나 폭력, 억압과 한계를 극복할 때 비로소 주체가 될 수 있다는 점이었다.

이를 고스란히 반영하고 있듯 김인숙과 공지영의 소설에서는 운동권 여대생의 섹슈얼리티가 두드러지게 재현된다. 그리고 그 섹슈얼리티에 가해진 폭력을 극복함으로써 성장한 운동권 여대생이 '참된' 운동권 주체로 거듭난다는 스토리 패턴을 공통적으로 보여 준다. 이 특유의 방식으로 운동권 여대생의 진정성을 코드화하는 양상과 관련하여 두 소설 텍스트를 분석하는 일이 무엇보다도 중요하다.

먼저 『그리고, 그들의 아름다운 시작』에서는 서클 내부의 학습과 시위, 활동을 주도하고, 나아가 방황하던 지수를 이끌어 주기까지 하는 중요한 인물인 운동권 여대생 은경이 겪었던 일을 서브플롯으로 내세운다. 은경은 자신이 갓 스무 살이었던 때 학생 운동권 내에서 굉장한 거물이

---

29 천정환, 앞의 글, 114쪽.

30 그 시의 해당 대목은 다음과 같다. "무슨 큰 사명이기에/ 그대 고난이 이다지도 천길 낭떠러지인가/ 무슨 큰 사명 모진 사명이기에/ 그대 짓밟혀/ 우리 모두의 잠든 몸 때려/ 온통 소스라치게 하는가/ 왜놈들 이 땅을 짓밟았을 때/ 처녀 유관순은 감옥에서 죽었다 맞아죽었다/ 그 유관순 이래/ 그대가 있다" 「겨레의 처녀 권양에게」, 한국기독교교회협의회 · 인권위원회 편, 앞의 책, 33쪽.

었던 강 선배의 군 면회를 갔다가 그에게 성폭행을 당할 뻔했던 일을 지수에게 고백한다. "사랑한다고는 했지만" 그런 관계를 원하지 않았던 은경에게 달려든 선배와 30분간 "필사의 싸움"을 벌였던 "그 밤의 악몽을 다시 되새기고 싶지도 않았다."[31] 그 일이 있은 후, 애초에 도피성 군 입대를 택했던 강 선배는 대학을 졸업하기도 전에 대기업에 입사하였고, 은경은 그에 대한 복수심에 시위의 주동자 역할을 맡았으나 실패하여 큰 실의에 빠졌다. 그러나 이를 계기로 자신의 모습을 성찰하며, 강 선배와 같은 남성 운동권 거물들이 떠나가거나 실패하는 동안 은경은 도리어 성장하여 그들보다 더욱 성숙하고 '진정한' 운동권이 된 것이었다. 그리고 이러한 그녀의 변화는 '프티부르주아적 속성'을 버리지 못하고 있던 지수에게까지 영향을 미친다. 은경의 진솔한 자기 고백을 듣고 난 지수가 은경의 품으로 머리를 묻을 때, 마침내 지수도 은경과 그녀의 친구들이 헌신하는 싸움에 동참하며 변화하게 될 것임을 소설은 암시한다. 이밖에도, 문학회에서 오형민을 짝사랑하며 지수와 삼각관계에 놓였던 명화 역시 은경과 은수의 운동권 서클에도 들어가 보지만 적응하지 못하고 곧 떨어져 나가 삶의 방향에 대한 회의와 방황을 거듭하다 어느 날 갑자기 알 수 없는 남학생에게 성폭행을 당하는 인물로 등장한다. 이 사건 이후로 학교에서 자취를 감춘 명화는 "스물두 살짜리 여자가 이 세상에 무서운 것이 없다는 생각"으로 겪을 것 다 겪어 보겠다는 내용의 엽서 한 장을 지수 앞에 남기고 자신의 길을 떠난다.[32]

이처럼 공지영의 소설 플롯이 보여 주고 있듯, 자기 자신의 존재와 삶, 신념에 대해 회의하는 운동권 여대생 인물들에게 성폭력이라는 사건은 자아를 성찰하고 삶의 방향을 전환하여 '진정한' 운동의 주체로 성장

31 공지영, 『그리고, 그들의 아름다운 시작 2』, 동녘, 1991, 221-222쪽.
32 위의 책, 197쪽.

하는 계기 또는 그것을 위한 통과제의처럼 주어진다. 성폭력으로 자신의 영혼이 파괴되고 삶이 송두리째 뿌리 뽑히며 존재가 부정되는 것 같은 고통 속에 놓여 분열과 소외, 혼란을 통과하고 극복하는 일련의 과정이 운동권 여대생 주체화의 기제가 되는 것이다. 그리고 이는 일찍이 유럽 역사에서 진실성과 진정성이라는 관념이 형성되어 온 과정 가운데 중요한 변곡점으로 포착되었던, '정직한 영혼the honest soul'에서 '와해된 의식the disintegrated consciousness'으로의 변화, 곧 근대적인 자아 양식이 변화하는 양상과 일정 부분 겹쳐진다.[33] 드니 디드로Denis Diderot의 『라모의 조카Le Neveu de Rameau』와 관련하여 헤겔은 그 안에서 새롭게 발견된 '와해된 의식'을 자아가 혼돈과 붕괴, 소외를 겪고 한 단계 더 진보한 인간 정신의 사례로 분석하였는데, 즉 주체의 외부(사회)에서 주어진 규범적인 자아와 동일시하는 것이 아닌, 그러한 외부의 영향으로부터 벗어나 자기 소외를 통해 의식의 내면에서 '순수한' 자아를 찾을 때 주체의 '진실성sincerity'이 확보된다는 것이었다.[34] 운동권 여대생 소설에서는 그녀들이 애써 동일시해 보려고 했으나 불가능했던 운동권 남성들의 도덕 규범적 주체인 '정직한 영혼'으로부터 벗어나 한 단계 더 '진보한', 또는 '진정한' 운동권 주체로 탈바꿈하기 위해 겪어야 하는 '와해된 의식'의 자기 소외 단계가 바로 성폭력이라는 사건으로 코드화되고 있는 것이다.

'정직한 영혼'과 '와해된 의식' 사이의 대비, 그리고 전자에서 후자로의 전환이라는 패턴은 은경이 자신을 강간하려 했던 남자 선배의 배신 이후 변화된 자기 자신에 대해 설명하는 방식에서 뚜렷하게 나타난다.

> "참 많이 울었다……. 배신감이 컸지. 운동에 대해 회의도 했고……. 갑자기 내가 버팅겨 온 시간들이 다 거짓처럼 느

33 Lionel Trilling, ibid., pp. 33-52.
34 *Loc. cit.*

> 껴지면서……. 나는 시위 주동을 준비했지. 그것이 그에게 보여줄 수 있는 내 마지막 복수라고 생각했어. (…) 하지만 문득 그런 생각이 들었어. 그런 내 자신의 모습이 내가 혐오하던 그의 모습과 닮아 있다는 생각이 든 거야. ……뭐랄까…… 지사적 허영심? 뭐 그런 거……. 그 이후로 집을 나왔어. 우선 내가 가지고 있던 안락함을 버리고, 그 선배에 대한 복수심까지도 나는 버려야 했다는 생각이 들었지. 운동이 요구했던 게 일차적이었지만 내가 출판업을 택했던 것도 어쩌면 그런 이유일지도 몰라. 우리의 생각들, 우리가 신봉하는 이념들, 그것조차 한 번 더 버리지 않으면 안 된다는 생각. 그 사상들과 그 이념들이 썩어서 향그러운 흙냄새를 피울 때 우리는 진정으로 새로운 땅의 주인이 될 것이지. (…)"[35]

은경은 남자 선배들보다 자신의 진정성이 더 뛰어나다는 것을 입증하기 위해 남자들처럼 시위 주동자의 역할을 맡으려 했으나 결국 실패하고 만다. 그러나 그러한 방식으로 진정성을 증명하려는 자신의 모습이 은경 스스로 혐오했던 남자 선배들의 도덕주의적인 "지사적 허영심", 즉 겉으로만 진정성을 연기했던 도덕적 위선이나 허영과 다름없다는 사실을 불현듯 깨닫는다. 무릇 진정성이란 자신에게 주어진 외부적인 조건들, 출신 계층적 안락함을 비롯해 운동에 대한 (학습된) 생각과 이념까지도 버리고 난 후에야 스스로 발견할 수 있는 것이었다. 그녀는 규범적 자아가 무너지고 와해되는 혼란을 겪은 후 마침내 순수한 내면의 자기 성찰에 이르고, 운동권 교육과 훈련을 통해 주입받았던 "그 사상들과 그 이념들이 썩어서 향그러운 흙냄새를 피울 때 우리는 진정으로 새로운 땅

35 공지영, 『그리고, 그들의 아름다운 시작 2』, 동녘, 1991, 223쪽.

의 주인", 즉 진정한 운동권 주체가 되는 것이라고 선언할 수 있게 된다. 그 결과, 남자 선배들이 취직과 군입대로 떠나가는 동안 은경은 겉으로 드러나지도 않고 화려하지도 않은 노동운동 관련 출판업의 길을 스스로 택하고 개척하여 운동의 밑바탕이 되고자 한다. 기실 소설이 결말에 가까워질수록 남자들은 하나둘 자취를 감추는 한편, 한때 실패자로 낙인 찍혔던 운동권 여대생들은 이름도 빛도 없이 현장으로 들어가는 모습이 초점화된다. 성폭력으로 인해 자기 자신의 신념에 대한 혼란, 자기 분열과 소외를 겪었던 은경을 비롯해, 학내 시위 도중 두려움에 사로잡혀 자신에게 맡겨진 역할을 내던졌던 동숙, 그리고 정신병원에 입원당하는 바람에 현장 교육 도중 무단이탈했던 은수와 같이 운동에 대한 진정성을 의심받았거나 스스로 의심할 수밖에 없었던 이들이 비로소 진정성의 주체로 모습을 드러내는 것이다.

그럼에도 불구하고 김인숙과 공지영의 소설 속 운동권 여대생들은 결코 광장에서 시위를 선동하거나 도서관 옥상에서 밧줄을 몸에 매고 내려와 구호를 선창하고 유인물을 던지는 소설 속 다른 남학생들처럼 투쟁의 중심 또는 전위가 되지는 못했다. 물론 남자 선배들이 떠났다고 해서 은경이나 은수, 동숙 같은 운동권 여대생들이 그 자리를 차지할 수 있는 것도 아니었고, 명화의 경우에는 끝내 돌아오지 못하고 소리 없이 사라진다. 현장이라는 음지로 들어가는 일이 더 큰 투쟁을 위한 마중물처럼 여겨졌던 까닭에 오랫동안 그녀들의 진정성에 드리워졌던 의구심은 해소되었을지 모르지만, 기본적으로 운동권 남성들이 전유하고 있었던 진정성의 상징적 주체가 될 수는 없었다. 이는 어쩌면 당연한 것인데, 은경과 명화가 겪은 성폭력은 권인숙의 성고문 사건처럼 '공적인' 문제가 아니었고, 따라서 무대화될 수 없었기 때문이다. 『긴밤 짧게 다가온 아침』에서 은재가 말한 그대로 권인숙과 그녀들의 경우가 달라도 너무 달랐다. 이때 "경우가 다른 것은 능욕이냐 고문이냐가 아니었다. 적이냐 아니냐도 아니었고, 그것은 오직 권인숙과 자신의 다름이었다."[36] 그녀들은 권인숙이 될 수 없었다.

실제로 권인숙이 법정에서 "나는 노동자입니다"라고 당당하게 외쳤던 것과 대조적으로, 『긴밤 짧게 다가온 아침』에서 그 대사의 주인공은 은재가 아닌 만우였다. 소설 속에서는 은재가 만우에게 당한 성폭행의 상처를 '극복'함으로써 만우를 "진짜 노동자"로 재탄생시킨 후 공판정에선 만우의 입을 통해 "나한테 진짜 노동자가 되라고 말해준 여자"가 바로 은재였음을 공표하도록 만든다.[37] 이 카타르시스를 예비하기 위해 일찍이 소설의 전반부 클라이막스에서는 은재가 연탄가스에 중독되어 죽을 뻔했다가 자신을 찾아와 지속적으로 용서를 빌던 만우 덕분에 구출된 후, 만우를 향해 진짜 노동자가 되어 달라는 간절한 부탁을 남기는 다음과 같은 장면을 마련해 둔다.

> "만우 씨."
> 은재가 다시 만우를 불렀다.
> "네."
> "내가 하라는 대로 할 수 있어요?"
> "네, 뭐든지요."
> 고개를 들지 못한 채 만우가 말했고, 은재는 다시 만우를 불렀다.
> "만우 씨."
> "네."
> "훌륭한……진짜 노동자가 되세요. 건강하게…… 훌륭하게……. 그런 사람이 되세요." (…)

36 김인숙, 앞의 책, 168쪽.
37 김인숙, 『긴밤 짧게 다가온 아침 하』, 동광출판사, 1991, 237쪽.

> "난 이대로 살 거예요. 그냥 이대로……. 그렇지만, 만우 씨는 그러지 마세요. 나를 위해 뭐든지 하고 싶다고 했죠? 좋은 사람이 되세요. 건강하고 훌륭한, 그래요 그런 노동자, 진짜 노동자가 되세요."
>
> 내게서 빼앗아간 것을 그렇게 돌려주세요. 그러면 돼요. 나는 밀려났지만, 그리고 다시는 돌아갈 수 없을 만큼 이렇게 헐벗었지만. 그러나 당신은 가세요. 경섭이가 갔듯이. 그렇게 당신도 가세요. 내가 없어도 세상은 끊임없이 더욱 격렬하게 돌아간다는 것을, 그렇게 보여주세요. 나는 그렇게 부끄러움으로 남고…….[38]

성폭행 사건을 겪은 후 운동에 대해 가지고 있었던 신념과 가치관을 온전하게 회복할 수 없다는 결론에 이른 은재는 자신에 대한 사랑과 죄책감으로 무엇이든 하겠다고 간청하는 만우에게 진짜 노동자가 될 것을 주문한다. 만우가 "내게서 빼앗아간 것"인 순결을 '진짜 노동자', 진실로 순결한 노동자가 되는 것으로 대신 갚으라는 뜻이다. 이후 소설의 후반부는 예상대로 은재의 뜻을 따라 만우가 공장에 들어가 시행착오를 거치는 가운데 노동조합 설립을 위한 파업 투쟁에 앞장서는 '진짜 노동자'로 거듭나는 과정을 그린다. 만우에게는 오직 "은재가 있었기 때문에 공장도 파업도 의미가 있었"고 "은재가 있었기에 전태일, 박노해도 의미가 있었"다.[39] 사랑에 눈이 먼 만우의 이러한 맹목성은, 일찍이 은재의 미숙함과 부르주아적 근성에 대해 비판했던 은재의 전연인 경섭조차 만우를 변화시킨 것은 은재의 영향이라고 인정하게 만든다.

그럼에도 불구하고 서사가 전개되는 내내 은재는 성폭행의 상처를

38 김인숙, 『긴밤 짧게 다가온 아침 상』, 동광출판사, 1991, 263쪽.
39 김인숙, 『긴밤 짧게 다가온 아침 하』, 동광출판사, 1991, 167쪽.

쉽게 떨치지 못하는 것이 자신의 위선과 허위에 대한 증거라고 여기며 자기 자신을 정서적으로, 육체적으로 학대한다. 만우가 파업 중인 공장을 찾아가 바라보며 "그러나 여긴 이들의 땅, 내가 그 순결을 더럽힐 수 있는 땅이 아니었다"라고 읊조리는 은재의 독백은 진정성에 대한 결벽증적인 강박에 사로잡혀 있음을 단적으로 보여 주는 대목이다.[40] 은재의 이와 같은 극단적인 자기 혐오와 부정은 수치심에서 기인하는 것인데, 실상 이 수치심, "은재의 혹심한 부끄러움은 상실된 육체의 순결 때문이 아니었"고, "스스로 순결을 던져버린 자신의 영혼에 대한 부끄러움"이었다는 사실이 문제적이다.[41] 소설 속에서 은재에게 "상실된 육체의 순결"이라는 문제, 즉 만우에게 육체적으로 강간당한 일은 이미 극복된 문제처럼—달리 말하면, 강간한/당한 것 자체는 아무런 문제가 되지 않는 것처럼— 여겨지고 있다. 김인숙의 소설이 초점을 맞추고 있는 '정말로 중요한' 문제는, 은재의 영혼이 스스로 '순결'을 던져버렸다는 사실, 트릴링과 헤겔의 표현을 따르자면 자신은 '정직한 영혼honest soul'이 아니었다는 사실, 다시 1980년대적인 어법으로 말한다면 자신이 진정한 운동가적 주체에 미달한다는 사실을 성폭행을 계기로 은재가 비로소 깨닫게 되었다는 것이다. 이러한 문학적 코드 속에서는 은재가 겪는 자아 분열과 자기 소외, 자기 존재에 대한 극단적인 부정의 의식이 성폭행 피해로 인한 고통과 트라우마로 이해될 여지는 없다. 그것은 다만 주체가 자기 내면으로 돌아가 '순수한' 본래의 자아를 발견하려는 주체화의 과정, 즉 주체의 진정성에 대한 시험을 통과해 가고 있는 것으로 의미화될 뿐이다.

결과적으로 은재는 소설의 서사가 전개되는 내내 이어지던 그 지난한 진정성의 시험을 통과한다. 앞서 언급한 만우의 법정 고백 직후 등장

40 위의 책, 133쪽.
41 위의 책, 226쪽.

하는 은재의 난데없는 구토 장면은 은재 영혼의 '순결'이 회복되어 마침내 주체의 진정성을 획득하게 되었음을 상징적으로 고하는 지극히 소설적인 장치다. 은재는 만우의 고백을 듣고 난 후 재판정을 나서며 일생 동안 숨쉬어온 오욕의 공기를 다 토해내 듯 구토와 신음을 내뱉는다. 이윽고 이곳이 바로 천국이라는 말로 자기 영혼의 구원, 그러니까 진정성의 주체로 거듭났음을 선언한다. 은재는 자신을 구원한 것이 만우의 순결한 영혼이라고 믿는다. "한때 짐승이었던 이 남자"는 "자신의 순결로 끝내 일어"서 "세상을 구할 남자"이며, "언덕도 오르지 못하고 그저 뒹굴며 헛된 영혼 속에서 끊임없는 괴로움밖에는 벗할 것이 없는 나 같은 사람까지도 구할 남자"였다.[42] 그러나 이 구원은 은재에게만 해당되는 것이 아니었다. 은재를 구한 만우는 은재를 통해 구원받았기 때문이다. 소설의 마지막 장면에서 만우는 말한다. "은재 씬 구세주예요. 나 같은 놈까지 구했잖아요. 그리고 이 세상 전부요."[43] 자기 희생을 통해 구제불능의 밑바닥 인생을 진정한 노동자로 거듭나게 한 은재의 진정성은 이 세상의 구원을 가능하게 할 만큼 순수하고 완전한 것으로 인정받게 되었다. 그리고 만우가 저지른 성폭행이라는 죄는 이미 사함 받은 것이나 다름없었다.

권인숙이 법정에서 외쳤던 "나는 노동자입니다"라는 주체성의 정언적인 표명은 실로 권인숙에게만 가능한 것이었다. 권인숙이 섰던 법정에 만우를 대신 내세우고 그의 입을 빌려 "나한테 진짜 노동자가 되라고 말을 해준 사람이 있었습니다"라는 말로 은재의 주체성을 대리 공표하는 『긴밤 짧게 다가온 아침』의 서사는 마치 그러한 권인숙으로 대표되는 운동권 여대생 주체의 예외성에 대한 이야기인 것만 같다.[44] 모두가 권인숙

42 위의 책, 246쪽.
43 위의 책, 245쪽.
44 위의 책, 234쪽.

이 될 수는 없다. 그러나 스스로 노동자와 거리낌 없이 동일시할 수 있는 '정직한 영혼'의 진정성이 불가능한 것이라면, 운동권 여대생에게 남은 차선책이란 자기 자신을 대신할 '진짜 노동자'를 만드는 것뿐이라고. 이 일련의 과정을 견디고 통과하는 가운데 운동권 여대생의 자아는 산산이 부서진다. 아니, 더 정확히 말해 이 과정을 견디고 통과하기 위하여 운동권 여대생은 심지어 자신을 성폭행한 범죄자가 자신을 구원한 남자라고 고백할 수 있을 때까지 자기 자신의 자아를 기만하고 억압하며 산산이 부수어야 한다. 말 그대로 산산조각 난 '와해된 의식'이 될 때까지 자아를 몰아붙여야 한다. 왜냐하면 주체의 이 '와해된 의식'은, 다시 헤겔과 트릴링에 따르면 진실성과 진정성을 추구하는 근대적 자아의 양식으로서, 운동권 주체 수립의 정당성에 필요조건인 진정성을 입증하는 징표가 될 수 있는 까닭이다. 만우의 강간으로 망가진 은재의 자아는, 섹슈얼리티에 가해진 폭력과 그 극복 과정을 온전히 겪는 동안 형성된 주체의 진정성에 대한 증거가 되는 셈이다. 이처럼 성폭력이 운동권 여대생을 주체로 취임시키는 통과제의가 되는 서사에서 여성의 섹슈얼리티와 그에 가해진 폭력, 그리고 그 극한적인 극복은 주체 수립의 문학적 코드로 작동하였다.

## 4. 결론: 숭고의 도덕에서 낭만적 윤리로

1990년대 운동권 여대생 소설에서 확인되는 이러한 주체 구성의 기획은 비단 운동권 소설의 문학적 코드로만 국한되는 것이 아니라, 주체 구성의 에토스 자체가 변화하는 양상으로 확장하여 이해할 수도 있다.

앞서 언급했듯 1980년대 운동권 주체의 진실성—김홍중을 비롯하여 기존의 논자들에 의해 흔히 진정성authenticity으로 운위되어 왔지만 1980년대에 관해서라면 실상은 그것의 앞선 형태인 진실성sincerity이 더 정확히 들어맞는 개념이다—은 주체와 타자의 일치·합일에 대한 동일성의 환상에 정초하였다. 이는, 이남희의 표현을 따른다면 운동권의 '도덕적 특권 담론', 즉 지식인은 도덕적으로 정직하고 성실해야 한다는 특별한 책무를 수행하기 위해 억압과 착취의 희생양인 민중과 하나 되는 연대를 이루어야 한다는 도덕률을 만들어 냈다.[45] 이 (남성 지식인 중심의) 운동권 주체는 그가 연대를 이루고자 하는 대상인 민중이라는 타자와의 합일에 대한 순수한 믿음을 품고 있었다. 그러나 그러한 도덕은 애초에 지식인인 운동권 주체와 민중이라는 대상 사이의 계급적 격차와 구분에서 기인하는 것이었다. '도덕적 특권 담론'이라는 표현 그대로 특권 계층으로 간주되는 운동권 지식인에게 부여되는, 다시 말해 지식인의 계급적 특수성에 기초한 도덕률이 민중과의 일치·합일이라는 동일성을 지향한다는 것 자체가 성립 불가능한 역설이었다.

1980년대 당시에 이 불가능한 역설이 분명하게 드러나지 않았던 데는 앞서 살펴보았던 열사라는 숭고의 도덕적 기획이 한몫했다. 숭고란, 어떤 것을 숭고하다고 말할 때 그것의 바깥에서 그것을 판단할 척도를 찾는 것이 아니라 다른 어떤 것과도 비교할 수 없는 그것 안에서 순전히 그것 자체로 동일한 것—자기동일성—을 승낙하는 것이다.[46] 즉 숭고의 개념은 절대적인 것이지 어떤 다른 비교 개념을 제공하는 것이 아니다. 따라서 이러한 숭고의 감정을 불러일으키는 열사의 표상은 어떤 다른 대상과의 구체적인 비교를 통한 판단과 평가를 넘어서는 것일 수밖에

45 이남희, 『민중 만들기』, 후마니타스, 2015, 385-388쪽.
46 이마누엘 칸트, 앞의 책, 255쪽.

없다. 가령, 우리는 박종철 열사나 이한열 열사의 죽음이 민주화운동에 정말 합목적적이었는지 따위에 대한 역사적 판단은 요구되지도 않고, 또 요구할 수 없는 것이라고 여겨 왔다. 이와 같이 열사와 같은 극단적인 표상으로 나타나는 숭고의 도덕이 1980년대 운동권의 헤게모니적 주체를 형성시키는 정신일 때, 앞서 지적한 대로 동일성의 환상에 기초해 있는 주체의 진실성sincerity에 대해서 의문을 제기할 여지는 없다.

그러나 주지하다시피 1980년대 말에서 1990년대 초 전환기의 혼란을 거치면서 운동권 주체의 헤게모니가 흔들리기 시작했고, 운동권 지식인과 민중 사이의 관계에 내재해 있던 미묘한 차이와 긴장도 서서히 표면화되었다. 어떤 측면에서 볼 때 여기서 논의한 김인숙과 공지영의 운동권 여대생 소설 또한 그 표면에 나타난 균열의 일부라고 할 수 있다. 특히 젠더적·계층적으로 상이한 조건에 놓인 운동권 여대생에게 운동권 주체의 진정성이란 근본적으로 불가능한 것이었음이 이들의 소설에서 드러남으로써 1980년대적인 주체의 도덕적 진정성에 내재한 역설이 가시화된다. 그러나 다른 한편으로는, 성고문 폭로 사건을 통해 민주화운동의 상징적인 주체가 되었던 권인숙의 사례를 통해 확인된 운동권 여대생 주체 구성의 한 가지 조건, 즉 섹슈얼리티와 그것에 가해진 폭력의 극복 문제를 문학적 코드로 삼아 운동권 여대생 주체의 서사를 탄생시킨다. 이 새로운 주체의 서사는 근본적으로 불가능한 민중과의 일치·합일, 즉 동일성의 도덕률에서 벗어나, 남녀 간의 진정한 사랑을 통해 주체의 진정성을 확인하고 완성하는 멜로드라마적인 플롯을 차용한다. 앞서 살펴보았듯이 『그리고, 그들의 아름다운 시작』의 지수와 기훈, 『긴밤 짧게 다가온 아침』의 은수와 만우는 남녀 간의 열정적 사랑을 통해 계층적 간극과 운동에 대한 서로 다른 신념을 극복해 나가며 운동의 '진정한' 주체로 거듭나는 모습을 보여 준다.

그런 점에서 이제 주체의 진정성을 둘러싼 감수성과 이념은 숭고의 도덕에서 낭만적 윤리로 이동한다. 『그리고, 그들의 아름다운 시작』의 마지막 장면에서 지수가 기훈에 대한 사랑으로 자신에게 주어진 모든 외부적인 조건들—부모님의 반대, 운동에 대한 불철저한 신념, 상류층의 생활 방식 등—을 떨치고 마침내 김해 교도소에 수감된 기훈을 처음 면회하러 가는 발걸음은 "지수의 아름답고 새로운 시작"이 된다.[47] 시위에서 불굴의 투쟁 정신을 보여 준 적도, 현장에 들어가 자기 희생적인 정신을 발휘한 적도 없지만, 오랜 내적 방황과 그것을 끝낸 후 내딛은 발걸음만으로도 그녀는 '아름답고' 새로운 시작이라고 명명될 수 있는 윤리적 진정성을 획득하게 된 것이다. 이제 '진정한' 것이란 외부로부터 자신에게 주어진 절대적인 도덕 이념을 성취하는 숭고한 일이 아니라, 외부로부터 주어진 것들로 인한 내적 갈등과 방황을 거쳐 '진정한' 자기 자신을 발견하는 낭만적인 일이다. 이 '진정한' 자아 정체성selfhood의 발견에서 핵심은 숭고한 이념의 높이에 도달하는 것과 정반대 방향, 즉 자기 내면의 가장 깊고 낮은 바닥, 낭만적인 영혼의 심연을 향하여 내려가는 데 있다. 헤겔의 주체의 변증법에 나타난 인식론적 변화에서 주체의 진정성을 규정하는 본질이 도덕적인 숭고함nobility과 완전함wholeness으로부터 비천함baseness으로 이동하였던 것처럼 말이다.[48]

그런데 문제는 이 가장 깊고 낮은 '진정성'의 바닥으로 내려가야 하는 여성 인물들에게 일종의 통과제의로서 성폭력이 주어진다는 점이다. 섹슈얼리티에 가해진 폭력으로 인해 자아가 비참한 나락으로 떨어져 자기 소외와 의식의 분열, 자기 존재의 부정과 같은 일련의 내적 고난을 겪고 난 후에야 비로소 자기 내면의 진정한 자아를 발견하고 성찰할 수 있는 깊이에 도달하는 것처럼 오도되고 있는 것이다. 그리고 문제를 더욱

47 공지영, 『그리고, 그들의 아름다운 시작 2』, 동녘, 1991, 256쪽.
48 Lionel Trilling, ibid., pp. 35-42.

심각하게 만드는 것은, 『긴밤 짧게 다가온 아침』의 은재의 경우처럼 성폭력 그 자체는 진정한 자기 자신을 발견하기 위한 '계기'에 불과하며 그것은 주체가 쉽게 극복할 수 있는 것이고, 그래야만 하는 것—그래야만 진정한 주체가 될 수 있는 것—으로 해석하게 만드는 문학적 코드이다. 김인숙과 공지영의 이 두 소설에서는 주체의 진정성에 대한 입증에 매몰되어 당시 운동권 여대생의 섹슈얼리티에 가해진 폭력을 비판적으로 성찰 또는 고발하거나 섹슈얼리티의 취약성 자체에 대해 깊이 사유하는 방향으로는 나아가지 못한 두 작가의 한계가 분명하게 드러나는 것이다.

그러한 한계는 김인숙과 공지영의 이 두 소설 이후 본격적으로 전개되는 1990년대 여성문학의 방향성과도 얽혀 있다. 1990년대 여성소설은 추문으로만 여겨져 오랫동안 비가시화되어야 했던 여성의 섹슈얼리티를 "주체적인 여성의 자기 서사 속에 통합하면서 본격적으로 하나의 설득력 있는 이야기로 제시하기 시작한다."[49] 그러나 동시에 1990년대 여성소설에서 "여성 섹슈얼리티와 그를 둘러싼 사회적 조건에 대한 단선적인 이해는 이 시기 여성소설이 안고 있는 복합적인 모순을 보이지 않게 만들"기도 했다.[50] 1990년대 여성문학을 대표하는 두 소설가의 '자기 서사'이기도 한 운동권 여대생 소설이 섹슈얼리티와 폭력의 문제에 접근했을 때, 남성중심주의적 운동권 주체로부터 자기 자신의 주체성을 탈환하기 위한 여성문학의 모험이 시작되었다. 그러나 그 의욕적이고 대담한 모험은 여성의 섹슈얼리티와 그것에 가해지는 폭력에 내재한 여러 겹의 아이러니를 맞닥뜨려야 했다. 그 아이러니를 고르디우스의 매듭 자르듯 단순하게 처리하려 했을 때, 김인숙과 공지영의 두 소설에서 드러난 한계처럼, 표면적으로는 해결된 듯 보이지만 오히려 그 이면에서 더욱 복잡하고 심

---

49 심진경, 『더러운 페미니즘』, 민음사, 2023, 138쪽.
50 위의 책, 같은 쪽.

각한 문제로 부메랑이 되어 돌아온다. 다소 선부르게 자유주의적 성 해방을 선언했던 1990년대 여성문학의 착오는 그와 같은 것이 아니었을까. 1990년대 여성문학의 의의에 대한 비판적·성찰적 재논의가 필요하고 또 활발히 이루어지기 시작한 지금 우리가 주목해야 할 것은 그 아이러니들을 거느린 1990년대 여성문학의 입체성과 복합성일지도 모른다.

# 1990년대 장편 후일담과 죽음-사랑의 배치들

## : 공지영, 김형경, 김인숙 소설 겹쳐 읽기

문예지

# 1990년대 장편 후일담과 죽음-사랑의 배치들
: 공지영, 김형경, 김인숙 소설 겹쳐 읽기

문 예 지

## 1. 머리말

1994년 출간된 공지영의 소설 『고등어』는 1980년대 말에서 1990년대로의 변화와 이행이라는 과도기적 시간 속에 부상한 소설 경향, 이른바 '후일담 소설'의 테마를 집약한 대표적인 장편소설로 알려져 있다. 출간 이후 1년 만에 40만부의 판매량을 기록해 작가 공지영의 대중적 인기를 다시금 입증하게 만든 이 소설은 '명우'라는 남성 주인공의 시점에서 옛 연인 '은림'의 갑작스러운 방문을 계기로 회고되는 80년대의 기억과 현재의 변화된 삶을 교차하면서 전개되는 사랑의 이야기를 다룬다.[01] 『고등어』가 운동권의 기억, 세대적 자의식, 상실감이라는 주제를 무엇보다 사랑과 죽음의 모티프로 전면화하고 있다는 점은, 1990년대 중반 이후 장편화된 후일담 소설의 기본적인 틀과 진행성을 구성하고 상기하게 만드는 요소이기도 하다. 1990년을 전후하여 발표된 후일담 소설이 주로 단편 분량으로 80년대 운동의 기억과 현재의 방향상실, 생존의 죄의

01 「30대 여성소설가 베스트셀러 장악」, 『조선일보』, 1995.6.6.; 「최장기 베스트셀러 50만부 발행! 웅진출판: 고등어」, 『경향신문』, 1995.9.20.

식과 글쓰기의 윤리를 문제화했다면,[02] 1990년대 중반에 이르면 이러한 후일담의 구조는 장편소설의 형태로 기획·출간되면서 광범위한 독자를 대상으로 대중화하는 경향을 보인다. 『고등어』는 다각화된 연애 관계, 여성인물 은림의 유서와 죽음을 서사적으로 배치·활용하여 운동권-후일담 문학의 코드를 대중화한 대표적 사례라 할 수 있다.

당대 비평장에서 '후일'의 현재에서 80년대의 기억을 그린 많은 소설들은 '후일담 소설'이라는 명명 속에서 운동주체의 반성적 자아(의 진정성)와 80년대와의 시간적 단절을 강조한다는 점에서 다소 비판적으로 논의되어 왔다.[03] 김영현, 김영하, 김인숙 등의 작가와 함께 1990년대 후일담 소설의 대표적 작가로 손꼽히는 공지영의 경우, 특히 소설에서 형상화된 체험적 주인공의 나르시시즘적 자기정당화(「무엇을 할 것인가」, 「인간에 대한 예의」 등의 단편) 혹은 서사적 신파성/감상성(『고등어』(1994))을 근거로 그 한계가 반복적으로 지적되기도 했다.[04] 그러나 이와

---

02 김윤식은 1991년 김남일의 「길」을 언급하면서 '후일담 문학'을 "회고의 형식의 일종이며, 유년기 묘사와 다른 점이 있다면 사회적·역사적 과제에 치중된다는 것"으로 정의하고 있다. 1990년대 초 80년대에서 90년대로의 소설적 변화를 보여준 김영현, 김남일 등에 관한 비평으로는 다음을 참조. 김윤식, 「후일담문학과 실종문학의 수준」, 『한국문학』, 1991.7; 류보선, 「산문적 현실과 시적 대응-김영현론」, 『오늘의 문예비평』 14, 오늘의 문예비평, 1994 가을.

03 '후일담문학'의 '청산주의'와 '단절'에 관한 당대의 인식은 방현석의 글에서 단적으로 확인할 수 있다. 방현석, 「후일담문학과 90년대 인기소설 비판」, 『월간 말』, 1997.11. 마찬가지로 "우리 사회에 싸움이 끝났다고 인식시키며, '90년대 투쟁은 운동권 출신에게도 외면받고 있다'는 식의 프레임을 만든" 후일담 문학에 대한 운동권의 비판적 반응으로는 다음을 참조. 신희주, 『응답하라, 한총련』, 민플러스, 2021, 42쪽.

04 최강민의 발언 참조. "후일담 문학 하면 떠오르는 작가가 공지영입니다. 결국 공지영의 가능성이라든지 한계가 그대로 후일담 문학의 가능성과 한계로 대부분의 사람들에게 인식되었던 것은 아닐까 생각합니다. 100만부 이상이 팔려 고등어 현상을 초래한 장편 『고등어』(1994)도 후일담 문학을 생산하는 데에 주도적 역할을 담당합니다. 공지영씨가 80년대 운동권에 대한 진한 향수와 애정을 쏟았지만 아이러니하게도 80년대 운동권 계열의 사람들은 공지영의 소설을 상당히 싫어했다는 얘기를 많이 하거든요. 이것은 적어도 공지영의 후일담 소설이 그들의 욕망을 제대로 충족시켜주지 못했다는 반증이 아닐까 합니다. 이것은 공지영 소설에 등장하는 80년대 풍경이 동어반복성에서 크게 벗어나 있지 못하다는 것과 연관되기도 합니다. 또한 공지영의 후일담

같은 나르시시즘과 감상성의 요소가 작가 개인의 것인 동시에 당대 사회가 공유한 지배적 감성의 형식이기도 했다는 점을 상기한다면, 이에 대한 분석과 비판 또한 한 작가의 문학적 특수성으로만 귀결될 수는 없다.

기실 후일담 소설을 분석함에 있어 작가 개인의 특수성이 강조되는 이유는 그것이 작가의 세대적 체험, 요컨대 '386세대'의 경험과 소설의 주제가 분리되지 않는다는 사실에서 비롯된다. 최근 후일담 소설의 위상을 재검토하는 연구들은 기존의 '후일담 문학'에 부착된 부정적 평가 및 젠더 편향성을 해체하는 작업들을 통해 90년대 후일담이 지닌 성찰적 가능성을 제시한다.[05] 그러나 후일담 문학을 재평가하는 이러한 연구경향 속에서도, 386세대의 체험의 특수성은 여전히 가장 핵심적인 축으로 작동

---

소설은 통속적 신파성과 자기만족적 선민의식에서 자유롭지 못합니다. 결과적으로 공지영으로 인해 주체의 재정립 과정인 일련의 후일담 소설이 격하된 것도 엄연한 사실입니다. 이런 점에서 공지영의 후일담 문학에 대한 철저한 평가 작업이 선행되어야 한다고 봅니다. 그래야만 공지영 이후의 후일담 문학이 단순하게 80년대를 그리워하는 것이 아니라 치열하게 90년대를 살아가는 방식이었다는 것이 증명될 수 있지 않을까 합니다." 작가와비평 엮음, 「좌담: 90년대 문학을 결산한다」, 『비평, 90년대 문학을 묻다』, 여름언덕, 2005, 43~44쪽.

05 1980년대와 1990년대 여성문학에 관한 비교적 최근의 연구들이 지적한 바대로, 90년대 여성작가들에 의해 창작되었던 후일담 소설은 기존의 주류화된 80년대에 관한 사회적 기억과 문화적 재현 뒤의 이면 풍경과 단일화되지 않는 주체의 기억을 포착해내고 있다는 점에서 재독의 가능성을 보여준다. 특히 공지영과 김인숙의 90년대 소설의 경우, 운동권 문화에 내재한 성차별주의와 그것을 자기부정의 방식을 통해 내면화할 수밖에 없었던 여성의 감정구조와 인정투쟁의 문제를 드러낸다는 점에서, 후일담 문학에 대한 재평가를 넘어 386세대 및 진보 남성(성) 담론에 대한 비판적인 접근으로 연결되고 있다. 김은하, 「286세대 여성 후일담과 성/속의 통과제의—공지영과 김인숙의 소설을 대상으로」, 『여성문학연구』 23, 한국여성문학학회, 2010; 이혜령, 「포스트 80년대, 비범한 날들의 기억—신경숙과 김인숙 소설을 중심으로」, 『비교어문연구』39, 반교어문학회, 2015; 조윤정, 「1980년대 운동권에 대한 기억과 진보의 감성—김영현, 박일문, 공지영의 90년대 소설을 중심으로」, 『민족문화연구』 67, 고려대학교 민족문화연구원, 2015. 이와 같은 흐름에서 임희현은 최근 1990년대 후일담 문학을 '애도의 문학'으로 규정하고 후일담 소설의 성장이 여성작가들의 문학적 성취에 기반해 있었음에 주목하여 최윤, 공지영, 김인숙, 공선옥 등의 후일담에 내포된 그리움과 고발의 이중적 목소리를 분석한 바 있다. 임희현, 「1990년대 한국 후일담 문학과 '애도'의 의미」, 서울대학교 박사학위논문, 2024, 3장 참조. 관련하여 김인숙, 공지영의 소설을 '386' 세대 경험으로 설명한 글은 다음을 참조. 김남옥, 「'386'세대 경험의 문학적 형상화: 김인숙, 공지영을 중심으로」, 『사회와 이론』 16, 한국이론사회학회, 2010.

하는 듯 보인다. 후일담 문학을 단일화되지 않는 개별적 실천으로 구체화하고, 그 안에서 작동하는 젠더화된 기억과 감정의 문제를 규명하는 독법에서조차 세대 경험의 동질성과 그것의 반영으로서의 소설 텍스트라는 공식은 비교적 자명한 것으로 간주되고 있는 것이다. 이 글은 후일담 문학의 서사적 메커니즘과 존재 양상을 설명함에 있어 운동권 세대-주체의 '체험'에서 그 기원을 찾기보다는, 특정 코드(죽음, 연애)들이 어떻게 대중적인 양식으로 활용, 변주되며 생존할 수 있었는가를 문제 삼는 방향으로 논의의 초점을 전환해보고자 한다. 장편화된 후일담 소설의 부상과 대중적 지속은 '90년대에 돌아본 80년대'의 이야기가 단지 특정 시기, 특정한 세대의 영역에 국한되어 읽힌 것만은 아니라는 점을 시사해 준다.

특히 이 글은 민주화 이후의 역사적/문화적 이행과 변화의 시간 속에서 '지난 시대를 회고'하는 문학적 양식으로 조명되었던 일련의 소설들이 공유한 기억의 서사 구조를 죽음과 사랑이라는 키워드로 재검토한다. 죽음과 사랑이 경합하고 결합하는 양상 자체는 대중 장편소설의 일반적 특징 혹은 낭만성을 강화하는 문학적 장치로서 쉽게 이해될 수 있지만, 여기서 80년대의 기억과 연동된 90년대의 '죽음'이 '열사의 죽음'이라는 시대성을 강력하게 환기하는 코드이자, '사랑'이라는 친밀성의 구조를 경유하여 문제화되고 있다는 점은 특징적이라 하지 않을 수 없다. 후일담 문학이 '단절과 연속의 특수한 공존'을 이루는 서사적 양식[06]이라 한다면, 1990년대에 주로 여성작가에 의해 씌어진 장편 후일담에서 이러한 시간적 공존과 이행의 양상은 정치적인 것의 개인화와 개인적인 것의 정치화가 교차하고 얽히는 지점으로서 죽음과 사랑이라는 코드로 표면

06 후일담문학의 문학사적 양식적 개념화에 대해서는 다음 글의 1장을 참조. 허민, 「후일담의 역사와 '운동권'의 글쓰기」, 『구보학보』 37, 구보학회, 2024.

화되었다고도 말해볼 수 있을 것이다. 그런 의미에서 이 글에서 초점을 두는 장편 후일담은 '애도의 정치'를 중심으로 한 1980년대의 단순한 연장이나 극복이라기보다, '상실'을 통해 '상실'을 바라보는 작업으로 재접근될 수 있다. 애도가 불가능한 조건에서도 정치적 희망과 연대가 가능했던 시대 자체의 상실[07]이라는 감각이 어떻게 '사랑'의 서사로 분화되면서 자기성찰을 수행하는지 살펴보는 것이 이 글의 궁극적인 관심사라고 할 수 있다.

다른 한편으로 이 글은 80년대는 물론 90년대로 이어지는 많은 죽음들이 어떻게 문학의 양식으로 코드화되어 대중과 접속되고 있었는지를 보여주는 또 다른 경로로 90년대 장편 후일담의 존재를 조명한다. 한국 사회의 열사정치와 죽음에 관한 글에서 천정환은 1980년대를 지나 모든 한국인에게 익숙해진 동시에 결코 익숙해질 수 없었던 단어인 '열사', '분신', '죽음'이 어떻게 1991년 5월을 거쳐 그 의미를 상실하게 되는지를 설명하면서,[08] 당시의 학생운동의 주체들이 "연발하고 빈발하는 젊은 죽음(들)의 의미에 대해서, 또는 그 '열사'들의 삶에 대해서 오히려 진

---

07 엔조 트라베르소는 비교적 최근에 발간한 저서에서 1989년의 역사적 전환 이후의 유토피아의 소진과 패배의식을 '좌파적 우울'로 명명하는 한편, 그러한 우울과 진보를 재사유하는 작업의 필요성을 다음과 같이 역설한다. "좌파적 우울은 사회주의 이념이나 보다 나은 미래에 대한 희망의 포기를 의미하지 않는다. 그것은 사회주의에 대한 기억이 사라지고 은폐되고 망각되었으며 구원될 필요가 있는 시대에 그것을 재사유하는 것을 의미한다. 이 우울은 잃어버린 유토피아를 애도하는 것이 아니라 비혁명 시대에 혁명적 궤적을 재사유하는 것을 의미한다. 그것은 유용한 우울로, ―버틀러와 함께 이렇게 말할 수 있을 것이다―"상실의 변형적 효과"를 함축한다." Enzo Traverso, *Left-Wing Melancholia: Marxism, History, and Memory*, 엔조 트라베르소, 『'좌파'의 '우울'』, 김주은 · 석민지 · 조형준 옮김, 새물결, 2024, 74~75쪽. 한편, 김정한은 1980년대 운동사회를 "애도할 수 없는 정치적 상황에서 애도의 노래를 부르려 했으며, 애도할 수 없는 사람들에게 말을 건네려 했고, 끝내 애도가 불가능한 조건에서 열사들의 정신을 이어받아 스스로의 삶 자체를 버리는 죽음으로 나아가기도 했"던 시대로 설명한 바 있다. 김정한, 「1980년대 운동사회의 감성―애도의 정치와 멜랑콜리 주체―」, 『한국학연구』 33, 인하대학교 한국학연구소, 2014, 81쪽.

08 천정환, 「오월 혹은 요절: 죄의식의 계승과 젊은 죽음에 관한 두 개의 고찰」, 『숭배, 애도, 적대』, 서해문집, 2021, 77쪽.

지한 성찰이 부족했던 것"[09]은 아닌지를 되묻는다. 그러나 시대의 격변 속에서 잊혀간 죽음은 문학적 재현의 영역에서 그 '만연함'과 익숙함의 양태로 보유되면서 다른 형태의 감성을 형성하고 있었던 것은 아닐까? 후일담 문학은 자기체험의 특권화나 신화화이기 이전에 기억의 양식이자 애도의 기록이기도 하다. 이 점은 당대에 비해 오히려 동시대에 활발해진 후일담에 대한 비체험 세대의 관심과 그 문학적 효과를 설명하고, 후일담 문학에 대한 역사적 접근을 가능하게 만든다.

구체적으로 이 글은 1990년대에 연재, 창작된 여성작가의 장편소설에서 죽음과 사랑이라는 두 가지 코드가 결합하는 양상을 고찰한다. 이 과정에서 언급한 공지영의 『고등어』(1994)를 비교의 축으로 상정하지만, 『고등어』의 출간을 전후한 시점에 출간된 또 다른 장편 후일담으로 김형경의 『새들은 제 이름을 부르며 운다』(1993)와 김인숙의 연재소설 「세 번째 밤의 약속」(『경향신문』, 1996~1997)[10]을 겹쳐 읽는다.[11] 『고등어』에 비해 연구사에서 거론되거나 주목된 바가 없는 두 소설은 당시 대형신문사의 장편 공모 수상작(『새들은 제 이름을 부르며 운다』)이자 기획 연

---

09 위의 책, 106~107쪽.

10 1996년 4월 『경향신문』에서 연재되기 시작한 이 소설은 연재된 당시 독자의 큰 호응을 받았음에도, 이후 단행본으로 출간되지 않은 것으로 확인된다. 실제로 김인숙의 1990년대 작품목록, 연구사 등에서 이 작품은 거론된 흔적을 찾아보기 힘들다. 그럼에도 이 소설은 1990년대 여성작가의 위상 변화 및 베스트셀러화 현상, 장편소설 기획과 밀접한 연관을 가지고 있다. 김인숙이 『경향신문』에 이 소설을 연재한 시점은 1996년 1월 1일 공지영의 「착한 여자」가 『한겨레』에 연재되기 시작한 후이자, 같은 해 4월 1일 『동아일보』에서 은희경의 「마지막 춤은 나와 함께」가 연재를 시작한 날과 동일하다.

11 이 글이 개별 작가의 '작가론'의 차원에서 세 소설을 다루지는 않지만, 1990년대 중반, 공지영, 김형경, 김인숙이 놓인 상이한 작가적 위치에 관해서는 짚어볼 필요가 있다. 1963년생인 공지영과 김인숙은 모두 1980년대에 등단하여 노동소설, 운동권 소설을 쓴 대표적인 '386세대' 작가로 알려져 있으며, 90년대에는 '여성소설' '페미니즘 소설'을 통해 대중성 및 저자성을 더 확고하게 마련한다. 이에 비해 1960년생인 김형경은 1980년대 『문예중앙』과 『문학사상』 등을 통해 문학 활동을 시작했으나, 1993년 말 『새들은 제 이름을 부르며 운다』의 국민일보문학상 당선, 장편소설 『세월』(1995) 출간 이후 본격적으로 주목을 받기 시작한다.

재소설(「세 번째 밤의 약속」)로 폭넓은 독자를 확보한 화제작이었다. 특히 이 글은 1993년에서 1996년까지 잇따라 발표된 세 장편소설이 각각 80년대를 체현한 인물의 서로 다른 죽음(자살, 병사, 군 의문사, 분신)을 소설의 행위를 추동하는 중요한 계기로 배치하는 동시에, 여기에 엇갈리고 실패하는 사랑의 서사를 겹쳐 놓고 있다는 점에 주목한다. 이를 통해 후일담의 서사구조가 그것을 체험한 일련의 세대-주체들의 표현양식으로 환원되기보다는 어떻게 한 시대의 보편화된 감성을 드러내는 동시에 재형성하는 코드로 작동했는지를 살핌으로써, 1990년대 중반 이후 장편 후일담을 틀 짓는 서사적 패턴과 그 변화의 양상을 포착하고자 한다.

## 2. 죽음과 사랑의 이중적 코드화: 공지영의 『고등어』와 '운동권식' 사랑의 문법

> 그 영안실 한 귀퉁이에서 나는 어쩔 수 없이 나의 옛 시절들과 마주쳤다. 넥타이를 매고 양복을 입은 채로 그들은 내게 그에 관해서, 그도 아니면 그때 젊었던 그들에 대해서, 그도 아니면 아직도 정신병원에 있는 또 다른 그에 대해서 소설을 써 주기를 바랐지만 솔직한 내 심정을 이야기하자면 나도 지쳐 있었다. 90년대도 저물어 가는데 정말이지 나는 80년대의 기억으로부터 이제 그만 자유로워지고 싶었다. 나 말고도 다른 소설가들한테, 예를 들면 더 열렬했고 더 글재주도 있는 다른 소설가들에게 그 일이 맡겨졌으면 했던 것이다.
>
> 그리고 나는 잊었다. 아직도 희망이라는 미망에 사로잡혀

있다고 술자리에서 울먹이는 한 친구를 보면서 '시대착오적'이라고 마음속으로 비웃기도 했었다. 돈도 명예도 앞날도 보장되는 길을 두고 '단지 불의와 타협할 수는 없어서, 대체 그럴 수는 도저히 없어서' 회사에서 쫓겨난 동기에게 생활비를 꾸어 주며 이제 그만 '타협하라'고 말하고도 싶어 했었다.[12]

1993년, 단편 「무엇을 할 것인가」, 「인간에 대한 예의」, 「꿈」등의 소설을 통해 90년대의 '방향상실'을 소설화했던 공지영은 작가 후기를 통해 『고등어』를 쓰게 된 계기로 한 젊은 선배의 죽음과 그에 대해 써보라는 주변의 제안을 언급하면서 "80년대의 기억으로부터 이제 그만 자유로워지고 싶었"던 당시의 기분을 고백한 바 있다. 여전히 희망에 사로잡혀 불의에 타협하지 않는 주변의 친구들을 '시대착오적'이라고 느끼면서도 한편으로는 "그들과 함께"했던 "등 푸른 자유"를 쓸 수밖에 없었다고 말하는 작가의 목소리는 바로 이 시대착오성이야말로 후일담 소설이 구현하는 가장 강력한 정서임을 미리 암시해준다. 작가 스스로가 이미 80년대를 말한다는 것의 구태의연함을 누구보다 명백하게 인식하고 있었다는 점을 고려한다면, 후일담 구조의 반복성은 단지 작가적/세대적 체험의 신성화로만 설명되기 어려운 의도와 욕망을 포함하고 있다.[13]

---

12 공지영, 「작가 후기」, 『고등어』, 웅진출판, 1994, 285쪽.

13 "대체적으로 볼 때, 90년대 초반의 신세대는 자신들이 겪었던 역사적인 체험의 특수성을 강조하는 경향을 보였던 것 같습니다. 자신의 체험의 특수성을 보편화시키는 방식이 소설쓰기의 전략으로 내밀하게 설정되어 있거나 아니면 비평적 논의의 암묵적인 전제로 가로놓여 있었다고 기억됩니다. 그러한 전략의 성패는 고유한 역사적 체험, 쉽게 말하면 80년대와 90년대의 문턱을 넘어왔다는 특수한 체험을 보편적인 언어로 주제화해 낼 수 있는가에 달려 있겠지요."(김동식) "〈체험의 특수화〉라는 표현은 〈체험의 절대화〉, 또는 〈의존의 글쓰기〉로 바꾸고 싶군요. 80년대 컨텍스트는 소멸되었는데 그 사실을 미처 알아채지 못하거나 알아도 인정할 수 없는 정서적 상태가 있을 수 있겠죠. 그래서 체험이든 과거든 무엇인가를 절대화하고 거기에 의존하는, 그런 양상이 90년대 초반 세대한테서 집단적으로 나타났던 것 같아요."(진정석) 황종연 · 진정

말하자면 공지영은 80년대를 기억하는 소설적 행위의 반복 속에서 90년대에도 지속되고 있는, 그러나 더 이상 사회적·상징적 의미를 가지지 못하는 '죽음'의 반시대성을 재현함으로써 80년대의 기억으로부터 벗어나고자 한 것이다. 그러나 일련의 단편들과 달리 『고등어』의 서사가 시대적 허무를 넘어선 감정의 '과잉'으로 느껴지는 이유는 바로 주변의 죽음들을 써야 한다는 책임과 그것의 시대적 이질성 자체를 오히려 너무 강하게 인식했기 때문이라고도 볼 수 있다. 결과적으로 소설 속 중심인물 은림, 명우와 주변 인물들 사이의 감정적 부조화는 더 뚜렷한 차이로 각인된다.

『고등어』는 지난 시대의 이상과 삶의 양식을 고수하는 시대착오적인 인물 은림이 쇠락해져 90년대의 한복판에서 죽음을 맞이하는 결말을 그림으로써, 과거 운동권 사회에서 인정될 수 없었던 두 인물의 사랑이 변화된 현실 속에서조차 실현될 수 없음을 극적으로 보여준다. 과거에 운동에 헌신했으나 이제는 기업가의 자서전을 대필하면서 적당한 연애 관계를 유지하던 명우의 일상에 갑작스럽게 나타난 은림은 잊고 있었던 과거의 기억과 감정들을 유발하고, 그 속에서 명우는 스스로에 대한 반성과 현재의 삶을 이루는 관계에 대해 고민한다. 은림은 혁명과 사랑이라는 80년대의 열정을 상징하는 동시에 혁명과 사랑 어느 편에서도 진정한 '열정'이 불가능해진 90년대의 현실을 대비적으로 환기하는 존재이다. 끝내 은림은 자신들의 재회가 "그저 서로가 가엾었던"[14] 것에 불과했다고 말하면서 "이긴 사람들"이 아니라 "잃어버린 사람들"인 '우리'의 이야기를 써달라고 당부하며 숨을 거둔다. 시대와 사랑을 향한 용서를 말하며 첫눈 속에서 숨을 거두는 은림의 형상은 죽음을 통해 과거의 열정을 가장

석·김동식·이광호 외, 「좌담: 90년대 문학 어떻게 볼것인가」, 『90년대 문학 어떻게 볼 것인가』, 민음사, 1999, 31~32쪽.

14 공지영, 『고등어』, 웅진출판, 1994, 280쪽.

순수하게 보유하려는 신성화의 양상을 띤다.[15]

『고등어』는 "은림과 명우의 이루어질 수 없는 사랑"[16]을 서사의 핵심적인 계기로 불러오지만, 기실 소설에서 현재의 사랑과 그것의 실현 가능성은 중요하지 않아 보인다. 은림과 명우의 재회는 서로의 젊음-혁명-사랑이 반성되는 과정을 통해 그것을 기억/기록하기 위한 결말을 위해 예비되어 있으며, 이 예정된 죽음의 비극성이 소설 전체의 지배적 정서로 구현되기 때문이다. 따라서 쇠락한 은림의 죽음은 그 자체로 자신을 목격하게 만들기 위해 필연적으로 명우의 눈앞에 도래해야만 한다. 실제로 『고등어』의 도입부가 은림의 '유고노트'의 삽입으로부터 시작되며, 은림이 현재의 명우를 중심으로 한 여경, 연숙 등의 다각관계에 초연해 있다는 사실, 그녀의 죽음이 사건의 진행과 무관한 자연스러운 '소멸'처럼 그려진다는 점은 이러한 예정된 죽음의 목적성을 더 뚜렷하게 만드는 요소라 할 수 있다.

『고등어』에서 인물들의 사랑 관계는 기본적으로 동지적 결혼과 열정화된 사랑이라는 이중의 구조로 나타난다. 은림과 남편 건섭, 명우와 전 아내 연숙의 관계는 사랑이라는 '믿음'을 통해 자신을 속인 결합이자 충실하지 못했던 관계이며, 친구의 누이이자 후배의 아내인 은림과 운동권 선배 명우의 짧은 사랑은 그러한 결혼 관계를 초과하는 열정의 과잉으로 그려지고 있다. '집'으로부터의 독립을 위해 맺어진 운동권 대학생 은

15 공지영의 『고등어』에 관해 김은하는 은림과 명우의 관계와 그 결말을 자기처벌을 통한 윤리의식의 확보와 자기 신성화로 설명한 바 있다. 김은하, 앞의 글, 61쪽.

16 김경원, 「〈고등어〉가 지닌 통속성의 원리—공지영의 〈고등어〉」, 『문학사상』, 1995.11, 78쪽. 이 글은 『고등어』를 전면적으로 비판하고 있는 당대의 비평으로, 『고등어』가 80년대를 '개인을 억압한 시대'라는 점만을 단적으로 부각해 역사를 감상적 차원에서 주관적으로 그려내고 있다고 지적한다. 이외에도 이 글은 90년대를 '원죄적 근원으로 취급하는 작가의 시각'(78~79), '감상적 자기연민'(79), '80년대와 90년대의 도식적 대립과 관념적 화해'(82), '여성성의 심각한 왜곡과 과잉된 여성적 자의식'(85) 등 여러 요소에 초점을 맞춰 『고등어』를 비판한다.

림과 건섭의 결혼, 사랑의 좌절 이후 노동자 연숙과 불현듯 이루어진 명우의 결혼은 80년대 운동사회 내부에서 이루어진 결혼문화의 시대적 전형성을 드러내준다. 특히 사랑의 감정이 사치로 여겨지는 상황 가운데 '불륜'이라는 오명과 함께 더욱 승인될 수 없었던 은림과 명우의 관계는 대의로서의 혁명과 사적 감정으로서의 사랑을 대립시키는 전형적인 운동권 서사의 모티프를 함축한다. 기실 '혁명이냐 사랑이냐'라는 물음은 사랑과 쾌락의 영역이 사회 변혁에 대한 '헌신'에 방해 요소로 작용한다는 인식을 전제하면서, 사랑의 문제를 '대의'에 밀려난 부차적인 것으로 간주해온 운동문화의 역사적 관습을 환기하는 것이기도 하다.[17]

> "건섭 씨 말이에요? 그래요, 취직이 되어서 경주에 갔었어요. 감히 형이 내게 무슨 말을 할 자격이 있다고 생각해요? 그래요, 건섭 씬 날 버리지 않았어요. 하지만 형은 날 버렸지요. 단 하룻밤 나를 차지하려고 지키지도 못할 약속을 했어요. 그런데 댓가를 치른 것은 약속을 어긴 형이 아니라 나였어요. 나하고 죄도 없는 건섭 씨였지요. 그래요. 형 말대로 대체 이루어지지도…… 그래요! 턱도 없는 희망에 사로잡혀서 내가 뱃속의 아이를 죽이고 이미 죽어버린 형의 아이를 사산하기 위해서 두 다리를 벌리고 미친 듯이 비명을 지르고 있을 때 내 손을 잡아준 것도 그였어요. 그런데 형은 내가 잠깐 건섭 씨한테 다녀왔다고, 한때 형의 친구였던 오빠까지 들먹이며 빈정거리고 있어요. 고작 이건가요? 한때는

17 스레츠코 호르바트는 혁명의 역사에서 혁명운동과 사랑 혹은 성 혁명이 대립되어 온 양상을 레닌과 체 게바라의 사례를 통해 흥미롭게 분석한다. 예컨대, 여성 문제에 관해 목소리를 높였던 레닌마저도 클라라 제트킨을 비롯한 여성운동가들이 성 해방과 결혼 문제, '자유로운 사랑'에 대해 논의하는 것을 투쟁을 위협하는 '위험한 일'이며, '아직 적절한 시기가 아니'라는 점에서 비판했다. Srecko Horvat, *The Radicality of Love*, 스레츠코 호르바트, 『사랑의 급진성』, 변진경 옮김, 오월의봄, 2017, 101~107쪽 참고.

운동이라는 이름으로 날 팽개치지 않았나요? 그때 우리의 마음이 적어도 거짓이 아니라면 형이 나 대신 택했던 건, 그건 지금 대체 어디 있나요?" (224) [강조—인용자]

그런 점에서 운동 이후 과거를 반성적으로 돌아보는 『고등어』는 혁명과 사랑의 대립 구도를 직접적으로 겨냥하며 그 전제를 의문시하는 소설이다. 은림과의 도피를 주저하고 운동이라는 명분을 택했던 명우의 행위가 단지 비겁함에 불과했다는 것이 표명되면서, 사랑과 혁명의 의미는 동시에 의문에 부쳐진다. "우리의 마음"을 대가로 그가 "나 대신 택했던 것"이 어디에 있는지를 묻는 은림의 발언은 물론 원망의 마음에서 비롯된 것이지만, 한편으로는 사랑의 약속과 관계의 책임을 저버린 혁명이 어떤 의미가 있는지를 되묻게 만든다. 이 과정에서 은림이 과거 명우와의 사이에서 임신한 아이를 유산했다는 사실은 운동권 남성의 무지에 가려져 있던 여성 인물의 상이한 고통을 드러내주는 동시에 명우로 하여금 자신의 '선택' 혹은 과거에 대한 죄책감을 강화시키는 장치로 기능한다. 『고등어』는 운동을 내세우며 사랑을 버렸으나 90년대의 현실에 적응한 명우와는 대조적으로, 운동권 내부에서 항상 '비과학적'이라는 비난을 받았던 은림이 현장에 가장 오래 남아있었던 존재로 (죽음을 통해) '기억'될 수 있게 만든다. 요컨대 은림은 운동에의 헌신과 사랑의 열정, 양자를 모두 포기하지 않았던 존재로서 80년대를 부정하지 않고 반성할 수 있는 일종의 '희망'의 암시가 되는 것이다.

그러나 후일담 소설로서 『고등어』의 완결되지 못한 사랑의 낭만성, 죽음을 통한 과거의 신성화에 운동을 반성하는 성차화된 기억과 혁명과 사랑의 대립에 대한 비판적 질문이 기입되어 있다는 점을 지적하는 일은 중요하다. 이 소설이 은림과 명우 사이에 반복적으로 그들을 관계를 이해하지 못하는 '여경'의 시선을 개입시키고 있다는 점, "왜 언제나 심술을 부리지 않으면 자학을 하"[18]느냐는 명우를 향한 은림의 질문이 운동의 좌절에 머무른 채 자기부정을 거듭하는 태도를 향한 비판의 목소리에 가깝다는 점에 주목한다면, 『고등어』를 '감상적 자기연민'에 빠져있기를 거부하고 변화하기를 표명하는 텍스트로 읽어내는 일도 가능해보이기 때문이다. 소설은 과거에 머물러 있는 이(은림)와 과거를 망각하는 이(명우)를 만나게 함으로써, 과거와 함께 현재의 문제(여경) 또한 직면해나갈 수밖에 없음을 사랑의 삼각구조를 통해 드러낸다. 과거의 연인을 정리하지 않으면 현재의 연인 관계 또한 위태로워지는 것처럼, 과거의 개입은 현재의 스스로에게 피할 수 없는 책임의 몫을 부여하게 되는 것이다.[19]

## 3. 낭만적 사랑의 유예와 연대의 회복: 김형경의 『새들은 제 이름을 부르며 운다』

『고등어』가 명우의 시점으로 은림의 방문 이후 한 달의 서사적 시간 끝에 죽음을 배치함으로써 소멸을 통해 80년대의 사랑과 혁명의 열정

18 공지영, 앞의 책, 228쪽.

19 그런 점에서 『고등어』의 현재적 서사의 중심이 되는 여경 또한 명우에게 계속해서 '책임'의 문제를 촉구하고 있다는 점은 의미심장하다. 은림의 출현으로 불안해진 관계 속에서 여경은 명우의 확신을 요구하면서 다음과 같이 말한다. "그래요! 언제나 그랬어요. 노은림 씨도, 연숙 씨와의 결혼도, 게다가 명지까지. 당신은 책임진 적이 없어요. 여자들이 그냥 상처받고 제풀에 떠나가기만을 바랐잖아. 정말로 한 여자를 사랑해보고 아껴 보고 그리고 슬퍼서, 정말 슬프고 안타까워서 가슴이 찢어질 것 같은 기분을 느껴본 일이 있어요? 그리고 당신은 말하지. 어쩔 수 없었어. 모는 게 나 내 탓은 아니야! 그땐 그랬으니까. 이렇게 말이에요. 아닌가요?" 공지영, 앞의 책, 246쪽.

을 보유하려는 기억의 방식을 극대화했다면, 김형경의 『새들은 제 이름을 부르며 운다』(이하 『새들은』)[20]는 노동 현장에 남아있던 민화의 갑작스러운 '자살'로 인해 대학시절의 친구들이 모이게 되면서 이야기가 시작된다. 대학시절 민중미술 서클에서 함께 민주 시화전을 열고 벽화를 그렸던 운형, 은혜, 시현, 형조는 민화의 죽음을 계기로 재회하게 되고, 죽음의 진실을 규명하는 과정에서 각자 민화에 대한 기억과 사랑의 감정을 되새긴다. 민화를 사랑한 시현, 민화가 사랑한 운형, 운형이 사랑한 은혜, 은혜가 사랑한 형조 등 엇갈리고 교차하는 사랑의 감정들이 구체화되는 가운데, 민화가 죽던 날 현장에 함께 있었던 사람이 형조였음이 밝혀지면서 서사는 전환을 맞는다. 이후 소설은 민화의 죽음과 벽화 사건에 동시에 연루된 형조를 중심으로, 형조의 혐의가 운동권 배후 세력의 집단적 행위로 덧씌워지는 상황, 결과적으로 형조가 징역을 선고받는 과정으로 이어진다. 『새들은』은 민화의 죽음의 진실을 밝혀가는 서사와 익명의 벽화 사건의 범인을 추적하는 서사를 겹쳐놓음으로써 후일담 서사의 '회고적' 성격을 좀 더 현재형에 가깝게 만들면서 '상투성'[21]을 탈피하려는 시도를 보여준다.

---

20 1993년 말, 창간 5주년 기념사업으로 마련된 국민일보 장편소설 공모 당선작으로 발표된 김형경의 『새들도 제 이름을 부르며 운다』는 당시 최고의 고료로 화제를 모으면서 출간 1개월 만에 10만부를 돌파하여, 1994년 초반의 '베스트셀러'로 자리매김 된다. 김형경, 「「새들은 제 이름을 부르며 운다」 베스트셀러 행진」, 『국민일보』, 1994.1.27.

21 『새들은 제 이름을 부르며 운다』의 당선 심사평에서 박완서는 이 소설이 "이미 있어온 것의 상투성을 탈피한 깊이가 있었고 이미 말해진 것들의 조급함을 어느 만큼은 가라앉힌 자리에 와있는 것" 같다고 평가했다. 김병익 또한 "현장운동의 유효성을 상실해가는 시절에 이르러 그 참여자들이 치러야 할 고뇌와 좌절이 섬세하면서도 아름답게 묘사"했음을 긍정적으로 평가한다. 이러한 평가들은 '후일담 문학'을 직접적으로 언급한 것은 아니지만, '현장운동의 유효성을 상실'해가는 1993년 후반에 '상투화'되고 있는 일련의 서사적 경향에 대한 인식이 공유되고 있음을 확인시켜준다. 심사에는 박완서, 이문구, 김병익, 유종호, 김원일 등이 참여했다. 「한국문단 새 지평 열었다/산고… 당선작 「새들은…」 뽑기까지/심사후기」, 『국민일보』, 1993.12.10.

여기서 『새들은 제 이름을 부르며 운다』의 서사적 계기가 되는 민화의 죽음은 운동권 출신이자 변화한 현실 상황에서 여전히 희망을 버리지 못하고 현장 생활을 지속하는 여성인물의 죽음이라는 점에서 『고등어』의 서사와 유사한 패턴을 보인다. 은림과 마찬가지로 "유리처럼 고귀한 품성"[22]을 가진 민화는 "소련도 붕괴되고 운동권도 쇠퇴하고 이데올로기도 사라진 이 90년대에"[23]도 변함없는 순수한 열정을 간직한 인물로, 그녀 또한 현장을 떠난 패배가 곧 삶의 패배라고 여기면서 죽음을 맞는다. 『고등어』의 은림과 『새들은』의 민화는 쇠약해져 가는 육체를 안고 현장을 떠나 변화한 90년대의 현실에 자리 잡지 못한 채 죽고 마는 80년대적 주체의 형상을 공통적으로 보여준다. 두 소설이 이들의 절망적 내면을 발견된 '유고일기'의 삽입을 통해 제시하고 있다는 점은 1980년대 이후의 사회적 죽음의 형식과 그 재현문법으로서의 '내면'의 양식들을 공통적으로 환기하는 요소라 할 수 있다.[24] 또한 소설 속에서 민화의 죽음에 대한 인물들의 부채감은 자신은 죽지 않고 살아있다는 윤리의 차원에 그치는 것이 아니라, 그들이 실제로 인물의 죽음에 직·간접적으로 연루되어 있었다는 사실을 통해서 구체성을 부여받는다. 그들은 민화에게 자살의 방법을 암시했다는 사실, 약을 구해줬다는 사실, 민화의 오랜 감정을 모른 체했다는 사실 때문에 각자의 책임감을 느낀다.

---

22 김형경, 『새들도 제 이름을 부르며 운다』 1, 민예당, 1994, 112쪽.

23 위의 책, 60쪽.

24 김정한은 1980년대 운동사회의 '감성의 좌표들' 중 하나인 열사들의 유서를 검토, 재구성하면서 유서의 언어는 "진리와 정의를 추구하는 삶을 살고 싶은 마음과, 현실 속에서 그렇게 살지 못하도록 하는 유혹 사이에서 심각한 고통과 슬픔을 겪는 주체의 내면"을 드러내고 있으며, 열사의 유서에 담긴 감성은 "죽음을 선택한 일부 개인들의 사적인 차원이 아니라, 1980년대 정치주체들을 규정하는 보편적인 맥락을 구성하고 있었"음을 지적했다. 김정한, 앞의 글, 89~94쪽. 또한 이소영은 1991년 유서대필 조작사건의 '유서'의 형식과 문학적 재현과의 상호 연관을 상세히 고찰한 바 있다. 이소영, 「1990년대 문학과 망각된 정동-1991년 5월 유서대필 조작사건과 김영현의 소설을 중심으로」, 『민족문학사연구』 74, 민족문학사연구소, 2020.

소설의 후반부는 형조가 벽화를 그린 사건에 대해 자수한 이후 그에게 부여된 검찰의 혐의 조작에 대항하여 은혜를 중심으로 한 주요 인물들이 사건에 관해 진술하고 재판이 진행되는 과정에 집중되면서, 서사의 발단이었던 민화의 죽음은 "문민정부"시대에도 계속되는 '정치적 음모'를 드러내는 사건으로 확장된다. 사망 당시 민화와 현장에 동행하고 이후 반체제 벽화를 그린 형조의 행위가 검찰에 의해 배후 세력에 의한 집단적 움직임에서부터 '자살 교사' 의혹으로까지 번지는 과정을 "제2의 강기훈 사건"[25]으로 명명하면서 1991년에 벌어진 유서대필 조작사건의 역사적 맥락을 적극적으로 삽입한다. 알려져 있듯이, 1991년 5월 투쟁 동안 발생한 잇따른 분신정국 상황에서 정권과 검찰 권력은 전민련 총무부장 강기훈에게 유서 대필과 자살 방조 혐의를 뒤집어씌우면서 여론을 동요시켰고, 이 사건을 전후로 한 일련의 계기들로 운동권 세력에 대한 대중적 지지는 약화되었다.[26] 소설은 사건 '이후'의 시간을 배경으로 여전히 계속되는 죽음과 이에 대한 정치적 공방, 죽음이 담론화되는 방식의

---

25 "그래, 그건 모두 집행 유예나 기소 중지감이지. 그런데 이 놈의 나라 코미디 같은 데가 있잖아. 제2의 강기훈 사건처럼 만들려나봐." "제2의 강기훈? 그 유서 대필 사건?" "그래. 침체하고 쇠퇴해 가는 운동권에 확인 사살을 하겠다는 거지." 김형경, 『새들도 제 이름을 부르며 운다』 2, 민예당, 1994, 70쪽. 덧붙여서 민중미술운동에 가담한 미대생들을 주인공으로 설정한 이 소설은 유서대필 조작사건과 함께 1989년 '민족해방운동사' 사건을 전례로 언급하기도 한다. "국가 보안법 적용은 모르겠어. 책 찾아보고 판례 보고 그러는데 너무 탄력적이어서. 벽화로는 구속된 사례가 없고 만화나 걸개그림, 팸플릿 건으로 구속된 사례는 많아. 89년에 민족해방운동사 그렸던 홍성담 씨와 민미연 회원들 실형 받았고 같은 해 '모내기' 사건으로 신학철 씨 구속되고……." 위의 책, 174쪽. '민족해방운동사 사건'은 민족민중미술운동전국연합이 1989년 창작한 걸개그림 「민족해방운동사」가 북한 평양에서 개최된 세계청년학생축전에 슬라이드필름으로 보내지면서 건준위 위원장 홍성담 등 8명의 화가가 구속, 간첩으로 조작된 사건이다. 민주화운동기념사업회 오픈아카이브, https://archives.kdemo.or.kr/oral-archives/view/1080, 접속일: 2024.5.13.

26 1991년 5월 투쟁에 관한 자세한 내용은 다음을 참조. 김정한, 『비혁명의 시대-1991년 5월 이후 사회운동과 정치철학』, 빨간소금, 2020, 35~36쪽; 천정환, 앞의 책. 1991년 5월 투쟁의 기억에 관한 소설적 재현에 관한 연구로는 다음을 참조. 허민, 「강경대와 서태지: 91년 5월 투쟁의 소설적 재현과 저항의 대중문화화」, 『한국현대문학연구』 69, 한국현대문학회, 2023.

문제성을 길고 지난한 재판과 선고의 과정을 통해 보여준다. 형조의 혐의가 '자살 방조 및 국가 보안법 위반'이라는 사실은 이 소설에서 민화의 죽음과 벽화 사건이 어떤 방식으로 묶여서 '조작'되는지를 집약하는 한편, 형조의 공판은 죽은 이의 삶을 다시 한 번 낱낱이 해부하는 과정으로 나타난다.

> 나에 관한 이야기, 나의 현재에 관한 이야기를 하려니 무척 어색하구나. 언제나 내게 중요한 것은 우리라는 집단 공동체였고 그 '우리'의 미래였지. 우리의 삶의 조건을 개선하기 위해 싸웠고 우리의 미래가 공명정대한 평등의 땅이 되리라 믿으며 일했어. 그 모든 것이 한꺼번에 당장 이루어지리라고는 기대하지 않았지만 이토록 더디고 불확실할 줄은 몰랐어. (…)
>
> 다 옳은 얘기야. 그리고 그 중요한 2천년대를 함께 지켜볼 수 없다는 게 안타까워. 동지들에게, 그날을 위해 더 열심히 투쟁해 줄 것을 부탁하고 싶어. (…)
>
> 내 선택을 패배나 절망이라고 생각하지는 마. 단순한 충동도 아니야. 그저 내 삶이 여기까지라는 거야. 여기까지. (2권, 88~89쪽)

> 이제 와 생각해보면 내 과오는 너무 먼 곳을 보며, 너무 큰 것을 탐내며 살았다는 걸 거다. 바로 내 발밑의 땅이 진흙 구덩이인지 마른 땅인지 가려 본 다음 우선 땅바닥에 발을 튼튼히 붙이고 섰어야 했는데 그것을 간과했다. 그 이치를 몰라서가 아니라 의식적으로 외면해 왔다는 게 옳다. 발밑으로 눈을 돌리면 더 이상 고개를 들고 먼곳을 바라보지 못하게 될 것 같았다. 일상의 삶을 가꾸고 그것에 집착하다 보면 더 큰 것을 놓칠 것 같았다.

하지만 나는 그런 방식을 통해 지속적으로 이 세상과의 관계를 끊어왔을 것이다. 나의 현재, 나의 딜레마는 바로 그것이다.

이 세상에 단 한 가지라도 나를 붙잡는 일이 있다면, 아주 작은 무엇이라도 내가 책임져야 하고 내게 위안을 주는 대상이 있다면 그것에 매달려 또 한 세상 살아볼 만도 하겠다. 우리 투쟁의 희미한 전망, 시가 이 땅에 쓸모있고 숭고한 것이라는 믿음, 그도 저도 아니라면 이 세상 어디에선가 나를 지켜봐 주는 사람 하나……. 이제야 알 것 같다. 사람들이 왜 결혼을 하고 자식을 주렁주렁 낳는가를.

운형이, 인간 세상의 비무장 지대. (2권, 153쪽)

소설 전반부의 민화가 은혜에게 남긴 유서가 죽음 직전의 민화의 심정을 드러내며 죽음의 슬픔과 비극성을 더해준다면, 이후 은혜가 공장에서 전달 받게 되는 민화의 일기는 죽음 이전의 민화의 삶-투쟁을 위한 분투와 좌절을 되짚으면서 그녀의 내면적 고독과 삶에의 애착을 더 상세하게 전달하는 매개체가 된다. 중요한 것은 『새들은』에서 이러한 '일기장'의 존재는 형조의 재판을 위한 증거로서 활용되면서 두 사건을 매개하는 기능 또한 수행한다는 점이다. 은혜가 민화가 일한 공단의 동료 노동자로부터 구한 일기장은 "유서 사본"과의 "필적 비교"[27]를 통해 3차 공

27 『새들은』에서 형조의 혐의 및 재판 과정이 1991년 유서대필 조작사건의 역사적 맥락을 전면적으로 삽입하고 변주하는 과정에서 '필적' 감정의 문제 또한 중요하게 언급된다. 다만 소설 속에서 이 필적의 문제는 벽화의 그림과 글씨의 문제에 초점이 맞춰져 있다. "국과수 문서감정실장은 이미 검찰에 제출한 바 있는 판정 불능 소견서를 들고 나와 왜 필적 감정이 불가능한가에 대한 진술을 했다. / 그는, 필적 감정을 할 때는 글자 전체의 꼴을 볼 뿐 아니라 ㅏ, ㅑ 등 모음의 필체, ㄹ, ㅁ, ㄷ 등 자음의 필체, 그리고 자음과 모음을 이어 쓰거나 띄어 쓰는 습관 같은 것을 밝혀 필적 감정을 한다고 설명했다. 그런데 벽에 씌인 글씨는 대자보나 차트를 쓸 때 주로 쓰는 반듯반듯한 정자체로 씌어 있고 글씨의 양도 많지 않아 분석이 쉽지 않다고 했다. 어떻게 보면 세 필적이 모두 같아 보이기도 하고 어떻게 보면 벽의 글씨가 형조의 필적하고도

판의 증거로 제출되는 등 형조를 돕기 위한 과정 속에서 발견되고 활용된다. 기실 민화의 죽음과 형조의 벽화 사건이 묶이고 확대되게 되는 것은 '강성' 운동권이었던 그들이 계속해서 각자의 현장(구로공단, 태백 탄광)에 남아 있었다는 점을 빌미삼은 것으로, 민화의 죽음을 지킨 이가 형조였다는 점은 그런 점에서 서사적 필연성을 갖게 된다. 형조는 민화의 운동에 대한 패배의식을 마지막으로 공유할 수 있는 유일한 존재로서, 민화의 죽음은 그의 '행동'을 촉구하도록 만드는 것이다. 그런 점에서 『새들은』에서 '죽음'은 책임과 죄의식을 유발하는 상실의 정서만이 아니라, 죽음으로부터 삶을 움직이게 만드는 사건으로 작용함을 알 수 있다.

민화와 형조가 신념을 통해 연결된 관계라고 한다면, 이후 형조의 행위에 가장 적극적으로 개입하게 되는 은혜는 형조와 사랑의 관계를 형성한다. 다중화된 시점을 활용하여 서술자를 반복적으로 교체하며 전개되는 『새들은』에서 운형, 은혜, 시현, 형조, 민화의 연쇄적인 사랑 관계는 주로 그들의 대학시절에 대한 기억을 통해 제시되는데, 이 과정에서 민화가 운형을 사랑했음이 새롭게 밝혀진다. 그러나 그녀의 마음을 죽음 이후에야 알게 된 운형의 충격과 더불어 소설 속에서 인물들 간의 사랑의 감정은 대부분은 전달되지 못하거나 뒤늦은 무언가로 남아있을 뿐이다. 현재 시점에서 사랑의 정서를 가장 핵심적으로 구현하는 은혜와 형조 또한 끝내 서로에 대한 감정을 확인하지 못한다. 형조의 수사에 혼선을 주기 위해 벽화 사건에 개입한 은혜와 그런 은혜를 지키기 위해 자수를 한 형조의 관계는 누구보다 형조의 재판에 힘썼던 은혜가 돌연 결혼했다는 소식을 전해짐으로써 반전을 맞이한다. 문제는 갑작스러운 은혜의 결혼

---

같아 보이지 않는다고 했다. 종이에 쓴 글씨라면 글씨에 가한 압력의 정도, 즉 필압으로도 구분이 가능한데 그것도 아니어서 모든 게 모호하다고 했다." 김형경, 앞의 책, 213~214쪽.

이 상대의 폭력으로 인한 임신으로부터 비롯된 '사랑 없는' 결혼이라는 점이다.

> "은혜 씨 결혼, 옳은 선택이 아니었던 것 같아요. 임신이 되어서 결혼을 결정한 것 같은데. 우리처럼 자의적 속도위반은 아니고요."
> "무슨 말이야?"
> "직접적으로는 말 안하는데, 수면제랑 술 먹은 상태에서 임신하면 비정상적인 아이가 태어나는 게 아닌가 물었어요. 심리적으로 불안정한데 혼자 있는 밤에 그런 생각 한번 들면, 난 이해할 수 있어요. 생각이 가시덤불처럼 뻗어나가며 몸을 신경을 찔러대는 거, 은혜 씨 그런 상태였던 것 같아요. 그렇지 않다고 거듭 말해 주니까 그제야 안정하는 거예요."
> "그런데, 그게 무슨 얘기야? 수면제와 술을 먹은 상태에서 임신을 했다니?"
> 정인은 대답 없이 한숨을 푹 쉬었다. 그리고는 무엇인가를 골똘히 생각하는 눈빛으로 진중하게 대답했다.
> "당신은 모를 거예요. 우리나라 여자들 중 많은 수가 저를 폭행한 사람과 결혼한다는 거. 물론 남자들은 사랑이라는 이름으로 폭행을 하죠."
> 운형은 자리에서 일어나고 말았다. 순간적으로 눈앞이 어두워지며 머릿속이 핑 도는 느낌이었다.
> "은혜가 그랬단 말이야?"
> 말하고 나니 서늘하게 예전에 은혜가 했던 말이 떠올랐다. 민화가 있었으면 날 죽이려 들었을 거야. 무슨 그런 봉건시대 노파 같은 생각이냐고. 결정은 내가 하고 책임도 내가 지는 거야. 정인도 따라 일어났다. (2권, 274~275쪽)

소설의 막바지에 이르러 형조와 은혜의 사랑의 확인을 가로막는 요소가 "사랑이라는 이름으로" 가해진 "폭행"이라는 점은 인물 간의 사랑의 비극성을 강화하는 것 이상의 암시를 준다. 그것은 형조의 수감과 출감이라는 사건의 잠정적 결말의 한편에 남은 또 다른 폭력의 문제를 환기한다. 6공과 문민정부 시대로의 이행에도 국가보안법과 정치조작이 사라지지 않는 것처럼, 사랑을 가장한 친밀성의 폭력과 그것을 문제화하지 못하는 여성인물의 삶 또한 '진보'를 멈춘 자리에 놓여 있음을 시사하는 것이다. 물론 은혜를 둘러싼 결혼과 폭력의 문제는 더 이상 구체화되지 못한 채 재회 장면을 끝으로 소설은 마무리된다. 은혜와 형조 사이의 낭만적 사랑은 서사적으로 완성될 수 없는 영역으로 남게 되지만, 그럼으로써 소설은 인물들 사이의 정서적 연결을 가능하게 하는 매개이자 일상 속에서의 연대를 가능하게 만드는 보다 확장된 사랑의 의미를 확보하는 것이다. 요컨대 『새들은』에서 친구의 '죽음'은 연루된 사람들의 죄의식을 유발하는 우울의 경험으로 출발하지만, 동시에 그들이 상실의 경험으로부터 다른 이를 위한 삶의 투쟁을 이어갈 수 있는 동력이 되게 하는 요소 또한 '사랑'일 수 있다는 점을 확인시킨다. 그 결과 혁명과 사랑의 동일화를 통해 역설적으로 그것을 과거화할 수밖에 없었던 『고등어』—따라서 『고등어』에서 현재의 사랑은 불가능하다—와 달리, 『새들은』은 90년대의 현재 속에서 지속되는 투쟁과 사랑의 연결지대를 발견하고자 하며, 그것은 결혼이라는 새로운 폭력의 구조를 경유해야 하는 미완의 문제로 남겨진다.

## 4. 각성하지 않는 주체와 '성적 탐구'의 열정: 김인숙의 「세 번째 밤의 약속」

한편 1990년대 후일담 문학이라는 분류가 어느 정도 자리 잡은 1996년, 앞의 두 소설과는 얼마간의 시차를 두고 발표된 김인숙의 「세 번째 밤의 약속」(이하 「세 번째 밤」)은 '「80년대」를 안고 사는 젊은이들의 고뇌·사랑'[28]이라는 타이틀과 함께 연재를 시작한 장편소설이다.[29] 서른세 살의 1인칭 주인공 '나'가 고등학교 2학년생이던 1980년부터 대학 입학과 군 입대, 제대와 복학 등의 10년이 넘는 세월을 회상하는 소설의 구조는 연재 직전 해인 1995년 폭발적인 인기를 끌었던 SBS 드라마 〈모래시계〉의 방대한 서사 진행을 떠올리게 한다. 『고등어』와 『새들은』이 현재의 시점과 과거를 부분적으로 교차시켜 다루고 있다면, 「세 번째 밤」의 경우 현재의 시점은 처음과 끝부분에서 중점적으로 제시될 뿐, 서사의 대부분이 1980년부터 1993년까지의 역사적 시간 축을 따라 연속적으로 진행되기 때문이다. 이 소설에서 남성 주인공 '우현'의 기억을 추동하는 가장 핵심적인 사건은 첫 사랑 '은수'와의 만남과 이별 그리고 친구 '민수'의 죽음이다. 여기서 중요한 것은 소설 속 '나'의 친구인 민수의 여동

28 「「80년대」를 안고 사는 젊은이들의 고뇌 · 사랑」, 『경향신문』, 1996.4.1.

29 1983년 대학 시절에 등단해 '여대생 베스트셀러 작가'로 불렸던 김인숙은 공동창작집 『79~80, 겨울에서 봄 사이』(1987), 『함께 걷는 길』(1989) 등을 통해 1980년대의 대표적인 노동소설가이자 운동권소설가로 자리매김되었다. 대체로 김인숙의 소설세계는 『칼날과 사랑』(1993) 이후 단절과 전환을 맞았다고 평가된다. 오자은, 「전환기의 내면, 진정성의 분화—김인숙의 소설을 중심으로」, 『현대문학의 연구』 62, 한국문학연구학회, 2017, 287~288쪽. 김인숙은 1990년대에 장편 『긴 밤, 짧게 다가온 아침』(1991), 소설집 『칼날과 사랑』(1993), 중편 및 장편소설 『그래서 너를 안는다』(1994) 등 활발한 창작 활동을 보여준다. 1993년부터 1년 반 가량 호주로 떠났던 김인숙은 1995년 귀국해 장편 『시드니 그 푸른 바다에 서다』를 출간하기도 했다. 「세번째 밤의 약속」은 1996년 4월 1일 연재를 시작했다.

생이 바로 은수이기 때문에 둘의 사랑은 민수(의 죽음)를 매개하지 않을 수 없다는 사실이며, 이러한 인물 관계가 보여주는바, 「세 번째 밤의 약속」은 사랑과 죽음의 테마를 서사의 진행과 긴밀하게 결합시키면서 장편 후일담의 모티프를 전면적으로 이어가고 있음을 알 수 있다.[30]

총 10개의 장으로 구성된 소설의 전반부는 1980년에 고등학생이었던 '나'(우현)와 민수, 장규의 성장기와 대학에 입학하면서 이들이 멀어지게 되는 과정을 담고 있다. 대학에서 운동권 서클 활동을 하면서 시위 대열 한복판에 선 민수와는 정반대로 대학생활에 적응하지 못하고 이민을 간 장규의 옛 여자친구 영선을 만나곤 하던 스무 살의 '나'는 이듬해 봄, 은수로부터 민수가 '강집'을 당했다는 소식을 듣고 그의 동생 은수와 면회를 가게 된다. 그러나 이 면회는 얼마 지나지 않은 1983년의 겨울, 군대에서 민수가 사망함으로써 "민수와 나의 마지막"[31]이 되고 만다. 민수의 죽음은 군 당국의 통고에 따라 "군 생활에 적응을 하지 못"해서 "우울증 증세를 보이던 끝에 수류탄을 끌어안고" "자살"[32]한 것으로 공표된다. 소설의 전후반부를 분기하는 민수의 죽음, 이 1983년의 의문사는 주

---

30 친구(의 죽음)를 매개로 사랑에 빠진 여자와 하룻밤을 보내지만 이루어지지 못한 채 방황하는 청년의 서사는 1989년 한국에 번역 소개된 무라카미 하루키의 『상실의 시대(노르웨이의 숲)』를 전면적으로 환기한다. 1990년 초반에 하루키의 소설이 끼친 막대한(혹은 잠재적) 영향력을 고려한다면, 시대적 상실감과 연애 관계를 겹쳐놓는 것 자체를 일종의 후일담 소설의 '문법화'라고도 설명할 수 있을 것이다. 그러나 김인숙의 이 소설이 유독 특이한 것은 1990년대 초 박일문, 이인화를 중심으로 한 하루키 표절 논란이 소강되고도 몇 년이 지난 시점에 새삼 『상실의 시대』의 중심 모티프(남성 청년, 친구의 죽음, 연애 서사와 성에 대한 묘사)를 노골적으로 재소환하고 있다는 점이다. 이 소설에서 '하루키적 스타일'로 불릴 만한 포스트모더니즘 미적 전략이나 감수성을 발견하기 어렵다는 점 또한 하루키의 영향이 드러나는 1990년대 초반의 작품들과 구별되는 지점이다. 1990년대 전반의 한국문학과 하루키 소설의 영향에 대해서는 다음의 논문을 참조. 김영찬, 「무라카미 하루키, 사라지는 매개자와 1990년대 한국문학」, 『한국학논집』 72, 계명대학교 한국학연구원, 2018.; 정종현, 「뒤늦게 도착한 '68 혁명'-1990년대 한국문학과 '무라카미 하루키', '밀란 쿤데라','다이 호우잉'의 번역 소설」, 『한국학연구』 58, 인하대학교 한국학연구소, 2020.; 임희현, 앞의 글, 4장.

31 김인숙, 「세번째 밤의 약속 〈74〉」, 『경향신문』, 1996.6.19.

32 김인숙, 「세번째 밤의 약속 〈106〉」, 『경향신문』, 1996.7.23.

변인물 성호의 말[33]을 통해 알 수 있듯, 전두환 정권 시기 운동권 대학생들을 시위현장 등에서 연행하여 강제징집하고 이들에 대한 세뇌 및 사상교육 등을 통해 학원프락치로 역활용하는 '녹화사업'을 분명하게 지시하고 있다.[34]

문제는 이후 민수의 동료들이 의문사 규탄 집회를 준비하고, 은수가 운동권 선배인 '윤혁양'과 가까워지는 동안에도 '나'는 민수의 죽음 직후에 은수와의 하룻밤과 그녀와의 관계에 연연할 뿐 친구의 죽음에 대한 아무런 행동을 취하지 않는다는 점에 있다. 친구 성호의 학생회 활동 제안에 "철저한 방관주의자"인 자신이 "민수 그 새끼 살아 있을 때"[35]도 하지 않았던 운동을 할 이유가 없다고 말하면서, '나'는 민수의 죽음에 대한 분노의 에너지를 혁양에게 투사한다. 이후 은수가 민수의 죽음의 이유를 찾기 위해 혁양과 함께하는 길을 택하면서 '나'는 그녀와 멀어지고 방황 끝에 자원입대를 하게 된다. 소설의 후반부는 군복무 후 사회로 나온 우현이 변화한 시대의 흐름 속에서 노동운동가가 된 혁양, 그와 약혼한 은수를 다시 만나게 되는 과정으로 이어진다. 은수와의 두 번

---

33 "'녹화사업이라는 게 있다. 운동하다가 강집돼서 끌려간 애들한테 조직정보 빼내고, 그리고는 다시 학원프락치로 역투입하는 거지. 끔찍하게 당한다고 하더라. 군대라는 데… 공인된 폭력조직 아니냐. 감방보다도 더한 모양이더라. 정말 자살이라도 하고 싶을 정도로 말이다." 김인숙, 「세번째 밤의 약속 〈157〉」, 『경향신문』, 1996.9.14.

34 관련 연구에 따르면, 한국의 의문사에서 군의문사가 차지하는 비중이 상대적으로 크며, 1971년에서 1997년 사이 발생한 의문사 사건의 경우 실제로 군 복무 중 의문사한 24명 중 강제징집 등을 포함한 최소 16명이 학생운동에 관여한 이력을 가지고 있었다고 집계된다. 이들은 공통적으로 전두환 정권기에 발생한 의문사 사건이다. 홍성태, 「의문사에 투영된 정치적 억압」, 『기억과 전망』 46, 민주화운동기념사업회, 2022 여름, 27-28쪽. 2024년 1월 방영된 SBS 〈그것이 알고싶다〉 1381회는 '서울의 봄과 프락치 전쟁—보안사령부와 205 부대의 비밀'이라는 제목으로 1980년대 전두환 정권의 녹화사업과 의문사를 재조명하기도 했다. 〈1381회 그것이 알고싶다: 서울의 봄과 프락치 전쟁—보안사령부와 205 부대의 비밀〉, SBS, https://programs.sbs.co.kr/culture/unansweredquestions/vod/55075/22000520606, 접속일: 2024.5.12.

35 김인숙, 「세번째 밤의 약속 〈158〉」, 『경향신문』, 1996.9.15.

째 밤, 인천에서의 완전한 이별, 6.10 항쟁의 격류, 도래한 90년대, '죽음의 행렬'을 거치는 과정 끝에 또 다른 죽음이 이어진다. "분신같은 건 더 이상 뉴스거리도 아니"[36]게 된 시점에, 울산에서 활동하던 혁양이 결국 분신자살을 하게 되는 것이다. 소설은 80년대 초부터 90년대 초에 이르는 10년의 긴 세월의 흐름을 서로 다른 두 인물(민수와 혁양)의 죽음을 통해 연결 짓는다.

> 나는 내가 한 일이 오직 민수의 대행 역할 뿐이었던 거라고는 생각할 수가 없었다. 그날 밤 은수와 잠을 잤던 사람은 민수였고, 그날 밤 은수와 사랑을 나누었던 사람 역시 민수였을 뿐이라고는 절대로 생각할 수가 없었다.[37]
>
> 사실이었다. 나는 민수 생각을 하지 않았다. 내가 민수 생각을 했다면 그건, 민수가 이미 완전히 죽어버린 사람이라는 사실 뿐이었다.[38]

철저히 '나'의 시선에 의존해 전개되는 이 서사에서 가장 독특한 것은 우현이라는 인물이 두 죽음을 통해 매개되는 80년대의 의문사와 90년대의 분신의 역사화된 맥락으로부터 계속해서 달아나는 인물이라는 점이다. 민수와 혁양의 죽음이 각각 '순수한' 신념을 가진 대학생-청년의 죽음과 '영웅'이 될 수 없는 투사의 윤리적 자기증명이라는 상징성과 전형성을 보여준다면, 그 사이에서 '구경꾼'을 넘어 죽음으로부터의 회피로 향하는 주인공 우현은 운동권 서사에서 좀처럼 유형화되지 않는 형상이라 할 수 있다. 그는 그들의 죽음에 관한 인식 자체를 거부하거나 그 슬

36 김인숙, 「세번째 밤의 약속 〈350〉」, 『경향신문』, 1997.4.12.
37 김인숙, 「세번째 밤의 약속 〈133〉」, 『경향신문』, 1996.8.20.
38 김인숙, 「세번째 밤의 약속 〈139〉」, 『경향신문』, 1996.8.27.

픔을 질투와 같은 개인화된 감정의 형태로 표출하는 미성숙함을 드러낸다. 동료들의 죽음에도 징역조차 살지 못해 괴로워하는 혁양에게 은수와의 관계를 다그치며 묻는 우현의 모습은 그러한 미성숙과 위악의 충동을 단적으로 보여준다.[39] 말하자면 「세 번째 밤」의 우현은 혁명과 사랑(연애)의 구도에 있어 전적으로 후자를 향해 나아가는 인물인 것이다. 죽음을 둘러싼 시대적 책임으로부터 필사적으로 벗어나려는 주인공의 몸짓이 은수에 대한 사랑의 전념이 좌절됨에 따라 친구 장규, 사촌 형, 권병장이 추구하는 '성적 자유'를 학습하려는 충동으로 이어진다는 사실 또한 주인공의 열정의 방향을 더 분명하게 만든다. 우현의 사랑에 대한 맹목과 과잉된 성적 탐구는 이 소설을 운동권 서사를 가로지르는 남성-청년의 성장 서사로도 읽힐 수 있게끔 한다.

> 그러나 불행히도 은수와의 경우, 그녀와의 관계는 사랑 이전의 문제였다. 이것이 나를 감당할 수 없게 복잡하게 만들었다. 사랑과 관계되어 있지 않던 섹스. 그 본능적인 살 섞음… 그것을 나는 어떻게 이해해야 하는가. 그때 내가 이해의 방도로 택할 수밖에 없던 것은 물론, 그 섹스를 덧칠하기 위한 사랑의 시도였다. 이미 치러버린 관계를, 뒤늦게라도 사랑이라고 이해하지 않고는 나 자신을 어떻게 용납할 수 없었던 것이다. (…) 요컨대 나는 아직 순수했던 것

39 은수와 같이 잤냐고 물으며 더 강하게 그를 도발하던 우현에게 혁양은 다음과 같은 말을 내뱉는다. "나도 미칠 지경이다! 알겠니? 나도 미칠 지경이야! 민수 대신 내가 죽지 못한 게, 미칠 지경이다! 민수 그렇게 되는 동안 변변히 수갑 한번 차보지 못한 내 신세가 더러워서 죽고 싶을 지경이야! 은수, 그 애가 날 찾아올 때마다 내 심정이 어떤지나 너 알아? 그래, 치사다고 말해라. 염라대왕이 와서 내 목을 졸라대는 기분이다! 민수는 죽었는데 넌 왜 살아있느냐고 매일같이 목을 졸라대는 기분이야! 연애? 웃기지 마라, 제발! 민수 새끼가 죽어나자빠진 마당에 내가 그 새끼 동생하고 연애질이나 하고 싶은 기분인 줄 아니? 세상에 그렇게 끔찍한 연애가 어디 있겠냐?" 김인숙, 「세번째 밤의 약속 〈171〉」, 『경향신문』, 1996.10.1.

이다. 어떤 회의적인 표정과 비관적인 인생관에도 불구하고 나는 아직 세상을 믿고 있었으며 그 세상이 끝내는 아름다운 것임을 믿고 있었던 것이다.[40]

그러나 한편으로 죽음이 불러온 사랑없는 섹스 행위에 대해 그것을 "사랑이라고 이해하지 않고서는 나 자신을 용납할 수 없었"다는 대목이 암시하듯, 그 시절의 사랑이 어두운 청춘의 시기, 친구의 죽음과 결핍의 경험을 가리기 위한 맹목에 지나지 않았음을 현재의 '나'는 깨닫고 있다. 기실 우현의 이 모든 위악적이고 도피적인 행위의 시작에 민수의 죽음 직후 은수와 보낸 절망적인 하룻밤이 놓여 있었음을 고려할 때, 그의 사랑과 성 행위에 대한 과도한 몰입은 '그 밤'을 반복하는 강박적 행위, 즉 상실의 재연이라고도 볼 수 있다. (은수와의) 사랑에 대한 우현의 집착이 언제나 (민수라는) 죽음에 대한 부정과 억압을 동반하고 있다는 점에서 그것은 죽음에 대한 맹목이기도 했던 것이다. 「세 번째 밤」은 죽음과 사랑을 폭력과 상실의 경험으로 불가분하게 겹쳐놓음으로써, '80년대'의 기억을 '사적인' 시간과 결합시킨다.

「세 번째 밤」은 비운동권 주체의 기억을 통해 (재)구성된 80년대 역사적 흐름 속에 섹슈얼리티의 문제를 기입함으로써, 혁명이냐 사랑이냐 혹은 혁명 이후의 좌절이라는 운동권-후일담 문학의 코드를 적극적으로 비튼다. 소설은 혁양과 우현으로 대비되는 혁명과 사랑의 어느 한 쪽도 '순결한' 무인가가 될 수 없었다는 인식을 통해 그들의 닮음을 드러낸다. 상처를 가리기 위해 맹목적으로 사랑에 몰두해야 했던 것처럼, 운동권이 몰락한 시대에 남은 자들 또한 "순결한 영혼"이라기보다 "집착과 미련 같은 것"[41]을 가지고 있을지도 모른다는 것이다. 혁명과 사랑 양자의 절

40 김인숙, 「세번째 밤의 약속 〈145〉」, 『경향신문』, 1996.9.2.
41 김인숙, 「세번째 밤의 약속 〈347〉」, 『경향신문』, 1997.4.8.

대성과 진정성은 남성인물에 의해 과잉 욕망됨으로써 오히려 양자를 이상/대상으로부터 소격시키는 효과를 파생시킨다. 무엇보다 「세 번째 밤」은 이들의 '순수한' 열정에 이미 폭력과 상처가 기입되어 있음을 드러내기 위한 장치로서 성적 '통과의례'[42]의 과정을 노골화한다.

이때, 80년대의 기억을 남성인물의 성장 서사로 변주하는 소설의 시도 속에서 성性이 '해방'이 아니라 상실과 폭력의 기제로서 도입되고 있다는 점은 특징적이다. 남성인물들이 방황 속에서 자행하는 어떠한 성 행위도 순수한 쾌락으로 감각되지 않는다는 점은, 이들의 성적 주체로서의 성장 또한 폭력과 상실의 경험을 동반하고 있다는 사실을 내포한다. 과거의 기억과 함께 90년대의 한복판에 머무르거나 그로부터 변화의 암시만을 드러낸 앞의 두 소설과 달리, 「세 번째 밤」은 개인화된 성장의 시간에 시대적 폭력의 층위를 결합하고, 그러한 '상실'의 원체험을 분리하고 회복하는 과정을 90년대로의 이행과 성장의 서사로 엮어내는 것이다.

## 5. 맺음말

공지영의 『고등어』와 김형경의 『새들은 제 이름을 부르며 운다』, 김

42 이 소설에서 우현의 성적 순수함이 깨어지는 과정과 마찬가지로 은수의 자기 훼손은 '낙태'의 기억으로 구체화된다는 점 또한 지적될 필요가 있다. "애를 뱄을 때에도 그 애를 없애버릴 때에도, 느낌이 하나도 없었어. 이상하지? 어떻게 그렇게 아무런 느낌도 없을 수가 있을까. 지금도 기억하면 마취가 깨어날 때의 느낌밖에 남아있는 게 없어. 하나, 둘, 셋… 열까지 세지도 못하고 잠들고 그리고 깨어나는 거… 마치 술에서 깨어나는 것 같았어. 그냥, 그게 다야." "그건 마치… 짐승같은 일이었어." 김인숙, 「세 번째 밤의 약속 〈237〉」, 『경향신문』, 1996.12.11; 김인숙, 「세번째 밤의 약속 〈238〉」, 『경향신문』, 1996.12.12.

인숙의 「세 번째 밤의 약속」은 모두 1990년대의 현재 속에서 1980년대의 혁명의 기억을 실패하고 엇갈리고 절망하는 사랑의 경험과 결합시키면서 정치적 허무와 실존의 고민을 중심으로 한 단편 후일담을 보다 장편화, 대중화하는 양상을 보여준다. 그러나 회고의 양식으로서 후일담은 혁명과 사랑을 모두 지나간 시절의 기억으로 그린다는 점에서, 시대적 단절화 혹은 과거의 낭만화라는 비판으로부터 자유롭지 못했다. 하지만 과거에의 집착이 유토피아의 몰락에 따르는 필연적인 '돌아봄'의 행위라고 한다면,[43] 후일담 소설은 사회주의 혁명의 좌절 이후 1990년대로의 이행 과정에서 공유된 시대적 전환의 느낌을 포착하고 그것을 시간과 대상의 이중적 상실의 감각으로 재형성한 대중적 양식으로 다시 읽힐 필요가 있다.

이 글은 1990년대의 장편 후일담을 재해석하기 위한 경로로 죽음과 사랑의 코드화 양상에 주목했다. 세 편의 장편 후일담에서 운동에 헌신한 인물의 죽음은 1980년대의 상실과 폭력의 역사를 환기하는 코드로서 맥락화되는 동시에 서로 다른 서사적 장치로 활용, 변주된다. 공지영의 소설이 운동권 여성인물의 소진을 극대화하는 죽음을 통해 성차화된 기억과 그에 대한 논평적 시선을 드러냈다면, 김형경의 소설에서 죽음으로부터 비롯된 주변인들의 죄의식은 우울에 머무르지 않는 연대로서의 사랑의 가능성과 폭력의 잠재성을 동시적으로 보여준다. 또한 김인숙의 소설에서 서로 다른 시간 속에 배치된 죽음은 남성 성장 서사와 중첩되면서 상실의 기억을 중층화한다. 특히 세 소설이 결혼제도와 분리된 '낭만적' 사랑을 전면화하는 한편, 그러한 낭만적 사랑의 불가능성과 결혼과 사랑에 내재한 폭력의 위험성을 함께 드러내고 있다는 점은 정치적인 것과 개인적인 것의 재배치와 친밀성의 문제화를 통해 후일담 소설 또한

43 Enzo Traverso, 앞의 책, 57쪽.

‘현재’와 함께 변화와 모색을 거듭하고 있음을 보여준다.

사랑과 혁명이 언제나 열정에 의해 추동되는, 역동성과 충실성 사이의 긴장이자 변증법의 속성을 공유한다는 지적은[44] 왜 많은 후일담 소설들에서 혁명의 기억이 사랑과 결합되어 나타날 수밖에 없는지를 잘 설명해준다. 회고와 성찰의 양식으로서 장편 후일담은 80년대의 혁명과 사랑의 대립적 이해를 의문시하면서, 사랑을 희생하지 않으면서 혁명을 포기하지도 않는 무모함, 사랑과 혁명의 자기맹목성을 의심하는 시선, 혁명의 우위성과 사랑의 순수성의 공허함을 되비추는 자기성찰의 시도를 보여준다. 『고등어』의 베스트셀러화, 『새들은 제 이름을 부르며 운다』의 연극화, 「세 번째 밤의 약속」 연재 반응들은 세 소설이 형성한 대중적 감수성과 80년대에 관한 성찰적 시선이 90년대의 많은 대중독자와의 공명하고 있었음을 설명해 주지만, 그것이 90년대 장편 후일담의 대중적 성격을 모두 포괄할 수 있는 것은 아니다. 이 글은 정치적 좌절과 시대적 이행의 감각이 어떻게 후일담의 장편화를 통해 서사적으로 코드화되고 변주되는지를 추적하는 가운데, 공지영, 김형경, 김인숙의 세 소설을 조명했다. 그럼으로써 장편 후일담을 단지 과거를 낭만적으로 보존하려는 의식의 산물이 아닌, 정치적인 것과 개인적인 것이 얽히고 재배치되는 동시대적 텍스트로 읽어내고자 했다. 1990년대 중반 이후 ‘여성작가’에 의해 수행되는 장편 후일담의 지속에 관해서는 이어질 논의를 통해 확장될 수 있기를 기대한다.

---

44 Srecko Horvat, 앞의 책, 12쪽.

# 90년대가 '여성 문학'을 부르는 방식

최가은

## 90년대가 '여성 문학'을 부르는 방식

—

최 가 은

### 1. 들어가며

1990년대가 동시대 문학사의 어떤 '기원'이 된다는 통념은 근래 학술장에서 다양한 비판을 마주하고 있다. 90년대를 대표하는 것으로 여겨졌던 특정 기표와 개념들이 문학장 내부의 "당대적 판단"[01]이자 치밀하게 구성된 담론[02]이라는 지적이 꾸준히 이어지고 있는 것이다. "1990년대란 무엇인가"라는 질문이 새삼 학술적 의제로 부상하고 있는 최근의 풍경은 이처럼 일견 자연화된 것처럼 보이는 문학사의 안정된 전제와 개념을 비판적으로 해부하려는 시도에 다름 아니다. 80년대를 '억압'의 시대로 이해할 때, '개인', '내면', '일상' 등은 억압된 것들의 90년대적 귀환으로 위치된다. 일종의 대항 담론으로 형성된 이 문학적 기표들은 이후 오랜 기간 텍스트의 미학적 성취를 분간하는 문학 본연의 기준으로 인식되어 왔다. 문학사의 '원인'으로 이해되는 것들을 실상 특정한 시대, 즉 90년대의 산물이자 그 '결과'의 문제로 위치 짓는 계보학적 접근은 이들 기

---

01 조연정, 「『문학동네』의 '90년대'와 '386세대'의 한국 문학」, 『한국문화』 81, 서울대학교규장각한국학연구원, 2018, 224쪽.

02 배하은, 「만들어진 내면성」, 『한국현대문학연구』 50, 한국현대문학회, 2016.

표와 담론을 역사적 구성물의 위치에서 문제화하는 일에 기여하고 있다.

관련한 선행 연구들은 무엇보다 문학 담론을 견인하고 재배치하는 비평장에 대한 관심을 피력하고, 나아가 이러한 비평 작업을 '보이는 것들'로 만드는 문학제도, 문학 공론장의 기획 내용 등을 세심히 들여다보았다. 이들 간의 역학 관계가 문학에 관해 "어떤 것을 누락시키고 배제하면서 보이는 것들만이 전부라고 믿도록 만드는 신념체계"[03]로 작동한다는 사실에 의거하여, 그것이 배제하고 누락한 것들의 탐구를 연구의 주된 목표로 삼는 것이다. '소외된 존재'들과 '아래로부터의 목소리'들이 당대 문학장-권력과 맺은 관계의 성격을 규명하는 방식을 통해 공론장을 안정적으로 지탱하는 토대에 균열을 가하는 작업이다.[04] 이러한 문제의식은 실제로 정통 문학사의 논리 내에서 비가시화된 것들의 구체적 실체를 입증하는 논의[05]로 이어진다. 아울러 문학 담론의 구성 방식을 가시화하는 과정에서 문학사의 통념으로 굳어진 것들의 목록을 90년대라는 시기적 특수성과 연계된 특정 문학 진영의 주된 논리로 축소하여 분별해 내

---

03 서영인, 「1990년대 문학지형과 여성문학 담론」, 『대중서사연구』 24(2), 대중서사학회, 2018, 12쪽.

04 서영인, 위의 글; 천정환, 「창비와 '신경숙'이 만났을 때」, 『역사비평』 2015년 가을호; 김문주, 「1980년대 무크지 운동과 문학장의 변화」, 『한국시학연구』 37, 한국시학회, 2013.

05 다음의 두 논문은 문학장을 중심으로 이해되는 '언어'와 '독자' 담론을 확장한다. 손유경은 10년 단위의 단면화된 문학사 서술 속에서 가려진 언어의 작용에 집중하기 위해, 1980년대 문화학술장의 활기를 '문학주의적' 계보 혹은 '문지 vs 창비' 라는 문학 내적 구도와는 별개의 지점('경제학', '여성운동')에서 새로이 조명한다. 경제학자 박현채와 여성학자 조한혜정 두 인물의 언어가 문학계에 끼친 영향을 문학사 바깥에서 검토한다. 손유경, 「1980년대 학술운동과 문학운동의 교착」, 『상허학보』 45, 상허학회, 2015; 허윤의 논문은 '해방운동'과 '진보운동'의 맥락에서 추동된 80년대 여성운동과 별개의 지점에서, 진보/보수의 구분 없이 등장했던 90년대 '페미니스트 대중'의 존재를 가시화한다. 이들의 등장은 사회 전반에서 공감대를 얻고 있었던 '여성문제'에 대한 당대인들의 인식 전환 혹은 대중문화, PC통신과 같은 새로운 매체들의 등장과 긴밀한 관계에 있다. 이들 페미니스트 대중은 실제 자신들의 입장을 견지한 잡지를 창간하고 그 속에서 '문학/문화 비평'을 이어나갔다는 점에서 90년대 여성 독자-대중 분석에 유의미한 참조가 된다. 허윤, 「1990년대 페미니스트 여성 대중의 등장과 잡지 『if』의 정치학」, 『상허학보』 53, 상허학회, 2018.

는 방법론[06] 역시 이어지고 있다.

이들 선행 연구가 주로 공유하고 있는 문제의식은 제도적으로 안정화된 90년대 문학장이 역사 단절을 수행하는 방식에 있다. 90년대 문학의 새로운 의미는 80년대를 부당하게 처리하는 방식을 통해 정립될 수 있었다고 보는 관점인 것이다. 문학장의 단절 역사를 스스로가 형성한 일종의 자기 서사이자 욕망으로 분석해내는 작업을 통해 90년대는 80년대와 단절 혹은 연속의 이분법적 의미로 배치될 수 없는 복잡한 맥락을 지니게 된다. '90년대 문학'과 함께 계간 『문학동네』가 자주 소환되는 이유도 80년대와의 뚜렷한 대별 구도를 바탕으로 이해 가능하다. 『문학동네』는 90년대와 관련된 여러 기획을 통해, 90년대라는 특수성을 성공적으로 통과해낸 대표적인 문학 공간으로서 스스로를 평가해왔다. 거대 이념의 몰락, "무분별한" 상업주의 등의 이름으로 들이닥친 '문학 위기론'이 '신경숙', '은희경', '윤대녕', '김영하' 등 90년대 작가들의 성과와 이를 향한 비평적 응답을 통해 극복되고, 그들 모두가 "그 어느 시대보다 울창하고 다채"[07]롭게 어울릴 수 있었던 배경에 '문학동네'가 자리하고 있었다는 것이다. 90년대 『문학동네』에 관한 연구는 이와 같은 기억 방식

06 조연정은 『문학동네』가 1998년 겨울호부터 총 5회 동안 지속했던 '20세기 한국문학 결산' 특집에 집중한다. 이러한 기획을 『문학동네』가 창간 이후 반복적으로 호명해온 '90년대 문학'의 특별한 위치를 확정 짓기 위한 과정으로 본 것이다. 특히 99년 가을호와 겨울호는 "90년대 한국문학이란 무엇인가"라는 주제의 연속 기획이었으며, 이 특집에서 편집위원인 서영채, 황종연, 신수정, 류보선은 90년대 소설을 정리하는 작업을 진행한다. 이에 '윤대녕', '신경숙', '장정일', '은희경', '최인석', '김영하' 등의 신세대 작가들이 호명되고, 이들 작품에서 '허탈', '환멸' '냉소'와 '진정성의 파토스로서의 비루함' 등이 핵심으로 거론된다. 이들 목록이 90년대, 특히 '문학동네'의 대표적 개념들로 이해된 것은 잘 알려진 사실이다. 조연정, 위의 논문; 강동호의 논문은 1990년대적 주체의 특성들을 '진정성의 에토스'로 포섭한 90년대 비평의 자기 정립 의지를 '문학동네'적인 입장으로 정리 및 암시한다. 강동호, 「'언표'로서의 내면-1990년대 문학사의 비판적 재구성을 위한 예비적 고찰들」, 『한국학연구』 56, 인하대학교한국학연구소, 2020.

07 서영채, 「냉소주의, 죽음, 매저키즘: 90년대 소설에 대한 한 성찰. 신경숙, 윤대녕, 장정일, 은희경의 소설을 중심으로」, 『문학동네』 1999 겨울호, 444쪽.

을 비판적으로 재해석하려는 시도에 가깝다.

물론 이러한 입장에는 90년대의 담론들 중 소위 '문학동네'의 입장에 가까운 문학론이 실제 90년대 문학장을 총체적으로 포섭할 수 있는 담론인가 하는 근본적인 문제가 제기될 수 있다. 혹은 그 이전에 '80년대와의 단절', '문학주의' 등을 『문학동네』 고유의 욕망으로 분류하는 관점부터가 비판적으로 검토되어야 할 사항[08]일지 모른다. 하지만 이와 같은 문제제기를 구체적으로 행하기 위해 탐구되어야 할 것은 계간 『문학동네』가 기획의 반복적 표명을 통해 90년대의 대표적 문학 기표들과 스스로의 위치를 밀접하게 접속시킨 과정 그 자체일 것이다. 『문학동네』가 동시대 문학사의 기원으로 상상되는 90년대 문학의 요소를 그들 자신의 상징으로 구축하려는 시도를 이어왔다는 점은 창간 당시부터 이어졌던 여러 기획 내용을 통해 확인할 수 있다.

『문학동네』가 90년대 문학사에 스스로를 위치 짓기 위해 수행했던 여러 기획 중에서도 이 글이 특별히 주목하는 것은 그 과정 속에서 '여성문학'이라는 범주를 활용한 방식이다. 이는 90년대의 대표적 담론 중 하나로 인식되는 여성문학 담론의 일면을, 기존의 문학공론장과 구별되는 장場으로서 자신의 자리를 확립해갔던 『문학동네』의 성격과 연결하

08 일례로 조연정은 '책략으로서의 문학위기론'과 '80년대와의 단절 욕망'을 『문학동네』와 연결되는 중요한 테마로 전제하고 있다. 사후적으로 『문학동네』 내외부에서 이러한 맥락을 스스로의 것으로 정립하려는 시도가 있었다는 사실과 별개로 당대 『문학과사회』, 『창작과비평』이 이와는 온전히 다른 자세로 90년대를 맞이했는가에 대해서는 좀 더 따져볼 필요가 있다. 90년대를 맞이하는 89-93년까지 계간 『문학과사회』의 여는 글에서는 권력에 대항하는 '개인의 욕망'(『문학과사회』, 1991 가을호)이나, "개혁과 혁명의 속도"와도 "기득권의 보수 속도"와도 "다른 속도"를 사는 문학만의 역할을 강조하고 있었으며(『문학과사회』, 1993, 여름호) '민족' '자주' '통일'과 같은 80년대적 개념어를 포기하지 못했던 『창작과비평』의 경우에도 90년대 운동의 성패란 근과거인 80년대와의 비판적 거리감을 통해 얻게 될 "자기점검"과 "자기확립"에 달려있음을 강조한다.(『창작과비평』, 1990, 가을호) '90년대'에 관한 이들의 이론적 자의식이 훗날 『문학동네』 만큼의 성취를 이루어냈는가의 문제와는 별개로, 계간지와 출판사의 위치를 그와 같은 90년대적 맥락 속에 재정립하려는 욕망이 단순히 『문학동네』만의 것이었다고 단언하기는 어렵다.

여 비판적으로 살피려는 작업이다. 이와 관련해 『문학동네』 1995년 가을호 '여성문학특집'은 90년대 주류 문예지의 기획 중 단연 특수한 형태의 돌출이었다고 말할 수 있다. 해당 특집은 '여성문학'을 전면에 내세운 기획이라는 점에서, 90년대 이전과 이후의 시공간에 중층적으로 관여한다. 이는 '90년대 문학' 혹은 '여성문학'과 관련하여 『문학동네』가 일종의 대표성을 띤다는 전제에서 출발하는 관점이 아니다. 그보다는 90년대라는 시대적 기표를 예민하게 의식하며 역사적 위치성을 획득해나갔던 한 주류 문예지가 90년대적인 것, 새로운 것과 관련해 '여성문학'과 '여성'을 사유한 흔적을 비판적으로 살펴봄으로써, 90년대 여성문학이라는 범주에 대한 해석을 확장하려는 시도이다.

90년대 문학장의 '표면적' 주류이자, 대표적 키워드로 배치되어 왔던 여성문학담론은 이후의 문학 비평 담론에 지속적으로 영향력을 행사하지 못했다는 판단 하에 그 한계가 중점적으로 부각되어 왔다. 하지만 최근에는 이러한 평가에 문제의식을 지니고, 당대 여성문학담론을 문학사적으로 재평가하려는 움직임 역시 활발하게 이어지고 있다. 이를테면 당시 적극적으로 유입되었던 포스트모더니즘 등의 담론이 동일성을 해체하는 하나의 전략적 기표로서 '여성성'을 도구적으로 사유했다는 등의 비판이 제기되고 있는 것이다.[09] 이와 같은 관점은 당대 문학 공론장에 유입되었던 특수한 이론들이 여성문학담론과 교차하는 바에 세밀한 주의를 기울이게 한다. 나아가 이러한 관점은 여성문학담론을 비판적으로 사유하기 위해 다름 아닌 관련된 비평 언어를 분석하는 일의 중요성을 암시한다. 주로 작가 개인의 생물학적 성별에 따라 분류되는 여성 작가의 작품은 페미니즘의 부흥과 쇠퇴의 맥락과 관계없이 언제나 문학사

09 조연정, 「1980년대 문학에서 여성운동과 민중운동의 접점」, 『우리말글』 71, 우리말글학회, 2016, 252-254쪽.

를 구성하는 중요한 요소였다. 하지만 그들 개별 작품의 특징과 특수성, 가치 등이 '여성'의 것, '여성문학'의 것, 나아가 특정한 시기의 경향으로 의미화되는 것은 주로 특별한 맥락과 기획 속에서 제시된 비평의 언어를 통해서이다.

계간 『문학동네』의 90년대 젠더 전략에 집중하기 위해 이 글이 여성문학특집에 실린 비평 텍스트를 중점적으로 분석하려는 이유도 이와 같다. '여성/문학'이라는 범주와 관련한 비평적 언명의 모순을 가시화함으로써 '여성문학'의 비고정성을 밝히는 것을 궁극적인 목표로 한다. 여성과 여성문학이라는 범주가 유동적이라는 사실은 매우 상식적인 차원에 속하지만, 특정 시기의 '현상', 사회적 이슈 등의 맥락에서 기획될 때면 역설적으로 그것의 고정된 의미가 부되는 면이 있다. 『문학동네』의 1995년 여성문학특집은 여성문학담론을 당대의 문학 경향이자 담론으로 구축하기 위한 비평적 시도 속에서 위와 같은 문제가 가시화된 중요한 사례라고 판단했다.

어느 시기를 대상으로 하건 여성문학담론의 한계와 성과를 비판적으로 검토하기 위해서는 우선 그러한 담론이 생산될 수 있었던 공론장의 조건과 작동 방식이 점검될 필요가 있다. 여성문학담론의 형성 과정이 성과와 한계 너머의 문제로 복잡하게 검토될 수 있는 가능성은 개별 공론장의 기획과 해당 담론 간의 관계 역학을 탐구하는 일과 불가분의 관계에 있기 때문이다. 90년대 『문학동네』의 여성문학 기획을 분석하는 일은 문학 비평장이 '성차'를 이해하는 방식과, 그 방식을 바탕으로 '여성문학'을 재설정하는 방식, 나아가 그것이 문학 공론장의 기획으로 공표됨으로써 여성문학의 본질essence로 구성되는 방식을, 또한 이로 인해 재생산되는 공론장의 성적 위계 구도를 들여다보는 한 사례로 기능할 수 있다. 특히 이 논문은 해당 기획의 비평 텍스트들이 동일성을 바탕으로 한 '차이'에 기반하여 여성문학의 성과를 구축했다는 점, 나아가 여성서사의 특징들을 (선별된) 90년대적인 것으로 강조하며 '기존의' 페미니즘 문학, 여성-대중서사와 분리시켰다는 점에 주목한다.

## 2. 90년대와 『문학동네』

90년대 문학 공론장과 관련하여 『문학동네』는 단연 특별한 위치를 점하고 있다. 해당 시기의 특수성을 바탕으로 창간된 문학잡지라는 사실 이외에도, 80년대와 이전 문학장의 그것과는 분명하게 구별되는 상업적, 미학적 담론 확보 등을 통해 빠른 성장을 획득한 이력 때문이다. 『문학동네』의 특수성은 90년대 문학장을 재편해 나갔던 또 다른 주류 문예지인 『문학과사회』, 『창작과비평』이 고수한 기성적인 태도를 참고하면 더욱 분명해진다.

90년대가 문학사의 분기점으로 반복해서 소환되는 까닭은 현실 사회주의의 몰락과 더불어 펼쳐졌던 세계사적 전환의 풍경과 밀접한 관련이 있다. 80년대 후반부터 가속화되었던 동유럽 사회주의권의 붕괴와 소련의 해체는 결정적으로 세계사를 탈냉전의 시대로 이끌었고, 비교적 확실시된 자본주의의 승리는 세계 곳곳은 물론 한국의 지식계층에 커다란 혼란을 일으켰다. 한편, 87년 6월에 빚지며 도달한 민주주의의 자리에서 한국 사회가 맞닥뜨린 "이름뿐인" 개혁, 민주화, 자유화 등의 바람은 보다 강력해진 상업주의, 대중문화의 열기와 더불어 문학을 위협하는 신종 형태의 '적'으로 기능한다. 1988년에 이르러 계간지의 형태로 복·창간한 『창작과비평』과 『문학과사회』의 90년대를 향한 편집 방향은 그러한 총체적 위기 담론을 나름의 입장에서 극복해내려는 문학 공론장의 움직임

으로도 읽을 수 있다.[10]

이들이 각자의 여는 글에서 제시하는 잡지 발행의 의의와 방향성의 세목은 같지 않지만 잡지의 부활이 의미하는 바에 관해서라면 유사한 관점을 공유하고 있었던 것으로 보인다. '문학과지성' 1세대 동인인 김병익은 '문지'와 '문사' 사이의 다리였던 무크지 『우리세대의문학』의 성과를 언급하되, 『문학과사회』와 그것 사이의 단절을 강조한다. 이는 『문학과사회』의 탄생에 문학 공론장 부재의 시절, 즉 80년대와의 결별이 함축되어 있음을 명시하는 발언이다.[11] 『창작과비평』 역시 이들의 귀환이 공론장 전체를 포괄하고 그 중심을 잡는 '구심점'이자 '밑받침'이 되는 일임을 은근히 암시[12]함으로써 80년대 무크 운동의 의의를 과거사로 정립하는 것

---

10 노태훈의 논문은 '창비'와 '문지'가 폐간 이후 1980년대를 헤쳐 나간 경로를 검토한다. 이 논문은 당시 '창비'와 '문지'가 펴냈던 부정기간행물 형태의 단행본들에 대해, 탄압에 맞선 대항의 형식이자 88년 계간 체제 이후 이들이 빠르게 문학장을 재편할 수 있도록 도왔던 준비 작업으로 분석한다. 노태훈, 「80년대를 건너가는 방식과 문학 체제 재편, 『창작과비평』, 『문학과사회』의 복·창간 전후를 중심으로」, 『한국현대문학연구』 61, 한국현대문학회, 2020. 한편, 80년대 다양한 무크지의 발현을 '문지' '창비'의 폐간 이후 발생한 '사건'으로 치부하는 관점 역시 주류 문학장 중심의 시선일 수 있다는 점을 지적할 필요가 있다. 주류 문예지의 폐간은 이들의 '탄생'에 관여했다기보다, 오히려 가시성이나 주목도의 측면에서 간접적으로 관여한 것이다.

11 김병익은 80년 여름에 있었던 "느닷없는 폐간 통보"에 대한 기억을 회상하면서 이러한 정치적, 정신적 폐쇄성에 대항하기 위해 '문지'가 폐간 기간 동안 다각도의 준비 자세를 갖춰왔음을 강조한다. "더욱 개방적"인 자세와, "젊은 세대"로의 교체가 『문학과사회』의 새로운 방향과 주체가 될 것을 예고하는 가운데, 그는 '문지'의 폐간 당시 창간되었던 무크지 『우리 세대의 문학』을 '문지'와 '문사' 사이의 '다리'로서 언급한다. 흥미로운 점은 『문학과사회』라는 제호의 의미를 소개하면서, 이 새로운 잡지가 '우리세대의문학'이 아니라는 점을 분명히 한다는 사실이다. "80년대 중반까지는 그 시대적 역할이 중요했던 무크지의 성격이 이제는 지양되어야 한다"는 판단 때문인데, 이는 80년대의 특정한 풍경과의 단절이며, 그 중에서도 '문학의 본격 공론장'이 부재했던 시절의 문학운동의 의미와 성과를 서둘러 정리하는 모양새이다. 김병익, 『문학과사회』 1(창간호), 문학과지성사, 1988, 12-13쪽.

12 『창작과비평』 복간호의 여는 글은 주로 자신들의 문학론인 '민족문학'과 '민중문학'의 중요성을 강조하는 데 초점이 맞추어져 있지만, 『창작과비평』이 부재한 지난 8년간 "다방면의 작업들을 일관된 민중·민족운동의 관점으로 정리하고 통합해줄 문화적 구심 작용"이 등장하지 않았다는 사실을 재차 강조하기도 한다. 각계의 수많은 언설이 한갓 구호로 끝나게 된 까닭은 "참다운 변증법적 인식의 확보에 필수적인 문학

으로 복간의 의미를 재구축한다.

말하자면, 귀환한 두 거대 문예 잡지가 예고한 것은 산만하게 분화했던 문학의 80년대 목소리들과의 작별이자, 진짜 중심인 '큰 문학'의 복귀였던 것이다. 특히 이들 두 문예지가 80년대의 성과를 민족·민중문학론에, 이후에는 '지식인/노동자 구도'에 한정하며 논쟁을 이어간 과정은 기존의 문학 개념을 해체하며 분출했던 '아래로부터의 목소리'와 다양한 장르 실험을 점차 '보이지 않는 것들'로 배제하는 일에 기여한다.[13] '문지 vs 창비'라는 이원의 구도에서 벗어난 『실천문학』의 '제3의 길'을 비롯하여, 70년대 문학 공론장과는 다른 접근법으로 재배치되고 재구성되었던 장르와 읽기/쓰기 실험의 지속 가능성은 이들 복간한 문예지의 정제된 기획 형식 속에서 익숙한 모습으로 탈바꿈하거나 아예 삭제된다.

이들 문예지의 동질화 작업은 여성문학담론 전반과 관계할 때 더욱 문제적이 된다. 『창작과비평』과 『문학과사회』가 폐간된 80년대에도 자신들의 명맥을 이어갔던 '창비'와 '문지'의 부정기간행물에 초점을 맞추어 그 연속성과 단절 욕망을 힘주어 강조할 때, 이에 가려지는 것 중 하나는 또 다른 형태의 문학사였던 여성주의와 문학 간의 강렬한 접속이었다. 1980년대 무크 운동의 시대는 '창비', '문지'의 문학사 내적 논리와는 무관한 '여성주의 운동'의 시대이기도 했던 것이다. '여성'과 '운동', 그리고 '문학'을 결합한 다양한 무크 활동의 대표적인 예로, 『또하나의문화』와 『여성』 진영 간의 치열한 논박이 있다. 이들의 '박완서 논쟁' 등은 당대 여성주의와 문학 간의 관계, '여성'이라는 범주와 재현의 문제에 대한 고민이 상당히 첨예한 방식[14]으로 진행되고 있었음을 암시한다. 이러한

---

의 밑받침이 부족"했기 때문이라고 진단하는 것이다. 『창작과비평』 59(복간호), 창작과비평, 1988.

13 김미정, 「현장-신체-정동, 다른 미적 체험의 가능성을 묻는다」, 『움직이는 별자리』, 갈무리, 2019.

14 1987년 조한혜정의 비평(「한국 페미니즘 문학 어디까지 왔나」, 『또하나의문화』 3호)

관점에 따르면 『창작과비평』과 『문학과사회』가 강조한 연속성 위에서 진행된 민족·민중문학, 지식인/노동자 논쟁은 '홍희담'과 '김인숙', '최윤'의 텍스트 역시 이 같은 구도에서 한정적으로 다루었다는 혐의를 피하기 어렵다.[15] 『문학과사회』, 『창작과비평』이 80년대를 처리하는 방식은 소수의 언어를 선별적으로 포섭, 배제하며 기성의 문학장을 일정 부분 회복하는 데 기여했다고 볼 수 있다.

한편 1994년 창간된 『문학동네』는 '80년대와의 단절'이라는 성격에 있어서 확실히 이례적인 행보를 보인다. 이 신진 문예지가 창간호를 발간한 당시는 앞서 언급한 대로 이미 가속화된 90년대적 흐름 속에 놓여 있었으며, 『문학동네』는 그들에게 존재하지 않는 80년대 이전의 명성과 이어진 고리를 강조할 이유도 없었다. 그보다는 거대 이념의 시대에 문학이 요구 받았던 역할로부터 탈피하는 작업에 주력하는 것, 나아가 기존의 문학장과 구별되는 '새로운' 문학 담론장의 역할을 자임하는 것이 더욱 중요한 과제였던 것이다.

창간 이후 『문학동네』는 기성 문학장의 시선에서 덜 미학적이거나 지극히 상업주의적인 것으로 여겨졌던 당대 문학 경향의 몇몇 요소들을

---

으로 시작된 '박완서'와 '페미니즘' 논쟁은 88년 여성사연구회의 글(「여성해방의 시각에서 본 박완서의 작품세계」, 『여성』 2호)로, 다시 91년 조한혜정의 응답(「박완서 문학에 있어 비평이란 무엇인가」, 『작가세계』 91년 봄호)으로, 91년 전승희의 반론(「여성문학과 진정한 비판의식-조혜정씨의 시각이 지닌 문제점」, 『창작과비평』, 91년 여름호) 등으로 이어진다. 이들의 논쟁을 '여성 재현'과 '여성 주체성'에 대한 관점의 차이로 정리한 논문으로는, 한경희, 「나는 왜 여성이 되었는가」, 『현대소설연구』 71, 현대소설학회, 2018.; 80년대 범람했던 무크지를 여성주의 운동에 초점을 맞추어 개괄한 논문으로는 김은하, 「1980년대 바리케이트 뒤편의 성(性) 전쟁과 여성해방문학 운동」, 『상허학보』 51, 상허학회 2017.

15 '여성문학담론'과 관련한 이들 두 문예지는 『문학동네』에 비해 훨씬 소극적이고 보수화된 접근법을 취한다. 『문학과사회』의 경우 88년 창간 이후 '여성문학'에 대한 별도의 언급이 없다가, 91년 겨울호에 들어서자 '테마서평'이라는 하위 범주를 설정하고, 여기에 '여성문학'과 '여성주의운동'에 대해 단편적으로 개괄한 글을 싣는다. 『창작과비평』은 서평과 평론에서 '여성문학'을 자주 언급하지만, '근대'와 '민족'과 같은 특집 기획의 일환으로 이들을 다룬다.

일종의 새로운 미학적 패러다임으로 재구축하고, 나아가 이를 90년대 문학 전반의 성격으로 확장하는 작업을 이어간다. 이때 민족/민중문학, 지식인/노동자 논쟁 등에 가려져 있던 '일상', '개인', '내면'과 같은 기표들이 사소하지만 가장 중요한 것으로서, 문학이 힘을 잃은 시대에 문학만이 관계할 수 있는 진정한 가치로서 선언된다. 아울러 이 새로운 시대는 고급문화와 저급문화라는 이분법적 경계가 와해되어야 할 시대로서, 역사상 고급문화에 속해 있던 문학이 스스로의 권위를 해체하고 '대중' 및 '대중성'과 연결되는 작업을 요구하는 시공간으로 이해된다. 『문학동네』의 창간 주체인 황종연이 훗날 '미적 대중주의'로 회고한 바대로, 『문학동네』는 이러한 시대적 요구에 가장 적극적으로 응하며 스스로의 문학사적 위치를 구축했다.

> 그런 의미에서 『문학동네』는 어떤 새로운 문학적 이념이나 논리를 표방하지는 않으려고 한다. 대신 현존하는 여러 갈래의 문학적 입장들 사이의 소통을 촉진하고, **특정한 이념에 구애됨이 없이 문학의 다양성이 충분히 존중되는 공간이 되고자 한다.** 또한 변화하는 정치·사회·문화의 기류에 성실하고 책임있게 대응하면서 문학 본연의 사명을 다하는 문학인들에게 신뢰할 만한 자기 표현의 자리를 제공하고자 한다. 특히 기성의 관행에 안주하지 않는 **젊은 문학인들의** 모험과 시도를 폭넓게 수용하여 우리 문학의 활력을 높이는 데 기여하고자 한다. 형해만 남신 채 실체는 사라진 문학정신의 회복을 추구하고 모든 교조적 사고방식 및 허위의식에 **맞서 싸워나간다는 전제에만 동의한다면 『문학동네』는 그 누구에게나 그 문을 활짝 열 것이다.**[16] (강조는 인용자)

16 「계간 『문학동네』를 창간하며」, 『문학동네』 1994년 창간호, 16쪽.

다수의 논문에서 인용되곤 하는 『문학동네』의 창간사는 90년대와 관련한 '문학동네'적 입장과 노선을 암시한다는 점에서 주목의 대상이 된다. 위의 글을 요약하자면, 특정한 이념이나 논리를 내세우지 않고, 문학의 다양성을 존중하며, 문학장의 새 활로를 모색하는 것이 '문학동네'라는 새로운 집단의 선언이다. 이는 기성의 문학 공론장, 나아가 이념과 이론의 시대로 표방되는 80년대와 스스로를 분리하는 지점이기도 하다. "객관적 현실파악"에 가까운 문학의 위기 상황은 다름 아닌 "문학정신의 회복"과 "문학의 역할"을 추구함으로써 극복될 수 있으나, 극복의 구체적인 서사는 특정한 기준으로 미리 예시되지 않는다. 이처럼 '문학동네'가 주창하는 문학론이란 그 성격이 미리 고정된 것이 아니라는 바로 그 사실 때문에 기존의 장과 이전의 시간으로부터 단절되는 독특한 '위치성'으로서 제 의미를 획득하게 된다. '문학동네'란 이른바 90년대와 떼려야 뗄 수 없는 관계로 자신들의 정체성을 구축해나가는 집단이었던 것이다. 텅 빈 기표에 불과할 '새로움'을 문학적 수행으로 채워나가기 위해 『문학동네』의 비평 주체들이 창간 이후 지속적으로 골몰한 것은, 그들이 문학 텍스트에 밀착하여 90년대적인 것으로 일별해냈던 기표들을 '90년대 문학' 전반의 성격으로 확장시키는 일이었다.

90년대 문학 담론을 '언표'의 차원에서 분석하는 강동호는 90년대적 주체 '나'의 자기 진술 전략과, 이것의 의미를 90년대적인 것으로 재구성했던 당대 비평의 자기 정립 의지에 대해 '1990년대적 증상'이라는 분석틀로 접근한다. 그에 따르면, 당시의 비평이 문학 텍스트에 부여했던 의미는 "정신분석학적 의미에서의 '징후적 독법'을 통해 추출될 수 있는 가치"[17]였으며, '포스트모더니즘', '정신분석학' 등과의 이론적 교류 속에서 형성된 인식론이 이를 지탱했다. 동시에 이것은 잘 알려진 '진정성'

17 강동호, 위의 글, 256쪽.

이라는 에토스로 포섭되는데, 이때 90년대적 증상이란 다름 아닌 '문학동네'에 소속된 비평주체들의 기획으로 전달된다. 말하자면, 당대의 문학 텍스트 속에서 병폐적이며 탈정치적인 공간으로서의 '90년대'(세계)와 그것을 '앓는 주체'(주체)를 발견할 수 있었다고 할 때, 그러한 문학 주체들의 대응을 일종의 증상이자 징후로 간주하여 그 '앓음'의 정치성을 읽어내는 것이 90년대 비평의 몫이었으며, 그것은 '문학동네'의 문학론과 상당 부분 호응했다는 지적이다.

이러한 기표들 간의 연결고리가 특히나 '문학동네'의 담론에 가까웠다는 사실은 조연정의 논문에서 보다 구체적으로 입증된다. 그는 입증을 위해 황종연이 90년대를 사후적으로 규정하는 한 평문[18]을 인용한다. 창간사에서 다소간 모호하게 암시되고 있었던 '문학동네'의 노선은 그의 글에서 포스트모더니즘 수용에 있어서 『문학동네』가 취했던 방식, 정신분석학적 비평, 나아가 실제 대중-독자의 호응 등을 근거로 그 이론적 타당성을 얻는다. 강동호가 지적했던 90년대적 비평의 틀은 황종연이 기억하는 '문학동네'로 가면, 70년대 "미국식 포스트모더니즘"을 통과한 '하루키적' "미적 대중주의"이자 "뒤늦은 프로이트주의"로 정리될 수 있는 것이다. 이는 90년대 내내 『문학동네』를 향해 제기되었던 비판, 즉 '상업적 성공'과 '대중 친화주의'와 같은 오명에 새로운 가치를 부여하기 위한 작업으로 이해될 여지가 있다. 황종연의 글을 통해 『문학동네』의 "'미적 대중주의'란 비단 상업주의 혹은 대중주의라는 범박한 말로 폄하될 수만은 없는 포스트모더니즘의 한 시류로서 문학사적 정당성을 지니게"[19]되었으며, 대중적, 혹은 통속적 일상을 범상한 기록으로 구성해낸 무라카

---

18 황종연, 「『늪을 건너는 법』 혹은 포스트모던 로만스-소설의 탄생- 한국문학의 1990년대를 보는 한 관점」, 『문학동네』, 2016. 조연정은 특히나 이 평문이 문학동네의 '문화사 프로젝트'라는 일종의 '90년대론'의 기획에 실려 있다는 점을 강조한다. 조연정, 위의 글.

19 조연정, 위의 글, 234쪽.

미 하루키와 레이먼드 카버의 한국적 성공이 그러한 '현상'을 문학사의 '진실'로 입증한다.

한편 90년대에 쓰인 이성욱의 비평은 이러한 현상을 당대 문학장의 실제적 흐름이라기보다 하나의 담론화된 체계로 보았다. 포스트모더니즘의 유행을 "한갓진 객담"으로 취급한 그는 포스트모더니즘이란, "현실 적합성의 차원에서부터" 90년대 한국 사회에서 "그 유효성이 기각될 수밖에 없"는 것이었으며, 더욱이 모더니즘 자체에 내재적인 모순에 대한 근본적 성찰 없이 이루어진 당대의 모더니즘 비판은 "그리 깊지 못한" 방식으로 나아갈 수밖에 없었다고 지적한다. 이 같은 상황에서 모더니즘 문학이건 포스트모더니즘 문학이건 경험적, 역사적 측면에서 "논쟁 부재"의 상황으로 귀착된 것은 자연스러운 결과이다.

하지만 이성욱의 지적에서 보다 더 주목해야 할 지점은 다른 곳에 있다. 그는 위와 같은 부적합성에도 불구하고 실제 당대 비평 담론이 이른바 '미적 대중주의'의 방식으로 구축되고 상기될 수 있었던 힘을 언급한다. 이 힘은 단순히 대중의 호응에 기반한 상업주의적 차원에만 존재하는 것이 아니다. '포스트모더니즘'과 같은 탈근대 담론이 90년대 중반 이후 문학장 내에서 끈질기게 잔존할 수 있었던 배경이 존재한다면, 미시사와 일상사에 주목하게 된 사회적, 물적 조건의 변화와 더불어 "해체론적 사유"가 미학적 층위에서도 중요하게 강조되었기 때문이라는 것이다.[20] 이처럼 포스트모더니즘을 토대로 삼아 동일성을 심문하는 해체론적 사유 방식은 거대 이념에 대항한 '문학 본연의 문학'이라는 '문학동네'의 지향점과, 대중성과 통속성을 '범상한 기록'으로 의미화하는 '미적 대중주의' 비평이 95년 여성문학특집과 직접적으로 접속되는 경로이기도 하다.

---

20 이성욱, 「비평의 길-90년대 비평의 흔적에 관하여」, 『문학동네』 20, 문학동네, 1999, 393-394쪽.

## 3. '여성문학특집', 『문학동네』 1995년 가을호

앞서 살핀대로, 창간 이후 『문학동네』가 90년대 문학의 가치로서 언급한 주된 요소들은 사회적, 혹은 미학적 차원에서 당대의 흐름과 직접적으로 공명한 결과이기도 하다. 흥미로운 점은 이때 강조되는 '개인', '일상', '내면', '자전성' 등이 90년대 여성문학담론의 주요 키워드로서도 무리 없이 이해된다는 사실이다. 90년대 여성문학 논의를 비판적으로 돌아보는 한 글에서 당대의 페미니스트 비평가들은 문학 비평장이 여성 문학을 정의하고, 특별한 가치를 부여했던 주된 동인을 크게 네 가지의 범주로 분류한다.[21] '여성성', '모성성', '여성적 글쓰기', '자전적 글쓰기'로 나뉘는 이 네 가지 범주는 그간 남성중심적인 사고관에 따라 주변부적인 것으로 여겨져왔으나 90년대 여성문학 비평을 통해 비로소 새로운 의미 가치를 획득한 것으로 이해된다. 이들에 따르면 '여성적 원리'에 대한 예찬은 역사나 구조에 대한 관심이 일상과 개인으로 이동한 사회적, 이론적 배경과 직간접적으로 연결되어 있다. 여성문학담론의 형성에 개입한 이러한 비평적 프레임은 당대 양적으로 확산된 여성문학 작품의 성취와, 그 확산에 의미를 부여하는 여성문학담론 자체의 성과가 별개로 해석되어야 하는 이유이기도 하다.

이를테면 평자들은 위와 같은 논의들이 대개 "탈중심주의 이론과 여성성 이론을 동일한 패러다임으로 사용함으로써, 인식상의 오류를"[22] 범한 것으로 평가한다. 거대서사와의 분리를 선언하고, 기존의 지배 체계에 대한 비판적 의식을 강조하는 탈중심주의적 사고관이 정치적, 미학적 대

---

21 김은하 · 박숙자 · 심진경 · 이정희, 「90년대 여성문학 논의에 대한 비판적 고찰」, 『여성과사회』 10, 한국여성연구소, 1999.

22 김은하 · 박숙자 · 심진경 · 이정희, 위의 글, 141쪽.

안체로서 곧바로 '여성성'을 상상하고 또 활용했으며, 그처럼 제한된 관점에서 여성문학의 부흥을 해석했다는 지적이다. 말하자면, 90년대적 시대 상황을 배경으로 강조되었던 탈근대적, 탈중심주의적 사고의 핵심 가치로서 언급된 '여성성'은 페미니즘 이론에서 언제나 경합과 논쟁의 장소로서 소환되었던 '여성/성'과 분리하여 이해될 필요가 있다는 것이다.

『문학동네』 1995년 여성문학특집 역시 '문학동네'의 비평주체가 90년대적인 것으로 가치를 부여했던 기표를 통해 여성문학의 흐름을 정리하고, 또 설명한다. 해당 특집이 '여성문학'을 '일상', '내면', '모성성', '사인성', '결핍'과 같은 요소들과 결합한 방식은 이들이 여성문학 자체를 새로운 시대의 얼굴, 즉 90년대적인 것으로 이해했음을 암시한다. 동시에 그것은 여성문학의 범주를 기왕의 페미니즘 문학과 구별되는 것으로 위치시키는 작업이기도 한데, 이를 통해 '진정한' 여성문학으로 거듭난 특집 기획 속 작품들은 여성운동사적 측면에서도 새로운 시대의 결실로 공표된다. 이처럼 '새로운(90년대적)' 여성성을 강조하는 것으로 이루어진 여성문학특집의 비평 작업은 역으로 『문학동네』의 입장이 여성문학 장의 해석에도 유효한 것임을 보여줌으로써, 『문학동네』가 동시대성을 얼마나 잘 반영하고 있는지를 알리는 역할을 주로 하고 있다는 점에서 문제적이다. 요컨대 『문학동네』가 90년대의 대표적 문학 공론장임을 되비추는 거울로서 해당 특집과 여성문학이라는 범주가 활용되었다는 것이다.

여성문학과 관련한 특집을 살펴보는 데에는 크게 두 가지 층위의 접근법이 필요하다. 첫째, '여성문학'이라는 호명과 범주화가 해당 기획 속에서 여성문학이라는 특정한 범주를 생성했다는 가설이다. 이는 '여성문학'이라는 본질로서의 실체나 식별 가능한 현상이 이미 존재하고, 해당 기획이 이것을 여성문학이라는 이름으로 정리하거나 제시했다는 식의 인과의 논리를 뒤집어 보는 방식이다. 이러한 관점에 따르면, '여성문학'이라는 호명으로서의 기획은 기획과 동시에 '여성문학'이라는 범주와 그 초과들을 생성/배제하면서 '여성문학'을 구축한다. 이로부터 여성문학이라는 범주를 타자화하면서 형성되었던 90년대 이전 문학 공론장의 동일성 논리가 그 외관을 바꾸어 여성문학특집에 있어서도 일정 부분 작동했다는 주장이 가능하다. 앞서 이 논문이 2장 전반에서 규명하고자 했던 것 역시 이처럼 『문학동네』가 새로운 시대와 세대적 선언으로서 '여성'과 '여성문학'을 상상하고 기획할 수 있었던 배경이며, 그 결과로서 '선별된 여성문학'의 범주와 의의를 창출할 수 있었던 맥락이었다.

둘째는 이러한 활용 방식의 세부화를 위해, 각각의 비평문이 여성문학특집이라는 기획 아래 분석 텍스트의 다양한 속성들을 여성문학적인 것으로 규정하는 방식을 살피는 작업이다. 비평 텍스트가 지닌 수행적 성격을 고려할 때, 비평문 내에서 거론되는 여성문학의 속성들과 그것이 의미를 부여 받는 방식은 좁게는 '여성문학'과 관련해 향후 전개되는 비평의 담론적 향방에, 넓게는 90년대 여성문학담론이라는 지형 전체에 비/가시적인 방식으로 관여한다. '여성'과 '여성성' 그리고 '여성문학'의 범주에 대한 '문학동네'의 고민이 페미니즘적 문제의식으로 지속되지 못한 이유를 밝히기 위해 이 장에서는 『문학동네』 1995년 여성문학특집의 세부를 살핀다.

### 1) '대중성', '내면', '일상', '자전적 글쓰기'와 사라지는 '여성'

『문학동네』 1995년 '여성문학특집'은 해당 기획의 필요성에 대해 다음과 같이 말하고 있다. 특집 기획으로서 '여성, 여성성, 여성소설'이라는 키워드를 내세운 이유는 "90년대 문단에서 맹렬하게 활동하고 있는 젊은 여성작가들의 문학세계를 실증적이고 구체적으로 파악하는 자리를 마련해보자는 취지"에서 비롯되었다는 것이다.

> 이번 호의 특집 '여성, 여성성, 여성소설'은 90년대 문단에서 맹렬하게 활동하고 있는 젊은 여성작가들의 문학세계를 실증적이고 구체적으로 파악하는 자리를 마련해보자는 취지에서 기획됐다. 이미 몇 차례 일간지나 출판전문지 등을 통해 90년대 문학의 새로운 특성 중의 하나로 여성작가의 부상이 거론된 바 있지만 이러한 글들은 대부분 시사적 관점에 갇혀 단편적인 인상기에 머물러 있다는 한계를 노출해왔다. 그래서 이번 특집에선 90년대 들어 여성작가들이 두드러진 약진을 보이고 있는 현상에 대해 보다 심층적이고 근원적인 조명을 가하는 한편 최근 문단에서 작가적 역량을 인정받으면서 독자들에게도 환영받고 있는 젊은 여성작가들의 작품세계를 집중 분석하기로 했다.[23]

위의 글에서 주목할 지점은 여성작가들의 세계를 "실증적이고 구체적"으로 분석해야 할 필요성이 일종의 현상으로 이미 발생하고 있는 '여성작가의 부상'과 이에 호응하는 '대중' 사이의 소통에서 비롯된다는 점이다. 그런데 '여성 대중 독자'와 관련한 긍정적 반응은 여성 독서와 관련해 '대중'이라는 키워드가 문학장 내에서 이미 성별화되어 있다는 점을 고려할 때 다소 단순하게 처리되었다는 문제가 있다. 90년대의 한국 사회란 국제적 문화 교류와 급격히 발달한 PC 통신과의 영향관계 속에서 문화, 특히 대중문화의 위상이 상당 부문 변화한 시기이기도 하다. 하지만 여기서 더욱 중요하게 고려해야 할 사항은 상업주의와 결탁한 '대중성'이 '문학동네' 진영에게는 순문학과 우호적인 관계를 형성할 수 있는 대표적인 요인으로 기능했다는 점이다. 특히 고급문화와 저급문

23 문학동네 편집부, 「1995년 가을호를 펴내며」, 『문학동네』 4, 1995년 가을호, 1995, 15-16쪽.

화의 위계를 해체하는 수행적 주체로서의 '여성-독자상'은 "90년대 문학의 새로운 특성"인 "여성작가의 부상"과 그들의 약진을 분석하는 중요한 토대가 된다. 문제는 이러한 여성-대중-독서에 대한 의미 부여가 박혜경의 글에서 나타나는 것처럼 온전히 '90년대적인 것'으로 이루어질 때 발생한다.[24]

박혜경의 글은 '여성 작가들이 몰려오고 있다'는 "통속적인" 표제를 단순히 여성작가의 수적 우세만으로 설명될 수 없는 "문학적 성과의 질적 수준" 향상의 문제로 전환하려 한다. 이를 위해서 '대중'의 의미는 새로이 구축되어야 하는데, 재구축의 바탕에는 '90년대'라는 시간성이 중요하게 개입된다. 그가 "80년대/90년대라는 이미 상투화되어버린 듯한 이분법적 시기 가름의 논리"를 분석의 "여전히 유효한 준거틀"로 활용하는 이유이다.

> 그것이 기득권 쪽의 것이건, 저항세력 쪽의 것이건, 80년대를 지배했던 것은 결국 서로 다른 세계의 모델을 지향하는, 그러나 본질적으로는 동일한 속성을 지닌 두 권력지향의 욕망들이 충돌하는 남성중심적인 힘의 논리였던 것이다. 그리고 그 힘의 논리는 근본적으로 집단화된 욕망의 이름으로 무장된 것이었다. 이러한 80년대적 상황의 한복판에서 문학은 역사나 정치, 경제, 사회와 같은 거시적인 문제의 틀에 매달려 있었고, 그 속에서 개인의 내밀한 존재성은 그 집단화된 논리의 틈새에 자신이 비좁은 삶의 거처를 마련할 수밖에 없었다.[25]

---

24 박혜경, 「사인화(私人化)된 세계 속에서 여성의 자기 정체성 찾기」, 『문학동네』 4, 1995, 20쪽.

25 박혜경, 위의 글, 23쪽.

위의 글에서 여성작가들과 그들 작품의 대표적 키워드인 '내면', '일상', '자전' 등은 80년대 청산이라는 당대 '문학동네'의 과업을 수행하는 유력한 주체로서 기능한다. 박혜경은 "가치관의 폐허" 혹은 "물질적 풍요로움의 폐허"로 이해되는 80년대 이후의 세계, 즉 90년대적 세계를 바탕으로 당대 여성주의 작품의 의의를 "사인성私人性"에서 찾는다. 이는 "이들 30대 여성작가들의 작품세계를 떠받치고 있는 기본적인 인식틀"이 "90년대적 상황 속에서 지니는 특별한 의미"를 생각해보기 위한 것이다. 이를 위해 "여성이라는 성적 특성이 이들 작품에서 어떠한 모습으로 표출되고 있으며, 그것이 90년대적 상황과 어떠한 의미로 연결될 수 있는가"를 분석한다. 그러나 이 글에서 수없이 강조되고 있는 것은 기존의 '남성중심적 문학'과도, "극히 대립적이고 피상적인 도덕적 대결구도의 차원"에 불과했던 과거의 '페미니즘 문학'과도 온전히 분리되는 90년대 여성문학만의 특징이다. 그 특징이란 여성적 원리가 90년대적인 변화와 만나서 제기될 수 있는 새로운 90년대 식 저항의 (문학적) 가능성이며, 그 가능성의 근거는 90년대라는 동어반복으로 귀결된다.

사실상 위와 같은 논리는 '여성문학'이라는 게토화된 기획 속에서나마 여성 작가들의 개별성을 구해낸 성과를, 기존 문학 공론장의 성차 위계 속에서 그 가치가 폄하되었던 여성성의 긍정적 측면에 주목한 성취를 이룩했다. 하지만 동일한 기표들이 향후 『문학동네』의 기획 내부에서 점차 90년대적인 것으로 확립되고 규정되어가는 모습을 경유한다면, 해당 비평문이 강조한 여성문학의 특징이 지니고 있던 근본적 문제 역시 발견할 수 있다. 95년, 여성문학의 의미를 규정하기 위해 박혜경이 동원했던 여성적-사인성의 기호들은 90년대를 규정하는 또 다른, 그러나 여전히 동일한 공론장의 연속 기획 속에서 90년대와 탈젠더적인 방식으로 조우한다. 90년대 말부터 시작되었던 『문학동네』의 '90년대 역사화'는 위의 문제의식을 확장할 수 있는 중요한 참고 사례이다.

> 80년대식 소설들이 지니고 있었던 진실/허위의 대립이 근본적으로 사회적이고 역사적인 것이었다면, 90년대식 소설에서 이러한 대립은 개인적인 차원으로 전치된다. 사회의 차원에서 이루어지는 정의가 아니라 각각의 개인들이 직면하는 진정성이 문제가 되는 것이다. (중략) 삶의 절실한 매듭들을 포착해내는 일은 90년대를 통해 신경숙적인 글쓰기라는 하나의 전형이 되었고, 이러한 내용을 가능케 하는 형식으로서의 현재형 심리 묘사도 신경숙 고유의 문체라는 차원을 넘어 하나의 유행처럼 되기도 했다.[26]

90년대를 결산하는 특집에서 서영채는 사인성의 문제를 "90년대식 소설" 전반의 경향으로 환원한다. 해당 특집 전반에서 '90년대'는 젠더적 요소를 완벽히 소거한 '내면', '일상', '고백' 등의 동일한 기표들로 회고된다. 예컨대 95년 '여성문학특집'에서 '여성적 특질'로 그 문학적 가치를 부여 받았던 신경숙의 작품은 이후 99년에 이르러 '진정성'이라는 맥락에서 재소환[27]되는 것이다. 여기에서 신경숙의 '여성문학' 텍스트는 그저 90년대적 시대 상황을 '문학동네'적으로 대응하고 극복했던 작가들의 성취 목록 속에 환원된다. 휘황찬란하게 빛나는 "시장의 신화" 속에서 "아직도 남아있는 언더그라운드"가 없다는 현실을 고려할 때, "시장의 냉소주의와 공공 영역의 위선에 맞서는 힘"이자 그 자체로 "문학의 임무"[28]인 것이 바로 신경숙의 '사적 신정성'이 재배치되는 자리인 것이다.

물론 '자전적 글쓰기'와 '내면'을 여성의 주체론과 밀접하게 접속시킨 박혜경의 비평을 '문학동네' 진영의 논리로 환원할 수는 없으며, 서영채의

26 서영채, 위의 글, 412-414쪽.
27 서영채, 위의 글, 415-417쪽.
28 서영채, 위의 글, 411쪽.

결산을 근거로 그러한 작업의 페미니즘 정치학적 함의를 부정할 수도 없다. 여성주의 운동사의 관점에서도 그와 같은 글쓰기 작법은 중요한 의의를 지니기 때문이다. 하지만 이와 관련한 문제적 차이는 박혜경이 내세운 기표가 동일한 공론장-기획의 틀 속에서 끊임없이 그리고 의문 없이 재규정, 혹은 고정되어 갔던 과정을 통해 발견된다. 95년 여성문학특집이 수행하고자 했던 작업은 당대 여성문학의 의미를 지배 체계의 타자들이 발설하는 "자신의 경험과 그 경험의 표현"이자, 동시에 그것을 "자기 정의와 자신에 대한 성찰적 앎으로 전환"시키는 "자기 언급적self-referential 앎의 재생산 행위",[29] 즉 '여성해방문학의 저자' 층위의 논의로 확장되지 못한다.

이러한 문제의 주요 원인은 95년의 여성적-사인성이 기존의 성별 이분법적 사고를 토대로 하여 그 긍정적인 가치를 획득했기 때문인 것으로 보인다. 박혜경은 엄밀히 말해 '사인성'이 여성작가들에게 한정된 개념이 아니라 90년대적 문화의 특징이라는 점을 분명히 한다. 다만 이것이 여성 고유의 사인화된 체험 공간, 이를 구현한 여성작가의 자전적 서사 형식 등과 결합할 때 발생하는 특이성이 여성문학의 의의를 구성한다는 것이다. 이때 중요한 논점은 여성의 특수한 체험 공간으로서의 '현실'을 이해하는 방식이다. "사적인 삶의 경계를 뛰어넘는 공적이고 대사회적인 문제의식의 차원으로 적극적으로 확산되지는 않는"[30] 여성 체험의 내용이 긍정적 함의를 지닐 수 있는 이유는 첫째, 거대 역사의 시간이 결코 이겨낼 수 없는 일상의 시간과 그 속에서 자신의 내면에 침잠하는 '존재론적 차원'의 중요성 때문이며, 둘째는 근대, 이성, 물질, 세속, 80년대, 제도권 등의 개념으로 규정되는 지배체계에 대항할 수 있는 탈근대, 감성, 인내, 사랑, 탈역사, 90년대, 비제도권 등의 요인들이 여성성의 특징들과 가깝

---

29 이혜령, 「여성해방문학의 저자란 무엇인가」, 『문학과사회 하이픈』 2019 봄, 문학과지성사, 2019, 69쪽.

30 박혜경, 위의 글, 26쪽.

기 때문이다.

하지만 이러한 논법은 여성성을 온전히 새로운 시각에서 조명한 결과라기보다는, 기존의 성별 이분법적 체계를 기반으로 한 '차이'로서 여성성을 소환하여 긍정적 가치를 부여한 것에 가깝다. 이는 중심/주변이라는 위계 설정을 재강화할 뿐만 아니라 당시 페미니즘 진영에서 지속적으로 제출되고 있었던 '여성' 범주와 관련한 숱한 논쟁들을 탈역사화, 탈정치화 하는데 기여한다. 이때 주장되는 "여성성의 내포들이 본질주의적 주장과 유사해"[31] 보인다는 지적은 이처럼 여성성을 의미화하기 이전에 여성적 체험을 이해하는 방식과 관련된다. 이와 같은 관점이 90년대라는 시대적 특수성을 배경으로 일정 부분의 정치성을 획득했다면, 일상, 감성, 사랑 등 여성 주체의 본질적 특질로 고정된 요소들이 미학적으로 그 가치를 평가받는 기준은 크게 두 가지로 분류된다. 폐허에 가까운 세계 속에서 존재론적 사유가 가닿을 수 있는 극한의 윤리적, 미학적 도달점인 '모성성'과, 기존의 글쓰기 체계와 독법을 교란하는 '여성적 글쓰기'이다. 흥미로운 점은 이 두 가지 요소가 각기 그 의의를 평가 받는 양상의 차이에 있다.

### 2) 지배 언어를 유지하는 여성성

> 여성소설에 어떤 해방적인 기능이 있다면 그것은 일차적으로 남성중심적 담론을 가공하고 변형하는 과정을 통해서 그것에 의해 억압된 여성적 경험이 무엇인가를 인지하게 하는 일로부터 시작된다.[32]

31 김은하 · 박숙자 · 심진경 · 이정희, 위의 글, 142쪽.
32 황종연, 「여성소설과 전설의 우물」, 『문학동네』 4, 문학동네, 1995, 46쪽

황종연의 「여성소설과 전설의 우물」이 상찬하는 작품과 여성작가들은 비교 대상이 모호한 '보다 진전된' 페미니즘 문학을 생산하고 있으며, 앞선 세대와의 결정적인 차이는 '모성적 사고maternal thinking'의 유무에 달려 있다. 이 글이 특히나 강조하는 여성문학의 '90년대적 특질'은 "얄팍한 성대결"에 머물렀던 '이전'의 페미니즘 문학과 구별을 이룬다는 점이다. "최근의 여성소설에 표출된 여성적 경험은 성의 정치학에 국한되지 않는 넓은 저변을 가지고 있다"고 할 때, "여성에 대한 억압과 차별의 원통한 현실"만을 "선정적으로 고발하고 있는"[33] 공지영의 『무소의 뿔처럼 혼자서 가라』는 이와 같은 미학적 성취를 획득하지 못한 것으로 평가된다. 황종연이 보기에 '최근의 여성소설'에 가까운, 미적으로 보다 완결된 텍스트는 신경숙의 『깊은 슬픔』이다. 이 작품은 실상 "페미니즘의 강령과는 별로 관계가 없는", 즉 페미니즘적 문제의식을 내장한 작품은 아닐지라도, "남성중심적 담론들이 간과하거나 배제하기 쉬운 여성문학의 흥미로운 가능성"[34]을 제시하는데, 그 가능성이란 기존의 가부장제적 모델에 부합하는 것으로 비판되기도 하는 '모성성'의 구체적 구현이다.

남성 작가라면 놓치기 쉬운 요리 과정의 섬세한 묘사들, 여성 인물의 모성적인 이미지, 동성애 관계에 있다는 '의혹'을 불러일으킬 만큼 친절한 보살핌에서 비롯되는 타자와의 '몰아적 융합의 상태'는 개개인의 삶과, 도시라는 척박한 삶에 '어머니'가 복원되기를 바라는 여성 인물의 욕망에 다름 아니다. 물론 이때의 어머니는 구세대의 도덕적 관습과는 일말의 차이를 지녀야 하는데, 현실의 가부장제적 구조를 고려한다면 그러한 새로운 어머니-되기는 사실상 "불가능한 사랑"과 유사하다. 그러나 불가능한 사랑을 끝끝내 추구하는 여성 인물의 모습을 통해 이 소설이 발굴

---

33 황종연, 위의 글, 44쪽.
34 황종연, 위의 글, 45쪽.

에 성공한 것은 바로 '인간적 가치'의 회복 가능성이다. 황종연이 갈구하는 인간 본연의 생명과 근원의 상징으로서의 모성성은 90년대 여성작가들의 목록에서 다소 돌발적으로 등장하는 '오정희'의 텍스트 속에서 궁극의 형태로 발견된다.

박혜경의 글에서 '공지영'과 '김인숙'의 작품이 시대별로 다른 평가를 획득하는 기준 역시 남성과 단순한 대립관계를 유지하느냐 아니면 이 대립 관계를 "여성성이라는 둥근 원"(모성성)으로 확장하느냐에 달려 있다. 이는 황종연의 글에서 '신경숙', '오정희'의 텍스트가 고평가되는 기준과 유사하다. 하지만 박혜경은 소설에서 구현되는 모성성을 무조건적으로 승인하기 이전에, 가부장제적 사회 내에서 어머니와 딸의 피해자적 위치성 및 내면화된 폭력과 억압의 논리를 발견한다. 이는 무조건적인 인내와 사랑, 희생의 가치와 동일시되던 관습적 모성 재현과 분명한 차이를 지닌다. 문제는 이와 같은 구체적 여성 현실 반영이 비평을 통해 보다 더 큰 차원의 모성으로 재의미화될 때 발생한다.

> 그 여성성이라는 둥근 원은 (…) 작품에 등장하는 어머니와 그 어머니의 딸인 작중화자, 그리고 아버지의 여자들이 겪은 불행한 삶을 하나의 동질적인 체험의 영역으로 둥글게 끌어안고 있는 그러한 정서적 유대감 속에는 아버지를 바라보는 작중화자의 따뜻한 긍정의 시선이 내포되어 있다. 노동자이면서 폭동의 배후조종자로 감옥에 갇힌 아버지, 이 작품에 서 그 아버지와 아버지의 여인들을 이어주고 있는 것은 남성중심적인 성의 논리가 아니라 그 여인들의 불행에 대해서 아버지가 느끼는 인간적인 연민의 정서로 표현되어 있다. 작품 속에서 작중화자가 "제 인생을 스스로 한 남자의 틀 속에 가둬놓고 소모시켜버린 여자들. 순종이 미덕이라고"라는 인식으로부터, 불행한 운명을 짊어지고 살아가는

> 이 땅의 여자들, 그 불행한 여인들을 인간적 연민의 정서로 거두어들이는 아버지, 그리고 아버지가 거두어들인 여인들과 더불어 마음 기대고 살아가는 어머니의 고난에 찬 삶 모두에 대한 깊은 이해의 시선에 도달하는 것은, 제도화된 성의 구분을 뛰어넘어, 이 땅에서 함께 고통과 불행을 견디며 살아가는 사람들에 대한 깊은 인간적 친화의 정서를 통해서이다.[35]

이때의 "여성성이라는 둥근 원"은 가부장제의 폭력적 원리를 가시화하는 과정을 거쳐 도달하는 유의미한 자리이다. 그것은 어머니와 딸, "아버지의 여인들"의 불행한 운명뿐만 아니라 그들을 "인간적 연민의 정서로 거두어들이는" 아버지의 삶까지 모두 "동질적인 체험의 영역"으로 끌어 안을 수 있는 공간인 것이다. 작품이 꾸준히 가시화했던 가부장제의 현실적 폭력 양상들이 일소에 해결되는 "둥근 원"과, 이를 향한 박혜경의 예찬은 다음과 같은 여성소설의 미학적 목표를 전제로 그 의미를 획득한다. 첫째는 지배 체제의 욕망에 불과한 거대 역사를 의식할 때, 이에 대항하는 작은 역사로서 '가족사'가 지속되어야 한다는 점, 둘째는 '여성적 정체성'을 인식하는 일이 '남성'이라는 타자들과의 관계를 통해서 도달할 수 있다는 점 때문이다. 이와 같은 과정을 통해 발견되는 여성성과 여성적 정체성은 남성중심적인 현실에 대한 반성의 기제로서 기능할 수 있으므로 여성문학으로서 충분한 의의가 있다는 주장이다.

요컨대, 위의 비평문들에서 여성문학의 의의는 80년대 거대 이념이 몰락한 자리를 대체하는 국지적인 사회비판 논리의 연장선에서만 발견될 수 있었다. 80년대, 혹은 90년대라는 시간적 특수성이 이처럼 과잉 의식되는 과정에서 성차의 문제가 충분히 검토되지 못했던 것은 자연스러

35 박혜경, 위의 글, 38쪽.

운 결과이기도 하다. 이들 비평에서 "성차는 잘 따져봐야 하는 것이되, 그 자체 바뀔 수는 없는 자연현상으로"[36] 고정된 것이다. 여성문학특집 비평이 이성애 중심적이며 성별 이분법적인 사고의 틀을 중심으로 여성성을 의미화했다는 이 장의 주장은 해체적 사유를 극단으로 밀고 나간 글쓰기 형식을 '여성적 글쓰기'로 의식하는 태도, 아울러 이에 보이는 냉담한 태도를 통해 보충될 수 있다.

신수정의 「환멸의 사막을 건너는 여성적 글쓰기의 세 가지 유형」[37]은 보다 적극적으로 문학과 여성이 지닌 소외성에 주목한다. 여성문학이 부흥하는 현상의 이면에 소수자, 타자를 향한 주목과 관련한 사회적이고 문화적인 관심이 자리하고 있음을 강조하는 동시에, 이러한 관심이 "후기산업사회로 진입하고 있는 현 시점에서 문학이라는 영역이 지니고 있는 비사회적인 성격"[38] 즉 문학의 주변부성과 만나며 그 시너지를 발휘하고 있다는 평가인 것이다. 소수자를 향한 사회적 관심이 정치적, 미학적 함의를 지니는 지점은 바로 동일성을 해체하는 타자의 해체적, 저항적 위치이다.

지배 언어 체계에서 주변부적인 것으로 배제되어 왔던 '여성적 글쓰기'는 그 자체로 하나의 정치적이고도 미학적인 전복의 수단이 될 수 있다. 신수정은 배수아와 송경아의 텍스트를 예로 거론한다. 배수아의 "훼손된 모방언어"와 송경아의 "편집증적인 탐닉"의 글쓰기는 "소설집에 대한 이제까지의 관습적인 인상을 뒤흔들고 있"거나, 지배 언어의 전형성을 교란하기는 하지만, 그보다 상위의 단계로 진입하지 못하고 관념의 차원에 머무른다는 이유로 부정적인 평가의 대상이 된다. 신수정이 생각하

36 조앤 스콧, 공임순·이화진·최영석 역, 『페미니즘 위대한 역사』, 앨피, 2017, 41쪽.
37 신수정, 「환멸의 사막을 건너는 여성적 글쓰기의 세 가지 유형」, 『문학동네』 4, 문학동네, 1995.
38 신수정, 위의 글, 64쪽.

는 여성문학의 이상적 모델은 황종연에게 '오정희'가 그러했던 것처럼, 평자의 본격적인 분석 대상 범주(90년대, 30대, 신세대 여성작가)를 벗어난 "원숙한 중년"인 '윤영수'에게서 발견된다.

윤영수의 90년대 소설 속 가족사는 거대 이데올로기와 쉽게 등치되지 않지만 동시에 단순히 역사적, 사회적 제반과 분리된 것으로만 사유되지도 않는다는 점을 특징으로 한다. 우리 사회의 악을 "일상적인 차원"에서 면밀하게 검토하는 방식을 통해 억압의 심층 구조를 보다 면밀하게 제시하는 것이다. 현실과의 연결고리, 구체적인 일상 묘사가 배수아, 송경아 텍스트의 결핍을 보충하는 요소로 등장하는 셈인데, 이러한 의미 부여는 여성문학의 재현적 윤리를 리얼리즘적 층위에 상당 부분 의존한 결과로서 나타난다. 결과적으로 이 비평은 글의 도입에서 분석을 예고했던 부분, 즉 현실에서 이중적으로 소외된 여성적 체험이 미학적 차원의 '여성적 글쓰기' 방식과 정확히 어떤 관계를 맺는지에 관해 충분히 검토하지 못했을 뿐만 아니라 그것의 의의를 다소간 부당하게 처리한 면이 있다. 90년대 여성 문학의 특이성 중에서도 여성문학으로서 그 의미를 획득할 수 있는 요인은 기존의 언어 문법에 안정적으로 자리할 수 있는 것들인 셈이다.

정리하자면, 『문학동네』 1995년 여성문학특집에 실린 비평문들은 여성문학의 의의를 '여성성'에서 발견하고는 있으나, 이때 긍정되는 여성성이란 매우 제한적인 성격의 것이었다. 긍정되는 여성성의 의미는 여성의 구체적인 일상과 현실 묘사에 기반한, 그러나 여전히 관념적인 형태로 기존의 지배 언어 체계를 유지하는 비저항적 여성성에 가깝다. 이후 『문학동네』 1999년 가을호와 겨울호에서 진행되었던 90년대 문학에 대한 회고적 의미 규명은 '여성문학특집'과 관련한 문제적 지점을 보다 가시적으로 드러낸다. 시인 김혜순과 정끝별에 의해 그 세목이 거론되는 '여성 시'의 요소들을 제외하고 이들 기획에서 '여성/문학'은 90년대와 관련해 별도의 규정력을 행사하지 못한다. 또한 90년대 문학담론 전반의 대표성은 황종연에게는 '장정일'과 '최인석'으로, 신수정에게는 (역시) '장정일'과 '김영현', '김영하'로 대체된다. 이는 95년 당시 여성문학특집이 강조했던 여성성의 의미가 90년대와 나란히 의미화되었던 지점을 비판적으로 검토하게 하는 주된 요인이다. 90년대적 담론이 출현하고 구성되는 촉발의 계기만큼이나, 그것을 지속적으로 재생할 수 있었던 "수행적 힘을 가시화 하는 작업"[39]의 중요성은 '여성문학특집'이 범주화했던 '여성', '여성성', '여성 서사'에도 동일하게 적용되어야 한다.

## 4. 나가며

95년 『문학동네』에서 기획되었던 동어반복적인 '여성문학'의 가능성은 99년에 이르러 '90년대적'인 것으로 재확정된다. 이는 여성문학 자체가 지닌 한계 때문이 아니라 일종의 담론적/세대적 구별로서 이루어진 문학비평이 페미니즘 층위의 생산적인 비판의식을 무/의식적으로 탈각했기 때문이다. 동일한 기표가 짧은 시간 내에 '여성'을 소거함으로써도 충분히 그 의미 가치를 부여 받을 수 있었다면, 그러한 사실은 95년 여성문학특집 기획의 성차 규정을 소급적으로 의문시할 근거가 될 수 있다 당시 규정되었던 여성문학의 특질들이 '문학동네' 기획 내부에서 젠더적 층위의 문제의식으로 지속 및 확장되지 않았던 사정은 이러한 맥락을 고려할 때 자연스러운 결과로 이해된다. 95년 여성문학특집이 '여성해방문

39 강동호, 위의 글, 263쪽.

학'으로서의 중요한 테제인 '내면'과 '일상', '자전' 등을 탈젠더화한 것이라는 문제제기는 이 지점에서 발생할 수 있다. 고정된 성차 담론에 기반한 공론장의 기획은 젠더에 관한 특정한 지식-권력 체계를 재생산한 다는 사실을 위의 사례에서 확인할 수 있다.

이 지점에서 '문학동네'가 주목한 90년대적 주체 '나'와 그 의미 가치를 구성하는 비평의 전략이 미국발 포스트모더니즘, 정신분석학의 주체론에 기대어 있었으며 그것이 '미적 대중주의'라는 의의로 포섭되었다는 선행연구들의 지적은 다시금 중요한 문제가 된다. 이는 『문학동네』의 여성문학특집 기획이 생성하고 구축했던 여성문학의 범주 역시 위와 같은 틀 내에서 제한적으로 구축된 것이라는 의구심을 생성하기 때문이다. 특히 여성문학의 범주가 '내면', '일상', '고백'과 같은 90년대의 특정한 기표들과 밀접히 연결되었고, 동일성을 기반으로 한 심문의 자리로서 '여성성'의 의미를 부각했다고 할 때, 여성문학특집이 내세운 여성문학의 미학적, 정치적 함의는 전혀 다른 의미로 재해석될 수 있다.

# 제3부

# 정치와 젠더

# 1990년대 후반 박정희 신드롬의 전개와 그 의미

장원석

# 1990년대 후반 박정희 신드롬의 전개와 그 의미

—

장 원 석

## 1. 박정희 신드롬의 실체(화)와 그것이 남긴 것

1997년 3월 『고대신문』에 실린 한 반半농담성 설문조사 하나가 박정희 신드롬이라는 한 사회 현상의 시발점이 된다. 복제양 돌리의 탄생 소식을 전하면서, '가장 복제하고 싶은 한국 역사 속 인물'을 묻는 이 설문조사에서 박정희 대통령이 3위에 올랐다는 내용이었다. 이후 같은 내용의 설문조사가 『(BI)세상사람들』에서 주부들을 대상으로 실시되어 박정희 대통령이 1위, 육영수 여사가 4위로 꼽혔다는 소식이 여러 차례 일간지에 보도되었다.[01] 앞선 조사에서 고대생들 중 박정희를 선택한 수는 6명에 불과했으며, 후자의 조사 역시 주부 115명을 대상으로 했음은 그다지 주목되지 않았다.[02]

그러나 곧이어 『동아일보』에서는 전국에서 삼천여 명을 대상으로 실

---

01 김중식, 「불황 타고 박전대통령 '부활'」, 『경향신문』, 1997.4.12; 김경달, 「동화처럼… 만화같이… 자, 꿈을 꾸자」, 『동아일보』, 1997.4.22 등.

02 박정희 신드롬의 전개 양상은 이유진, 「누가 관에 누운 박정희를 일으켜 세우는가」, 『사회평론 길』 91호, 사회평론, 1997.7 및 정해구, 「박정희신드롬의 양상과 성격」, 『박정희를 넘어서』, 푸른숲, 1998 참조.

시한 창간 77주년 설문조사를 통해 역대 대통령평가에서 박정희 대통령이 75.9%의 지지를 받았다는 기사를 헤드라인으로 보도함으로써 앞선 설문의 근거를 마련해 주었다.[03] 또한 며칠 뒤 박정희를 모델로 했다는 이인화의 장편소설『인간의 길』1, 2권이 출시되어 여러 지면에 소개되고 베스트셀러 순위 10위권 내에 진입하면서 박정희 신드롬은 일정 부분 실체화되는 듯 보인다. 연말의 대선을 앞두고 여당의 경선 후보들은 박정희 신드롬에 편승하는 발언을 쏟아내기 시작했으며, 김종필과 박태준이 일선에 복귀하는 등 정계는 여기에 발 빠르게 반응했다. 더불어 주요 일간지에서는 박정희와 관련한 여러 연재물이 기획되었다.『중앙일보』에서는 1997년 4월부터 박정희의 비서실장이었던 김정렴의 회고록과 특별취재팀의「실록 박정희」를,『조선일보』에서는 10월부터 월간조선 편집장 조갑제의「내 무덤에 침을 뱉어라!」연재를 선보였다. 박정희 정권에 맞선 민주화 운동가이자 야당 대선후보인 김대중이 12월 대선을 며칠 앞두고 박지만의 공개지지를 받으며 박정희 생가를 방문한 것은 박정희 신드롬의 한 방점이라고 할 수 있다.

박정희 사후 18년이 지나 나타난 박정희 신드롬은 박정희와 그의 시대에 대한 역사적 재평가를 시도하는 학술적 작업이라기보다 언론·문학계를 중심으로 이뤄진 논쟁의 성격을 띠었다. 이인화의 소설과 조갑제의 전기가 이 신드롬의 요인인 동시에 산물이라고 할 수 있는 텍스트라는 사실이 이를 방증한다. 특히 이인화가 베스트셀러 소설가이자 30대 초반의 젊은 비평가-교수라는 대중적 이미지를 바탕으로 박정희 재평가를 주창한 점은, 박정희 신드롬이 대구경북 지역을 중심으로 한 정치인들의 유세 일환을 넘어서 박정희 시대에 태어나지 않았거나 미성년자

03 「역대 대통령평가 박정희 75.9%, 전두환 6.6%, 김영삼 3.7%순」,『동아일보』, 1997.4.1.

였던 신세대까지도 여기에 관심을 둔다는 식으로 현상의 확장성을 보여주는 듯하다. 고대신문에서 박정희 신드롬이 시작되었다는 점에 더해 하이텔에서 박정희 관련 찬반 논쟁이 이뤄졌다거나[04] 인터넷상에 만들어진 '박정희 대통령 기념관'에 대한 매체의 관심이 그 예시다.[05]

한편으로 박정희 신드롬은 박정희 재평가 문제에 관한 논쟁으로 이어졌다. 물론 대개의 논쟁이 그렇듯 그 전개가 특정한 결론에 도달하지는 않는다. 논쟁이 되는 용어의 정의가 애초에 합의되지 않았다는 사실이나, 그것에 기초한 첨예한 입장차를 재확인하는 데에 그치는 것이다. 그럼에도 논쟁을 독해하는 작업에서는, 그 쟁점을 해결하는 것보다 "문제로 설정된 것 자체를 징후"로 읽는 것이 필요하다.[06] 어떤 문제가 쟁점화된 배경, 그리고 그 조건을 탐구하는 작업이 중요한 것이다. 이인화는 『인간의 길』 출간 직후 인터뷰에서 자신의 소설을 "아무도 비판 안해주"는 것에 실망감을 내비쳤다.[07] 그러나 박정희 신드롬과 그에 이어진 논쟁은 무관심 속에 사라지지 않았다. 이를 둘러싸고 수많은 담론이 생산되었으며, 이러한 담론은 박정희 신드롬에 포섭되기도 했지만 역으로 박정희 신드롬을 활용하기도 했던 것이다.

박정희 신드롬을 이렇듯 담론의 층위에서 분석한 연구는 아직 보이지 않는다. 정해구와 박노승의 연구는 박정희 재평가 논쟁과 관련된 텍스트를 소개하는 차원에 그치고 있다.[08] 이들 연구는 박정희 신드롬이 민

---

04 권만우, 「'박정희 재평가' 논쟁」, 『조선일보』, 1997.5.15.

05 김석영 · 정용희, 「"우리에게도 이런 지도자가 있다는 것 보여주고 싶었다"」, 『뉴스메이커』 219호, 경향신문사, 1997.4.24, 22면.

06 柄谷行人, 日本近代文学の起源, 『일본 근대문학의 기원』, 박유하 역, 도서출판 b, 2020, 213면.

07 강영희 · 이인화, 「"나는 박정희의 어용학자이고 싶다"」, 『사회평론 길』 90호, 사회평론, 1997.6, 80면.

08 정해구, 「박정희신드롬의 양상과 성격」, 『박정희를 넘어서』, 푸른숲, 1998; 박노승, 「박정희 신드롬, 무엇이 문제인가」, 『기억과전망』 13집, 민주화운동기념사업회, 2005.12.

주화 이후 새로운 정치적, 경제적 패러다임의 부재 속에서 대두된 퇴영적 현상이라는 결론을 내린다는 점에서 이 현상에 잠재된 가능성을 제대로 평가하지 못한다. 한민의 연구는 박정희 신드롬에 호응하는 사람들의 심리 기제를 무속적인 "심층 심리"로 진단한다는 점에서 앞선 연구와 유사한 관점을 보여준다.[09]

이와 달리 김상조와 조희연의 연구는 민주화와 경제위기를 바탕으로 박정희 신드롬이 발생한 구조적 요인을 분석한다는 점에서 차별점이 있다. 김상조는 박정희식의 경제 모델이 1990년대의 개혁론자와 시장만능론자와 조우하면서 "사이비 신자유주의"를 만들어낸다고 지적하고 있으며, 조희연은 박정희 정권이 만들어낸 "반공병영사회"라는 틀 속에서 박정희 옹호론의 입장인 발전국가론을 비판한다.[10] 이러한 관점에서 강우진의 연구 역시 박정희 신드롬을 하나의 사회심리학적 현상으로 놓고 분석하고자 한다.[11] 이러한 관점은 박정희 정권에 대한 그간의 비판 담론을 학술적으로 집약하여, 민주화 이후 한국 사회에 남긴 흔적을 추적하는 유효한 틀을 제공하지만 소설과 전기, 언론 지면을 가로지르는 문화적 현상으로서 박정희 신드롬의 담론을 읽어냄으로써 담론 생산 주체들의 다양한 욕망이 교차하는 양상을 살펴보고자 하는 이 글의 목표와는 다르다고 하겠다.

이 글에서는 이인화와 조갑제의 텍스트와 더불어 여러 논쟁적 텍스트들, 특히 이들을 강력하게 비판했던 강준만과 진중권의 텍스트를 중

---

09 한민, 「문화심리학적 관점에서 본 박정희 신드롬의 무속적 의미」, 『한국무속학』 16집, 한국무속학회, 2008.

10 김상조, 「박정희식 경제개발의 부정적 유산 : 사이비 신자유주의」, 『박정희시대 재평가와 오늘의 한국사회』, 학술단체협의회, 1997.10; 조희연, 「동아시아 성장론의 검토와 한국경제성장의 정치사회적 구조」, 『박정희시대 재평가와 오늘의 한국사회』, 학술단체협의회, 1997.10.

11 강우진, 「박정희 신드롬과 한국의 민주주의 : 네 가지 쟁점을 중심으로」, 『한국과 국제정치』 29집 2호, 경남대학교 극동문제연구소, 2013.

점적으로 살펴봄으로써 이들에 의해 박정희 신드롬이 전제한 문제의식의 축이 이동하는 양상을 드러내고자 한다. 1960, 70년대에 제기되었던 박정희 정권에 대한 옹호와 비판이 1990년대에 재차 반복되었을 때, 양쪽의 문제의식은 새로운 시대적 환경과 주체들에 의해 전혀 다른 방식으로 구획되었다고 볼 수 있다. 이것은 해당 시기에 대한 기억투쟁을 넘어서 1990년대 동시대를 문제삼는 것이며, 여기에는 전혀 다른 관점과 욕망이 개입될 수밖에 없는 것이다. 이인화와 조갑제의 기획은 세기말에 나타난 일견 민주화에 역행하는 퇴행적인 흐름을 보여주는 듯하지만 강준만과 진중권의 독해 속에서 새로운 의식의 출현을 드러내는 한 징표로 자리매김될 수 있다. 어떻게 보면, 박정희 신드롬을 둘러싸고 생산된 담론들은 그 시발점이 된 『고대신문』의 설문조사처럼 반쯤 농담과 같은 성격을 띠고 있었고, 또 그것을 농담처럼 만들어 버리는 '가벼운' 태도 자체가 박정희 신드롬의 중요한 측면이었을 수 있다.

## 2. 박정희 신드롬의 전개와 대응: 강준만과 이인화의 '커뮤니케이션'

박정희에 대한 관심은 역설적으로 1987년 민주화 이후 정치적·사회적으로 구조화된 측면이 있다. 노태우 정부에서는 5공과의 단절을 목표로 박정희 정권의 인사들을 복권·기용하였으며, 박정희 정권 출신 관료들도 본격적으로 유신 시대를 회고하는 텍스트들을 발표했다. 대중문화 영역에서는 김진명의 『무궁화꽃이 피었습니다』가 탈냉전 이후 세계화 질서 속에서 박정희를 국수주의의 표상으로 내세워 밀리언셀러가 되기도 했다. 이러한 배경하에 한보사태 이후 표면화된 문민정부의 노넉석 해이

와 외환위기는 성공적인 경제 지도자로서 박정희를 재소환하게 하는 결정적 계기가 되었다.[12]

1997년 4월부터 시작된 『중앙일보』의 연재 기획물은 청렴한 지도자이자 유능한 경제 대통령으로서 박정희의 이미지를 강조하여 김영삼 정부와 대척점에 선 지도자로 위치지음으로써 빠른 타이밍에 박정희 신드롬에 올라탔다. 김정렴의 회고록은 『중앙일보』에 의해 "단독 입수"되어 이미 앞선 시기 2년간 「청와대비서실」 시리즈를 연재한 바 있던 김진 기자에 의해 요약·발췌되어 연재됐다는 점에서 사측의 관점을 직접적으로 반영하고 있다.[13] 특히 이 회고록이 박정희의 청렴성과 유능한 인사 관리 능력으로 수렴되는 것은 김현철 게이트 등으로 도덕성에 치명적 타격을 받은 김영삼 정부와 일부 민주화운동 이력을 지닌 정부 인사들의 문제를 비판하려는 의도로 보인다.

그러나 김정렴이 자신의 글을 80년대에 작성한 경제회고록을 보충하는 "정치회고록"으로 규정했기 때문에 경제위기와 관련해 유능한 경제 지도자로서 박정희의 모습을 보여주기에는 한계가 있었던 것으로 보인다. 그에 따라 『중앙일보』는 7월 10일부터 연말까지 자체 탐사보도팀을 통해 「실록 박정희 시대」라는 새로운 연재를 시작하게 된다. 「실록 박정희 시대」는 1997년이라는 시점에 떠오른 박정희 신드롬을 비교적 투명하게 담아낸 텍스트라고 할 수 있다. 이 연재물이 박정희의 서사를 10월 유신을 몇 달 앞둔 72년의 어느 시점으로부터 시작하고 있다는 점에서 그러하다.

---

12 정상호, 「박정희신드롬의 정치적 기원과 그 실상」, 『박정희를 넘어서』, 푸른숲, 1998, 93면; 강진호, 「문학적 간기와 독선적 영웅주의」, 『보수주의자들』, 삼인, 1997, 261면.

13 김진, 「김정렴 회고록 연재—박 대통령 국정운영 상세히 담아」, 『중앙일보』, 1997.4.28.

> 참석자들 모두 영화에 압도됐다. 3시간의 영화상영이 모두 끝났는데도 장내는 숨소리조차 들리지 않을 정도로 조용했다. (…) 영화에서 받은 충격과 실망감을 표현하는 박대통령 특유의 몸짓이었을까. 최장관(최형섭—인용자)의 짧은 답변을 듣고난 박대통령은 아무 말 없이 자리에서 일어나더니 혼자 회의실을 떠나버렸다.[14]

박정희를 비롯한 정부—여당 관계자들이 중정에서 북한에서 배포한 선전 영화를 보는 장면은, '김책 제철소'를 비롯한 북한의 각종 중화학공업 발전 양상에 압도된 박정희가 중공업 육성 정책을 추진한 배경을 극적으로 집약한다. 그리고 그러한 결단의 순간을 당시 경제 관료들의 증언과 각종 수치로 '객관'화하여 뒷받침한다. 총 45회 연재된 이 기획물은 그중 12회가량의 분량을 박정희 시대의 경제 정책 성공사를 보여주는 데에 할애한다.[15]

그러나 이 기획이 박정희 신드롬의 중요한 특성을 보여주는 다른 요인은 그것이 박정희를 신화화하는 데에만 치중한 것은 아니라는 점에 있다. 그렇다고 「실록 박정희 시대」가 역사적 균형감각을 적절히 갖췄다는 것은 아니다. 애시당초 '실록'이라는 장르 특성상 박정희에 대한 비판적 담론을 담아내는 것은 거의 불가능에 가깝기 때문이다. 오히려 이 기획은 "박정희 시대를 모자이크"하겠다는 포부를 내세운 뒤[16] 곧바로 박정희를 하나의 상업적 기호로 소비하는 모습을 보여준다는 점에서 박정희

14 특별취재팀, 「실록 박정희시대 1. 제1부-남북 경쟁시대 막 오르다」, 『중앙일보』, 1997. 7.10.

15 1회였던 「남북 경쟁시대 막 오르다」부터 「경제 제일주의 "가난 추방은 천명"」, 「1차 5개년 계획」, 「수출 제일주의」, 「전자산업」 등 여러 차례 박정희의 경제적 업적을 부각하는 기사가 이어졌다.

16 「「실록박정희시대」 연재를 시작하며」, 『중앙일보』, 1997.7.10.

신드롬이 박정희 신화화와 균열을 빚는 지점을 보여주는 것이다. 박정희의 비장한 결단을 그려낸 뒤 곧바로 5회에 걸쳐 그의 전기적 사실 중 가장 첨예한 논란을 촉발한 만주군 시절을 다루는 점이 단적인 예다. 물론 뒤이어 언급할 이인화와 달리 이 연재물은 "박정희의 만주 경력을 둘러싼 근거없는 미화나 의도적인 격하는 막을 내려야" 함을 역설하면서 "그의 만주시절은 어릴 때부터의 꿈인 군인을 이룬 그 이상도, 이하도 아니"라고 결론 짓는다.[17] 이러한 접근은 그의 좌익연루설이나 피살을 다룬 부분과 마찬가지로 박정희에 대한 객관적이고 공정한 평가를 위한 목적으로 보기 어렵다. 오히려 첨예한 논란이 있을 부분을 다룸으로써 화제성을 확보하는, 해당 일간지의 상업주의적 지향을 드러내는 것이다. 그 과정에서 "현대사를 재조명"하여 "무엇을 얻고 무엇을 잃었는가를 재점검하는 자기성찰의 계기"로 삼겠다는 이 기획의 포부는 시작 지점에서부터 박정희에 대한 역사적 재평가와 소재주의적 접근 및 인물의 '극화劇化'의 길항으로 좌초하고 있었다고 볼 수 있다.

『중앙일보』의 기획이 박정희 신드롬 이면의 모순적 구조를 노출하고 있었다면, 이인화의 소설 『인간의 길』과 조갑제의 전기 「내 무덤에 침을 뱉어라!」는 그러한 모순을 거의 완전하게 봉합함으로써 박정희 신드롬의 상징적 텍스트로 부상할 수 있었다. 물론 그것에 앞서 저자들이 1997년 이전부터 박정희 재평가를 시도해왔다는 점과 그들이 가진 상징자본의 영향력을 과소평가할 수는 없다. 조갑제는 『조선일보』의 정치적 스탠스를 극대화했다는 평가를 받는 『월간 조선』의 편집장으로 그 대중적 영향력을 강화해왔는데,[18] 그 과정에서 그는 1987년부터 박정희 전기 집필에 대한 의욕을 보여주었던 것이다.[19] 또한 이인화는 베스트셀러 작가

17 「실록 박정희시대 11. 만주시절 친일논란」, 『중앙일보』, 1997.8.18.

18 안영배, 「대기자 조갑제의 '오만과 편견'」, 『월간말』, 월간말, 1994.4, 127면.

19 조갑제가 처음으로 박정희에 대한 전기 형태의 글을 쓴 것은 1987년이다. (조갑제,

이자 젊은 교수-비평가라는 지위, 그리고 잡지 『상상』의 편집위원으로서 박정희라는 기호의 대중성과 상업성을 강화하는 역할을 했을뿐더러, 그 자신이 이미 1995년에 『상상』에 『인간의 길』을 연재한 바 있었다.

그러나 근본적으로는 극우주의적 지배 이데올로기와 상업주의의 매끄러운 결합이라는 점에서 두 사람의 박정희 옹호 작업은 한데 묶인다. 두 사람의 텍스트가 발표 시기에 차이를 두고 있음에도 동궤에 놓일 수 있는 것은 그러한 공통점 때문이다.

> 박정희는 일제의 군사 교육과 한국전쟁의 체험을 통해서 전쟁과 군대의 본질을 체험한 바탕에서 6백 년 만에 처음으로 우리 사회에 상무 정신과 자주 정신의 불씨를 되살렸던 것이다. 전두환 대통령이 퇴임한 1988년에 군사 정권 시대는 끝났고 그 뒤에 우리 사회는 다시 상무, 자주 정신의 불씨를 꺼버리고 조선조의 문약성으로 회귀하려는 움직임을 보이고 있다. 이 복고풍이 견제되지 않으면 우리는 어떻게 될 것인가. 이승만, 박정희, 전두환 세 대통령의 영도하에서 1류 국가의 문턱까지 갔던 우리 나라는 원래의 우리 수준, 즉 3류 국가로 전락할 것이다.[20]
>
> 그러나 그 역사창조의 방향을 제시하고 국민들에게 의욕

「박정희와 그의 시대 1」, 『월간 조선』, 조선일보사, 1987.1; 조갑제, 「박정희와 그의 시대 2」, 『월간 조선』, 조선일보사, 1987.2; 조갑제, 「박정희와 그의 시대 3」, 『월간 조선』, 조선일보사, 1987.11.) 여기서 그는 10.26 사건으로부터 시작하여 박정희의 유년기부터 5.16 쿠데타 전후 시점까지를 포괄한다. 이후 그는 이 연재물을 보충하여 1992년에 단행본 출간했다. (조갑제, 『박정희1 불만과 불운의 세월』, 까치, 1992) 그 자신이 밝힌바, 박정희에 반대하는 입장이었던 1970년대와 달리 1983년 『월간 조선』 입사와 1987년 대선 정국을 거치면서 나타난 변화(위의 책, 19면)에 따라 시도된 이러한 글쓰기는, 1997년 이전 시점에 이미 개인적이지만은 않은, 박정희에 대한 관심들이 예비되어 있었음을 보여준다.

20 조갑제, 「흰 소박한 超人의 생애」, 『내 무덤에 침을 뱉어라 1』, 조선일보사, 1998, 13면.

과 자신을 불어 넣어주는 지도자, 투철한 국가관과 공인으로서의 사명감, 청렴성을 가진 지도자가 부재할 때 민생은 파탄되고 안보는 위협받으며 민주주의는 중우정치로 타락한다.

깜짝쇼와 세몰이로 점철된 이 부패타락한 정당정치가 민주주의라고 강변되는 오늘, 우리는 비로소 눈을 비비고 선악을 초극한 인간 운명의 한 전형을 진정 위대했던 한 사람의 국가 지도자로서 바로 보게 되는 것이다.[21]

두 사람은 모두 현재 정부의 타락과 '문약성'을 비판하면서 그 원인으로 지금의 정부가 취하는 기반으로서의 민주주의, 혹은 87년 체제를 지목한다. 이러한 논리하에서 이 제도적 민주주의는 부정되며 다시 역사 창조의 과제를 감당해낼 수 있는 지도자—혹은 영웅—로서 박정희를 호명하게 된다. 여기에는 지도력의 부재 속에서 경제위기를 맞닥뜨린 한국 사회가 '조선조'의 "복고풍"으로 되돌아가고 있다는 시간 감각과 더불어 위기의식이 나타난다. 그런 점에서 두 사람은 박정희 신드롬을 박정희에 대한 '재평가' 혹은 '미화'와 등치함으로써 박정희에 대한 세간의 관심을 적극 활용하고자 하는 것이다.

이 과정에서 두 사람은 특히 박정희의 모습을 있는 그대로 보여주고자 했다는 점을 강조한다.[22] 이들이 공통적으로 박정희의 일생을 유년기부터 따라가면서 상세하게 재구하는 전기傳記의 방식을 취했다는 점은 자연스럽다. 그러한 방식의 형상화에는 앞서 경제위기와 후진적 정치 문

21 이인화, 「선악 뛰어넘은 진정한 지도자」, 『한겨레』, 1997.5.13.

22 이인화나 조갑제는 박정희를 역사적 인물이나 대통령으로 보기에 앞서 '인간'으로 보고자 한다. 이러한 관점은 양면성을 지닌다. 박정희의 부정적 면모는 인간적인 모습으로, 지도자적 면모는 일반적 인간을 뛰어넘는 모습으로 받아들여지기 때문이다. 진중권은 이러한 '실존'의 논리가 파시즘의 논리와 맞닿아 있음을 비판한다.

화에 대한 즉각적 대응에 가까웠던 『중앙일보』의 연재 기획이 품은 모순이 거의 드러나지 않는다. 박정희의 삶을 세세하게 추적하면서, 거기서 발견되는 사소한 흔적까지도 박정희라는 한 '인간'을 드러내는 중요한 증거로, 나아가 그 영웅성의 징표로 의미화되기 때문이다. 즉, 필자 자신들이 박정희에 매혹되어 있다는 점을 전면에 내세우는 홍보 전략을 취한 것과 그 텍스트의 내용이 결과적으로 박정희 옹호로 귀결되는 것이 잘 맞물리는 것이다. 그리고 이렇게 구체화된 박정희를 향한 애정 어린 시선은 위 인용에 드러난 것과 같은 두 필자의 현실 인식 혹은 정치적 성향을 박정희라는 기표를 통해 확증하는 작업이 된다.

동시에 두 사람이 수행한 '세심한' 전기적 서술은 본의와 상관없이 상업성을 강화한다. 이인화가 박정희라는 실명 대신 '허정훈'을 내세운 목적은 그가 말하듯 "전적으로 허구의 인물들"을 통해 "있는 그대로의 사실보다 사태의 본질을 드러내는 허구"를 제시하기 위함이었다.[23] 이를 통해 이인화는 박정희와 관련된 역사적 사실을 변조할 수 있을 뿐 아니라 소설 자체를 고전적 영웅소설에 가까운 형태로 만들 수 있었다.

> "그 아이(정훈의 모—인용자) 이름이 여희래. 여희라면 상고시대의 인물 곤鯤의 처가 아닌가." (…) "그래도 곤은 황제의 현손이시고 우 임금을 낳은 아버지올시다. 우리 집안의 지체가 나중에 그 정도나 된다면 황공무지한 일이지요."[24]

영남 남인 집안의 허씨 일가에서 태어나 중국 신화 속 곤과 여희, 그리고 우임금의 운명을 부여받은 '허정훈'에게 있어 실제 박정희의 삶은 하나의 장치일 뿐이다. 허정훈이 만주행을 결단하는 순간까지를 그리는

23 이인화, 「작가의 말」, 『인간의 길 1』, 살림, 1997, 8면.
24 이인화, 『인간의 길 1』, 살림, 1997, 30면.

『인간의 길 1』에서 그는 끝까지 고향 선산善山의 신화적 분위기에 걸맞은 '규룡虯龍'의 화신인 것이다. 규룡은 부친의 몸을 가르고 태어나 "가난하고 어두운 산하, 아승기겁의 한을 품은 무수한 귀신들"[25]의 기운을 안고 살아갈 운명을 지닌 것으로 설정되어 있다는 점에서 작가는 '허정훈'의 삶을 객관적으로 재구해보겠다는 의도보다 판타지 소설적 세계관 설정에 더 관심이 있는 듯 보인다. 여기에 더해, 1997년 4월 시점까지 발표된 『인간의 길』의 내용이 '허정훈'의 만주군 장교 시절까지를 다룬다는 점도 주목된다. '허정훈' 혹은 박정희의 만주군 이력에 대한 서사가 동시대 현실에 대한 실천적 개입으로 보기는 어렵다는 점은 차치하더라도, 저자는 그 이력을 독립운동 일환이었다고 묘사함으로써 관련된 논란을 직접적으로 텍스트 속에 차용하고 있기 때문이다.

한편으로 조갑제 역시 10.26 사태를 다루면서 전기 연재를 시작하는데, 이를 통해 박정희의 평소 소탈한 면모와 그 영웅적인 죽음을 극적으로 대비하려는 의도를 보여준다. 그러나 기획은 10.26 전개 과정에 대한 집착적일 정도로 취재 사실의 과잉된 열거 속에서 오히려 박정희의 죽음을 상품화하는 데에 이르기도 한다.[26]

> 간이 큰 신재순은 한참 있다가 다시 문을 열고 대기실로 들어갔다. 화약 냄새가 진동하고 있었다. (…) 의자 위에 놓아 두었던 자신의 핸드백과 심수봉의 핸드백까지 집어서 나오는데 켜져 있는 컬러 텔레비전에 눈이 갔다. AFKN 미군

---

25 위의 책, 134면.

26 조갑제는 연재가 시작된 지 3개월 정도 지난 시점의 인터뷰에서 기자로부터 "10.26 사건 당일의 이야기가 66회나 이어질 정도로 너무 미시적 접근이 아니냐"는 질문을 받자 "어느 한 역사적 순간에 그 인물의 태도를 다각적으로 살펴보면 훨씬 더 가깝게 느껴"진다고 답하면서 그 자신의 서술 방식을 합리화한다. (김한수·조갑제, 「"박정희는 토종 한국인… 미화할 생각 없어"」, 『조선일보』, 1998.1.1.)

방송이었다. 흑백 방송만 보았던 신재순은 신기해서 다시 한 번 눈길을 주고는 사잇방으로 돌아왔다.[27]

박정희의 사망을 눈 앞에서 목격한 신재순의 증언은 박정희가 총을 맞고 죽어가면서도 보여준 "고귀한 정신력", "본능으로 내면화된 사생관死生觀과 지도자도道의 자연스런 발로"[28]를 강조하기 위한 목적으로 배치되었다. 그러나 조갑제는 동시에 신재순의 당일 행적을 '문학적'으로 묘사한다. 핸드백을 찾으려는 신재순의 엉뚱한 용기나 그녀 눈에 띈 컬러 텔레비전의 신기함은 박정희의 '명예로운' 죽음에 누가 되는 사실에 가까워 보인다. 그러나 바로 그렇기 때문에 박정희 전기의 흥미성과 상업성을 배가하는 역할은 분명히 해내고 있다. 이 전기를 박정희를 "친근"하게 만들려는 목적하에 썼다는 조갑제의 말은 분명히 중요한 사실을 담고 있다.[29] 결국 이 전기를 통해 대중적 영향력과 상업적 이득이 발생한다는 것이기 때문이다. 제대로 언급되지 않은 점은 그러한 이득을 얻는 것이 다름 아닌 그 자신과 언론이고 박정희는 여기에 활용되었을 뿐이라는 사실이지만, 분명히 조갑제의 전기 텍스트는 자극적 성격과 박정희 영웅화를 '문제없이' 결합해내고 있다.

이러한 박정희 옹호는 당연하게도 수많은 첨예한 비판에 직면했다. 발표 시기상 주로 이인화의 소설 또는 박정희 신드롬이라는 현상 자체가 비판의 대상이었다. 특히 지난 시기 민주화운동의 주체들은 민주화 이후 10년이 지난 상황에서 군부독재와 "지시경제, 불균형 성장"의 상징

27 조갑제, 『내 무덤에 침을 뱉어라 1』, 조선일보사, 1998, 236-237면. 원 기사는 조갑제, 「趙甲濟기자가 쓰는'근대화 혁명가' 朴正熙의 생애 내 무덤에 침을 뱉어라! 제1부 최후의 24시간 ㊾ 申才順」, 『조선일보』, 1997.12.9.

28 위의 책, 136면.

29 김헌수 · 조갑제, 위의 글.

인 박정희에 대한 향수가 되살아난 것에 큰 위기의식을 보였다.[30] 박정희 신드롬을 향한 많은 비판들은 이러한 위기의식에 토대하여 박정희 신드롬을 어렵게 성취한 제도적 민주주의에 역행하는, 퇴행적인 것으로 규정했다.

이때 이러한 비판적 태도를 보인 논자들의 공통점은 대개 이 박정희 신드롬을 일종의 기억투쟁의 장으로 파악하고 있다는 데에 있다.[31] 즉, 민주화 운동에 참여했거나, 유신 정권의 억압적 분위기에 대한 비교적 선명한 기억을 가지고 있는 이들이 가하는 비판은 박정희에 대한 향수가 비윤리적임을 지적하는 것에 주력한다.

> 최근 우리 사회에는 민주를 압살한 폭력 쿠데타를 위대한 혁명으로 미화하는 수구반동의 괴이한 현상을 비롯한 민주 부정의 반동현상이 아무런 거리낌 없이 횡행하고 있다. (중략) 이는 단순히 거꾸로 생각하는 재미문제가 아니라 우리 사회의 근본정신을 부정하는 심각한 반동이다.[32]

> 그 뒤 삼선개헌이 시도되면서부터 유신에 이르기까지, 그리고 유신 이후 궁정동의 총성이 있기까지, 책가방에 '유신 반대'라고 낙서할 수 있는 고등학생은 없었고, 가방을 들어 주며 미소를 짓는 시민도 역시 있을 수 없었습니다. 그때부터는 내 기억도 온통 음울한 것들뿐입니다.[33]

---

30 서진영 · 한상진 · 박원순 · 김근태, 「6월에 틔운 '민주새싹' 열매맺을 때」, 『동아일보』, 1997. 6.20.

31 A. Assmann, Erinnerungsräume, 『기억의 공간』, 변학수 · 채연숙 역, 그린비, 2011, 110면. 아스만은 기억이 "개인 및 집단 정체성의 형성"에 중추적 역할을 하며, 그 때문에 "기억을 두고 벌인 투쟁"이 "현실의 해석을 두고 벌인 투쟁"이자 "정체성 확보", "가치의 정당화"와 직결된 문제로 보고 있다.

32 박홍규, 「경계해야 할 '박정희 신화' - 영웅숭배의 선정적 상업주의 극복해야」, 『출판저널』 217호, 한국출판금고, 1997.7.5, 2면.

33 홍세화, 「박정희 신드롬은 집단적인 '정의의 포기'」, 『월간말』 134호, 월간말, 1997.8, 46면.

> 아무리 이들이 유신시절을 직접 경험하지 않았다고 하지만 비판적 사고를 갖고 있는 대학생과 역량 있는 작가까지도 박정희의 향수에 빠지고 있는 것은 충격적이고 등골이 오싹해지는 일이다.[34]

이러한 비판들은 아직까지 살아서 고통 받고 있는 박정희의 피해자들이 너무도 많다는 사실을 계속해서 상기시킨다. 『사회평론 길』, 『월간말』 등의 박정희 신드롬 특집은 박형규·박재순 목사, 정인숙 전태일열사기념사업회 집행위원장 등 유신 정권의 피해자들의 목소리를 인터뷰와 기고로 담아내는 기획을 마련한다. 이는 국가 폭력의 경험을 당사자의 목소리로 증언함으로써 도덕성의 우위를 확보하는 비판 전략이며, 군부 독재 정권에 항거하는 운동의 연장선에서 민주화와 민주주의를 제시한다.

그러나 문제는 비판의 효과라고 할 수 있다. 비판이 누구를 겨냥하며, 실제로 그 대상에게 부딪치고 있는가를 고려할 때, 이러한 비판은 사실상 이인화와 조갑제가 생산하는 박정희 옹호의 논리에 직접적으로 가닿지 못하는 측면이 있다. 왜냐하면 두 사람은 이미 이러한 사실을 모두 알고 있기 때문이다. 민주화운동을 서구적 민주주의에 기댄 사대주의적인 경향으로 치부하면서 그것을 주창하는 지식인, 학생들을 박정희의 육성으로 반박하는 식의 논리를 보여주는 조갑제나,[35] 박정희가 추진한 자본주의적 근대는 "어느 시대, 어느 나라에서도 밝고 이성적이고 합목적적이었던 예가 없"었으며 본질적으로 "독점과 폭리라는 이윤의 극대화"를 추구하는 성격을 지닌다는 이인화의 논리 앞에서 이러한 윤리적 비판은

34 손호철, 「정말 '유신'으로 돌아가고 싶은가」, 『뉴스메이커』 219호, 경향신문사, 1997. 4.24.

35 조갑제, 『내 무덤에 침을 뱉어라 1』, 조선일보사, 1998, 108면; 조갑제, 『내 무덤에 침을 뱉어라 7』, 조선일보사, 2001, 261면.

다소 무력화된다.[36] 오히려 이인화는 이러한 윤리적 비판의 논리를 '전유'하기도 한다.

> 박정희는 (…) 국가의 절대 정신이었다. 이러한 정신 앞에서는 악조차도 그 의미를 상실하며 그 비열함과 천박함, 간악함과 기만을 비판하는 어떤 개인주의적 윤리도 무시된다.[37]

즉, 이인화에게 박정희의 윤리적 결함은 박정희의 위대성의 징표로, 그에 대한 자신의 관점이 우위에 있음을 확증하는 것이다. 그는 "박정희의 시대를 포괄적으로 조망할 수 있는 거리를 가진 세대로서 보다 객관적인 진리"에 접근할 수 있다고 말하며 자신의 위치를 특권화한다.[38] 즉, 박정희를 옹호, 미화하는 이들의 "야릇한 허무주의와 낭만주의"[39]라는 파토스는 유신 세대의 고통과 우울에 아무런 영향을 받지 않으며 오히려 그러한 기억과 감정을 '낡은 것'으로 치부해버리는 효과까지 낳는다.

이인화는 이처럼 박정희 신드롬 초기에 『인간의 길』이 단행본으로 출간되었던 점, 그리고 상술한 특수한 상징자본으로 인해 논쟁의 전선을 다중화했다. 특히 논쟁 과정에서 『인간의 길』 텍스트 자체가 평가, 비평의 대상이 되기보다는 그것을 둘러싼 컨텍스트가 부각된 것은 이인화의 의도에 따른 면이 분명 있었지만, 동시에 그 의도와 다른 방향으로 논쟁이 흘러갈 가능성 역시도 만들어지고 있었다.

이인화가 『사회평론 길』과의 인터뷰, 그리고 『한겨레』를 통한 홍세화와의 논쟁을 통해 박정희 재평가라는 문제를 논의 테이블에 올린 것까

36 이인화, 「『인간의 길』에 나타난 근대성 문제」, 『상상』 5권 3호, 살림, 1997.9, 262면.
37 위의 글, 263면.
38 위의 글, 271면.
39 강정구, 「'박정희 증후군' : 이성의 파괴와 우상의 신봉」, 『박정희시대 재평가와 오늘의 한국사회』, 학술단체협의회, 1997.10, 82면.

〈표 1〉 박정희 신드롬 관련 논쟁 전개 양상

| 순번 | 저자 | 제목 | 지면/출판사 | 연도 |
|---|---|---|---|---|
| 1 | 이인화 | 『인간의 길』 1, 2권<br>* 『상상』 1995년 가을호부터 3회에 걸쳐 분재됨. | 살림 | 1997.4. |
| 2 | 손호철 외 | 박정희 신드롬 특집 | 『뉴스메이커』 | 1997.4.24. |
| 3 | 이인화 · 홍세화 외 | 특집 "박정희 유령이 떠돌고 있다" | 『한겨레』 | 1997.5.13. |
| 4 | 이인화 · 강영희 | 「『인간의 길』로 박정희 부활의 깃발을 든 이인화 : "나는 박정희의 어용학자이고 싶다"」 | 『사회평론 길』 | 1997.6. |
| 5 | 강준만 | 『인물과 사상 2』 | 개마고원 | 1997.6. |
| 6 | 진형준 | 「악마적 초인들의 영웅서사시」 | 『상상』 | 1997.6. |
| 7 | 이인화 | 「"사실을 직시했을 뿐 영웅 콤플렉스는 없다"」 | 『시사저널』 | 1997.7.24. |
| 8 | 강준만 | 「"지식인 발언에는 책임이 따른다"」 | 『시사저널』 | 1997.7.31. |
| 9 | 홍세화 외 | 박정희 신드롬 특집 | 『월간 말』 | 1997.8. |
| 10 | 한기 | 「위험한 형이상학의 허구, 혹은 신화 □ 이인화 『인간의 길』, 그리고 박정희 시대에 대한 생각」 | 『문예중앙』 | 1997.9. |
| 11 | 하정일 | 「파시즘의 신화, 단선적 근대관의 역설」 | 『실천문학』 | 1997.9. |
| 12 | 이인화 | 「『인간의 길』에 나타난 근대성 문제」 | 『상상』 | 1997.9. |
| 13 | 조갑제 | 「趙甲濟기자가 쓰는 '근대화 혁명가' 朴正熙의 생애 내 무덤에 침을 뱉어라!」<br>* 이후 1998년, 2001년에 단행본(총 8권)으로 출간. | 『조선일보』,<br>『월간조선』,<br>조선일보사 | 1997.<br>10.20.-<br>2006.5. |
| 14 | 진중권 | 「박정희와 악마주의」 | 『문학동네』 | 1997.12. |
| 15 | 이인화 | 『인간의 길 3』 | 살림 | 1998.3. |
| 16 | 진중권 | 「극우 멘탈리티 연구」 1-4회 | 『인물과사상 6~9』 | 1998.3.-<br>1999.1. |
| 17 | 진중권 | 『네 무덤에 침을 뱉으마!』 1, 2권 | 개마고원 | 1998.11. |
| 18 | 진중권 | 「박정희교에 관하여-박정희교의 종파들과 그 교리 해설」 | 『아웃사이더』 | 2000 |

지는 분명히 그를 박정희 신드롬의 대표주자로 자리매김하면서 자신의 발언권을 강화하는 효과를 가져왔다. 또한 박정희 신드롬의 틀 자체가 이인화와 같은 보수 진영에 의해 구성된 기울어진 운동장이었기 때문에 그의 박정희 옹호론을 반박하는 입장들은 박정희 재평가 시도에 이미 포섭되어 버리는 측면도 있었다. 박정희를 복권하는 것에 반대한다는 부정적 방식 외에 비판자들이 취할 수 있는 태도는 박정희 정권의 역사적 정당성을 평가함으로써 그 공과를 '균형적'으로 평가하자는 논리로 귀결되고 마는 박정희 비판 담론들은 오히려 박정희 신드롬과 박정희 재평가의 담론 장을 확대했다. 그리고 이러한 결과는 정확하게 박정희 옹호론자의 '의도'에 맞아떨어지는 것이라 할 수 있다.

박정희 재평가라는, 첨예하지만 공회전하는 논의를 우회하여 이인화의 『인간의 길』 텍스트 자체를 문학의 영역에서 다루고자 하는 시도 역시 본래 목적에서 멀어져, 문학평론가들은 『인간의 길』의 완성도 문제로부터 이탈하여 작가의 근대관과 박정희 재평가라는 문제 틀로 진입하고 마는 것이다. 하정일의 경우 그러한 사례에 부합한다. 『인간의 길』이 고전문학적 서사를 통해 구축한 "파시즘의 신화"에 불과함을 비판하면서도 이를 통해 텍스트 밖 이인화의 국가관과 근대관이 "1960~70년대의 관변 이데올로기"의 재생산이라고 비판한다는 점에서[40] 큰 틀에서 앞선 비판처럼 박정희 재평가의 틀로 포섭된다.

한편 한기의 평론은 이인화의 소설을 충실하게 비평함으로써 오히려 곤경에 처하는 모습을 보여준다. 허정훈 캐릭터의 서사적 위상이 너무 부족하여 역사소설, 성장소설, 영웅소설의 의장만을 갖췄을 뿐 모두에 미달한다는 비판을 가하면서도 그는 "독재자에 대한 애증의 기억"을 가진

40 하정일, 「파시즘의 신화, 단선적 근대관의 역설」, 『실천문학』 47호, 실천문학사, 1997.9, 75면.

유신 세대로서의 자의식을 노출하면서 비판의 방향을 틀게 된다. 그 자의식과 함께, 『인간의 길』을 향한 비판은 "어떤 한계 안에서 자기 절제를 이룩할 수 있었으면, 우리 역사의 불행과 스스로의 개인적, 가족적 불행 역시 상당 부분 피할 수 있었지 않았을까"라는 "아쉬움"으로 마무리지어지는 것이다.[41] 오히려 이 애증 혹은 아쉬움 같은 것이 이 평론의 중핵을 이루는 듯한 모습은 그런 점에서 이인화의 소설을 긍정하고자 애쓰지만 곤경에 처하고 마는 진형준과 유사한 면이 있다. 진형준은 영웅의 탄생을 서사시와 같은 형식으로 복원하려는 이인화의 시도를 고평하면서도, "내가 아무런 편견 없이, 아니 가능한 한 편견을 줄이고, 또한 정신적 상처에서 비롯된 억압 없이, 인간성 자체에 다가설 수 있는 정상적 인식의 가능성, 하나의 성숙의 징후를 읽어냈다면 지나친 것일까?"라고 반문한다는 점에서 여전히 유신 세대로서의 의식이 사라질 수 없음을 증언하는 것이다.[42] 공교롭게도 유신 세대 평론가들의 관심을 받은 『인간의 길』은 그들에게 있어 자의식의 미로처럼 작용한 셈이다.

그러나 당시 『김대중 죽이기』와 『김영삼 이데올로기』 등의 정치비평서를 통해 유명세를 얻은 강준만이 이 논쟁에 참여함으로써 논쟁의 흐름은 이인화의 의도에서 이탈하기 시작했다. 강준만이 보여준 변별점은, 박정희 재평가라는 문제에 앞서 사태의 본질이 지식인 이인화 개인에게 있다는 점을 정확히 짚은 데에 있었다.

> 이씨(이인화—인용자)는 "희망을 잃고 총체적 허무주의에 빠져 있는 내 또래 젊은 세대에게 국가 발전의 방향을 제시하기 위해서" 그 소설을 쓰게 되었다고 말한다.

---

41 한기, 「위험한 형이상학의 허구, 혹은 신화—이인화 『인간의 길』, 그리고 박정희 시대에 대한 생각」, 『문예중앙』 20권 3호, 중앙일보사, 1997.9, 433면.

42 진형준, 「익나적 조인들의 영웅서사시」, 『상상』 5권 2호, 살림, 1997.5, 335면.

> 쯧쯧쯧, 참으로 안타까운 일이다. 그는 '희망을 잃고 총체적 허무주의에 빠져 있는 내 자신이 국가 발전의 방향을 음미하고 싶어서' 그 소설을 쓰게 되었다고 말했어야 옳다.[43](인용자 강조)

강준만은 이어 이인화의 인성이 라이히가 정의한 파시스트의 정신성, 곧 "'소심한 인간'의 정신성"에 가깝다는 인신공격성 발언을 덧붙이는데, 이러한 표현의 강도는 강준만의 실명 비판 방식과 그의 수사법이 갖는 특성으로, 이를 통해 지식인으로 하여금 자신의 공적 발언에 대한 정당한 책임을 지우는 것이다.[44] 그렇기 때문에 강준만은 이인화의 소설 내용에 대한 언급을 의식적으로 회피하면서 이인화 개인을 비판하는 한편, 그러한 태도가 공적 담론장에서 용인된 배경을 문제시하는 데로 나아간다. 그것은 크게 지역주의 문제와 정치경제적인 문제로 나눠진다.

강준만은 우선 이인화의 박정희 숭배의 연원을 대구라는 지역적 요인에서 찾고 있다. 이인화뿐 아니라 같은 대구 출신이면서 이인화와 매우 유사한 논리 구조를 보여주는 문학평론가 이동하와 그 윗세대인 이문열에 이르기까지 반복적으로 나타나는 한국 사회의 주류적 보수주의와 권력주의, 그리고 그것을 뒷받침하는 지역주의적 토대를 개괄한다. 이것은 "대구에 대한 경멸"이라는 이인화의 반발을 불러왔지만,[45] 보다 정확하게는 영남을 중심으로 한 박정희에 대한 특수한 정서, 정치적 성향이 어떻게 전국적인 차원의 파급력을 쉽게 확보할 수 있었는가의 문제를 지적하는 맥락에서 독해될 필요가 있다.

---

43 강준만, 「왜 박정희 유령이 떠도는가?」, 『인물과 사상 2』, 개마고원, 1997.7, 16면.
44 강준만, 「"지식인 발언에는 책임이 따른다"」, 『시사저널』 405호, 1997.7.31, 88면.
45 이인화, 「"사실을 직시했을 뿐 영웅 콤플렉스는 없다"」, 『시사저널』 404호, 1997.7.24., 87면.

왜냐하면 강준만이 이인화 비판을 통해 정말로 말하고 싶었던 것은 김영삼 정부의 무능을 박정희에 대한 향수라는 "반사적 정서"로 이끌어가는 여러 "정치경제적" 배경에 대한 분석으로 보이기 때문이다.[46] 그는 보수주의 철학자 프랜시스 후쿠야마의 사회적 자본으로서의 신뢰 개념을 전유해 박정희로부터 시작된 오랜 군부 독재가 희생시킨 사회적 신뢰가 현재의 위기를 박정희 부활과 민주주의의 '한계'로 손쉽게 이전되게 만든다고 본다. 이것이 '정치경제적' 요인인 까닭은 박정희 시대에서부터 형성된 기득권이 중앙일보, 조선일보 등 유력 일간지를 통해서 정당화되며 박정희로 상징되는 보수주의에 대한 긍정이 여전히 "사상의 건전성"을 보장해주는 상황에서 여론조사 역시도 일종의 사상 심문 과정이 되어 버리기 때문이다.[47] 이러한 강준만의 비판은 박정희를 논하기에 앞서 박정희에 대한 논자를 논하는 메타적인 작업이며, 그가 『김대중 죽이기』에서부터 개진해왔던 언론개혁 의제, 특히 『조선일보』에 대한 문제의식이 박정희 신드롬과 조우하면서 그것을 자연스럽게 전유하는 결과를 낳고 있다.

그러나 강준만의 비판은 그의 글쓰기 방식이 주는 효과가 중요하게 고려되어야 한다. 왜냐하면 이미 한 흐름을 형성한 박정희 신드롬 국면에서, 강준만의 비판이 대중적 주목을 받고, 이를 통해 박정희 재평가로 특징 지어진 기울어진 담론 장을 상대로 효율적인 상징 투쟁을 벌일 수 있는 수단이 바로 그러한 글쓰기 방식이었기 때문이다.[48] 강준만의 글쓰기는 감정을 여과없이 분출하는, "타도와 응징의 글쓰기"[49]로 설명되

46 강준만, 「왜 박정희 유령이 떠도는가?」, 『인물과 사상 2』, 개마고원, 1997.7, 29면.

47 위의 글, 31면.

48 「"김우중회장은 일 중독증… 이인화씨는 영웅콤플렉스" 이시대 인물 공격적 재단 화제」, 『경향신문』, 1997.6.20. 강준만의 저작은 "인물에 대한 공격적 재단"이라는 평가 속에서 베스트셀러 순위에 진입했다.

49 고재석, 「미디어 권력에 균열내기: 강준만의 상징투쟁(1989-2005)에 대한 사회학적

는데, 박정희 신드롬 국면에서 강준만은 그러한 논쟁적 글쓰기의 방법을 구체화해 보여준다. 그가 볼 때 이인화의 문제란 첫째 공인으로서 그 주장에 균형감각이 결여되어 있으며, 둘째 "그냥 좋은 소리만 듣는 베스트셀러 작가"로서 그러한 정치적 성향에 합당하지 않은 대중적 영향력을 갖고 있는 것이었다. 따라서 이인화가 '박정희가 한 일은 모두 옳았다'고 주장하는 것에 대한 "차분하고 논리적인 대응"은 적절한 효과를 낳을 수 없다는 판단하에,[50] 비판의 효과를 위해서는 거시적이고 추상화된 비판보다 개별적이고 실명을 거론하는 비판이 필요하며, "용납할 수 없"는 대상과 사안에 대한 "분노와 경멸을 담은 독설"은 맥락에 따라 필요한 커뮤니케이션이 될 수 있다고 주장하는 것이다.

> 말로는 할 수 있었지만 글로는 그대로 쓸 수 없었던 이야기도 글로 쓰자는 게 내 생각이다. (…) 글은 좀더 자유롭게 말, 아니 생각까지 그대로 표현해낼 수 있어야 한다. 커뮤니케이션의 진정한 민주화를 이룩하고 삶과 커뮤니케이션의 상호 소외를 막기 위해서다. (…) 논쟁적 글쓰기를 "쓰는 나와 논쟁의 상대편, 그리고 읽는 독자 사이의 대화"로 이해하는 유시민씨의 생각에도 동의하지 않는다. (…) 나는 우리 사회에 나와 같은 독설가가 조금은 더 많아져야 한다고 생각한다. 지금 우리 사회에서는 분노를 찾아보기 어렵다. (…) 우리 사회가 진지하고 근엄한 대화만 나누어도 괜찮은 그런 사회인지 자문자답해 보시기 바란다.[51]

---

해석」, 『지역과 세계』 45집 1호, 전북대학교 사회과학연구소, 2021, 36면.

50 강준만, 「유시민의 이데올로기는 '감성적 똘레랑스'?」, 『인물과 사상 7』, 개마고원, 1998, 116면.

51 강준만, 「지식인의 생명은 '자기 성찰'」, 『인물과 사상 4』, 개마고원, 1997, 158-159면.

특히 매체 지면과 같은 공적 담론 장에서 이뤄지는 커뮤니케이션의 '컨텍스트'는 단순히 단선적인 화자와 청자뿐 아니라 그러한 논쟁을 지켜보는 독자들의 존재까지도 포괄한다. 그런 점에서 일견 독선적으로 비치는 독설과 훈계의 글쓰기는 그 메신저(강준만)의 '체면'을 대가로 하여 문제 제기의 강도를 높이고 대중적 파급력을 강화한다.

나아가 강준만이 적극적으로 활용하는 인용의 방법은 독설의 효과를 배가한다. 인용은 당연히 자신의 주장을 강화하는 근거지만 동시에 독자들에게 자신의 비판 대상을 전시하고 그 이유를 확증하는 기능을 하기 때문이다. 강준만이 이인화를 비판하는 내용의 삼분지 일은 이인화의 텍스트로 채워져 있으며, 인용한 내용과 자신의 주장이 반복해서 교차되어 이인화의 글에 대한 매우 꼼꼼한 독해와 비판을 보여준다. 이것이 결국 이인화에게 자신의 텍스트에 대한 정당한 책임을 지우는 방법이라 할 수 있다.

이러한 논쟁 과정을 통해 이인화는 출간 초기의 의욕적 태도와 달리 '곤경'에 처하게 된다. 이는 강준만의 새로운 틀 짓기에 의해 문제가 되는 것이 박정희 재평가로부터 지식인으로서 자신의 자세로 이동했고, 그에 따라 운신의 폭이 협소해졌기 때문으로 볼 수 있다. 약술하면, 이인화는 자신의 소설에 대해 계속해서 해설해야 하는 상황에 처한 것이다. 박정희와 『인간의 길』을 놓고 그가 보여주는 가면 바꿔쓰기라는 방편은 박정희의 아우라라는, 만들어진 컨텍스트로 『인간의 길』이라는 텍스트의 자리를 손쉽게 대체해 버리는 모습으로 나타난다. 평론가와 소설가의 정체성을 오가는 것이 이인화의 문학적 출발점에서부터 두드러진 현상이었음을 고려할 때,[52] 현실세계의 소설가-평론가 이인화가 강준만에 의해 그 물적, 정신적 기반이 폭로되었다는 점에서 '영웅' 박정희의 아우라라

52 손정수, 「인간의 길, 작가의 길—이인화론」, 『작가세계』 59호, 세계사, 2003.12, 123면.

는 신비의 의장은 쉽게 작동하기 어렵다. 그는 자신의 평론을 통해 소설의 주인공 허정훈과 적대자로서 유건희, 채문학 등의 구도를 "이성과 행복의 갈등"으로 설명하고자 하지만 그 자신도 곧 허정훈과 박정희 사이의 경계를 소거하면서 자신의 허구와 현실을 혼동하는 모습을 보여주게 되는 것이다.

> 한국의 자본가 계급과 시민 사회의 힘이 임계치에 도달했을 때 이 같은 허정훈의 국가주의는 민중에 의해 타도된다. 봉기한 민중들은 그것이 수치스럽고 혐오스러운 '폭정'이었다고 규정한다. 그러나 이러한 국가주의의 패배는 사실상 이것이 자본가 계급에게 더 이상 불필요한 것이었기 때문이다. 허정훈의 국가주의는 역사적 필연과 결합하면서 나타났고, 역사적 필연에 의해 타도된 것이다.[53]

이러한 서술이 이상한 까닭은 『인간의 길』에서는, 평론이 발표된 시점에 아직 미출간 상태였던 3권의 내용까지 포괄하더라도 허정훈의 '타도'가 등장하지 않기 때문이다. 즉, 여기서 타도된 것은 박정희이지 허정훈이 아닌 것이다. 이는 한기가 지적하듯, 이인화가 내세우는 '허구성'의 논리가 가진 맹점이다.[54] 이러한 기획의 미비함은, 한국전쟁을 영웅 탄생의 전초로 삼고자 하는 이인화의 의도와 달리, 『인간의 길』이 허정훈의 본격적인 전투 직전에 마무리된다는 점, 그리고 "박정희가 남긴 전쟁 회고담을 살펴보아도 전투와 관계되는 것은 별로 없다"[55]는 (같은 진영의) 지적을 통해 드러나게 된다. 그런 점에서 허정훈이라는 의장은 박정희의

---

53 이인화, 「『인간의 길』에 나타난 근대성 문제」, 『상상』 5권 3호, 살림, 1997.9, 282면.

54 "허정훈은 또 박정희인가, 아닌가. 어떻게 박정희이기도 하고, 아니기도 한 사람이 역사의 시공간 안에 동시에 존재할 수 있는가." (한기, 위의 글, 412면.)

55 조갑제, 『내 무덤에 침을 뱉어라 2』, 조선일보사, 1998, 335면.

전기적 사실로부터 선택적으로 허구화된 영웅임이 이러한 논쟁의 과정에서 폭로된 것이라 할 수 있다. 이인화가 "그 분이 한 일은 처음부터 끝까지 다 옳았다고 얘길 하고 싶"[56]다고 고백하면서 정말로 그렇게 이야기를 하고 있는, 기묘한 자기모순—혹은 자기일치—은 결국 그 내적 논리의 상실을 표면에 드러내는 것이다.

## 3. 진중권의 '기동전', 전선의 확대와 심화

한편, 강준만과 이인화의 논쟁이 어느 정도 일단락된 1997년 연말에 진중권은 돌연 박정희를 둘러싼 논쟁에 참여했다.[57] 1998년부터 강준만의 『인물과사상』에 「극우 멘탈리티 연구」로 연재되어 1998년에 단행본화된 그의 텍스트에 주목할 필요가 있는 것은, 강준만의 방식을 어떤 면에서 심화함으로써 강준만과는 다른 질적 특성을 보여주기 때문이다. 그것은 진중권이 '미러링'[58]이라고 부를 법한, 보수적 논자들의 공세적인 논의들을 반사하는 보다 적극적인 인용의 글쓰기를 통해 비판의 새로운

---

56 강영희 · 이인화, 위의 글, 78면.

57 진중권이 논쟁에 참여하게 된 구체적 과정은 한윤형, 『안티조선운동사』, 텍스트, 2010, 104면 참조.

58 여기서 미러링은 권력을 가진 집단이 권력을 가지고 있지 않은 집단을 향해 가하는 혐오와 비난의 논리를 역으로 돌려주는 행위를 지칭한다. 이는 기존에 권력을 가진 집단의 논리를 재생산하는 것을 중단시키고 권력을 가지고 있지 않은 집단의 분노를 표출하는 "과격한 방식"이라고 할 수 있다. (김희선, 『혐오 미러링』, 연암서가, 2018, 22면) 이 글에서는, 강준만, 진중권 등의 필자들이 박정희 옹호론자의 수사법과 논리를 그대로, 혹은 "과격"하게 되돌려준다는 의미에서 미러링이라는 용어를 사용하였다. 나아가 강준만은 조선일보 비판의 주요 논리였던 '상업주의'를 전유하여 『인물과사상』의 모토이자 그 물적 토대로 삼는다는 점에서 상당히 체계적인 '미러링'을 실천하고 있다고 볼 수 있다.

가능성을 제시한다는 점이다. 진중권은 그들의 텍스트를 되비추는 '전투적 글쓰기'를 의식적으로 수행함으로써 박정희 옹호론자들의 주장이 띠는 비감과 향수 어린 분위기가 얼마나 표피적이며 외설적인가를 폭로한다. 특히 진중권이 강준만의 글쓰기를 묘사한 내용—"최소한의 상식, 최소한의 필력, 필요한 최소한의 도덕"만을 가지고 싸우는 "미니멀리스트"적인 글쓰기[59]—은 그 자신에게 더욱 잘 적용되며, 거기에 동원되는 자원은 어떠한 철학적인 담론이 아니라 그들이 비판하는 대상이 생산한 텍스트 자체라는 점에서 이들의 '효율적'인 미러링 전략이 두드러진다.

> 여기에 실린 내 글은 대부분 대한민국 우익들이 쓴 텍스트에서 뽑은 인용으로 가득차 있다. 이는 나의 텍스트 해체 전략과 관계 있다. 즉 나는 이들의 논리를, 이들 자신이 내세우는 논리로 반박하려는 거다. (…) 난 그냥 이들이 제 입으로 했던 말, 여기저기에서 주워 모아 늘어놓기만 하면 된다. 그러면 그 숭고한 이야기들이 내부에서 서로 모순을 일으키면서 자기들끼리 싸우다가 자진해서 우습게 무너진다.[60]

진중권은 자신의 비판이 "학적 비판"이 아니며, "문학적 풍자"이자 "순문학"이라고 밝히고 있다.[61] 이러한 '가벼움'은 진중권에게 게릴라적 기동성을 보장하여 박정희의 아우라에 전적으로 의존하는 상대측에 '파시즘', '변태', '소아병' 등의 꼬리표를 붙여 그 피상성과 범박성을 표면화한다. 이를 통해 박정희 재평가라는 옹호론자들의 문제의식을 전유할 수 있는 공간을 만들어낸다. 일종의 새로운 프레이밍 작업을 통해 이전

59 진중권, 「한 전투적 자유주의자의 지식인 혐오증?」, 『자유라는 화두』, 삼인, 1999, 36면.
60 진중권, 『네 무덤에 침을 뱉으마! 1』, 개마고원, 1998, 27-28면.
61 위의 책, 같은 면.

까지 박정희 재평가라는 틀 안에서 과대표상되었던 옹호론자의 목소리에게 "제 몫 찾아" 주려는 기획인 것이다.[62]

> "탈근대"를 성취한 벅찬 마음으로 이인화는 외친다. "우리는 7, 80년대를 건너온 나룻배를 불태워야 한다." 이인화. 여기서 딱 한 번 올바른 소리했다. 근데 이번엔 방향이 틀렸다. 우리가 그에게 해야 할 소리를, 그는 거꾸로 우리에게 한다. 생각해 보라. '이야기꾼' 이인화가 우리에게 '겸손하게' '들려주는' 그 '이야기'에는 사실 새로운 게 하나도 없다. 7, 80년대에 학교 다닐 때 바른생활과 국민윤리 시간에 지겹게 듣고 외워 시험지에 긁어대도록 강요받았던 바로 그 얘기다. 그런데 왜 이인화는 '7, 80년대를 건너온' 그 나룻배를 불태우지 않는 걸까?[63](인용자 강조)

진중권은 위의 인용처럼 이인화의 말을 그대로 받아서 돌려준다. 그의 글쓰기는 강준만의 글쓰기보다도 더욱 가벼워져 있다. 강준만이 비판 대상의 언어와 자신의 비판의 언어를 병치하여 실명 비판의 효과를 의도했다면, 진중권의 경우에는 어떤 것이 비판자의 언어이며 어떤 것이 비판 대상의 언어인지조차 구분하기 어려울 정도로 뒤섞는다. 이로 인해 지엽적으로는 비판의 논조가 흐려지는 부작용이 있지만, 그가 의도한 비판 방법으로서의 '해체적 글쓰기'의 실제로서 비판 대상의 언어가 "내부에서 일으키는 모순"을 드러내는 양상을 확인할 수 있다

나아가, 진중권의 글쓰기 방식은 이데올로기적 차원에서 중요한 문제를 보여준다. 즉, 이인화를 비롯한 박정희 옹호론자들의 주장이 당연

62 강준만, 「머리말 : '조선일보 제몫 찾아 주기 운동'의 새로운 비전」, 『월간 인물과사상』 9호, 인물과사상사, 1999.1, 9면.

63 진중권, 『네 무덤에 침을 뱉으마! 1』, 개마고원, 1998, 58면.

시되는 주류적 지배 이데올로기가 아니라 결코 보편화될 수 없는 협소한 자의식의 소산임을 지적하는 것이다. 강준만이 계속해서 이인화의 입장뿐 아니라 그러한 입장이 유통될 수 있는 배경에 도저한 여러 층위의 이데올로기를 지적했던바, 진중권은 그들 주장의 자의성과 저열함을 발견함으로써 그 주류성을 인정하지 않는 태도를 견지할 수 있다.

> 생각이 있는 사람이라면 최소한 이인화의 존재구속성, 그의 의식의 '종친회 결정성', 즉 그의 역사관이 '영남 남인'의 '당파'적 입장일 수 있다는 데까지는 생각이 미쳐야 했다.[64]

> 진형준은 여기서 '사람들'의 열망을 얘기하는데, 그건 '모든' 사람들의 열망이 아니라 '특정한' 사람들의 열망, 가령 '영남 남인의 지역적 기반'을 이루는 그 '사람들의 열망'이라 해야 옳다. 왜냐하면 분류학적으로 보아 난 분명히 '사람'인데 유감스럽게도 그런 '열망'이 없기 때문이다.[65]

이인화의 주장이 "'영남 남인'의 '당파'적 입장"이며, 진형준이 말하는 열망이 "'특정한' 사람들의 열망"임을 강조하는 진중권의 글은, 이인화·진형준이 내세우는 보편적 언어가 포괄할 수 없는 자신과 같은 사람이 있다는 자명한 사실을 비판 대상의 언어를 자원 삼아 보여준다. 이 비판 방식의 효과는 앞서 박정희 시대에 대한 직접적 증언으로 이 문제를 비판하는 이들조차도 그 자의식에서 개방되지 않았고, "찬반 당사자들간의 상호 비판은 없고 모두 다 허공을 향해 박정희를 비판하거나 예찬"[66]

---

64 진중권, 『네 무덤에 침을 뱉으마! 1』, 개마고원, 1998, 55면.

65 위의 책, 57면.

66 강준만, 「임지현 당신의 『조선일보』 관이 '일상적 파시즘'이다」, 『월간 인물과사상』, 인물과사상사, 2000.2, 19면.

하는 과정에서 결국 박정희 재평가라는 틀로 포섭되었던 점을 고려하면 두드러진다. 어떤 점에서 진중권은 정말로 이들의 텍스트를 읽고, 그것에 대해 말하고 있다고 할 수 있다.

그러나 진중권의 문제의식이 강준만의 것과 보다 깊이 공명하는 지점은, 그가 이인화와 『상상』 편집부를 비판하는 내용의 「박정희와 악마주의」 원고 일부분이 삭제된 채로[67] 『문학동네』에 실리게 된 경위에 있다. 그는 영웅과 관련된 파시스트 미학을 비판하는 과정에서 조선일보의 이데올로기적 영향력을 조롱하는 부분이 상의 끝에 삭제되었음을 밝힘으로써 지배 권력으로서 조선일보에 대한 문제의식을 내비친다. 진중권이 이인화와 조갑제를 동류로 묶어 비판하는 것은 그 소산이다.[68] 강준만이 조갑제의 연재가 시작되기 전에 그에 대한 전기 비평을 시도한 것은 그런 점에서 주목된다. 강준만은 조갑제가 사상과 논리를 혐오하며 "보는 만큼, 사실을 확인한 만큼만 믿겠다"는 태도를 보여준다는 점에서 그를 "사실 물신주의"자로 명명했다.[69] 그러나 이러한 실증주의적 태도가 이데올로기적 신념을 내포한다는 점에서 결국 조선일보라는 매체의 공공적 의장을 위해 작동한다는 사실을 강준만은 지적한다. 이러한 사실 물신주의는 실제로 이어지는 조갑제의 전기에서도 여실히 드러난다는 점에서 타당성 있는 지적이다.

진중권이 조갑제에 대응하는 방식은 이러한 조갑제의 '사실 물신주

---

67 조선일보의 「플루타크 영웅열전」 연재 기획을 조소한 내용과 조선일보를 "밤의 대통령"으로 표현한 정진홍의 글(정진홍, 「진보성으로 위장된 수구성」, 『상상』 5권 3호, 살림, 1997.5.)에 대한 코멘트가 삭제되었다고 진중권은 밝히고 있다.

68 이인화와 『조선일보』의 공모 관계를 지적한 김정란의 글도 참조할 수 있다. 그런 점에서 조갑제가 이인화와 달리 박정희 재평가 논쟁에서 비판자와 직접적으로 맞부딪친 바가 없음에도 그가 쓴 박정희 전기가 상징성을 갖는 까닭은 그 전기를 유통한 『조선일보』의 영향력에 있다고 할 수 있다. (김정란, 「조선일보를 위한 문학」, 김민웅 외, 『조선일보를 아십니까』, 개마고원, 1999 참조)

69 강준만, 「'사실 물신주의'를 숭배하는 광신도? : 『월간조선』 조갑제를 해부한다」, 『인물과 사상 2』, 개마고원, 1997, 49면.

의'적 속성과 결합되면서 효과를 낸다. 예컨대 그는 조갑제의 구체적 서술들을 교차시킴으로써 박정희의 역사관과 그것을 재구성하는 조갑제의 역사관을 "일제의 식민사관"과 "니쁜 부시도武士道"[70]로 읽어내는데, 조갑제는 원래부터 이러한 요소들을 그다지 숨기지 않고 발화해왔기 때문이다. 조갑제는 반복적으로 문민의 전통과 상무의 정신의 대립을 강조해 왔다. 문민은 조선의 주자학적 전통으로 대표되는 "관념적"이고 "형이상학"적이며(그런 점에서 사대주의에 친연성을 띤다), "도덕적 판단을 상황이나 사실보다" 중시함으로써 위선적일뿐더러 "수구"와 "후진"에 불과한 것으로 치부된다. 그러나 그 대타항인 상무의 정신이란 "김유신-세종대왕-정조-이승만-박정희"로 계보화되는 "실용--자주"의 정신을 의미한다.[71] 관념에 대비되는 실용을 내세운다는 점에서 상무 정신은 일견 긍정적이지만 그것은 박정희로 상징되는 군사문화의 부활로 갑작스레 경사된다.

> 우리나라는 조선조 이후 상무정신이 거세된 탓으로 침략전을 한 번도 해본 적이 없는 희한한 기록을 갖고 있다. (…) 자위적 목적의 전쟁론을 이야기하는 사람을 전쟁을 부추기는 국수주의자로 몰아서 도덕적 우월성을 과시하려는 집단이 있다. 거세된 남자를 강간범으로 몰아버림으로써 자신의 금욕성을 강조하려는 식의 이런 지식인은 우리 사회의 굽은 부분을 이루고 있다. (…) 우리 사회가 필요로 하고 있는 것은 해방 후 우리가 모처럼 확보한 군사문화를 잘 정리하여 국가, 기업, 개인의 발전에 도움이 되도록 활용하는 것이지「군사문화의 청산」이 아닌 것이다. 군사문화를 잘 소화해야 조선조적인 문약성을 극복하고 강건한 국가 체질과

70 진중권, 위의 책, 210면.

71 조갑제,「조갑제 기자의 하버드 연수보고(1) : 韓國史의 실용과 자주에 대한 확신 : 민주주의는 하느님이 아니다」,『월간 조선』 18권 9호, 조선일보사, 1997.9, 254면.

> 시민윤리를 갖추게 될 것이다. 선진국 체질이 될 수 있도록 하는 비책은 바로 이 군사문화 속에 숨어 있는 것이다.[72]

상무 정신을 통해 박정희를 옹호하는 조갑제의 논리는 사실 군사문화에 대한 긍정, 나아가 그것을 바탕으로 한 "폭력의 불가피성"으로 귀결되는 것이다. 그러나 박정희가 김유신과 화랑도라는 한국 역사의 '무사도'와 접속되더라도, 결국 그것이 조선조를 거치며 단절되었다면 또 다른 계기를 설정할 수밖에 없다. 조갑제가 찾은 계기는 박정희가 받은 "일본식 교육"이었다.[73] 진중권의 조롱은 그런 점에서 조갑제 논리의 맹점을 찾아내고 있다. 상무 정신의 계보가 사실은 박정희와 그가 받은 일본식 군사교육을 통해 역으로 투사된 결과물이라는 것이다.

여기서 진중권이 조갑제를 비판하면서 반복적으로 한국 사회 내 군사문화 잔존에 문제를 제기한다는 점을 주목할 필요가 있다. 어떻게 보면 그가 조갑제의 논리에서 가장 참기 어려웠던 부분이 그런 군사문화의 복권일 수 있다. "'군대화軍隊化'를 '건대화近代化'로 발음하는 독특한 현상"[74] 속에서, 조갑제가 말하는 이상적 인간형이 "'이성과 합리성' 없이 '극단으로' 치닫는 '힘과 용기'만 가진 '군인'적 인간형"[75]이 되어 버릴 때 진중권은 근대적 주체는 "자율적 개인"[76]이라는 자신의 상식과의 괴리를 절감하고 있는 것이다.

---

72 조갑제, 「조갑제 기자의 하버드 연수보고(2)-김유신, 지압, 폴 니츠의 대전략」, 『월간 조선』 18권 10호, 조선일보사, 1997.10, 278면.

73 조갑제, 「조갑제 기자의 하버드 연수보고(5)-사대적 문민들의 대한민국 죽이기」, 『월간 조선』 19권 1호, 조선일보사, 1998.1, 325-327면.

74 진중권, 『네 무덤에 침을 뱉으마! 2』, 개마고원, 1998, 171면.

75 위의 책, 204면.

76 위의 책, 197면.

> 예비역 육군병장 진벙장이 '집합' 어떻게 하는지 화끈하게 보여줄께. 야삽 들고 조갑제 일병 좋아하는 "군사문화의 실질" 확실하게 보여줄께. 당신들 파쇼라는 거, 이번 기회에 국민들 앞에서 확실하게 "고백"시켜 줄께. 어때, 재밌겠지?[77]

그러나 진중권이 택하는 대응 방식은 군사문화에 대한 미러링과 조롱이다. 조갑제의 군사문화 옹호를 그대로 되돌려줌으로써 그는 그것이 가진 폭력성을 전시하는 한편으로, 현재 시점에서 군사문화라는 것이 얼마나 왜곡되고 비합리적인 것인가를 지적하고 있는 것이다. 이는 "그(박정희—인용자)가 18년 동안 우리 사회 모든 영역에 깊숙이 심어 놓은 비효율적인 파시스트적 군사문화. 이를 청산하는 데 엄청난 시간과 비용이 들 것"[78]이라는 진단하에, 그 "시간과 비용"을 줄이는 효율적 대응 방식을 구상한 결과로 볼 수 있다. 그렇게 진중권은 조갑제의 박정희와 군사문화 복권의 기획이 집약된 박정희 전기에 대한 다시 쓰기를 시도한다.

> 그게 사실은 이런 얘기예요. 옛날에 까만 선글라스 낀 참 개구리가 살았대요. (…) 마침 '지존일보'에 다니는 개구리가 있었어요. 아예 신문에 광고를 냈어요. "울 아빠 무덤에 침 뱉어 주세요."[79]

PC통신 문화의 영향을 받은 듯한 이런 식의 조롱이 전면화하는 것은 결국 어떤 태도, 즉 조갑제의 주장이 가진 권위와 그것이 연재된 매체의 권위까지도 전혀 인정하지 않는 태도다. 또한 이 '개구리'의 우화는 박

---

77 위의 책, 242면. 여기서 진중권은 의도적으로 '육군병장 진벙장'으로 오기하고 있다.
78 위의 책, 180면.
79 진중권, 『네 무덤에 침을 뱉으마! 1』, 개마고원, 1998, 139면.

정희 시대의 인물들뿐 아니라 그것을 재생산하는 현재의 논자들까지 모두 희화화의 대상으로 삼는다는 점에서 진중권의 문제의식은 1990년대 현재에 박정희 재평가가 시도되는 시대착오성을 겨냥한다.

특히 진중권이 「극우 멘탈리티 연구」 연재를 마무리하면서 다시 한번 자신의 글에 대한 검열을 촉발한 정진홍의 말—"한국의 지식인 사회에서 『조선일보』를 옹호한다는 것은 매우 미련한 일임에 틀림없다."—로 되돌아간 것은 전선의 확대를 보여준다. 그 말의 의미를 검증하고자 진중권은 자신의 전선을 이인화, 조갑제와 같은 특정 인사를 넘어서 조선일보의 필진 전반으로 확대한다. 특히 1998년 11월 『월간조선』에서 제기한 최장집에 대한 '이념 몰이'를 배경으로 조선일보 문제가 강준만의 문제제기를 넘어 사회 전반으로 확대된 상황 속에서 박정희 신드롬은 어느새 조선일보에 대한 문제제기로 그 중심축이 이동했음이 진중권의 글에 나타나 있다. 경제위기 속에서 박정희와 같은 리더의 필요를 역설하던 조선일보의 필진들은 동시에 최장집과 같은 학자를 "이데올로기 투쟁"을 하는 "빨갱이"로 몰아감으로써 그 지배 권력의 최대치와 한계 수준이 모두 드러난 것이다.

그리고 이러한 한계 수준의 노출은 진중권의 "기동전"에 상당한 취약점을 노출하고 만다. 진중권은 인용과 해체의 글쓰기를 바탕으로 조선일보의 각 필진의 주장을 서로 맞세우면서 그것을 "집안싸움"으로 만들며 조선일보 자체를 하나의 즐길 거리로 독자들에게 전시하는 것이다.

> 이제까지 우리는 정진홍이 주장한 이 가설이 얼마나 타당한지 검토해 보았다. 그 결과, 정진홍의 예리한 테제가 과연 상당한 설득력과 설명력을 가졌음을 볼 수 있었다. (…) 여러분과 함께 이를 입증된 진리로 확정하여 사회에 통용시키

고자 한다. 정말로,

한국의 지식인 사회에서 『조선일보』를 옹호한다는 것은 매우 미련한 일임에 틀림없다. (T)[80]

그는 정진홍의 "개별적 표현"을 "콘텍스트"로부터 분리, 고립시킨 뒤 "정말로,"라는 부사어 하나를 덧붙여 그 의미를 그대로 되돌려준다. 이 논증 과정은 끝까지 하나의 유희로서의 가벼움을 놓쳐선 안 되며, 그러한 과정을 통해 진중권의 글쓰기는 독자를 향한 커뮤니케이션에 보다 가까워져 있다.

이렇듯 새로운 글쓰기 전략과 매체 창안을 통해 진지전과 기동전을 수행한 강준만과 그 매체를 통해 글쓰기 방식 자체를 심화시킨 진중권의 '공모'는 박정희 신드롬이라는 1990년대 후반의 상황 속에서 새로운 담론 장을 창출하고 상징자본을 축적하는 효과를 냈다. 두 사람의 전투적 글쓰기는 비판 대상의 개별화와 적극적 인용을 통해 이인화와 조갑제로 대변되는 박정희 옹호론자들의 논의를 자신의 틀 내로 이동시켰다. 그들은 박정희의 아우라에 매혹된 상태로 경제위기 상황 속에서 그 권위(주의)의 부활을 꾀할 수 있다고 여겼으나, 박정희의 아우라를 의도적으로 구성해내는 과정에서 노출되는 담론 생산의 기제를 은폐할 생각이 없었거나 혹은 은폐할 수 없었다. '박정희'가 불러 일으키는 환상 대신 이미 표면에 드러나 있는 그것의 생산 기제를 발견하고 그 자체로 노출시켜 중지시키는 담론적 개입이 강준만·진중권에 의해 행해졌다.[81] 박정희

---

80 진중권, 「『조선일보』와 『네 무덤에 침을 뱉으마!』 그 이후」, 『인물과 사상 9』, 개마고원, 1999, 57면.

81 라캉의 표현을 빌리면, 강준만·진중권의 담론적 개입은 박정희 옹호론자들에 의해 의식적으로 생산된 것이 주인 담론이 아니라 대학 담론에 불과함을 드러내는 역할을 했다고 할 수 있다. 두 사람은 언표 내용을 그대로 반복함으로써 언표 주체를 가시화하였다. 그들에게 의도된 박정희의 아우라가 주인 기표가 아니라 그것을 끊임없이 설명하고 보충해야 하는 지식 기표이며, 그것이 단순히 '주인-화(master-ized)'한 행세

신드롬은 박정희 옹호론 생산의 주체와 그 물적 토대의 왜소함 혹은 외설성으로 일정 부분 대체되며, 이 과정에서 그것이 불러온 환상은 유실될 수밖에 없다. 이는 어떤 면에서는 이인화·조갑제가 보여준 글쓰기 실천이 재구하고자 했던 권위가 부재하다는 사실을 표면에 드러내고 있었기 때문에 이를 강준만·진중권의 글쓰기가 발견하고 그것의 조건을 드러내는 "메타코멘터리"를 시도할 수 있었다고 볼 수 있다.[82]

그러나 동시에 진중권의 전략이 강준만의 '심화' 버전이라고 하기에는 그 내부의 차이 역시 간과될 수 없다. 이는 진중권이 말하듯 "전투적 자유주의자"와 "좌파"의 이념적 차이일 수도 있겠으나,[83] 오히려 외부의 시선에서는 두 사람 모두 '리버럴리스트'로 그려진다는 점에서 그 차이는 작아 보인다. 오히려 결정적인 부분은, 강준만이 이렇듯 박정희 옹호론자가 전용하는 물적 토대를 비판하면서도 중간 지점에서 그것을 다시 봉합하려는 모습에서 찾을 수 있다.

> 나는 박정희를 일방적으로 매도하는 사람이 아니다. 그의 공과를 균형되게 평가하자는 사람이다. 나는 '박정희기념관'을 만들자는 데에 찬성하는 사람이다. 그가 이룬 업적과 그가 잘한 일을 어떤 형태로든 전시하잔 말이다. 다만 나는 그 기념관에 박정희가 잘못한 일도 동시에 전시하자는 생각을 갖고 있는 매우 온건한 사람이다.[84]

---

를 하고 있음을 보여준 것이다. (J. Lacan, *The Other Side of Psychoanalysis, eds.* J.A. Miller, trans. R. Grigg, New York : W.W.Norton & Company, 2007, p.103.)

82 F. Jameson, 「메타코멘터리」, 유종호 역, 『현대문학비평론』, 한신문화사, 1996, 578면.

83 진중권, 「한 전투적 자유주의자의 지식인 혐오증?」, 『자유라는 화두』, 삼인, 1999, 37- 38면.

84 강준만, 「'박정희 신드롬'을 해부한다」, 『월간 인물과사상』, 인물과사상사, 1999.2, 28면.

나는 그러한 과제를 수행함에 있어서 비교적 '현실'에 무게를 둘 따름이다. 그건 '정치적 전술'로 폄하될 수도 있는 것이지만, 동시에 이른바 '박정희 신드롬'을 격파하기 위한 '실천'에 훨씬 더 가깝게 접근할 수 있는 것이기도 하다.[85]

강준만이 이러한 중간 지점을 통해 모색하는 '공정성'은 지식인의 자기성찰에 대한 문제의식과도 결부되며, 궁극적으로는 각자도생의 논리를 넘어선 "공적 영역의 복원"이라는 목표로 수렴한다.[86] 그러나 이러한 목표는 강준만에게 이상적 차원이 아니라 현실에서 구현되어야 하는 것이다. 그것은 이미 『인물과사상』과 『월간 인물과사상』이라는 매체를 통해 구체화되어 있으며, 이것은 조선일보로 상징되는 상업주의와 지배이데올로기의 결합에 대립되는 대항적 상업성에 가깝다.[87] 그에게는 담론적 개입의 전제 조건으로 기성 자본에 휘둘리지 않고 자신이 통제할 수 있으면서도 독자들을 끌어들일 수 있는 물적 토대가 그만큼 중요한 것이다.

그러나 진중권의 입장에서 이러한 노력은 조선일보 비판과 관련하여 "심각할 정도로 우경화"되어 있는 담론 지형에서 기계적인 "중간"을 찾아가는 논리일 뿐이다.[88] 그러므로 박정희를 옹호하는 입장과 타협하는 것 자체가 자신의 문제의식을 위협하는 행위이기 때문에, 박정희에 대한 비

85 강준만, 「박정희를 어떻게 볼 것인가?: 진중권의 반론에 답한다」, 『인물과 사상』, 2000.9, 142면.

86 강준만, 「'박정희 신드롬'과 '공적 영역'의 소멸」, 『월간 인물과사상』, 인물과사상사, 2002. 12, 36면.

87 강준만, 「월간 『인물과 사상』 9문 9답」, 『인물과사상 6』, 개마고원, 1998, 300면. 베스트셀러 순위 등을 고려하면 적어도 1997년 이후 몇 년간은 출판계에서 '상업적 성공'을 거둔 것으로 평가할 수 있다.

88 진중권, 「박정희교에 관하여-박정희교의 종파들과 그 교리 해설」, 『아웃사이더』 1호, 아웃사이더, 2000, 60면.

판 작업을 끝까지 밀어붙여야 한다는 입장을 견지한다. 그는 '박정희가 없었으면 오늘날의 경제발전도 없었을 것'이라는 주장 자체를 거부하며, 이것에 동조하지 않거나 부지중에 박정희 옹호론에 찬동하는 이들은 가차없이 비판한다. 이러한 행보는 "조선일보식 글쓰기"라는 식으로 비판받았지만, 그럼에도 진중권은 자신의 글쓰기를 상식의 층위에서 옹호한다.[89] 그에게는 여전히 "박정희가 우리 사회와 우리 몸 속에 기입한 불합리한 요소들의 흔적을 깨끗이 지워야" 하는 중대한 과제가 미해결 상태로 남아 있기 때문이다.[90]

무엇보다도 결정적인 것은 진중권이 고수하는 명랑함에 있다. 박정희 옹호론자들을 제대로 상대하기 위해서는 그들의 '숭고' 취향과 다른, "희극성"을 가져야 한다고 보는 것이다.[91] 즉, 비판 작업 자체가 하나의 유희로 작용할 수 있어야 그 차별성과 지속성이 발생함을 진중권은 강하게 의식하고 있는 듯하다. 그러므로 그에게는 공적 영역을 구체적 매체로 복원·확보하겠다는 목표보다는 어떤 매체든 자신의 입장을 개진할 수 있는 속도와 가벼움이 더 중요해보인다.[92]

> 살아남은 자의 슬픔? 왜 슬퍼해. 그럴 시간 있으면 한 자라도 더 '복수' 하지. 서른 잔치는 끝났다? 왜 끝나, 왜 벌써 파장이야. 왜 분위기 깨? 아직 신나는 '복수'가 남았는데. 그

89 진중권, 「이재경 교수의 「진중권식 글쓰기…」에 대한 반론」, 『월간 인물과사상』, 인물과사상사, 1999.6, 17면.

90 진중권, 위의 글, 63면.

91 진중권, 『네 무덤에 침을 뱉으마! 1』, 개마고원, 1998, 61면.

92 김내훈은 진중권의 논객으로서의 활동을 개괄하면서, 그가 쌓아올린 상징자본의 핵심은 "지식인으로서의 어젠다가 아니라 퍼포먼스 능력"이라고 비판한다. (김내훈, 『프로보커터』, 서해문집, 2021, 127면.) 이는 상술한 진중권식 글쓰기의 핵심을 고려할 때 일정 부분 타당한 지적이지만, 1997년 상황에서 그러한 '퍼포먼스'적 글쓰기의 형식이 사실상 그 내용과 합치됨으로써 파괴력을 발휘했다고 볼 수 있다.

렇다고 당신들처럼 무식하게 안 해요. 우리가 돌대가리 파 숍니까? 라라라 유쾌하게, 즐겁게, 점잖게, 하지만 평평평 단 호하고 질기고 모질게.[93]

이때 그는 '우리'라는 주어로 자신에게 동조하는 독자들을 호명하는 전략을 쓴다. '우리'로 불리는 이들은 아마도 진중권과 동세대인 사람들로, 그처럼 박정희의 영웅신화를 듣고 자라나 80년대에 독재 정권에 항거하다가 목숨을 잃기까지 했다. 그러나 한편으로 박정희 시대를 살았다고 할 수는 없는 사람들이라는 점에서 유신 세대와는 무언가 다른 점이 있다. 어린 시절 따라붙은 옅은 그림자 같은 존재였을 박정희의 이름이 1990년대 말 현재 시점에 다시 이름 불리고 있을 때 '우리'가 느끼는 감각은 고통과 우울보다는 지겨움에 가까워 보이기 때문이다. 이는 그들이 박정희 옹호론의 시대착오성을 조롱하는 데에 보여주는 거대한 열정이 사실은 자기충족적 즐거움과 다르지 않다는 사실로부터 추측할 수 있다.

## 4. 나가며

1997년의 박정희 신드롬은 진중권이 말한 것처럼 "20세기의 마지막 해프닝"이었을까.[94] 그 지속성에 대해서는 추가적 탐구가 필요하겠지만,

---

93 위의 책, 230면.
94 진중권, 「박정희교에 관하여-박정희교의 종파들과 그 교리 해설」, 『아웃사이더』 1, 아웃사이더, 2000, 49면.

아마 그렇지 않은 듯하다. 그러나 한편으론 어떤 분기점으로서의 '해프닝'에는 해당한다고 볼 수 있다.

박정희는 그 사후 20여 년, 민주화 이후 10년, 그리고 경제위기를 맞이하여 유령처럼 한국 사회에 되돌아왔다. 여당을 비롯한 보수 정치인들, 그리고 중앙일보와 조선일보 등 유력 일간지의 적극적 호응 속에 박정희는 신드롬화되어 전국적으로, 또 현실 세계와 사이버 세계를 가리지 않고 다시 한번 퍼져나갔다. 이인화의 『인간의 길』, 조갑제의 『내 무덤에 침을 뱉어라』는 '역사적' 박정희에게 실체를 부여함으로써 그 복권을 시도한 담론적 실천으로 볼 수 있다. 그러나 실체를 얻은 것은 박정희가 아니었다. 이 글은 그 자명한 사실을 발견, 공론화한 것이 강준만이었다고 보고, 그의 글쓰기의 효과와 특성을 분석하였다. 강준만은 박정희 신드롬이라는 환상을 생산해내는 손을 보고자, 특히 이인화가 박정희 옹호론을 자유롭게 펼칠 수 있었던 토대로서 지역주의와 『조선일보』를 중심으로 한 보수 언론의 지배 권력을 파헤쳤다.

나아가 강준만의 글쓰기 실천과 문제의식을 이은 진중권은 이인화와 조갑제가 생산한 텍스트를 꼼꼼히 읽고 그것을 논자들에게 그대로 되돌려주는 인용의 글쓰기를 통해 박정희 옹호론자의 피상성과 위험성을 표면화했다. 무엇보다도 강준만이 분노와 경멸을 담은 독설의 글쓰기를 통해 이인화를 특정하여 '응징'했듯이, 진중권은 비판 작업 자체를 희극적인 유희로 파악함으로써 그 동력과 효과를 확보하였다. 논쟁의 전선은 자연스럽게 『조선일보』 문제로 확대되었는데, 이 글에서는 박정희 신드롬의 범위 내에서만 해당 문제를 다루었다. 이는 추후 연구를 통해 보강될 필요가 있다.[95]

95 강준만과 진중권의 대응이 학술적 성격을 띠지 않았다는 점은 그 비판 효과의 핵심을 이룬다. 그러나 이 글에서는 거의 다루지 못했지만 김상조, 소희언, 임지현, 최장집 등에 의해 이뤄진, 박정희 신드롬 및 박정희 재평가 논쟁에 대한 학적인 대응 역시 1997

이들은 박정희 신드롬을 자신들의 문제의식으로 전유함으로써 비로소 박정희 옹호론에 대한 효과적인 비판을 수행할 수 있었다. 즉, 박정희 신드롬이 상영되는 스크린의 "정치경제적"[96] 성격에 접근함으로써 그러한 환상을 구성하는 주체들의 자폐성에 거리를 둘 수 있었던 것이다. 박정희 옹호론자들이 간과한 것은 자신의 입장에 동조하지 않는 타자가 자신들의 주장을 전유할 수 있다는 가능성이었던 것으로 보인다. 그러한 작업은 박정희, 근대성, 영웅과 같은 추상적이고 권위주의적인 아우라가 아니라 조선일보 세력의 지배 권력 유지, 또는 대구경북의 멘탈리티의 재생산에 불과하다는 식으로 그러한 기표가 은폐한 동시대의 문제로 그들을 끌어내렸다. "공포와 두려움은 끝난 게 아니다. 박정희 시절엔 물리적인 박해에 대한 공포와 두려움이었겠지만, 이젠 소외에 대한 공포와 두려움이다. 쉽게 말하자면, 한국 사회에선 자신의 안전과 번영을 위해선 박정희를 찬양하거나 긍정평가하는 것이 유리하다는 것"[97]이라는 강준만의 지적은 박정희 신드롬을 통해 보아야 하는 것이 동시대의 현실임을 분명히 하고 있다. 이 동시대의 현실이란 곧 반민주적인 사회에서 민주주의가 어떻게 작동할 수 있는가, 그 가능성을 따져묻는 과정에서 구성되는 것이다. 그리고 그렇게 효과적으로 따져묻기 위해서는 자신에게 주어진 자원을 파악하고 이용할 수 있는 능력이 요구된다고 할 수 있다.

---

년 이후 몇 년에 걸쳐 이뤄졌다고 할 수 있다.

96 강준만, 「왜 박정희 유령이 떠도는가?」, 『인물과 사상 2』, 개마고원, 1997, 29면.

97 강준만, 「'박정희 신드롬'과 '공적 영역'의 소멸」, 『인물과 사상』, 인물과사상사, 2002.12, 29면.

# 1990년대 문학의 이성애 강박과 로맨스 중독

: 양귀자의 『나는 소망한다 내게 금지된 것을』을 중심으로

심진경

# 1990년대 문학의 이성애 강박과 로맨스 중독
: 양귀자의 『나는 소망한다 내게 금지된 것을』을 중심으로

심 진 경

## 1. 1990년대판 미러링(?)

양귀자의 『나는 소망한다 내게 금지된 것을』(이하 『나는 소망한다』로 약칭)은 1992년 발간 당시 두어 달 만에 10만 부의 판매를 기록하면서 대중의 뜨거운 관심을 받았다. 젊고 부유하고 지적인 여주인공 강민주가 남성에 대한 복수심에 사로잡혀 부드럽고 자상한 이미지로 여성들에게 인기가 많은 영화배우 백승하를 납치해 감금, 폭행한다는 설정만으로도 이 소설은 대중의 관심을 집중시켰다. 게다가 소설 속 영화배우 백승하가 맥심커피 광고로 부드럽고 가정적인 중산층 애처가 남성을 대표했던 안성기를 연상시킨다는 사실[01]이 대중의 호기심을 자극하기도 했다.[02] 특히 이 소설은 당시로선 아직 낯설었던 '페미니즘'이라는 단

---

01 소설 속 백승하의 미소에 대한 다음과 같은 묘사는 안성기의 웃음을 연상시키기에 충분하다. "그는 이 집에 와서 거의 처음으로 저 유명한 '백승하의 미소'를 나에게 보여주었다. 소리는 전혀 없이 온 얼굴로 터지도록 웃는, 눈가에 모이는 주름조차 따스하게 보이는 그 웃음." 양귀자, 『나는 소망한다 내게 금지된 것을』, 도서출판 쓰다, 2019, 213쪽. 이후 이 소설을 인용할 때는 쪽수만 표시한다.

02 배우 안성기가 『동아일보』와 했던 인터뷰(「우리시대의 배우 안성기, 나는 영화로만 부는 바람」(『동아일보』, 1993년 2월 6일.), 그리고 "작가 양귀자가 〈나는 소망한

어를 중요한 홍보 전략으로 내세우면서 페미니즘 대중화를 견인하기도 했다.[03]

그러나 당시 여성 대중독자들이 소설의 여주인공인 강민주에게서 대리만족과 통쾌함을 느끼며 열렬한 지지를 보낸 데 반해, 문학계는 페미니즘의 상업화 문제를 지적하면서 비판적으로 평가한다. 특히 당시 남성 중심적 가부장제 문학계를 비판하면서 여성해방문학을 주도했던 대표적인 여성무크지인 『또 하나의 문화』와 『여성과 사회』에서 모두 『나는 소망한다』를 함량 미달의 여성문학으로 지적했다는 점은 시사하는 바가 크다. 예컨대 당시 페미니즘 비평가였던 김양선과 김은하는 이 소설에 대해 "여성 억압의 현실에 대한 이해가 결여된 소설전략이 자칫 대중의 취향에 영합하는 통속성의 차원으로 떨어져버린 게 아닌가"[04] 하는 우려를 드러냈다. 또한 이소희는 "최근에 신보수주의의 목소리가 높아지고 있는 가운데 페미니즘을 표방하는 소설이 이런 식으로 나오고 있는 것은 여성문제를 진지하게 풀어가려는 우리들에게 걱정스러운 현상이 아닐 수 없다"[05]고 지적하기도 했다. 이렇듯 이 소설은 출간 당시 대체로 페미니즘의 상품화 및 대중에 영합하는 통속성을 드러내는 전형적인 대중소설로 평가받았다.[06]

---

다…〉에서 '가두어 놓은 남자는 안성기였다'"라고 적어놓은 『여성동아』 기사의 자극적인 헤드라인((『여성동아』 31권 8호, 1992.)은 이 소설에 대한 대중의 관심을 견인하는 역할을 했다. 이에 대해서는 허주영, 「1990년대 페미니즘의 대중화, 그 직전의 풍경: 양귀자의 『나는 소망한다 내게 금지된 것을』(1992)을 중심으로」, 『민족문학사연구』 80호, 민족문학사연구소, 2022, 174쪽 참조.

03 위의 글, 199~200쪽.

04 김양선 · 김은하, 「양귀자의 『나는 소망한다 내게 금지된 것을』에 이르는 길」, 『여성과 사회』 4호, 한국여성연구소, 1993, 124쪽.

05 이소희, 「페미니즘 문학에 대한 몇 가지 생각들」, 『또 하나의 문화--여자로 말하기, 몸으로 글쓰기』, 또하나의문화, 1992, 213~215쪽.

06 출간 당시 이 소설에 대한 평가는 대체로 상품성, 통속성, 상업성이라는 키워드와 결합되어 있다. 이와 관련된 비평으로는 이광호, 「리얼리즘이 있던 자리--현길언 · 양귀자의 소설」, 『문학과 사회』 1993년 겨울호, 이경덕, 「여성문제의 인식과 소설적 형상

이러한 논의들에 깔린 공통된 인식은 페미니즘과 통속성의 결합에 대한 우려였다. 요컨대 남녀의 적대적 대립을 기반으로 한 서사는 즉각적으로 통속적 흥미를 불러일으키지만 그런 통속적 재미가 남녀 간 대결 구도를 넘어서 다른 이야기로 나아갈 수 없게 만든다는 것이다.[07] 그런 맥락에서 이 소설에 나타나는 남녀 간 대립 구도는 통속적 페미니즘의 한계로, 강민주를 둘러싼 세 남자의 구도는 상투적인 멜로드라마적 삼각관계의 반복으로 해석되었다. 게다가 '매 맞는 여자/때리는 남자'라는 전형적인 젠더 도식을 역전시키는 전반부의 파격적 구도가 끝까지 지속되지 못한 채 후반부에 이르러 재역전되는 서사적 균열과 논리적 파탄은 이 소설이 지닌 가장 큰 문제로 지적되었다. 이런 사정으로 인해 이 소설은 문학성이 결여된, 그저 '잠시 흥행했던 상업소설' 정도로 취급받았다.

그러나 최근 몇 년 동안 『나는 소망한다』에 대한 학술장의 관심이 새롭게 대두하면서 이 소설은 이전과는 다른 새로운 해석의 옷을 입기 시작한다. 일단 이 책이 다시 주목받게 된 가장 직접적인 원인은 "아무런 인터뷰나 책 광고도 없이"[08] 이루어진 조용하지만 강한 흥행이다. 2020년~21년 연속 '교보문고 연간 국내소설 베스트셀러 30'에 오른 『나는 소망한다』는, 2019년 재출간된 지 2년 8개월만에 30쇄를 찍을 만큼 놀라운 인기를 얻으며 다시 베스트셀러가 된다. 흥미로운 점은 이 책의 구매자가 대부분 2~30대 여성이라는 사실이다.[09] 최근 이 소설이 이처럼 새롭게 부각된 이유는 어디에 있는가?

---

화」, 『실천문학』30호, 1993 등이 있다.

07 이혜령, 「어느 페미니스트 범죄 서사의 딜레마-양귀자의 『나는 소망한다 내게 금지된 것을』 소고」, 『대중서사연구』 제25권 4호, 대중서사학회, 2019, 228쪽 참고.

08 「20년 동안 인터뷰도, 책 광고도 없었는데… 양귀자의 힘」, 『조선일보』 2021년 3월 17일. https://n.news.naver.com/mnews/article/023/0003602073?sid=103.

09 이징안, 「하드보일드 소설 관습의 수용과 변용」, 『현대소설연구』 86호, 한국현대소설학회, 2022, 132쪽.

이런 인기의 비결은 일차적으로 2015년 페미니즘 리부트 이후 페미니즘 문학에 대한 관심과 관련되겠지만, 그것만으론 설명되지 않는다. 여타 1990년대산產 여성문학들과는 달리 유독 이 작품만 새롭게 주목받는 데는 또다른 사정이 있는 듯하다. 이때 주목되는 것은 바로 소설의 주인공 강민주가 남성의 폭력을 모방함으로써 남성 중심적인 사회 시스템을 파괴하고자 하는 '테러리스트'[10]의 형상을 하고 있다는 사실이다. 소설 초반에 강민주는 남성에 대한 강한 적대감과 복수심에 불타는, 그래서 남성을 납치, 감금하고 심지어 두들겨 패기까지 하는, 남성보다 더 폭력적이고 더 지적·경제적으로 우월한 여성으로 그려진다. 흥미롭게도 이런 강민주의 모습은 스스로를 '미친년'으로 규정하고 남성과의 전쟁을 선포한 1960~70년대 영미 래디컬 페미니스트나 여성혐오 표현과 여성비하 논리를 그대로 남성에게 되돌려 줌으로써 남성을 경멸하고 망신 주는 2010년대 한국의 '메갈리안'을 연상시킨다. 특히 소설 초반에 아내에 대한 폭력과 여성혐오를 반복하면서 이를 정당화하는 남성들의 어조를 그대로 빌려와 남성(들)에게 그대로 돌려주는 강민주의 화법은 메갈리안의 반사 논리, 즉 미러링과 다르지 않아 보인다. 『나는 소망한다』의 새삼스러운 흥행과 그로 인해 촉발된 학술계의 관심에는 어쩌면 이런 사정이 있는 것은 아닐까? 그 사정을 좀 더 들여다본다.

---

10 특히 이혜령은 강남, 아파트, 자동차, 백화점을 자유롭게 오가는 신세대 소비주체인 강민주의 형상을 87년체제 이후 민주화와 자유화 효과로 나타난 개인주의적 페미니스트로, 그리고 하층계급 남성에게 살해당하는 비극적 결말을 데이트 폭력의 일종으로 해석함으로써 이 소설을 신자유주의 젠더 정치를 앞질러 징후적이면서도 도착적으로 포착한 것으로 평가한다. 이혜령, 앞의 글 참조.

## 2. 실패한 젠더 스와프 각본

양귀자의 『나는 소망한다』는 일종의 남녀 역할 전환 실험극이자, 물리적·성적 폭력을 동원해 여성을 억압하고 착취하는 남성중심적 현실을 비판하는 페미니즘 담론이 극화되는 현장으로 설계돼 있다. 특히 강민주가 신문사에 보낸 선전포고와도 같은 선언문manifesto의 내용은 디지털 페미니스트 '메갈리안'의 주요 전략인 미러링을 연상시킨다. 이 페미니즘 선언문은 남성 중심 사회에 던지는 여성 악당의 도전장이다. 작가는 당시 불붙기 시작한 페미니즘 이슈(특히 아내 폭력)를 그대로 끌고 들어오면서 여성을 폭력적 가해자로, 남성을 무력한 피해자로 그 역할을 전도시킴으로써 독자들의 관심과 흥미를 집중시킨다. 예컨대 다음과 같은 구절이 그렇다.

> 다 자란 성인 남자를 교육하는 방법이야 그저 한 가지뿐이지요. 저도 별수 없이 그 한 가지 방법을 사용합니다. 가끔 그를 구타할 수도 있다는 솔직한 말씀을 드리고 있는 것입니다. 우리 속담에는 북어와 같은 급수를 굳이 여자라는 성에 한정 짓고 있습니다만, 사흘에 한 번은 두들겨 패야 다소곳하다는 점에서는 남자도 다를 바 없다는 것을 저는 이번 기회에 확인하였답니다. (…)
>
> 오히려 너무 뛰어난 머리의 남자는 더불어 즐기기에 성가신 게 한둘이 아닙니다. 남자가 많이 알면 얼마나 많이 알겠습니까. 바깥일은 저 혼자만으로도 충분합니다. 저는 그저 잘생기거나 부드러운 남자면 족합니다. 일에 지치고 세상에 시달린 몸을 쉬기에는 그 정도가 적당하다는 제 견해에 여러분 역시 동의하시리라 믿습니다.(225~226쪽)

위의 대목은 오랫동안 여성에 대한 폭력을 통해 남자다움이라는 젠더 각본을 작성해온 남성의 논리와 표현, 문법구조를 뒤집어 여성을 혐오 발화 주체로, 남성을 혐오의 대상으로 역전시키고 있다. 이는 오직 남성만이 가능했던, 그래서 여성이 할 수 없다고 여겼던 행동들을 '감히' 수행하면서 기존의 성별 체계에 대한 전복을 시도하는 이 소설의 출발점을 명료하게 드러낸다. 여성에게 금지되었던 그 행동은 바로 폭력이다. 폭력, 특히 여성을 향한 남성의 물리적 폭력은 생물학적 성차에서 비롯된 남녀 간의 힘의 차이가 가부장제적인 젠더 규범과 결합하면서 가장 극단적으로 표출되는 현상이다. 그러나 이 소설에서 남녀 간 물리적 힘의 차이는 강민주가 소유한 경제적, 지적 능력으로 인해 간단히 뒤집어진다. 이제 강민주는 남성의 목소리로 그들이 자연스럽고 당연한 것으로 받아들였던 것들이 사실은 추악한 범죄에 불과하다는 것을 적나라하게 고발할 수 있게 된다. 선언문의 또 다른 부분을 보자.

> 그러나, 그러나 말입니다. 바로 여러분 남성들이 유포하고 심화시켜온 성의 개방과 확장에 관한 논리에 의하면 그것은 제약 없이 자유로워야 합니다. 그렇기에 낮에는 짐승의 세계로 치닫는 이 땅의 성문화를 개탄하고 밤에는 동료들과 밀실에 앉아 영계를 주문하는 일이 자연스럽게 이루어지는 것 아닙니까. 입으로는 열심히 인신매매를 성토하면서 바로 그런 수단으로 공급된 밤의 여자들을 끼고 앉아 세상을 논하는 유능한 여러분들. 술자리에서도 어김없이 집에 전화를 걸어 내 딸과 마누라가 무사한지 잘도 챙기는 착한 여러분들.
>
> 기회만 닿으면 남의 부인이건 남의 귀한 외동딸이건 가리지 않고 성의 파트너로 삼고자 하는 여러분들의 그 고귀한 기회균등의 정신 앞에서 저는 참으로 보잘것없는 일 하나를

> 해치운 것에 불과합니다. 저는 그저 대중 앞에서 웃음을 파는 한 남자를 잠시 독차지했을 뿐이고, 그가 유부남이라는 사실을 고려해서 언젠가는 그의 가정으로 돌려줄 생각도 갖고 있으니까요.(227쪽)

이 대목에서 강민주는 “남성들이 유포하고 심화시켜온 성의 개방과 확장에 관한 논리”에 따르면 백승주를 납치해서 성 파트너로 삼고자 하는 자신의 행동은 결코 범죄가 될 수 없다고 주장한다. 즉 남성에게 인신매매로 업소에 감금된 ‘영계’라 불리는 어린 여성을 사는 일과 자기 어린 딸의 안부를 묻는 일이 이질감 없이 동시에 이루어질 수 있다면, 여성이 남성을 감금해서 돌봐주는 일도 당연하게 받아들여질 수 있다는 논리다. 강민주는 비상식을 상식으로 둔갑시키는 이런 논리를 통해, 당시 사회에 만연했던 여성 인신매매 문제가 사악한 몇몇 남자들에 의해 저질러지는 범죄가 아니라 소위 평범한 남자들이 일상적으로 저지르는 여성에 대한 폭력에 다름 아니라는 사실을 고발한다. 이렇게 남성의 여성 혐오 행동과 말을 똑같이 따라함으로써 남성에게 받았던 불쾌감과 모욕감을 그대로 되돌려주는 고발의 방식이 바로 미러링이다. 그렇게 미러링은 기존의 성차별적 담론의 내용을 젠더적으로 비틀고 낯설게 함으로써 의도적으로 남성 중심 시스템과 충돌을 일으키고 남성들에게 불안과 혼란, 수치심을 유발한다.

그러나 『나는 소망한다』에서 미러링 전략은 단순히 남성을 모방하는 데서 그치지 않는다. 이는 성 역할 바꾸기를 통해서도 이루어진다. 강민주와 백승하, 강민주와 황남기 사이의 전도된 성 역할은 소설 속 젠더 스와프의 대표적 사례라고 할 수 있다. 이때 강민주가 이 두 남성과의 관계를 통해 보여주는 젠더 스와핑은 매우 구체적이고 일상적인 형태로 이루어진다. 특히 백승하를 감금한 곳이 최고급품으로 꾸며진 쾌적한 강남의 고급 아파트라는 사실은 그 둘의 관계를 좀 더 사적이고 친밀한 것으로 만들어준다. 소설 초반 강민주는 전방위적 남성 혐오와 과잉된 폭력 이미지를 통해 백승주를 제압하고 지배하는 남성적 형상으로, 납치된 백승하는 무력하고 수동적인 여성의 모습으로 재현된다. 특히 강민주가 백승하를 지배하고 통제하기 위해 사용하는 "길들이기"(125쪽) 기법은 그동안 가정이라는 사적인 공간 안에서 벌어지는 남편의 아내 폭력을 미러링하고 있다. 모두가 부러워할 만한 최고급품으로 꾸며진 최고급 아파트에서 벌어지는 백승하를 향한 강민주의 폭력은, 오랫동안 가정이라는 사적이고 폐쇄적인 공간 안에서 일상적으로 벌어진 남편의 아내 폭력을 연상시킨다. 강민주의 폭력은 바로 많은 여성들이 안락한 가정이라는 공간에서 일상적으로, 지속적으로, 그리고 은밀하게 겪어왔던 폭력을 그대로 재연한다. 이때 강민주는 가정폭력을 일삼는 남편의 역할을, 백승주는 그런 폭력에 길들여지는 아내의 역할을 수행한다.

> 지금부터는 부드럽고 인간적인 강민주의 모습을 보여줄 차례였다. 이런 순서는 내가 계획한 바가 아니었다. 역사가 깊은 이 남성 중심의 사회에서는 억압과 회유의 반복이라는 양날의 통치 기술이 아주 성공적으로 쓰여 왔다.
>
> 작게는 가정에서부터 이 기술이 전폭적으로 사용되었다. 내가 상담소에서 채집한 가정폭력의 거의 일백 프로는 이 악순환을 밟고 있다. 하루는 실컷 아내를 두들겨 팬 남편이 다음날에는 상처를 치료할 약과 아내에게 바칠 선물을 사 들고 와서 눈물겹도록 지극한 정성으로 아내의 몸과 마음을 치료하는 것이다. 더욱 희한한 것은 남편에게 두들겨 맞고 사는 아내의 대부분이 바로 이 회유의 단계에서 어김없이 남편을 용서하고 만다는 것이다.(197~198쪽)

소설에서는 이렇게 폭력과 회유를 반복하는 남편의 아내 길들이기 방법을 “병 주고 약 주기 수법”(198쪽)으로 명명한다. 이는 여성에 대한 지배가 물리적 폭력과 정신적 굴복을 통해 이루어졌으며, 그 과정을 반복하면서 여성은 남성의 지배와 통제에 길들여져 자신이 맞고 있다는 사실조차 잊어버리게 되었음을 암시한다. 강민주는 바로 이 남성의 통치술을 그대로 가져와 백승하를 대상으로 실험함으로써 이러한 지배와 억압의 젠더 관계가 고정된 것이 아니라 언제든지 역전될 수 있는 것임을 보여주고자 한 것이다.

이런 식의 젠더 교환은 강민주와 황남기와의 관계에서도 나타난다. 황남기는 현재 강민주의 건물 관리와 재산 관리를 맡고 있지만 오랫동안 “밤의 세계”에 속해 있던 폭력배다. 그러나 강민주의 어머니에 의해 여자들뿐인 자신들을 지켜줄 든든한 울타리로 선택된 황남기는 자신보다 지적, 경제적, 정신적으로 우월한 강민주에게 절대적으로 복종한다. 강민주와는 비교할 수 없는 압도적인 피지컬과 힘을 가진 황남기는 어쩌다가 강민주에게 굴복하게 된 걸까?

비밀은 역시 ‘병 주고 약 주기 수법’에 있다. 강민주는 한편으론 조심성이 부족한 무차별적인 폭행을 가하지만 다른 한편으로는 황남기에게 새 아파트를 선물하는 등, 폭력과 회유를 번갈아 가며 그를 길들여 온 것이다. 물론 이것이 가능했던 데는 황남기 가족에 대한 아낌 없는 경제적 지원도 있었지만 실상 이런 전도된 젠더 관계가 지속될 수 있었던 배경에는 강민주를 향한 그의 남모를 연정이 있었다. 그 때문일까. 황남기는 강민주의 말 한마디, 미묘한 표정 변화에도 마음이 흔들리는 순진한 처녀로 묘사된다. “내 손가락이 닿자마자 빨갛게 물들어 버리는 피부, 화끈거리는 열기, 남기는 마치 처녀같다.”(231쪽)와 같은 구절에서 알 수 있는 것처럼, 강민주와 황남기의 관계는 로맨스 소설 속 주인과 하녀 혹은 부유한 남자와 가난한 여자, 능란한 남자와 순진한 여자의 관계가 역전된 것으로 설정되어 있다. 강민주는 그에게 폭력적인 주인인 동시에 그의 처녀다운 수줍음을 '귀여워'하는 관대한 보호자이기도 한 것이다.

그러나 성 역할 바꾸기가 곧바로 미러링이 되는 것은 아니다. 여성 우월주의와 파워 페미니즘을 표방한다는 점에서 분명 강민주는 과잉된 폭력 이미지로 재현된 메갈이나 래퍼을 연상시킨다. 그러나 지금의 미러링이 전방위적 남성 혐오와 남성에 대한 상징적, 간접적, 비대면 폭력으로 일반화되는데 반해, 강민주의 남성 폭력은 백승하, 황남기라는 개별 남성에 대한 물리적, 직접적 폭력의 형태를 띤다는 점에서 그 둘은 분명 다르다. 소설에서 강민주의 폭력은 성별 대결의 양상을 보이기보다는 오히려 개별적이고 특수한 사적 관계로 전개된다. 그에 더해 강민주는 고통과 슬픔으로 얼룩진 백승하의 어린 시절 이야기를 들으며 그에 대한 연민을 느끼기 시작하고 급기야 그에 대한 전투력도 잃어버리고 만다. 그 순간 백승하는 모든 남성을 대표해 처단되어야 할 남성 대표가 아닌, 어머니의 사랑을 받지 못한 딱하고 불쌍한, 그래서 모성애를 자극하는 연민의 대상이 된다. 그리고 이러한 젠더 역전의 재역전은 소설 막바지에 백승하가 무대에 올린 이오네스코의 단막극 〈수업〉을 통해 더욱 가속화되면서 결국 소설이 기획한 남녀 역할 전환 실험극이 실패할 것임을 암시한다.

흥미로운 점은 '부드러운' 남자의 대명사인 백승하가 선택한 이 단막극이 남성의 증오범죄와 연쇄살인을 다루고 있다는 것이다. 〈수업〉은 숫기 없고 말을 더듬기도 하는 극중 교수가 처음에는 종합박사학위 취득 시험을 위해 찾아온 지적인 여학생에게 압도되어 대화도 잘 못하다가, 점점 교수라는 권위를 이용해 여학생에게 폭력과 학대를 가하게 되고 급기야 살인을 저지르는 과정을 점강적으로 다루고 있다. 그리고 이런 살인이 지금까지 마흔 번 반복됐고 앞으로도 계속될 것임을 암시하면서 극은 마무리된다. 이 극은 기본적으로 폭력의 수단이 된 언어가 급기야 인간을 파괴하는 수단이 되는 섬뜩한 과정을 다룬다. 그렇다면 소설에서 이 연극은 어떤 기능을 하는가?

이 연극은 부조리한 권력의 지배와 억압 관계를 남성 교수와 여성 제자라는 젠더-연령의 위계관계 속에서 재현함으로써, 처음에 기획된 젠더 스와프 각본을 전복시킨다. 그리하여 그것은 기존의 젠더 각본을 귀환하게 하는 기능을 한다. 그 결과 이제 소설의 무대는 이 세계가 아닌, 강민주와 황남기, 그리고 백승하가 머무는 폐쇄된 아파트 내부로 축소된다. 그리고 연극 연습 혹은 수업이 진행되는 동안 강민주와 백승하의 역할은 점차 바뀌게 되어 부드러운 백승하는 살인도 서슴지 않는 폭력 남성으로, 강민주의 손길 하나에도 수줍어하던 황남기는 짝사랑하던 여성에게 거절당한 뒤 살인을 저지르는 인셀(비자발적 독신남)로 변신한다. 그리고 강민주는 이 둘에게 애정과 연민, 그리고 두려움과 공포를 느끼는 연약한 여성이 된다. 소설 초반 '완벽한 초월자'이자 '응징의 대리인', '지배자'(74쪽)였던 강민주는 가련한 남성의 '모성적 보호자'이자 남성에게 "지배받는 여자"(294쪽)가 되고 만 것이다.

> 연습에 임하는 동안은 그가 나의 지휘자다. 나는 기꺼이 그의 통제하에 있다. 그가 웃으라면 웃고, 그가 신호를 보내면 언제라도 발딱 일어선다. 가끔 백승하는 연기의 동작선을 교정하기 위해 내 허리를 안고 같이 걸음을 옮긴다. 그럴 때 그에게서 풍겨오는, 연애소설마다 빠짐없이 등장해서 이제 식상한, '은은한 비누 향기'도 나에겐 정말 첫 경험이다. 나는 이 첫 경험에 실신하지는 않지만, 그러나 심장 박동이 달라지는 것은 확연히 느낄 수 있다.(272쪽)

강민주가 기획한 성 역할 바꾸기는 백승하에 의해 다시 한 번 역전되면서 이제 강민주는 자신이 그토록 비웃던 '수줍은 처녀'라는 여성 역할을 받아들이게 된다. 강민주는 소설 초반 그토록 혐오했던 "남자들의 눈물", "남자들의 절망", "남자들의 젖은 날개"(301쪽)에 굴복한 착하고 연약한 여성이 된 것이다. 그리고 그 순간 강민주는 황남기의 총에 맞아 죽는다. 이런 과정을 거치며, 강민주는 결국 강민주 엄마, 노랑이 아줌마, 그 외 강민주와 상담 전화를 한 익명의 매맞는 여자들의 계보에 편입된다. 이렇듯 소설 후반부의 실험극은 소설 전반부까지 강민주의 분노와 의지로 뒤집어 버린 현실의 젠더 규범을 재소환한다. 그럼으로써 강민주는 권력을 상실하고, 백승하는 남성으로서의 권력을 회복한다. 이런 과정을 거치면서 허구적인 것으로 보이는 이 실험극의 무대야말로 실은 다름 아닌 현실 그 자체였으며 강민주가 기획한 소설 속의 현실은 일종의 실현 불가능한 실험극에 불과했다는 것이 드러나게 된다.

## 3. 이성애 강박과 여성 혐오

소설 초반 강민주는 신이 인간에게 부여한 "절망의 텍스트"(9쪽)를 거부하고 스스로를 인간에게 부여된 텍스트 너머에 있는 존재로 위치짓는다. 이것이 가능한 이유는 강민주가 "힘을 가진 사람"(73쪽)이기 때문이다. 이때 힘은 경제력, 지적 능력, 물리력(심복 황남기로 대리되는)으로, 강민주는 이 힘을 통해 "강자에게 짓밟히는 여자들"(72쪽)을 대신해서 복수하는 "응징의 대리인"(74쪽)을 자처한다. 소설 초반부터 강민주는 "나는 세상 그 자체를 초월해 있다. 나는 그 위에 있는 것이다."(133쪽)와 같은 초월자로서의 자기 선언을 반복함으로써 자신이 매맞는 여자들의 '구원자'가 될 자격과 조건을 갖춘 존재임을 강조한다. 그러나 소설이 전개되면서 강민주의 위치는 점차 신에서 인간의 자리로 옮겨가게 된다. 소설 전반부에 신이 인간에게 부여한 '절망이라는 운명'을 거부하겠다는 강민주의 강렬한 다짐은 점차 "평가는 오직 신만이 할 수 있는 것"(210쪽)이라는 식의 순응적 태도로 바뀐다. 그리고 백승하가 연출하는 연극무대에 오름으로써 이제 강민주는 "삶이란 이름의 연극무대"(209쪽)를 연출하는 감독에서 내려와 고작 남성 각본 무대의 등장인물이 되고 만다.

게다가 강민주가 남성 길들이기를 위한 무대로 선택한 강남의 고급 아파트는 "남자들과의 전쟁"(217쪽)을 치르기에 적합한 장소는 결코 아니다. 오히려 그곳은 고급 가구와 물건들로 꾸며진, 세련된 주부를 위한 가정적 영역에 가깝다. 강민주가 백승하를 위해 백화점에서 구매한 물건들의 목록, "욕실의 발판, 손톱깎이, 목욕 가운, 향기 좋은 차 한 봉지, 머리맡에 두고 읽을 만한 책 몇 권, 면도용 거품 비누……."(67쪽) 등은 마치 남편을 위한 부르주아 가정주부의 쇼핑목록을 떠올리게 한다. 심지어 강민주는 이 물건들을 사면서 "자신도 모르는 사이 콧노래를 부"(같은 곳)를 만큼 이러한 가정주부 역할을 즐기기까지 한다.[11] 급기야 소설 후반부에 이르러 강민주는 자신을 흠모하는 심복 황남기와 자신이 흠모하기 시작한 배우 백승하와 함께 지내는 일상을 갓난아이를 기르는 일에 빗대기 시작한다. 그에 따르면, "한꺼번에 두 남자를 돌보는 일은, 칭얼거리고 변덕 부릴 기회만 노리는 정서불안의 갓난아이 둘을 한꺼번에 보살피는 것보다 훨씬 더 많이 피곤하고 정신을 혹사하는 일인 것이다"(222쪽). 소설 초반에 남성을 "쓰레기 같은 것들", "멍청한 것들", "발정 난 짐승들"(134쪽)로 명명하면서 그들에 대한 분노와 적개심을 불태

11 이혜령, 앞의 글, 243쪽.

우던 강민주는 이제 "목숨의 아름다움을 모르는 남성들에게 모성의 위대함을 가르쳐야 한다"(267쪽)고 역설하게 된 것이다. 문제는 이러한 강민주의 변화가 곧바로 그녀를 죽음으로 몰아넣었다는 것이다. 어떻게 이런 일이 일어난 것일까?

강민주의 죽음에는 세 명의 남성이 연루되어 있다. 그들은 바로 황남기, 백승하, 그리고 김인수다. 우선 강민주와 황남기의 관계를 살펴보자. 황남기는 "선대로부터 물려받은 거구, 몸집만큼이나 잔재주를 거부하는 단순 우직한 성품"(26쪽)을 가진, 중학교 중퇴 학력에 나이트클럽 지배인 이력이 있는, 강민주의 충성스런 보디가드이자 감히 넘볼 수 없는 상류계층 여성을 사모하는 하층계급 남성이다. 소설에서 이 둘의 계급적 격차와 상하 위계질서는 매우 뚜렷하게 표현된다. 스물일곱 살 동갑이지만 황남기에게 강민주는 세상 모든 이치를 깨달은 완벽한 초월자이자 무조건 복종해야 하는 지배자다. 그러나 강민주에게 그는 "사람 대접을 해서는" 안 되는 "원숭이일 뿐"(62쪽), 어떤 지적·정서적 교감도 불가능한 대상에 불과하다.

그에 반해 백승하는 "만지고 싶을 만큼 아름다운 속눈썹"(161쪽)을 지닌 아름다운 외모의 인기 영화배우이자, 자신을 버리고 떠난 엄마를 그리워하는, 그래서 강민주에게 끝없는 배려와 이해를 불러일으키는 모성적 대상이 되는, 여리고 부드러운 감수성의 소유자이기도 하다. 이렇듯 황남기와 백승하는 강민주와 밀접한 관계를 맺고 있으며 강민주가 '보호하는 남성들'이라는 점을 제외하고는 여러 가지 면에서 완전히 다른 남성 유형을 대표한다. 황남기가 건장하고 우직한 하층계급 남성이라면, 백승하는 가정적이고 섬세하지만 독재정권에 비판적인 386세대 남성을 표상한다.

그렇다면 강민주가 분명한 거부의 의사 표현을 했음에도 불구하고 악착같이 강민주를 쫓아다니는 스토커 김인수는 어떤가? 그는 소설 속에서 소위 대한민국 '보통 남자'의 표본이자, 언제나 남성이 여성보다 우위에 서야 한다고 믿는 전형적인 가부장제적 의식의 소유자로 등장한다. 그는 "키도 보통, 얼굴도 보통, 행동거지도 보통이어서 참말이지 보통 사람의 표본, 이라고 보아 무난한 인물"(32쪽)로서, 강민주의 거절에도 불구하고 악착같이 그녀를 따라다니는 인물이다. 그를 중매한 상담소의 교장 사모님에 따르면 그는 한편으로는 "물려받은 재산 없이 혼자 사업을 일구는" "지독한 구석이 있는"(132쪽) 자수성가한 사업가이지만, 다른 한편으론 만남을 거절하는 여자의 집 주소와 주민등록번호, 전화번호까지 외우고 받을 때까지 전화 걸기를 멈추지 않는 스토커다. 게다가 그는 강민주를 미행하다가 그녀가 백승하의 아들을 데려가는 장면을 목격하고 이를 경찰에 제보하기까지 한다. 흥미로운 점은 모든 사건이 끝난 뒤 김인수가 이 사건에 대해 인터뷰한 내용이다. "죽은 강민주와의 관계"에 대한 기자의 질문에 그는 "아는 분의 소개로 결혼을 전제로 한 만남이 몇 번 있었다."(346쪽)고 답변한다. 이는 당연히 사실이 아니다. 그럼에도 불구하고 김인수는 왜 강민주와 사귀는 사이인 것처럼 말한 걸까. 어쩌면 그는 강민주와 사귄다고 착각하고 있던 것은 아닐까. 그런 점에서 김인수는 강민주의 죽음에 직접적으로 관련되지는 않았지만, 어쩌면 여성에 대한 '보통 남자'의 잠재적 폭력성과 지배력을 가장 잘 보여주는 인물일는지도 모른다. 즉 김인수는 상상적 차원에서나마 강민주와 이성애적 관계를 강제하고 있었던 것이다.

이렇듯 소설은 이들 세 남성과 강민주의 관계를 강제된 이성애주의의 덫에 가둔 채 성적 긴장과 성적 위협 사이를 위태롭게 오간다. 에이드리언 리치에 따르면 모든 이성애는 하나의 이데올로기이자 제도로 여성에 대한 남성의 가부장제적 지배를 정당화하는 여성 억압의 한 형태다. 소설 초반 강민주는 "세상 그 자체를 초월해 있"(133쪽)는 주체이자 이들 남성인물보다 지적, 헤게모니적, 경세적 우위에 있는 존재로 이들에게 압도적인 지배력과 영향력을 행사하면서 기존 젠더 질서를 전복한다. 그러나 점차 서사가 진행되면서 강민주는 원하건 원치 않건 간에 이들과의 이성애적 관계 구도에 휘말리면서 이들의 상상 속에서 상투적인 여성 역할(열렬한 사랑의 대상, 끝없는 배려와 이해의 모성적 주체, 스토킹의 대상)을 떠맡게 되다가 파워 페미니스트로서의 자질을 상실한 채 제거된다. 그렇게 팜므파탈적 범죄자는 죽음을 통해 동정과 연민의 대상으로 여성화, 피해자화된다.

결과적으로 이 세 남성은 강민주라는 이종 여성의 죽음을 위해 암묵적으로 상호의존과 연대, 그리고 공모를 이룬 것으로 볼 수도 있다. 소설 초반, 기존의 젠더 규범을 파괴하면서 스스로를 '초월자'이자 '구원자'로 선언했던 강민주는, 소설의 에필로그에 이르러 세 남성의 시선과 목소리를 통해 다시 서술되면서 구원과 해석의 대상으로 전락하고 만다. 이를 통해 결국 여성문제를 남성과의 관계 속에서 풀어가려고 했던 애초의 시도는 전통적인 이성애적 관계 속에 내재된 남성 지배적 특권의식에 의한 지배구도로 회귀하면서 좌초한다. 이를 이성애적 강박이라 불러도 좋을 것이다. 그리고 이러한 소설의 이성애적 강박을 가장 극단적으로, 양가적으로 체현하는 인물은 바로 백승하다.

백승하가 강민주에 의해 남성 대표로 선택된 이유는 무엇일까? 소설에 따르면, 백승하의 부드러움은 여성들을 현혹시켜 여성이 처한 현실을 직시하지 못하게 하기 때문이다. 즉 여성들이 자기 불행을 자신의 잘못된 선택 때문이라고 여기면서 백승하와 같은 남성(온건한 가부장)이 어딘가 있을 것이라는 낭만주의적 환상을 유포시킨다는 판단 때문인 것이다. 게다가 백승하는 가정적이고 자상하며 부드러운 남자지만 동시에 운동권 이미지의 남자이기도 하다. 백승하가 좋아하는 알마즈 귀니는 영화를 통해 군사정권하 터키 민중의 고통스러운 현실을 폭로하고 민중의 각성과 단결을 촉구하면서 군사정권에 저항했던 감독이다. 소설에 등장한 〈욜〉, 〈양떼들〉, 〈벽〉 등과 같은 그의 영화는 1980년대 후반, 1990년대 초반 한국에 소개되면서 386세대 운동권 남성들에게 큰 호응을 얻었다.[12] 이런 사실로 미루어볼 때 백승주는 그 당시 반독재, 민주화 투쟁을 이끌었던 386 운동권 세대와 친연성을 갖는 인물로 해석할 수 있다. 물론 그렇다고 백승하가 1980년대 민족민중운동을 주도한 운동권 남성이라는 것은 아니다. 오히려 소설에서 그러한 운동권 이미지는 더 이상 확장되거나 구체화되지 못한 채 슬그머니 사라지고 그 대신 그의 대책 없는 '부드러움'만이 더욱 강조된다.[13] 급기야 이 부드러움에 감염된 강민주는 스스로를 백승하의 잃어버린 엄마로 자처하면서 그의 '부드러움'에 굴복한다. 그리고 그 순간 강민주는 황남기의 살해 대상이 되고 만다.

1990년대는 안락하고 세련된 생활을 향유하는 중산층 가정의 여성들이 중요한 소비주체로 등장하기 시작한 때다. 그에 따라 여성은 그에 어울리는 세련되면서도 부드럽고 자상한 남성 파트너를 요구하게 되는데, 그런 점에서 '부드러운' 남자 백승하는 강남 아파트와 백화점, 자동차로 상징되는 1990년대 여성 소비 주체에게 걸맞은 파트너라고 할 수 있다. 따라서 1990년대에 새롭게 등장한 부드럽고 자상한 남성 주체인 백승하는 소비를 통해 자기 존재감을 드러내는 가정적 여성과 함께 안락한 중산층 가정에 어울리는 짝패라고 할 수 있다.

그러나 소설 후반에 이르러 거부할 수 없이 안락하고 익숙한 이 가정성의 영역인 아파트는 여성에 대한 폭력과 살인이 자행되는 폐소공포증적 무대로 급반전된다. 그리고 그 순간 백승하 또한 지금까지와는 완

---

12 이에 대해서는 백승주의 영화 취향과 그의 출연작에 대한 분석을 통해 백승주를 "민족·민중주의와 맞닿아 있는" 인물로 분석한 다음의 논의를 참고했다. 이한나, 「양귀자 소설의 정치성 재고: 양귀자, 『나는 소망한다 내게 금지된 것을』을 중심으로」, 『동악어문학』 제80집, 동악어문학회, 2020, 190~193쪽 참고.

13 그런 점에서 백승하를 "민족, 민중을 표상한다"(이한나, 위의 글, 193쪽)는 주장은 소설의 맥락상 다소 과장된 것이다.

전히 다른 폭력적이고 억압적인 남성으로 변모한다. 특히 연극 후반부에서 수줍음 많고 말을 더듬던 교수 역할의 백승하가 갑자기 숨겨 놓은 식칼을 끄집어 보여주는 장면은 그대로 부드러운 중산층 이미지 밑에 가라앉은 폭력성이 전면에 드러난 것으로 해석할 수 있다. 어쩌면 이 장면은 강민주가 그토록 폭로하고 싶었던 "그의 매력적인 웃음 뒤에 숨겨진 추악한 본성이 밝혀지"(139쪽)는 순간이 아니었을까. 그러나 백승하가 만든 무대 위에서 강민주가 할 수 있는 것은 오직 칼에 찔려 죽어가는 여제자의 역할뿐이다. 그리고 황남기의 총에 맞아 죽어 가면서도 강민주는 살해당하는 여성에 관한 "연극을 계속"(343쪽)할 뿐, 아무것도 하지 못한다. 결국 강민주는 자신이 제기한 문제적 현실을 원상태로 복귀시킬 뿐 그에 대한 근본적인 문제제기와 해결의 불가능성을 강하게 상기시키면서 무대 위에서는 물론 현실에서도 소진되고 만다.

그런 점에서 어쩌면 강민주의 패배는 예고된 것일 수밖에 없다. 세련된 중산층 가정의 인테리어로 꾸며진 강남아파트에 배치된 강민주에게는 결국 그 공간에 어울리는 여성 역할(안락한 중산층 가정주부 혹은 남편에게 맞아죽는 가정주부)만을 할당받을 수밖에 없었던 것이다. 그것은 오랫동안 가부장제 사회에서 여성에게 할당된 역할이었으며 여성이 본격적인 소비주체로 등장하기 시작한 1990년대에도 그 모습은 달라진 것처럼 보여도 근본적인 차원에서 변하지 않았다는 것을 암시한다.

이혜령은 황남기의 살인을 2000년대부터 점증하게 되는 이별살인, 데이트 폭력의 형태를 미리 보여주는 것으로 해석한다. 황남기의 최후진술에서 그는 강민주도 죽음을 원했을 것이라고 말하면서 남성의 여성 살해에 대한 정당성을 스스로에게 부여한다. 이는 데이트 폭력에서 남성들이 보여주는 전형적인 인식으로 폭력 발생의 책임을 여성에게 돌리는 방식이다. 나아가 여성을 자기가 마음대로 처분할 수 있는 독점적 소유물로 인식하는 방식이기도 하다. 그러나 황남기가 강민주의 충성스런 심복이었으며 강민주의 경제적 시혜를 통해 가족을 부양해 온 인물이었다는 점에서, 그의 살인은 여성에 대한 가스라이팅과 남성의 독점욕이 결합해서 행사되는 데이트 폭력, 데이트 살인과는 다르다. 오히려 강민주에게 거절당했으면서도 데이트했다고 착각하는 김인수야말로 잠재적 데이트 폭력 가해자가 아닐까.

소설 후반부의 전개를 따라가다 보면, 강민주의 죽음은 더 이상 공격적인 여성해방론자가 될 수 없는 강민주 자신에 대한 자기징벌적 의미를 갖는 것처럼 보이기도 한다. 부드러운 남자에게 현혹되는 여성에 대한 경멸은 그대로 자기 자신에게 돌려졌기 때문이다. 특히 강민주가 독재정권 비판이라는 미명하에 여성에 대한 무차별적 폭력을 당연시하는 〈수업〉이라는 연극을 선택한 것, 백승하를 기쁘게하기 위해 위험을 무릅쓰고 그의 아들을 데려온 일 등은 모두 강민주가 그토록 혐오했던 여성의 모습과 다르지 않게 되었음을 방증한다. 때마침 황남기는 강민주에게 이렇게 말한다. "선생님은 변했어요. 난 알아요. 모든 게 저 자식 때문이에요. 뺀질뺀질한 저 자식 때문에 잘 나갈 수 있는 길을 일부러 어렵게 만드시는 거예요."(299쪽) 강민주의 이러한 변화는 결국 그녀를 죽음으로 이끈다. 그리고 앞서 얘기한 것처럼 이 죽음은 부드럽고 가정적인 남성, 가부장제적인 평범한 중산층 남성, 그리고 하층계급 남성 사이의 암묵적 연대 혹은 협잡의 결과이기도 하다. 그리고 그 순간 강민주에게 여성이라는 섹스는 곧바로 운명이 된다. 그리고 이를 통해 다시 한번 더 확인할 수 있는 것은, 젠더적 우열관계는 계급적 우열관계를 압도하며 남성동성 사회성은 우리의 짐작보다 더 견고하게 구축되어 있다는 사실이다.

## 4. 폭력은 NO?, 섹스는 YES!

1990년대는 이전의 한국 사회에서는 찾아볼 수 없을 정도로 성 담론이 폭발적으로 증가한 시기였다. 다양한 매체를 통해 성에 대한 이야기들이 쏟아졌으며 성적 자유를 개인의 자유 및 행복과 연결시키는 성적 자유주의 담론이 노골적으로 요구되고 주장되던 때다.[14] '섹스', '성', '포르노그라피', '창녀' 등의 노골적인 성적 표현들이 담긴 제목의 책들이 출간되고[15], '욕망', '육체', '쾌락' 등의 개념들이 성적 신체에 대한 재해석을 시도하는 후기 구조주의 이론들을 통해 본격적으로 소개되기 시작한다. 동시에 1990년대는 여성에 대한 모든 억압과 폭력에 반대하는 반反성폭력 운동이 본격적으로 전개되던 시기였다. 한국여성단체연합의 주도로 1993년 12월 '성폭력 범죄의 처벌 및 피해자 보호 등에 관한 법률'이 국회를 통과해 1994년 4월부터 시행되기 시작했고, 서울대 교수의 조교 성희롱 사건을 계기로 직장 내 성희롱 문제가 사회적 쟁점이 되어 '남녀차별금지 및 구제에 관한 법률'이 제정되기도 했다. 여기에 1988년 7월부터는 가정폭력을 다른 사람의 사적인 집안일이 아닌, 국가가 개입해야 할 범죄행위이자 사회적 문제로 규정한 '가정폭력특별법'이 시행되기 시작한다.

모든 인간이 자기 삶의 주재자가 되고 자기 욕망을 찾으려고 했던 1990년대적 시대정신은, 이렇듯 여성들에게 성 해방에 대한 요구와 (성)폭력에 대한 거부라는 두 가지 양상으로 제시되었다. 성 해방 담론이 주

---

14 주은우, 「자유와 소비의 시대, 그리고 냉소주의의 시작: 대한민국, 1990년대 일상생활의 조건」, 『사회와 역사』 88권0호, 한국사회사학회, 2010, 319쪽.

15 고갑희, 「1990년대 성 담론에 나타난 성과 권력의 문제-섹슈얼리티와 젠더의 정치성」, 『세계의 문학』, 1997년 봄, 334~335쪽.

로 '성적으로 자율적인 여성'을 내세우면서 여성 주체의 자기실현 계기로 활용되었다면, 반성폭력 담론은 '성폭력 피해 여성'을 중심으로 강제된 섹슈얼리티를 비판하는 피해자중심 서사로 견인되는 양상을 보인다. 자율적이고 해방적인 여성 주체를 상상했던 1990년대 여성작가들이 성 해방을 여성해방과 동일시하는 성적 자유주의자를 선택한 것은 어쩌면 너무 당연했는지도 모른다. 그러나 문제는 1990년대 여성해방이 오직 여성의 자유로운 섹스를 통해서만 가능한 것으로 이해되었다는 데 있다. 게다가 여성 욕망에 대한 이야기는 여성 섹슈얼리티에 관한 온갖 이미지와 매뉴얼을 제공하는 대중매체의 영향력 하에 있었다. 그런 상황 속에서, 여성들에게는 이제 섹스만이 여성해방을 위해 허용된 방법처럼 보였던 측면이 있다. 그 결과 "여성은 성적 존재이며 또 그래야 한다"는 가부장제적 명령은 그렇게 1990년대 여성문학의 해방성을 견인하는 보이지 않는 대전제로 작동한다. 그럴 때 가부장제적 시스템에 저항하는 급진적이고 폭력적인 여성은 배제될 수밖에 없다. 양귀자의 『나는 소망한다』가 1990년대 여성문학의 주류에 편입되지 못한 데는 바로 이러한 사정이 있었던 것이다.

앞서 살펴본 것처럼 양귀자의 『나는 소망한다』는 여성에 대한 폭력을 남성에 대한 폭력으로 되돌려주는 함무라비식 평등의 논리를 전면에 내세우고 있다는 점에서 디지털 페미니스트의 미러링 전략을 선취하고 있는 소설이다. 게다가 "그녀에게는 사랑도, 섹스도, 결혼도 없다."[16]는 구절에서도 알 수 있는 것처럼 남성과의 사랑, 연애, 결혼을 거부하는 강민주의 태도는 남성과의 관계 일체를 강제된 이성애주의에 의한 강요로 보고 거부하는 영영 페미니스트들의 반섹시즘적 태도를 연상시킨다. 그러나 강민주와 영영 페미니스트를 가르는 결정적 차이는 강민주가 자기

16 이혜령, 앞의 글, 234쪽.

안에 있는 인간적인 배려와 헌신, 따뜻함 등의 '부드러운' 감정을 이성애적 관계 속에서 발견하고 해소하는데 반해, 영영 페미니스트는 레즈비어니즘을 통해 이성애적이지 않아도 되는 새로운 사랑의 관계를 모색한다는 점이다.

# 1990년대 여성대중문학과 여성독자, 그리고 남성/이성애라는 적

: 신달자의 『물위를 걷는 여자』에 대한 징후적 독해

유승희

# 1990년대 여성대중문학과 여성독자, 그리고 남성/이성애라는 적
## : 신달자의 『물위를 걷는 여자』에 대한 징후적 독해

유 승 희

> 사랑을 다루지 않은 급진적 페미니즘에 관한 책은 정치적으로 실패작일 것이다. 왜냐하면 오늘날 사랑이라는 것은 어쩌면 출산보다도 훨씬 더 여성억압의 주축이기 때문이다. 나는 이것이 놀라운 사실을 함축하고 있음을 깨닫는다. 우리는 사랑을 없애기를 원하는 것인가?
>
> – 슐라미스 파이어스톤, 『성의 변증법』[01]

## 1. 여성독자와 여성작가의 조우: 1990년대 문학의 어떤 장면들

1990년대 문학장에서 여성작가들은 여성독자와의 만남을 지속적으로 공개해 왔다. "페미니스트 범죄 서사"[02]인 양귀자의 『나는 소망한다

---

01 Schulamith Firestone, *The Dialectics of Sex: The Case for Feminist Revolution*, 『성의 변증법: 페미니스트 혁명을 위하여』, 김민예숙 · 유숙열 옮김, 꾸리에북스, 2016, 183쪽.

02 양귀자의 『나는 소망한다 내게 금지된 것을』을 '페미니스트 범죄서사'로 명명하고, 중산층 가정의 안정을 위협하는 테러리스트 강민주의 실패 및 죽음이 남성상징살인의 불가능성과 여성혐오살인의 양상을 징후적으로 보여주고 있음을 분석한 연구로는 이혜령, 「어느 페미니스트 범죄 서사의 딜레마: 양귀자의 『나는 소망한다 내게 금지된 것을』 소고」, 『대중서사연구』 제25권 제4호, 대중서사학회, 2019 참조.

내게 금지된 것을』(1992)은 "여자들이 남자들에게 낭만주의적 환상을 품는 일을 막기 위해 시작"[03]된 강민주의 영화배우 백승하 납치극을 다룬다. 이때 양귀자는 "이 소설의 출발점에 자신이 경험한 젠더 폭력을 대신 이야기해달라는 여성 독자의 요청이 있었"[04]다는 사실을 밝힌 바 있다. 나아가 강민주가 일하고 있는 "인간 실현을 위한 여성문제 상담소"[05]가 가정법률상담소와 한국여성의전화(1983년 창립)를 결합한 모델이라는 지적[06]은, 젠더화된 경험과 고민을 발화하고자 하는 여성의 욕망이 폭발적으로 표출되고 있었던 상황을 보여준다. 이는 여성의 말하기와 듣기라는 대화의 네트워크가 기능할 수 있는 공적인 창구가 증가하고 있던 당대의 사회적 조건의 변화와 연동된 것이기도 하다.

공지영은 『무소의 뿔처럼 혼자서 가라』(1993)를 통해 "대학에서 제도화된 여성학을 교육받았으나 그것이 정작 자신의 일상과 결혼생활을 통해 실현될 수 없었던 '30대 페미니스트'들의 현실적 모순"[07]을 그려냈다. 이후 공지영은 "결혼과 일의 양립을 불가능한 현실로만 제시"[08]했다며 "항의성 전화를 걸어오는 여성 독자들 간의 대화"[09]를 공개하고 해당 주제에 대한 입장을 밝히기도 했다. 이는 "페미니즘 지식 생산의 주체"로서의 여성작가가 전달하고자 한 "지식을 있는 그대로 수용하기를 거

03 허주영, 「1990년대 페미니즘의 대중화, 그 직전의 풍경: 양귀자의 『나는 소망한다 내게 금지된 것을』(1992)을 중심으로」, 『민족문학사연구』 제78호, 민족문학사학회·민족문학사연구소, 2022, 188쪽.

04 이소영, 「페미니즘은 그 이름이 페미니즘이 아니더라도: 양귀자 소설에 드러난 시스템과 적대의 문제를 중심으로」, 『사이間SAI』 제33권, 국제한국문학문화학회, 2022, 36쪽.

05 양귀자, 『나는 소망한다 내게 금지된 것을』, 살림, 1992, 24쪽.

06 이혜령, 앞의 글, 231쪽.

07 문예지, 「30대 페미니스트 서사에서 세대의 교차와 분화 읽기: 공지영의 『무소의 뿔처럼 혼자서 가라』(1993)를 중심으로」, 『한국현대문학연구』 제65집, 한국현대문학회, 2021, 224쪽.

08 같은 글, 249쪽.

09 최가은, 「90년대 여성문학의 곤란한 '대중성': 공지영 담론을 중심으로」, 『여성문학연구』 제56호, 한국여성문학학회, 2022, 365쪽.

부"[10]하며 자신의 의견을 적극적으로 개진하는 여성독자의 존재를 부각시킨다.

신경숙의 『외딴방』(1994)에서 여성독자와 여성작가의 마주침은 서사 내부의 주요한 모티프로 기능한다. 신경숙의 자전소설에서, 작가가 된 '나'가 『외딴방』을 쓰게 된 계기가 구로공단 노동자로 일하던 시절 산업체특별학교에서 만난 하계숙의 전화라는 사실은 널리 알려져 있다. "네가 썼다는 책을 사서 읽어봤"지만 "너는 우리 얘기는 쓰지 않더구나"라며, "혹시 네게 그런 시절이 있었다는 걸 부끄러워하는 건 아"[11]닌지 묻는 하계숙의 질책에 가까운 목소리는 '나'로 하여금 "사실도 픽션도 아닌 그 중간쯤의 글"[12]인 『외딴방』을 쓰지 않을 수 없게 추동했던 것이다. 이때 하계숙이 '나'의 책을 읽었음을 고백하고 있다는 사실은 중요하다. 이로 인해 하계숙의 정체성은 '과거'의 동료에서 '현재'의 독자로 이행하기 때문이다. 여성독자가 된 하계숙의 물음은 소설 속에서 자신의 이야기를 발견하고 싶은 욕망을 반영하는 동시에 자신의 삶이 비가시화될 수 있다는 상시적인 위협에 대한 저항을 내포하고 있다. 그리하여 작가가 된 '나'로 하여금 과거의 '우리'를 기억해달라는 여성독자의 요청은 곧 여성노동자를 재현하는 여성작가의 글쓰기로 이어진다.[13]

---

10 같은 글, 366쪽.

11 신경숙, 『외딴방 1』, 문학동네, 1995, 37쪽.

12 같은 책, 9쪽.

13 물론 『외딴방』에는 여성노동자의 재현을 초과하는 지점이 산재해 있다. 강동호는 신경숙의 자전적 서사를 '오토픽션'(autofiction)의 층위에서 재검토함으로써 사실과 픽션 모두를 부정하는 제스처를 취하고 있는 『외딴방』의 실질적인 욕망이 재현 그 자체가 아닌 재현 주체의 진정성과 권위를 확보하는 방향으로 이루어지고 있음을 분석한 바 있다. 또한 강동호는 "엄밀한 의미에서 하계숙의 지적은 사실이 아니"며 "『외딴방』의 글쓰기 주체는, 단편 「외딴방」의 글쓰기 주체로서 이미 그들의 이야기를 쓴 적이 있"음을 언급한다. 그 이야기는 "하계숙이 읽지 못했다는 첫 소설집 마지막", 즉 『겨울우화』의 「외딴방」에서 『외딴방』과는 다른 방식으로 그려진 바 있기 때문이다. 이에 대해서는 강동호, 「문학이라는 시뮬라크르: 신경숙의 『외딴방』과 문학적 진정성에 대한 해체적 읽기」, 『상허학보』 제69권, 상허학회, 2023 참조.

양귀자·공지영·신경숙의 사례가 일부 허구성을 포함하고 있다고 하더라도, 1992~1994년까지 출간 직후 베스트셀러로 자리매김했던 세 권의 소설과 그 전후의 맥락에 여성작가와 접촉하는 여성독자가 존재한다는 점은 주목을 요한다. 이는 자신의 경험을 전달하고자 하는 여성독자를 여성작가가 인식하고 있으며, 소설을 매개로 서로가 서로를 적극적으로 참조하고 있음을 보여주기 때문이다. 이때의 여성독자란, 무작정 작가를 찾아가 "지지리도 박복한 내 인생을 글로 적어"달라고 "울음부터 터뜨"[14]리는 80대 할머니, 일과 사랑을 모두 성취한 여성이 존재하는 현실을 왜곡한다며 작가를 비판하는 미혼 여성, 자신과 함께 보낸 시절을 잊고 "다른 삶을 사는 것 같"[15]은 작가에게 서운함을 느끼는 노동자 출신의 30대 여성을 넘나든다. 이는 세대·계급·직업이 상이한 여성독자들이 여성작가들을 개별적인 경험에 대한 청자로 설정하고 이를 소설이라는 형식을 통해 보편적으로 증폭시켜 주기를 바랐다는 것, 그리고 여성작가들이 그러한 욕망에 동시대적으로 응답했음을 보여준다. 특정 작가의 문제로 환원되지 않는 여성독자와 여성작가의 활발한 만남은 1990년대 문학을 구성하는 하나의 장면이기도 했던 셈이다.

이러한 맥락을 염두에 둘 때, 상술한 소설들보다 앞서 발표된 신달자의 『물위를 걷는 여자』(1990) 역시 주목할 만하다. 시인이자 수필가로 활동해 온 신달자가 최초로 발표한 장편소설 『물위를 걷는 여자』의 「작가의 말」에는 한 여성독자와의 전화 상담이 직접적인 창작 동기라는 사실이 밝혀져 있기 때문이다. 『물위를 걷는 여자』는 "자신의 사업체를 갖고 있는 성공한 디자이너"가 "어려서부터 가장 절친했던 친구의 남편을 사랑하게 되고 죄책감을 못이겨 스스로 목숨을 끊었다"[16]는 30대 여성의

14 양귀자, 「작가의 말」, 앞의 책, 12쪽.
15 신경숙, 앞의 책, 37쪽.
16 안건혁, 「첫 장편 「물 위를 걷는 여자」 펴낸 신달자씨 "한여인의 「진솔한 고백」에 영

이야기를 작가가 변용하여 소설화한 것이다.

그러나 신달자는 과잉된 감상성과 결핍된 미학성을 내포하고 있다고 여겨지는 '여류시인'이라는 명명 아래 학술적 논의는커녕 진지한 비평의 대상으로조차 다뤄지지 못했다. 신달자는 낭만적인 사랑을 강조하며 민족·민중문학과 거리를 두는 발언을 수행[17]하는 등 자유주의적이면서도 보수적인 성향을 드러낸 작가[18]라는 점에서, 1980~90년대의 여성/문학 담론 어디에서도 환영받지 못한 채 손쉬운 비판의 대상이 되어 왔기 때문이다.

하지만 그녀가 "한국에서 가장 독자가 많은 여류시인의 하나"[19]로서 대중독자와 끊임없이 접속해온 작가이기도 했다는 사실은 중요하게 언급될 필요가 있다. 특히 신달자는 여성독자와 긴밀히 접촉하며 지속적인 만남을 가져 왔는데, 이들은 통속적인 취향을 가진 것으로 치부되어 배제를 통해서만 문학장에 기입될 수 있었던 문학소녀, 주부와 직장여성

---

감"」, 『경향신문』, 1990.1.6.

17 신달자는 1980년대 당시 일부 민중시인이 "참여실천, 민중 운운으로 하루아침에 유명시인"이 되는 등 "무조건 민중을 위해 궐기하는 양심의 시인으로 자처하며 순수시에 찬물을 끼얹었다"고 비판했다. "문학적 저항의 충동"은 이념을 직접적으로 제시하는 것이 아니라 "독자의 마음을 순화"시킬 때 가능하다는 것이다. (안건혁, 「오늘의 민중시 "감정만 있고 정서는 없다"」, 『경향신문』, 1984.10.22.) 이후 신달자는 자신의 삶을 반추하며 "내 시는 국가를 위한 가난한 인류를 위한 것이 아니라 내 감정에 붙잡혀 있는 아주 좁은 시의 세계를 이루고 있었던 것"이라고 회고하기도 했다. (신달자, 「특집II: 나의 삶, 나의 문학」, 『제주문학』 제36집, 제주문인협회, 2002, 378쪽.)

18 신달자는 문단 내의 남성 중심적인 분위기를 묻는 질문에 대해 "그런데 저는 그런 것을 따지지 않았고요. 남성 중심이라도 우리는 여자도 살고 남자도 살고, 이렇기 때문에 저는 한 시인으로서 그냥 무조건 썼습니다"라고 대답하기도 했다. 이는 신달자가 개인을 중시하고 있음을 보여준다. (「[노영희의 출발 새아침] 신달자 시인 "세상사 어려워지니까 시도 어려워져"」, YTN, 2019.11.5.)

19 박해현, 「연작시에 담은 애절한 사모곡」, 『조선일보』, 1995.5.19. 또한 1997년 한국출판문화협회 등에서 전국의 성인 및 청소년 4천여 명을 대상으로 실시한 설문조사에 따르면, 독자들이 좋아하는 국내작가는 이현세, 이문열, 양귀자, 조정래, 신달자, 김홍신 순이었다. (최홍렬, 「성인 22.8%, 작년 책 한 권도 안 읽었다」, 『조선일보』, 1997.4.3.)

등이었다. 그러나 1980년대 이래로 신달자가 시·수필·소설뿐만 아니라 주부모임, 낭송회, 백화점 강좌, 라디오, TV와 같은 비문학적인 대중매체를 활용하여 독자층을 확보해 왔다는 사실은, 그녀의 텍스트가 문학장 내의 여성/문학 담론 혹은 여성지식인이 중심이 된 계몽적 목소리와는 다른 방식으로 여성독자와 영향을 주고 받았을 가능성을 시사한다. 그런 의미에서 신달자와 여성독자의 관계는 한국문학이 작가와 독자로서 쉽게 고려하지 않는 존재들의 조우를 보여준다.

리타 펠스키에 따르면 대중문학은 "보수적 담론과 대항적 담론, 순응적 담론과 비판적 담론의 상호연결을 통해 구성"[20]되는 중층적인 텍스트이다. 이때 이 글은 당대의 여성독자에게 소구력을 지닌 대중문학이었던 『물위를 걷는 여자』가 1990년대에 한국사회에 부상한 신자유주의 페미니즘과 급진주의 페미니즘 사이를 진동하는 분열적 텍스트라고 판단한다. "독신으로 살더라도 자신이 성공하는 일이 여자의 최대 행복인지, 성공한 남편과 결혼하는 것이 여자의 최대 행복인지"[21]를 질문하는 것처럼 보이는 소설의 이면에는 중산층으로의 진입이라는 계급 상승을 꿈꾸는 여성의 욕망과 남성에 대한 적대적인 감각이 불안정하게 공존하고 있기 때문이다. 이에 이 글은 신달자와 여성독자의 네트워크를 중심으로 『물위를 걷는 여자』의 탄생에 대해 살펴보고, 해당 텍스트에 대한 징후적 독해를 통해 1990년대 여성대중소설과 이에 호응한 여성독자(들)의 무의식을 엿보고자 한다.[22]

---

20 Rita Felski, *The gender of modernity*, 『근대성의 젠더』, 김영찬 · 심진경 옮김, 자음과모음, 2010, 257쪽.

21 신달자, 「작가의 말」, 『물위를 걷는 여자』, 자유문학사, 1990, 6~7쪽. 이하 같은 글을 인용 시 본문에 쪽수만 표기한다.

22 이 글에서는 1990년대 여성독자의 욕망이 신달자의 소설과 인물에게 어떻게 반영되고 있는지 구체적으로 다루지 못했다. 개인이 아닌 집단의 형태로 상상되는 독자의 구체적인 반응과 욕망을 규명하기란 여전히 난망한 문제이기 때문이다. 특히 신달자와 같은 대중문학작가의 경우, 전문독자를 포함한 일반독자의 직접적인 목소리를 확

## 2. 신달자와 여성독자의 네트워크, 그리고 『물위를 걷는 여자』의 탄생

신달자는 오랜 기간 여류인 동시에 주부로서 호명되어 왔다. 숙명여대 재학[23] 당시 은사였던 박목월의 도움 및 추천으로 1972년 『현대문학』을 통해 공식 등단한 신달자는 그에 앞서 1964년 『여상』의 신인여류문학상 당선 및 한국여류문학인회가 진행한 1969년 제3회 주부백일장에서 수상[24]한 경력이 있다. 이후 그녀는 1980년대까지도 "중견 여류시인이며 가정주부인 신달자씨"[25]로 소개되었으며, '주부일기'[26]와 같이 주부의 정체성에 입각한 칼럼을 다수 발표해 왔다. 신달자가 여류인 유안진, 이향아와 함께 1980년에 결성한 문채[27] 동인 역시 40대·주부·대학강사·시인

---

인할 수 있는 지면의 수가 많지 않다. 따라서 이 글은 독자가 문학텍스트의 실제적인 생산에 영향을 미치는 주체이기도 하다는 점과 1990년대의 문화주체로서의 여성독자의 존재를 새삼스럽게 확인하는 한편, 당시 여성/문학장에서 배제되었던 신달자의 텍스트가 단순히 감상주의적이고 신자유주의적인 것이 아니라 급진주의 페미니즘의 상상력과도 겹쳐져 있음을 규명하고자 했다. 이 글의 상이한 두 가지 목적은 스스로 발화하는 특정한 여성독자의 욕망이 확인될 때 서로 연결되기도 하지만, 여성독자의 욕망이 구체적으로 파악되지 않는 익명적 집단의 것일 경우 다른 층위에서 논의되어야 하는 것이기도 하다. 이 글에서 해결하지 못한 1990년대 여성독자(들)의 욕망에 대해서는 추후의 과제로 남겨둔다.

23 신달자는 숙명여대 재학 시절인 1964년 최루탄문학동인회의 시화전에 참여한 바 있다. 최루탄문학동인회는 한일회담에 반대하는 데모를 방지 및 해산하기 위해 사용된 최루탄의 충격에 착안하여 만들어진 동인으로, "최루탄이 연발하는 도로를 질주하자"는 메세지를 담은 시화전은 주로 집회에 참여한 대학생들의 작품으로 이루어졌다. 해당 시화전에는 김지하와 하길종 등이 참여한 것으로 알려져 있다. (「가시지 않은 「데모」의 울분 담은 최루탄 동인회 시화전」, 『조선일보』, 1964.4.30.; 「한국판 「비트」 선언 〈최루탄문학동인회〉」, 『경향신문』, 1964.4.30.)

24 「활발한 여성단체 가을하늘 아래 활짝」, 『경향신문』, 1969.9.22. 박화성·최정희·모윤숙 등 여성 작가가 주축이 되어 1965년에 결성된 한국여류문학인회의 창립 과정 및 활동, 그 성격에 대해서는 김은석, 「'여류문학전집'(1967~1979)과 여성문학의 젠더 정치」, 동국대학교 박사학위논문, 2019, 28~34쪽 참조.

25 「극한에 이른 인간의 치부 보여…… 「석유」」, 『조선일보』, 1980.1.13.

26 신달자, 「[주부일기] 어느 「골목 교실」」, 『조선일보』, 1981.6.18.

27 김남조의 추천으로 서로를 알게 된 신달자, 유안진, 이향아는 "순수창작활동"을 격려

이라는 공통점[28]을 중심으로 조직되었다. 이처럼 신달자는 1980년대 내내 여류이자 주부인 정체성을 기반으로 다양한 여성독자와의 만남을 적극적으로 추진해 왔다.

이를테면 문채 동인은 "동인지 위주의 문학활동에서 탈피"하기 위하여 1982년부터 동인지 발간을 연 1회로 조율하고 "매달 정기적으로 시낭독회와 문학강연회"[29]를 갖기 시작했으며, 해당 시낭송회는 "찌는 더위를 무릅쓴 1백여명의 여성 청중들로 성황"[30]을 이룬 것으로 알려졌다. 또한 신달자는 1984년에 "여고생 여대생 주부 460명을 대상으로 「가장 서정적이고 감동적인 낱말 찾기」 설문"[31]을 진행한 뒤 이를 바탕으로 수필집 『지상의 단 한 사람을 위하여』를 발간했으며, 1985년에는 여성 문제 및 글쓰기와 관련된 여러 주부 모임에 강사로 참여하여 "신문-잡지에 글을 투고해온 주부들의 모임 「코끼리문학회」"[32]의 글을 담은 『옹달샘』을 엮거나 "가락동인회 주부회원들의 글"[33]을 모아 『다시 태어남을 위하여』를 출간하기도 했다. 그밖에도 자신이 일주일에 한 번씩 강사로 참여하는 문화교실에서 만난 30~40대 주부들에 관한 에세이를 발표[34]하는 등 신달자에게 있어 여성독자와의 교류는 창작 및 출판 활동과 직접적으로 관련되어 있었다.

---

하기 위해 동인을 결성했으며, 동인 활동의 결과물로 제작한 '문채'의 동인지 『문채』는 출판사 백미사가 제작·판매를 맡음으로써 "여류시 동인지로서는 처음으로 자비출판을 벗어"난 것으로 알려져 있다. (「창작 활동에 큰 변화, 동인지 형태 신작집 잇달아 나와」, 『경향신문』, 1980.5.15.; 「「문채」 동인」, 『매일경제』, 1982.8.11.)

28 「여류시인 「문채」 동인 매달 시낭송회 첫 낭독회는 31일 강남의 「다락」에서」, 『경향신문』, 1982.7.30.

29 같은 글.

30 신세미, 「[여성 가정] 시낭송—시방송에 주부들 참여 많다」, 『조선일보』, 1982.11.19.

31 「감동 주는 낱말 주제로 이색 수필집 엮어」, 『경향신문』, 1984.12.5.

32 「주부 문집 2권 동시 출간 「옹달샘」 「시와 수필」 화제」, 『조선일보』, 1985.5.17.

33 정철수, 「여류문인 작품집 출간 러시」, 『경향신문』, 1985.12.20.

34 신달자, 「생활 에세이: 보통여자들에게서 배우는 지혜」, 『(KBS-TV) 여성백과』 제4권 제7호, 한국방송사업단, 1985.

이처럼 신달자와 여성독자 사이의 상호적인 관계는 그녀를 베스트셀러 작가 반열에 올려놓은 수필집 『백치애인』(1988)의 등장과도 맞물려 있다. 출간 직후 비소설부문 1위에 올랐으며 3개월 만에 10만부를 돌파,[35] 이를 각색한 영화가 1992년에 제작될 때까지 70만부 이상이 판매[36]된 『백치애인』은 작가에게는 망각되어 있었으나 독자들에 의해 발굴된 동명의 에세이로부터 출발했기 때문이다.

> 원고지 8장짜리 작은 글 한 편이 동명의 수필집을 최고의 베스트셀러로 밀어올리면서 신춘 서점가에 돌풍을 일으키고 있다. 화제의 작품은 중견여류시인 신달자씨(46)의 「백치애인」. (…) 이 글은 특히 10년 동안 원작자를 잃어버린 채 무명씨의 작품으로 떠돌다가 뒤늦게 주인을 되찾았다는 「사연」으로 해서 더욱 풍성한 얘기를 낳고 있다. (…) 「백치애인」은 원래 지난 78년 신씨의 첫 수필집 「다시 부는 바람」에 발표됐던 소품. 이 책은 당시 별다른 「사건」 없이 그냥 묻혀졌고 신씨의 뇌리에서도 곧 사라졌다.
>
> 그러나 그중 「백치애인」만은 모르는 사이에 입에서 입으로 또는 편지인용구로 서서히 유명해지기 시작했고 그러는 과정에서 원작자의 이름은 슬그머니 빠져버리고 대신 천형을 앓다가 세상을 떠난 어느 무명작가가 쓴 애절한 짝사랑의 노래로 변해버렸다. (…) 이 글은 더욱 폭발적으로 여성들 사이로 번져나가 일부 여학생들 사이에서는 「백치애인그룹」이라는 모임까지 만들어질 정도였다고 한다.[37]

---

35 안건혁, 「소설 「추락하는 것은…」· 비소설 「백치애인」 교보문고 · 종로서적 베스트셀러 공동 1위」, 『경향신문』, 1989.1.30. 강조는 인용자. 이하 동일.

36 「영화 〈백치애인〉 광고」, 『조선일보』, 1992.2.18., 20면, 소형광고.

37 최구식, 「신달자 수필집 「백치애인」 신춘서점가 돌풍」, 『조선일보』, 1989.1.17.

『백치애인』과 관련된 일화를 소개한 기사들에 따르면, 신달자는 둘째 딸이 "자신의 딸과는 다른 학교에 다니는 여자 친구"[38]로부터 받은 생일편지에서 우연히 「백치애인」을 발견한다. 잊고 있던 에세이가 자신도 모르게 독자들 사이에서 유명했다는 사실, 그리고 그것을 계기로 출간하게 된 『백치애인』이 "10년동안 축적된 두꺼운 독자층"[39]에 힘입어 베스트셀러가 된 사정은 당대 여성독자의 영향력을 보여주는 하나의 장면이기도 하다. 특히 "여성독자들의 빗발치는 성원"[40]이 쏟아진 『백치애인』의 경우, 출간 초기에는 "10대 후반의 청소년들이 주로 독자층을 형성했으나 요즘은 30~40대 주부들까지 자신의 옛추억에 젖어 이 수필을 찾고 있"[41]는 것으로 분석되었다.

이처럼 신달자와 여성독자 사이의 관계를 인상적으로 보여주는 『백치애인』이 『물위를 걷는 여자』의 탄생에 영향을 미쳤다는 사실은 주목을 요한다. 『물위를 걷는 여자』의 창작 배경을 소개하는 기사에 따르면, 1989년 2월 신달자는 "수필집 「백치애인」을 읽고 전화기를 들었다는"[42] 30대 여성의 전화를 받고 이야기를 나눴으며 해당 여성은 그로부터 3개월 후인 5월에 스스로 목숨을 끊었다. 그녀의 죽음을 알게 된 신달자는 몇 번의 포기 끝에 같은 해 8월부터 2개월 만에 써내려 간 1천 3백 장 분량의 소설을 『물위를 걷는 여자』라는 제목으로 출간한다. 한편 소설 집필 전인 1989년 3월 『백치애인』 인터뷰에서 이미 신달자는 "자신의 힘으

---

38 이문재, 「[확인취재] '백치애인'의 필자는 신달자 시인이었다」, 『솜씨』 제33호, 한국솜씨개발원, 1988, 88~89쪽. 해당 기사에는 신달자의 딸이 친구로부터 받은 생일 편지 일부가 사진으로 수록되어 있다. 편지에는 부분적으로 필사된 「백치애인」과 함께 "이 글을 쓰신 분은 문둥병을 얻으셔서 우리의 주위에서 사라지셨대. 너의 앞날에 행운이 깃들기를 기도해줄게."라는 문장이 적혀 있다.

39 최구식, 앞의 글.

40 「『백치애인』 광고」, 『조선일보』, 1988.11.11., 11면, 소형광고.

41 안건혁, 「에세이집 「백치애인」 쓴 여류시인 신달자씨 "오늘의 젊은이 생각보다 순수해요"」, 『경향신문』, 1989.3.6.

42 안건혁, 「첫 장편 「물 위를 걷는 여자」 펴낸 신달자씨 "한여인의 「진솔한 고백」에 영감"」

로 성공한 여인과 남편의 출세에 따라 저명해진 여성, 이 두 여인의 행복을 비교"하여 "행복의 의미를 분석"하는 "장편소설을 펴낼 계획"[43]이 있음을 밝힌 바 있다. 두 인터뷰의 내용이 사실이라고 가정했을 때, 장편소설에 대한 설명이 『물위를 걷는 여자』의 내용과 일치한다는 점에서 해당 소설이 『백치애인』을 읽은 여성독자와의 전화 직후 계획되었으며 실제로는 그녀의 죽음 이후에 쓰여진 것임을 알 수 있다.

이처럼 「백치애인」에서 『물위를 걷는 여자』로의 연쇄 작용은 여성독자가 유통시킨 무명의 에세이 「백치애인」이 원작자인 여성작가를 매개로 수필집 『백치애인』으로 확장되어 다른 여성독자에게 전달되고, 그것을 계기로 발화될 수 있었던 여성독자의 삶이 『물위를 걷는 여자』라는 소설의 형식으로 확장되어 다시 한 번 또 다른 여성독자에게 전해질 수 있음을 보여준다는 점에서 흥미로운 사례이다. 이는 스피커Speaker로서의 여성작가를 가교로 삼은 여성독자들의 보이지 않는 네트워크를 상상하게 만드는 한편 문학텍스트의 생산에 있어 독자가 주체적인 역할을 수행할 수 있는 문학장의 구성원이라는 사실을 드러낸다.

이때 신달자의 여성독자는 크게 세 축으로 분할되어 있었던바, 이들은 1980~90년대의 문화적 변동 속에서 부상했지만 여성주의적 관점을 가진 페미니스트 주체로 호명된 이상적인 여성독자에 포함되는 못했다는 점에서 서로 겹쳐있는 존재이기도 했다. 먼저 올바른 문학적 관점을 정립하지 못한 것으로 여겨진 10대 여성독자이다. 이들은 단순히 베스트셀러가 되기 위해 "청소년들의 호기심을 자극하고 센티멘털리즘의 정감에 푹 젖어들도록 센티한 미사여구나 시적인 메타포를 최대한 구사"하는 여성작가의 수필집을 문제의식 없이 즐겨읽는 존재로 묘사되었다. "감상

43 안건혁, 「에세이집 「백치애인」 쓴 여류시인 신달자씨 "오늘의 젊은이 생각보다 순수해요"」

적인 낭만성"을 강조하며 "산문정신에 위배"되는 여성작가의 수필집은 "사춘기의 소년소녀들"과 "생활에 여유있는 부인들"[44]의 독서문화가 건전하지 않다는 것을 지적하는 데 동원되었으며, 이를 매개로 10대 여성독자와 30~40대 중산층 중년주부는 동일시되었다.

그러나 신달자의 또 다른 여성독자층을 형성하는 중산층 중년주부는 1980년대에 문화주체로 중요하게 인식되기 시작한 존재이기도 하다. 여성연극의 붐을 불러온 것으로 평가되는 1986년 극단 산울림의 〈위기의 여자〉는, 대학생이 관객의 중심이 되어온 한국연극에 중산층 중년주부라는 관객을 가시화하는 계기였다. 극단측에서 "주부 관객이 저녁식사 시간 전에 귀가할 수 있도록 평일 3시 공연을 신설하고 강남에서 신촌 산울림소극장을 연결하는 셔틀버스를 운행"[45]했다는 사실은 이들이 대중문화에서 돌출적인 존재로 인식되었음을 보여준다. 그 밖에도 1991년에 설문조사를 통해 중산층 주부의 독서실태를 분석한 학위논문이 제출[46]될 만큼, 1980~90년대에 부상한 주부독자는 분석을 요청하는 존재이기도 했다. 뿐만 아니라 30~40대 중산층 주부는 문화기관에서 진행하는 문학강좌에 적극적으로 참여하며 글쓰기를 통해 일상적 욕망을 표출하고자 했다.[47] [48] 앞서 언급한 「코끼리문학회」가 주요 신문·잡지에 투

---

44 안건혁, 「"인기수필집 거의 「빛좋은 개살구」"」, 『경향신문』, 1989.5.22.

45 이영미, 「1990년대 초중반 여성연극의 대중연극적 본질」, 『대중서사연구』 제13호, 대중서사학회, 2005, 146쪽.

46 「이은주씨 「중산층 주부 독서행위」 분석 논문, 김병준씨 「한국아동의 독서성향」 조사 논문」, 『동아일보』, 1991.3.5.

47 신세미, 「매스컴 단골 투고 「글쓰는주부들」 동인지 발간 등 본격활동」, 『조선일보』, 1983.11.12.

48 신달자는 문화교실뿐만 아니라 "여성의류업체 및 백화점들이 고객에 대한 사은의 의미"로 개최한 대규모 행사에 참석하여 함께 생활하거나 "여성고객을 위한 교양강좌"에 강사로 초청되는 등 기업체가 주관하는 문화강의에도 자주 참여했다. 특히 신달자는 동방문화센터 · 덕성여대 평생교육원 · 잠실 롯데백화점 등에서 주부 대상 문학교실을 오랜 기간 담당해 왔다. (「나산 조이너스, 여름해변학교」, 『매일경제』, 1989.7.28.; 「여성교양강좌 개최」, 『매일경제』, 1990.9.17.; 송철복, 「"『문학소녀의 꿈』 다시 한

고해 온 주부의 글을 모아 작품집을 출간하려던 출판사의 연락을 계기로 이에 호응한 전국 각지의 1백여 명의 중산층 중년주부가 자발적으로 시작한 문학회[49]라는 사실 역시 문화생산주체로서의 중산층 중년주부의 면모를 보여준다.

마지막으로 1990년대 독서시장의 주요 독자로 포착된 사무직 여성이다.[50] 1980년대 후반부터 출판시장은 미혼여성을 겨냥한 에세이와 수필집과 같은 출판물을 공격적으로 기획[51]해 왔으며, "감성독자군"[52]인 이들은 베스트셀러 시장에 막대한 영향을 미치는 부동의 독자층으로 여겨졌다. 1990년의 설문조사에 따르면 한 달에 한 권 이상의 책을 읽는 사람이 화이트칼라에서는 60%에 육박했던 반면, 블루칼라와 자영업, 주부는 30~40%를 맴돌았다.[53] 같은 해 남녀 샐러리맨을 대상으로 한 독서현황 조사는 화이트칼라 중에서도 여성의 독서량이 남성의 독서량의 1.5배에 달한다는 사실을 보여준다.[54] 이와 같은 20~30대 미혼 사무직 여성의 독보적인 독서량은 1990년대 후반까지도 이어진다. 1996년 교보문고가 진행한 설문조사에 따르면, 화이트칼라로 상정되는 20~30대 미혼 직장여성은 성인의 연평균 독서량의 3배에 달하는 독서량을 기록하는 "교양시장의 베스트셀러 주도자"[55] 중 하나였다. 뿐만 아니라 20~30대 미혼 사무직 여성은 결혼을 선택으로 여기기 시작한 1990년대적인 분위기에서 잠재적인 독신여성으로 범주화되기 시작한 존재이기도 하다. 특히 이

---

번"」, 『경향신문』, 1990.11.14.)

49 「신문 갑지 두고 주부들 「고씨리문학회」 결성」, 『경향신문』, 1983.11.9.

50 「"겨울을 잡아라" 독서시장 대작 러시」, 『조선일보』, 1990.11.23.

51 문일, 「미혼여성 겨냥 기획출판 활발」, 『매일경제』, 1987.2.12.

52 「30~40대가 독서시장 주고객」, 『조선일보』, 1991.3.23.

53 「성인 60% 한달에 책 한권도 안 읽어」, 『동아일보』, 1990.9.25.

54 「20~30대 직장인 독서량 국민 평균의 6배로 으뜸」, 『한겨레』, 1990.5.1.

55 백창화, 「여성 자전 에세이에 나타난 여성의 성공과 정체성: 1990년대 베스트셀러를 중심으로」, 서강대학교 석사학위논문, 2000, 14쪽.

들은 "자신의 능력과 가치 실현을 중시"하며 "신분 상승의 욕구"[56]가 강하기에 타인의 성공담에 관심을 보이며, 현대소설과 수필류 그리고 자기계발서를 선호하는 것으로 분석되었다.

1990년에 출간된 『물위를 걷는 여자』는 신달자의 여성독자층 중에서도 "일과 결혼의 이중적 굴레에 갇혀 있던 직장여성들"과[57] "중년여성들을 사로잡"으며, "여성문제소설"인 박완서의 『그대 아직도 꿈꾸고 있는가』와 함께 "여성독자들의 관심사를 반영"[58]하고 있다고 평가되었다. 8개월 만에 50만부 이상 판매[59]된 『물위를 걷는 여자』는 같은 해 9월 박철수 감독에 의해 곧바로 영화로 만들어졌으며, 1992년에는 SBS에서 16부작 드라마로 방영될 만큼 대중적인 인기를 끌었다. 영화 〈물위를 걷는 여자〉는 1988년 변월수 사건을 모티프로 삼은 〈단지 그대가 여자라는 이유만으로〉[60]와 같은 시기에 개봉했으며, 두 영화는 "진정한 여성영화임을 캐치프레이즈"[61]로 내세워 화제의 대상이 되기도 했다. 13만여명의 관객 수를 기록하며 1990년 한국영화 흥행 4위[62]에 오른 〈물위를 걷는 여자〉의 "관객 대부분이 여성"[63]이었다는 회고가 보여주듯, 소설 『물위를

---

56 같은 글, 4쪽.

57 이명호, 「새롭게 싹틔워야 할 진보성의 씨앗: '신달자문학'의 베스트셀러화현상을 생각한다」, 『출판저널』 제76호, 대한출판문화협회, 1991, 2쪽.

58 안건혁, 「최고 경영자 에세이 서점과 석권」, 『경향신문』, 1990.2.24.

59 「『물 위를 걷는 여자』 광고」, 『동아일보』, 1990.9.11., 23면, 소형광고.

60 〈단지 그대가 여자라는 이유만으로〉는 "성폭행하려는 남자를 뿌리치는 과정에서 상대에게 상처를 입힌 여인이 가정과 사회로부터 더 큰 「폭행」을 당하는 내용을 그린 사회고발성 작품"이다. (남상균, 「방화7—외화9편 "추석싸움"」, 『조선일보』, 1990.9.14.)

61 김병재, 「"눈물 짜내기·벗기기 이제 그만 오늘의 여성상 그리겠다"」, 『매일경제』, 1990.9.18.

62 영화진흥공사 엮음, 『1991년도판 한국영화연감』, 영화진흥공사, 1991, 62~63쪽.

63 김종원·송영길·이명희, 「90년대의 여성 이미지: 김유진 감독의 『단지 그대가 여자라는 이유만으로』와 박철수 감독의 『물 위를 걷는 여자』」, 『영화』 제18권 제5호, 영화진흥공사, 1990, 104쪽.

걷는 여자』와 영화 〈물위를 걷는 여자〉는 '여성문제소설', '진정한 여성영화'라는 광고문구 아래 여성대중과 접속하고 있었다.

이와 같은 『물위를 걷는 여자』의 성공은 "통속적 줄거리에도 불구하고 여성의 현실 속에서 배타적, 갈등적으로 존재하는 일과 사랑의 문제"[64]를 다뤘기 때문이라고 여겨지기도 했으나, 여성 평론가들에게 신달자는 부정적인 이데올로기를 전파하는 여류 이상은 될 수 없었다. 이를테면 이명호는 중산층을 주요 독자층으로 삼는 여류의 수필이 사랑을 절대화함으로써 올바른 여성문화의 정립을 방해한다고 지적하며 그 대표주자로 신달자를 거론한다. 여류의 글은 "여성을 사회적 노동에서 단절시킨 채 오로지 남자의 사랑과 돈에만 매달리도록 강제하는 자본주의 사회의 여성 억압 메커니즘"을 확산시킨다는 것이 논지의 핵심이다. 따라서 이명호에게 『물위를 걷는 여자』 역사 "여자가 아무리 사회적 성공을 해봤자 남자 품만 못하다는 통념"을 반복하는 "한층 세련된 기존 가부장적 이데올로기"[65]에 지나지 않는다. 이때 신달자의 반대항에 위치한 박완서는 독자의 진보적 의식을 견인할 수 있는 여성작가로 의미화된다.

박혜경 또한 베스트셀러의 부정적인 영향력을 지적하는 글에서 신달자를 비판한다. 박혜경은 신달자의 텍스트가 "중산층의 삶, 혹은 의식만을 유일한 삶의 형태로 간주"하는 "범중산층주의"[66]라는 환상을 유포시킨다고 주장한다. 역사적 격변으로 이루어진 현실에 대한 결여된 인식으로부터 기인하는 감상주의와 허황된 과장은 "폐쇄적인 가족 이기주의"와 "사회적 변혁을 위한 모든 시도를 혼란과 무질서로 규정짓는 지배 이

64 이정희, 「자전적 여성 에쎄이의 두 측면」, 『여성과사회』 제5호, 한국여성연구소, 1994, 282쪽.

65 이명호, 앞의 글, 1~2쪽.

66 박혜경, 「잘 팔리는 수필집과 범중산층주의 증후군: 신달자와 유안진의 수필에 대한 분석」, 『시상문예운동』 제7호, 풀빛, 1991, 118쪽.

데올로기적 시각"[67]과 친연성을 지닌 허위의식을 양산한다는 것이다. 따라서 박혜경은 현실적인 문제를 은폐하는 범중산층주의가 노동자계급에까지 확산될 경우 문제가 심각해질 수 있다고 판단하고, 저항논리를 담은 노동자문화의 적극적인 대중화를 요청한다. 그런 의미에서 『물위를 걷는 여자』 역시 "부유층 여성들의 결혼과 사회진출이라는 문제 사이에서 일어나는 갈등"을 통해 "중산층 특유의 성공 제일주의라는 환상을 끊임없이 부추"기며 "화려한 사회적 성공의 여부"[68]에만 관심을 기울이는 작품에 지나지 않는다.

이처럼 신달자에게 가해진 비판은 그녀의 글이 중산층 이데올로기와 여성성공담론을 전파한다는 사실에 집중되어 있었다. 그러나 이명호가 변혁의 시대인 1980년대에 20대를 보낸 세 여성의 결혼 이야기를 다룬 공지영의 『무소의 뿔처럼 혼자서 가라』에 대해서는 "제 연배 여성들의 결혼과 그들이 결혼해서 겪는 문제를 그려서 그런지 저로선 공감하면서 읽었"[69]다고 언급하거나, 박혜경이 신달자의 여성독자층에서 노동자계급을 구출해내려고 시도하는 한편 『물위를 걷는 여자』의 난희가 하층계급 출신이라는 사실을 거론하지 않는다는 사실은 이들이 신달자의 실제 텍스트와 그 여성독자층에 대해 세심한 주의를 기울이지 않았음을 드러낸다. 신달자의 텍스트에 호응한 여성독자는 페미니스트 주체로 호명된 20대의 여자대학생, 대학 출신의 여성지식인, 민중노동운동 내의 여성노동자 등이 아니라 그 바깥을 구성하는 대중독자[70]였다는 점에서, 여성/

67 같은 글, 133쪽.

68 같은 글, 116쪽, 각주 1.

69 조애리 · 이혜경 · 강영희 · 이명호 · 백지숙, 「좌담: 페미니즘과 대중문화의 만남, 뿌리내리기」, 『여성과사회』 제5호, 한국여성연구소, 1994, 27쪽.

70 신달자는 여성독자와의 만남 외에도 "시독자의 저변확대에 크게 기여"했다는 평가를 받은 해변시인학교에 지속적으로 참여해 왔다. 해변시인학교는 "10대 청소년에서부터 60대 노인들까지의 시독자가 폭넓게 참여"하였으며, 약 10년 동안 3천여 명에 달하는 독자가 참석해온 문학캠프이다. 이는 신달자와 접촉한 대중독자가 이 글에

문학담론을 주도한 문학평론가들에게 이들은 타자로 취급되었다.

그러나 이명호가 공지영의 소설로부터 자신들의 이야기를 발견했듯, 신달자의 여성독자는 여성문제를 다룬 그녀의 텍스트로부터 그녀들의 이야기를 발견했던 것인지도 모른다. 따라서 『물위를 걷는 여자』가 실제로 중산층 이데올로기와 여성성공담론을 확산시키는 기제에 지나지 않았는지를 확인하기 위해서는 여성독자들이 읽었던 텍스트를 구체적으로 살펴보아야 할 필요가 있다. 외면받아온 "여성들의 독서"는 "감각의 재배치이자 정치적인 행위"[71]가 될 수 있기 때문이다. 이어지는 3장과 4장에서는 서사 및 인물 분석을 통해 『물위를 걷는 여자』가 성공과 사랑이 중산층 여성의 전유물임을 확정짓는 텍스트가 아니라, 하층계급 출신 여성이 그 두 가지를 모두 욕망할 때 발생하는 곤경과 섹슈얼리티로 인한 자기분열을 문제시함으로써 신자유주의 페미니즘과 급진주의 페미니즘 사이에서 분열적으로 존재하는 파열된 텍스트였다는 사실을 확인해본다.

## 3. 성공을 꿈꾸는 여성들과 신자유주의적 주체 혹은 계급횡단자

『물위를 걷는 여자』는 난희가 불우한 가정사를 벗어나 기업가로서 성공하게 되는 과정 그리고 난희가 민희의 남편인 재민과 사랑에 빠지게

---

서 다루지 못한 다양한 정체성으로 구성되어있으리란 추측을 가능하게 한다. (「대자연 속 올여름 예술의 잔치 풍성 「문화 바캉스」 막 오른다」, 『경향신문』, 1987.7.10.; 안건혁, 「여름바다서 시의 대향연 해변시인 학교 10돌… 기념행사」, 『경향신문』, 1988.7.4.)

71 허윤, 『위험한 책읽기: '문학소녀'에서 페미니스트까지, 한국 여성 독서문화사』, 책과함께, 2023, 9쪽.

되는 두 축의 서사로 양분되어 있다. 소설의 줄거리는 다음과 같다.

난희에게는 오빠의 사고사 이후 폭력적으로 변모한 아버지, 그런 남편을 피해 가출해 생사도 알 수 없는 어머니, 그리고 각자의 방식으로 결혼에 실패하고 집으로 돌아온 세 명의 언니가 있다. 반면 민희는 검사인 아버지와 화가인 어머니 그리고 의대생인 오빠와 함께 유복하고 화목한 가정에서 자라 왔다. 난희는 전학 온 민희와 허물없는 우정을 나누며 함께 의상학과에 진학한다. 주변의 경제적 도움으로 가까스로 가족을 벗어나 대학에 진학할 수 있었던 난희는 민희와 함께 두희패션을 설립하는 것을 꿈꾸며 패션 공부에 매진한다. 섬유산업 경진대회에 우승한 난희는 프랑스 에스모드로 유학을 떠나고, 아버지의 간병을 위해 경진대회를 포기했던 민희는 대기업 회장의 막내아들이자 방직회사의 사장인 재민과 결혼식을 올리고 주부로서의 삶을 살아가게 된다. 5년간의 유학 끝에 성공적으로 귀국한 난희는 곧바로 디자인실장으로 패션업계에 입성하여 여러 회사를 거치며 각고의 노력과 수난 끝에 두희패션을 설립한다.

이후 두희패션은 각광을 받으며 성공하게 되고 난희는 출장을 위해 방문한 파리에서 우연히 재민을 만난다. 재민과 사랑에 빠지게 된 난희는 귀국을 미루고 사흘 동안의 밀회를 갖는다. 서울로 돌아온 난희는 두희패션의 일을 재개하는 한편, 여성의 일과 결혼의 문제를 두고 민희와 갈등을 빚기 시작한다. 이에 난희는 재민과의 관계를 정리하고자 하지만 과거와 달리 쉽게 마음이 통제되지 않는다는 사실에 당혹감을 느낀다. 재민으로 인해 점차 업무에 집중하지 못하게 된 난희의 연이은 실책으로 두희패션의 이미지는 타격을 입는다. 이에 난희는 재민과의 불륜이라는 반복되는 상황을 타개하고자 노력한다. 그러나 그 과정에서 자신과 달리 아무런 변화가 없는 재민과 민희의 가정, 그리고 엄마가 살아 있었다는 사실을 민희가 알고 있었다는 점에 충격을 받아 난희는 죽음을 결심한다. 난희는 두희패션의 명의를 민희와 재희언니로 변경한 뒤 자살하기 위해 강을 찾아가지만, 그곳에서 자신의 이야기를 담은 과거의 신문을 발견하고 삶에의 의지를 다잡으며 소설은 끝을 맺는다.

이때 『물위를 걷는 여자』의 전반부에는 성공을 위해서라면 스스로를 얼마든지 제어할 수 있다는 믿음을 지닌 난희의 신자유주의적 주체로서의 모습이 강조되어 있다.

> 빨리 내가 도달하고자 하는 정상을 가기 위해서는 세월이 빨리 흘러야 한다.
>
> 섭섭하지 않다. 나는 앞으로 가는 여자다. 미련이라든가 회의라든가 절망은 없다. 가는 거다. 억새풀더미도 가시나무숲도 모두 뚫고 가는 거다. (53)

> 그러나 곧 나는 아버지의 죽음을 잊어버렸다.
>
> 에스모드 패션스쿨의 3년과 국립 장식미술학교 2년을 마치면서 나는 아버지의 죽음을 오래 슬퍼할 시간이 없었다. (85)

> 육체의 한계를 극복하며 살아낸 것은 처음이 아니지 않는가. (134)

신자유주의가 "일종의 세속적 신앙"[72]이듯이, 난희는 "내 자신의 디자인으로 패션계에 돌풍을 일으킨다는 신념을 종교처럼 숭배"(31)하며 살아간다. 두희패션의 설립이라는 목표를 달성하는 데 있어 방해가 된다

---

72 Lisa Duggan, *The Twilight of Equality?: Neoliberalism, Cultural Politics, and the Attack on Democracy Neoliberalism, Cultural Politics, And The Attack On Democracy*, 『평등의 몰락: 신자유주의는 어떻게 차별과 배제를 정당화하는가』, 한우리·홍보람 옮김, 현실문화연구, 2017, 24쪽.

고 판단한 모든 것들을 배척하는 난희에게 있어 중요한 것은 빠르게 목적을 달성하는 일뿐이다. 유학 도중 경험한 인종차별에 대해서 "정신적인 피해보다 시간을 낭비했다는 생각"(88)에 분노하는 난희에게 감정은 통제되어야 할 대상으로 여겨진다. "울고 나면 배가 고"파지고 "에너지가 소모"되는 "울음" 역시 "사치"(62)일 따름이며, 시간을 관리하기 위해서는 "코피를 쏟아가면서 거의 하루에 3시간쯤 자면서 뛰어다"(29)녀야만 한다. 특히 난희는 어려운 상황을 맞닥뜨릴 때마다 스스로에게 "가자"라는 말을 반복해서 외치는데, 이는 미래를 위해 현재를 기꺼이 희생해야 한다는 명령으로 기능함으로써 성공이라는 환상이 현재를 관리하도록 만드는 자기통제의 메커니즘을 보여준다.

1990년 베스트셀러 목록에 기업가 자서전인 김우중의 『세계는 넓고 할일은 많다』와 김영철의 『사랑과 비즈니스에는 국경이 없더라』가 등장했다는 사실[73]을 상기한다면, 같은 해에 출간된 『물위를 걷는 여자』는 고난 끝에 자수성가한 여성 기업가의 성공서사로 읽히기도 한다. 김우중과 김영철의 자서전의 제목에 포함된 '세계'와 '국경'이라는 단어가 상징하듯, 1990년대는 세계화 담론이 대중적 차원으로 확산된 시기이다. "새로운 경제 환경에 대한 인식을 대표하는 담론으로서 국가의 번영과 개인의 성공의 의미를 구성하는데 중요한 역할"을 수행한 세계화 담론은 "1980년대 이후 고학력 여성 인구가 급속히 증가하면서 노동시장 참여의 욕구가 증대"[74]된 현상과 맞물리면서 여성성공담론에도 영향

73 김우중과 김영철의 저서는 교보문고와 종로서적의 1990년 1~3월 전체 판매 부수 1, 2위를 차지했다. (양영채 · 김승욱, 「명사들의 체험 에세이 베스트 셀러 상위 독점, 올 1~3월 도서 판매 분석」, 『동아일보』, 1990.4.3.) 한편 김우중의 경우 해당 저서를 스스로 집필했다고 밝혔음에도 불구하고 대필작가의 존재가 제기되기도 했다. (「재벌 총수저서 숨은 저자 입방아」, 『한겨레』, 1992.2.28.)

74 엄혜진, 「신자유주의 시대 한국의 자기계발 담론에 나타난 여성 주체성과 젠더 관계: 1990년대 이후 베스트셀러 여성 자기계발서 분석을 중심으로」, 서울대학교 여성학협동과정 박사학위논문, 2015, 95쪽.

을 미쳤다.[75]

이때 성공담론에서 강조한 것은 자기통제의 중요성이다. "보다 크고 장기적인 목표를 달성하기 위해 순간의 충동적인 욕구나 행동을 자제하면서 즐거움이나 만족을 지연시키는 능력"[76]으로서의 자기통제는 "자신의 감정과 커뮤니케이션 방식을 통제하고 관리"[77]할 수 있는 신자유주의적 주체에게 필수적인 능력으로 여겨진다. 따라서 난희의 모습은 여성 역시 남성과 마찬가지로 개인의 노력을 통해 얼마든지 목적을 실현시킬 수 있다는 여성성공담론의 현현으로서, 신자유주의의 능력주의 신화를 반영하는 한편 이를 강화하는 것처럼 보인다. 사회적 조건과 맥락을 은폐하고 자율적인 개인의 능력에 의해 성공이라는 목표를 달성할 수 있다는 환상은 "개인들이 그것을 위해 기울이는 노력과 자기 규율의 고통을 당연하고 가치 있는 것으로 자연화하는 기능"[78]을 수행하기 때문이다. 이는 1990년대가 "경제성장과 여성에 대한 교육기회의 확대로, 여성이 스스로 자신의 존재와 욕망에 대해 긍정적으로 사고할 수 있게 된 시기"[79]임에도 불구하고 엄연히 성차별이 존재한다는 사실을 보이지 않는 것으로 만든다. 난희가 처음으로 시도한 여성의류 브랜드의 이름이 "우먼파워"가 아

75 1997년 겨울에 출간된 『페미니스트 저널 IF』 제3호는 "요즘 여성들은 성공의 홍수 속에 산다. (…) 우리 사회는 그 많은 여자들의 일하고자 하는 욕구를 해소시켜줄 만큼 성숙돼 있는가"라는 문제의식 아래 '성공은 없다!' 특집을 마련한 바 있다. 해당 특집에는 「설문분석: 30대 여성들은 성공을 어떻게 생각하나」, 「문제제기: 여성성공담에 성공이 없다—조안리, 전여옥, 조양희, 정덕희, 최유라의 '성공신화'를 파헤친다」, 「사례: 30대 여성들이 쓴 좌절과 욕망의 자화상」, 「진단: 삼십대가 서있는 자리」를 비롯하여 「선배가 후배에게: '진정한 성공'을 이루기 위해 사회 각 분야 선배들이 준 십계명」이 수록되기도 했다. (『페미니스트 저널 IF』 제3호, 도서출판 이프, 1997, 42~107쪽 참조.)

76 이진주, 「여성성공담론의 변화와 함의: 1990~2004 비문학 부문 베스트셀러를 중심으로」, 서울대학교 언론정보학과 석사학위논문, 2006, 44쪽.

77 한우리·홍보람, 「지금, 여기 한국의 신자유주의 문화정치 분석과 연대의 정치를 위해」, Lisa Duggan, 앞의 책, 223쪽.

78 이진주, 앞의 글, 46쪽.

79 이녕미, 앞의 글, 148쪽.

닌 "자기주장"이었으며 이를 통해 패션계에 화려하게 데뷔하며 "성공"했다는 사실 역시 여성이 성차화된 존재가 아닌 개인으로 존재할 수 있다는 "시대적 감각"(121)으로부터 기인한다.

그러나 신자유주의와 능력주의는 언제나 젠더화된 방식으로 작동할 수밖에 없다. 한국 최초의 여성 기업가 자서전인 장영신의 『밀알 심는 마음으로』(1994)와 조안리의 『스물 셋의 사랑, 마흔 아홉의 성공』(1994)이 보여주듯이, "여성 기업가의 성공에는 남성 기업가보다 더 많은 '가족'의 물질적, 사회적 자원이 필요"[80]하기 때문이다. 그런 의미에서 난희의 성공 역시 개인의 뛰어난 능력에만 의존하는 것이 아니다. 이때 난희가 가족의 도움을 받을 수 없는 하층계급 출신이라는 점은 그녀의 서사를 여성성공담론 및 능력주의와의 연관성뿐만 아니라 계급횡단자의 사례로 독해할 여지를 남긴다.

샹탈 자케에 따르면 계급횡단자는 "하나의 계급에서 다른 계급으로의 이행을 수행한 개인"[81]을 가리키는 용어로, 출신 계급을 비-재생산하는 이들은 재생산 이론의 법칙을 위반하는 예외적 존재라는 점에서 논의의 장에서 소외되어 왔다. 피지배자에서 지배자의 세계로 이행하는 민중계급 출신의 계급횡단자는 결과적으로 자본주의의 지배 담론인 "능력주의 신화의 살아 있는 증거"로 활용됨에 따라, 자수성가와 같은 "개인적 성공이라는 이데올로기의 밑거름"으로 동원되기에 "보수주의의 알리바이"[82]라는 혐의로부터 자유롭지 않다. 그러나 계급횡단자는 대안적 모델의 존재, 사회경제적 조건들, 다른 삶에 대한 욕망을 추동하는 감정들, 그리고 환경 및 기질과 같은 다층적인 인과 규정이 독특한 배치를 통해

80 김혜인, 「기업가적 자아와 젠더: 90년대 여성 기업가 자서전을 중심으로」, 『동악어문학』 제90집, 동악어문학회, 2023, 49쪽.

81 Chantal Jaquet, *Les transclasses, ou la non-reproduction*, 『계급횡단자들 혹은 비—재생산』, 류희철 옮김, 그린비, 2024, 42쪽.

82 같은 책, 55~56쪽.

중첩될 때 출현하는 존재다. 따라서 언제나 계급횡단자는 감정을 포괄하는 역사적 맥락 속에서 고려되어야만 한다. 비-재생산은 "한 개인만의 고독한 여정"이 아니라 그것을 "추동하고 또한 허용하는 가족적·사회적 환경의 연대를 사유하는 것"[83]이기 때문이다.

그런 의미에서 난희의 궤적은 신자유주의적 주체가 아닌 계급횡단자의 층위에서 다시 이해될 필요가 있다. 경제적으로 취약한 상태에 놓여 있던 난희가 무사히 대학을 졸업할 수 있었던 것은 "민희네의 도움 없이는 모두 불가능한 일"(81)이었는데, 이는 민희의 어머니가 조력자를 자임했기 때문이다. 난희의 가족을 대신하여 민희의 어머니는 아마추어 화가들로 구성된 예술단체를 조직하여 해당 기금을 바탕으로 장학금을 만들어주었던 것이다.

또한 난희의 프랑스 유학은 국가와 기업 중심의 산업 육성 프로그램 없이는 실현될 수 없었다는 점에서 제도에 기반한 재정적 지원 역시 결정적인 역할을 수행했음을 알 수 있다. 1983년부터 대한민국 상공부는 "수출 주도 부문인 섬유산업의 국제 경쟁력 유지 및 강화"[84]를 위한 정책의 일환으로 대한민국 섬유패션디자인 경진대회를 개최하기 시작했으며, 수상자에게는 프랑스·미국·일본 등으로의 연수 및 견학 기회가 주어졌다.

뿐만 아니라 『물위를 걷는 여자』의 배경으로 등장하는 에스모드 파리는 전세계적으로 여덟 번째 분교인 에스모드 서울을 1989년 강남에 설립[85]했으며, 같은 해 본교인 에스모드 파리의 졸업작품전의 최우수상

83 같은 책, 131쪽.

84 「상공부 섬유 시설 개체 850억 지원」, 『동아일보』, 1983.3.2.

85 「「옷」의 모든 것 교육…「패션스쿨」 생긴다」, 『조선일보』, 1989.1.17.; 김순덕, 「인터뷰 불 「에스모드」 서울분교 산파역 박윤정씨 "세계적 디자이너 많이 기를터"」, 『동아일보』, 1989.4.27.

은 한국인 여성 유학생에게 수여되기도 했다.[86] 이러한 사실은 1988 서울 올림픽 이후 한국이 선진국과 어깨를 나란히 할 만큼 발전했기에 무한 경쟁 체제에 돌입해야 한다는 신자유주의적 세계화의 근거이기도 했지만, 한편으로는 난희가 "한국의 발전적 모티프"를 중심으로 한국적인 이미지를 "서구화로 변형 조화시킨 작품"(71)으로 경진대회에서 대상을 받을 수 있었던 이유 그리고 "에스모드에서 한국 학생으로는 처음으로 수석졸업"(91)을 한 난희라는 설정이 등장할 수 있었던 맥락을 보여준다.

무엇보다도 난희에게 있어 민희라는 대안적 모델이 지니는 중요성이 강조될 필요가 있다. 난희는 민희를 처음 본 순간 "내 인생에 처음으로 타인으로 인해 내면의 불이 켜지는 밝음"(34)을 경험한다. 난희는 "너무나 많은 것을 완벽하게 가지고 있"(35)는 민희로부터 매혹을 느낀 것이다. 아버지의 폭력을 예고하는 고요한 침묵이 감싸고 있는 "좁은 마루"의 "무질서"한 난희의 집과 달리 아름다운 정원이 딸린 그림과 음악으로 가득 찬 민희의 집이라는 "절망적인 대조"(38)는, 난희가 민희의 집을 자주 방문하는 것에 비해 그 반대의 경우는 거의 존재하지 않는다는 사실과 함께 난희에게 고통과 수치심과 같은 혼란스러운 감정을 야기한다. 민희와의 우정을 통해 다른 세계의 존재를 인지하게 된 난희는 다음과 같이 말한다.

> 사실 정직하게 말하면 민희와 나는 친구가 될 수 없었다.
> 그가 어느 평화로운 나라의 공주넋을 가지고 태어났다면 나는 끼니조차도 어려운 어느 고아원 아이의 외로운 넋을 가지고 태어났을 것이라고 나는 아프게 결론짓곤 했었던 것이다.
> 친구는 환경에 의한 균형된 짝은 아닐 것이다.

86 임현찬, 「졸업작품전 한인유학생 1위」, 『조선일보』, 1989.7.29.

본질적인 정신의 기후와 인생의 방향이 같을 때 충분히 짝이 될 수 있는 것이다. (24~25)

난희는 자신이 민희와 어울리지 않는다고 생각하면서도 그녀에게 부족하지 않은 친구가 되기 위해 더 나은 삶을 꿈꾼다. 때로는 "아버지의 피가 내 몸 속에 흐르고 있으면 어쩌나 하는 불안감"(57)을 느끼면서도 "아버지와 어머니의 피"가 아닌 "민희와 같은 피"(58)를 가졌을지도 모른다는 막연한 희망은 계급횡단의 주요한 동력으로 작동한다. 난희에게 있어 민희와의 관계는 계급적 차이에 대한 분명한 자각을 동반하는 것일 수밖에 없었던 탓이다. "저주스런 분노"와 "탄식"(49)을 불러일으키는 가족으로부터 탈출하여 민희의 세계에 진입하고 싶다는 난희의 욕망은 민희와 함께 두희패션을 세우겠다는 맹목에 가까운 야심으로 확장된다. 난희는 각고의 노력 끝에 두희패션을 설립함으로써 "폐가처럼 삶이 죽어가는 가정"(194)에서 벗어나 하층계급 출신이라는 "악조건"(29)을 극복하고 "우리집을 문둥이 집처럼 바라보던 사람들 앞에 화려하게 나타"(52)나겠다는 목적을 달성하는 데 성공한다.

그런데 계급횡단에 성공하여 "불운한 젊은날"을 "보상"받게 되었다는 생각에 "안심"(158)하는 바로 그 순간, 난희는 민희가 누리는 행복이 자신에게 어울리지 않는다는 균열을 감각하게 된다. 마치 계급횡단자가 "결코 알맞은 자리에 있을 수 없"[87]기에 언제나 틈새에만 존재하는 것처럼 말이다. 후술하겠지만 이는 난희가 계급횡단을 위해 억압해 왔던 섹슈얼리티가 회귀하면서 생겨난 마음의 동요와 긴장으로 말미암은 것이다. 중산층에 입성한 계급횡단자인 난희의 자기분열을 가장 극명하게 보여주는 문제는 그녀의 섹슈얼리티였던 셈이다.

---

87 Chantal Jaquet, 앞의 책, 213쪽.

## 4. 남성을 향한 적대와 이성애의 대안으로 틈입하는 퀴어

> 나는 나와 약속했었다.
> 
> 그것은 거의 불문율로 내 정신에 각인된 내 생애에 지켜야 할 계율 같은 것이었다.
> 
> 남자를 가까이하지 말 것, 흔들리지 말 것, 남자로 인해 일생의 단 1초도 낭비하지 말 것, 남자를 사랑하지 말 것, 결혼하지 말 것, 오직 목적을 달성할 것.
> 
> 나는 이 약속을 스님들의 독경처럼 언제나 마음으로 외고 또 외었다. (16)

『물위를 걷는 여자』는 대학시절 난희가 형준과 함께 누워 있는 자취방의 긴장감 있는 풍경으로부터 시작한다. 얼마든지 섹슈얼리티를 통제할 수 있다는 믿음으로 형준을 방에 들였던 난희는 그에게 자신이 흔들렸음을 인정하고 "자만과 오만이 넘치는 자신감"(20)을 반성하며 "남자를 가까이하지 말 것"이라고 되뇌인다. 이와 같은 남성에 대한 거부감은 성공에 대한 욕망 추구와 함께 소설 전반의 분위기를 주조한다.

이때 난희가 남성과의 관계를 극도로 기피하게 된 이유에는 그녀의 가족사가 가로놓여 있다. 폭력적인 아버지를 견디다 못해 집을 나간 어머니와 결혼에 실패하고 돌아와 유폐되어 있는 언니들은 난희로 하여금 "결혼이란 절망과 패배"이며 "우리집 피는 결혼하면 바보가 되거나 미치"(125)고 만다는 결론을 내리게 했던 것이다. 그런 의미에서 난희에게 "남자를 사랑하는 일은 거의 인생을 패배시키는 두려운 일"(197)에 다름 아니다. "농약먹은 벌레"(89)처럼 숨죽이며 살아가는 언니들처럼 되고 싶지 않다는 난희의 젠더화된 불안은 섹슈얼리티를 통제하는 강력한 요인으로 작동한다. 이처럼 소설에는 남성과의 사랑과 그 상징으로서의 결혼이 난희의 목표인 성공에 방해가 된다는 인식이 짙게 드리워 있다.

이때 난희가 견지하는 남성에 대한 적대는 남성중심적인 가부장제와 이성애 질서를 여성억압과 불평등의 기원으로 상정함으로써 섹슈얼리티를 문제적인 것으로 파악하는 급진주의 페미니즘의 인식론과도 일견 닮아 있다. 담론과 실천으로서의 급진주의 페미니즘은 그것이 출현한 맥락과 상황에 따라 내포를 달리 하는 역사적 개념이지만, 이론이자 정치학으로서의 급진주의 페미니즘은 "성차별의 보다 심층적이고 구조적인 원인을 찾아냄으로써 여성억압의 뿌리, 토대, 근원을 해체"하기 위해 남성에 의한 종속이라는 가부장제가 "가장 근본적이고 범역사적인 형태의 권력관계임을 인식"[88]하는 것으로부터 출발한다. 따라서 난희가 몰성화된 자율적 개인이라는 의도적 착각 아래 자기통제에 매진하면서도 이성애 규범성에 기반한 가족 이데올로기를 거부하는 것은 그것이 그녀의 사회적 성공을 위협하리라는 사실을 감지하고 있다는 것, 다시 말해 난희가 무의식의 차원에서 성계급으로서의 남성권력을 이미 자각하고 있음을 암시한다.

또한 급진주의 페미니즘이 여성해방을 위한 저항적 행위자로서 '여성'이라는 집단적 범주를 요청한다고 할 때, 소설 속에는 남성에 대한 적대를 표출하는 또 다른 여성들이 등장한다.

> "그래요, 이젠 옷이나 좀 실컷 입어야겠어요. 요즘 남자들 이야기 들어 보니 돈 놔두고 죽을까 봐 겁나요 겁나.
>
> 요즘 남자들이 뭐라고 하는지나 아세요, 여자가 돈 많이 벌어 놓고 쓰지도 못 하고 죽으면 남자가 빙그레 웃으며 한

88 김보명, 「급진 페미니즘」, 『여/성이론』 제39호, 도서출판여이연, 2018, 163~168쪽.

다는 말이 '멋진년' 그런대요. 그러나 돈을 많이 벌었는데 병이 걸려 돈을 다 쓰고 죽으면 '질긴년' 그런대지 않아요."

여기저기 앉은 주부들이 와하고 폭소를 터뜨리며 옳소 옳소 하고 박수를 쳤다.

"우리는 모두 돈도 벌고 오래 살기도 하는 '독한년'들이 됩시다."

한 주부가 쩌렁쩌렁한 소리로 외치니 장내는 다시 박수 소리로 가득했다. (238~239)

가정을 위해 개인의 욕망을 억누르며 살아온 주부들은 여성고객을 위해 새롭게 오픈한 두희패션의 패션상담실에서 각자 자신의 다양한 체형에 맞는 옷을 고르면서 이야기를 나눈다. 남성사회에서 통용되는 이야기를 서로에게 전달하는 그녀들은 '돈'이라는 자본의 여부를 통해서 여성의 가치가 '멋진 년', '질긴 년'으로 결정되는 가부장적인 자본주의의 생리를 비약적이지만 경험적으로 간파하고 있다. 이에 주부들은 "우리는 돈도 벌고 오래 살기도 하는 '독한년'들"이 되자고 외치며 이에 호응한다. '독한년들'은 남편과 자식 그리고 가정을 위해 헌신하라는 성역할 이데올로기를 거부하며, 난희의 브랜드였던 '자기주장'이 상징하듯 이제는 자신을 위해 옷을 사입으며 남성에게 경제적으로 의존하지 않겠다는 주부들의 의지를 보여준다. 이는 남성에게 종속된 여성이 아니라 여성억압적인 현실에 저항하는 여성들이 되겠다는 "쩌렁쩌렁"한 선언이기도 하다. 이처럼 『물위를 걷는 여자』에는 남성일반에 대한 무의식적이고 경험적인 적대가 부유하고 있다.

특히 자신이 사회적으로 남성과 동등한 위치에 놓여 있다는 난희의 착각은 그녀가 중산층에 입성한 후 산산이 부서지는데, 이는 그녀가 "내 생애에 지켜야 할 계율"(16)을 깨뜨리고 이성애 규범성의 세계에 진입한 것과 동시에 발생한다. 두희패션의 획기적인 성공 이후 처음으로 떠난 파리 출장에서 난희는 민희의 남편인 재민과 사랑에 빠진다. 재민과의 첫 섹스를 하고 난 이후, 난희는 '일을 통한 성공'과 '결혼으로 인한 행복' 사이에서 "불안심리와 갈등의 혼선"(254)을 느끼며 두희패션에 집중하지 못하게 된다.

무엇보다도 재민과의 관계는 난희가 거부해 왔던 가부장제 이데올로기를 빠르게 내면화하는 상징적인 계기로 작동한다. 이는 난희가 "결혼생활이 유복하고 행복한 여성은 개인의 일을 가지고 있지 않"으며 "그것은 품위를 지키는 자기보호 때문"(255)이라는 내용을 담은 칼럼 〈여성과 일〉을 발표한 사건으로 나타난다. 난희 자신의 성공까지도 부정하는 〈여성과 일〉로 인해 두희패션의 이미지는 심각한 타격을 받게 된다. 재민이 상징하는 성별분업과 가부장제 이데올로기를 내면화한 〈여성과 일〉은 난희와 두희패션을 실제적인 위험에 빠트렸던 것이다. 이는 여성이 아닌 영웅을 자처했던 『나는 소망한다 내게 금지된 것을』의 강민주가 자신이 납치한 백승하와의 사랑이라는 이성애 관계로 인해 "스스로 '여성'임을 자각"하고 "스스로 내부와 외부를 통제할 수 있다는 강력한 믿음이 깨지는 경험"[89]을 하게 되었던 것처럼, 난희가 이성애 규범성을 받아들임에 따라 "내 마음을 절대로 내 마음으로 통솔할 수 없어졌다는 것"(271)과 함께 여성이라는 자신의 젠더를 완벽하게 자각하게 되었음을 보여준다.

그런데 역설적이게도 난희가 계급을 횡단했다는 사실은 중산층이 된 그녀의 억압되지 않은 섹슈얼리티가 발생시키는 트러블을 통해 증명된다. 성적 억압이 모든 억압의 근본 원인이자 최종 심급으로서 계급, 민족, 인종 등에 앞서 발생했다는 급진주의 페미니즘의 관점에 따르면, 여

89 허주영, 앞의 글, 195~196쪽.

성인 그녀가 경험하는 성적 억압은 이행을 통해 불안정하게나마 벗어날 수 있는 계급 억압과 달리 본질적인 것이기 때문이다. 따라서 계급상승을 위해 고군분투하던 시절 난희가 무의식적으로 알고 있던 성적 억압은 중산층이 된 그녀에게 절대적인 문제로 육박해 들어오며, 난희의 계급횡단을 위협하는 것으로 항존하게 된다.

뿐만 아니라 난희의 섹슈얼리티가 중산층에 도달한 이후 문제시되는 설정은 1990년대 한국의 여성운동에 있어 섹슈얼리티가 민족이나 노동과의 연결을 통해서가 아니라 그 자체로 주요한 의제로 전환될 것임을 징후적으로 보여준다. 1980년대 중반 이래 여성해방운동이 "마르크스주의 페미니즘과 사회주의 페미니즘 간의 문제로 해석"[90]되어온 한국적 상황에서 충분히 담론화되지 못했던 급진주의 페미니즘은 1980년대 말부터 본격화된 섹슈얼리티 연구의 흐름 속에서 재조명되었다. 고정희 역시 1990년대 초반 급진주의 페미니즘을 강조하며 "1980년대 여성운동의 공통 구도인 '여성의 재생산/노동 문제로서의 성별분업'에서 '규범적 이성애 중심주의'의 문제로 페미니즘 의제를 전환"[91]하고자 시도한 바 있다. 그렇기에 강제된 이성애 규범성으로 인해 곤경에 빠진 난희에게 퀴어가 대안적 가능성으로 틈입하고 있다는 사실은 의미심장하다. 난희의 섹슈얼리티가 계급상승에 대한 위협과 연동된다면 그것은 남성과의 관계인 이성애에 의한 것으로 묘사되기 때문이다.

소설 속에서 난희는 총 세 번 퀴어와 직접적으로 마주친다. 프랑스 친구로부터 동성과의 섹스라는 "재미있는 일"(90)을 해보자고 제안받은 유학시절, 혜성그룹 디자인 실장으로 일하던 도중 회사에서 여성복 디자이너인 두 남성의 섹스를 목격한 순간, 그리고 자신의 집으로 찾아온 혜

90 정혜진, 「고정희 시와 '페미니즘의 급진성'」, 『구보학보』 제29호, 구보학회, 2021, 364쪽.
91 같은 글, 368쪽.

성그룹의 박부선이 연애를 제안한 것이 그것이다. 난희는 모두 처음에는 퀴어를 혐오하는 태도를 보인다. 하지만 게이커플의 성관계를 목격한 이후, 난희는 목욕을 하던 도중 “거울에 비친 자신의 모습”과 그 “아름다운 몸”을 망각해 왔음을 깨달으며 자신이 섹슈얼리티를 처음으로 감각했던 순간을 떠올린다. “두려운 기억”이기에 “누구한테도 고백하지 않았던” 그것은 유년기에 재희언니와 난희가 한밤중에 “서로 상대방의 성기를 만져 주었”(117)다는 사실이다. 섹슈얼리티를 의식하지 못한 채 그것을 실천했던 과거에 대한 회상 끝에 난희는 “침대에 누워 문득 민희 생각”(118)을 하며 민희의 안정적인 결혼생활을 선망하는 자신을 인식하고 스스로에게 “가자”(119)를 다시 한 번 외친다. 이러한 난희의 모습은 『물위를 걷는 여자』를 퀴어와의 조우를 통해 본인의 섹슈얼리티를 자각하고 성적 주체로 거듭나는 여성의 이야기로 독해할 여지를 시사한다. 우연히 발생한 퀴어와의 접촉은 이성애 규범성에 의해 금기시되어 무의식 너머로 억압되어 있던 다양한 섹슈얼리티에 대한 최초의 기억과 성공을 향한 욕망(“가자”)을 불러일으키는 계기로 작동하고 있기 때문이다.

홍미로운 것은 난희에게 동성애라는 이성애 규범성 바깥의 성적 실천을 제안했던 여성퀴어들과의 만남이 그녀에게 사후적으로 혼란을 야기하게 된다는 사실이다. 특히 여성퀴어들의 유혹 앞에서 자신은 “일을 사랑하는 사람”(90)이고 “이미 내 일과 결혼”(127)했다며 그녀들의 일방적인 접근을 뿌리쳤던 난희가 박부선을 구체적으로 떠올리게 된 맥락은 주목을 요한다. 난희는 파리에서 재민과 보낸 사흘간의 밀회가 끝날 즈음, 그가 자신 몰래 민희에게 전화를 걸어 다정하게 안부를 묻고 있는 모습을 목격하게 된다. “남성 중에도 꽤나 우수한 남성”(214)이었기에 “생애에 지켜야 할 계율”(16)도 기꺼이 깨뜨리게 만들었던 재민은 이로 인해 “어느 음습한 곳에서 뒤적이는 3류 잡지 스캔들에서나 쉽게 볼 수 있는 남자”(215)로 돌아가버린다. “꽤나 우수한 남성”(214)이었던 재민 역시 성계급에 기반한 가부장제의 수혜자라는 것을 자각하게 된 것이다. 배신감에 휩싸인 난희는 잊고 있었던 박부선을 문득 기억해 낸다.

> 남성이나 여성, 인간이라는 존재에 애정을 포기하고 살아온 나에게 있어서도, 사랑한다면 남자여야 한다고 믿어온 게 사실이었다. 남자를 포기한 것은 여자와의 사랑을 중요시해서가 아니라 애정관계 자체를 포기했기 때문이었다.
> 그러나 박부선은 남자를 포기하면서 결코 섹스가 있는 연애를 포기하지 않은 여자였다.
> 그것이 나와는 다른 점이었다.
> 징그럽고 더럽게 느껴졌었다. 그러나 나는 순간 박부선의 그러한 비정상적인 애정론이 불쌍해지면서 연민의 사랑이 느껴져왔다. (219)

위의 인용문은 박부선에 대한 난희의 인식 변화를 극적으로 보여준다. 난희의 뒤늦은 회상 속에서 박부선은 "더러운 욕정"(130)을 지닌 여성이 아니라, "언제나 남성을 경멸했고 남성을 비인간화"시키며 여성을 사랑해야 한다는 "뚜렷한 지론을 가진 여자"(219)로 거듭난다. 그녀를 혐오했기에 이해하기 위한 시도조차 하지 않았던 난희는, "남자를 포기"한 박부선을 통해 자신이 내면화한 가부장제 이데올로기로부터 자유로우면서도 "섹스가 있는 연애"를 포기하지 않을 수 있는 방법을 자각하게 된 것이다. 이는 이성애가 강제적인 규범으로 작동해 왔다는 사실을 폭로하는 장면으로, 『물위를 걷는 여자』를 관통하는 문제는 섹슈얼리티 그 자체가 아니라 남성과의 관계인 이성애였음을 보여준다.

따라서 계급상승을 위해 남성을 적대시하면서도 강제적 이성애 자체를 의문시하지 않았던 난희의 모순적인 자기 규율이 "이성애에 기초한 중산층 가정의 성적 규범성"[92]과 다시 한 번 불화할 수밖에 없다면, 그녀가 박부선의 "비정상적인 애정론"에 대해 "연민의 사랑"을 느끼게 되는 것은 징후적이다. 불륜의 형태로 이성애를 실천한 이후 망가지고 무너지는 자신과 달리 재민은 "당신의 모든 걸 그대로 유지하고 즐기고 있"(267)다는 난희의 젠더화된 자각이 "아이를 낳는 번거로움도 피하고 같이 일하면서 사랑"(128)할 수 있다는 박부선의 존재와 결부될 때, 이는 성공과 사랑 모두를 쟁취할 수 있는 희미한 가능성으로 전환될 수 있기 때문이다. 그런 의미에서 박부선에 대한 난희의 입장 변화는 계급 억압과 성적 억압을 동시에 야기하는 위협적인 이성애 너머에서 퀴어가 오히려 안전하고 우회적인 섹슈얼리티 모델로 등장하게 된다는 역설 그 자체를 상징적으로 보여준다. 남성과 이성애에 대한 적대감을 드러내는 『물위를 걷는 여자』는 신자유주의 페미니즘과 급진주의 페미니즘 사이를 진동하는 분열적인 텍스트였던 것이다.

## 5. 페미니즘들: 신자유주의 페미니즘과 급진주의 페미니즘 사이

이 글은 여성독자와 여성작가의 접속을 통해 탄생한 1990년대 여성문학의 계보 위에서 신달자의 『물위를 걷는 여자』를 재독하고자 했다. 이를 위해 그간 비평장·학술장에서 주목받지 못한 신달자의 이력과 행적을 여성독자와의 관련 아래 검토했으며, 여성독자의 네트워크로 이루어진 연쇄작용으로 『물위를 걷는 여자』가 탄생할 수 있었음을 살펴보았

92 이혜령, 앞의 글, 245쪽.

다. 여성, 문학, 여성문학 어디에서도 구성원으로 인정받지 못했던 신달자와 그녀의 독자들의 관계를 인상적으로 보여주는 『물위를 걷는 여자』는 '여성문제소설'이라는 당대의 수사에도 불구하고 중산층 이데올로기와 여성성공담론을 전파한다는 이유로 비판의 대상이 되었다. 그러나 이러한 독해는 실제 텍스트와 이를 향유한 여성독자의 성공과 사랑을 향한 모순적인 욕망 그리고 그 중심에 놓인 섹슈얼리티의 차원을 간과한 것이기도 했다. 따라서 이 글은 난희라는 인물에 주목하여 『물위를 걷는 여자』가 단순히 중산층 이데올로기와 여성성공담론만을 전파한 보수적인 텍스트가 아니라 이데올로기들의 이면에 도사리고 있는 불안정함을 섹슈얼리티를 통해 드러내고 있다는 점을 규명하고자 했다.

성공이라는 목표를 위해 매진하고 스스로를 관리하는 『물위를 걷는 여자』의 난희는 1990년대에 확산된 신자유주의적 주체로서 능력주의 신화와 자기통제의 메커니즘을 반영하는 인물이면서도 하층계급이라는 자신의 출신 계급을 재생산하지 않는 계급횡단자이기도 하다. 난희의 계급횡단에는 난희 개인의 노력만으로 설명될 수 없는 당대의 사회·정치적 조건들과 감정적 동인들이 결부되어 있기 때문이다. 특히 계급횡단자의 관점에서 톺아볼 때, 섹슈얼리티는 그녀의 계급횡단과 그 불안정성을 보여주는 문제적인 장소가 된다. 『물위를 걷는 여자』에 부유하고 있는 남성 일반에 대한 적대적인 감각은 그간 난희가 계급상승을 위해 남성과의 사랑으로 상징되는 섹슈얼리티를 무의식적인 차원에서 억압해 왔음을 보여준다. 이와 같은 난희의 태도는 가부장제와 이성애 규범성에 기반한 성계급과 그로 인한 성적 억압으로부터 성차별이 발생한다는 사실을 강조하는 급진주의 페미니즘의 인식론과 닮아있는 것이기도 하다. 그러나 난희는 중산층에 도달한 후 가부장제 이데올로기를 빠르게 내면화하게 되고 이로 인해 곤경에 빠지게 된다. 이때 틈입하는 퀴어들은 난희의 계급상승을 위협하는 것이 섹슈얼리티 그 자체가 아니라 남성과의 관계인 이성애라는 은폐된 사실을 가시화하는 존재로 형상화된다. 계급억압과 성적억압을 동시에 야기하는 이성애와 그 규범성 너머에서 안전하고 우회적인 섹슈얼리티 모델로 등장하는 퀴어는 『물위를 걷는 여자』가 신자유주의 페미니즘과 급진주의 페미니즘 사이를 진동하는 분열적인 텍스트임을 보여준다.

물론 '독자'로 인정받지 못했던 다수의 여성들에게 신달자의 소설이 소구력을 지녔다는 이유만으로 『물위를 걷는 여자』가 여성문학으로 곧바로 치환될 수는 없다. 마찬가지로 혁명을 통한 성계급으로부터의 해방을 꿈꾸지 않는다는 점에서 『물위를 걷는 여자』를 급진주의 페미니즘에 이르는 이상적인 텍스트라고 볼 수는 없다. 그러나 『백치애인』으로 대표되는 신달자의 텍스트가 기존의 평가대로 사랑을 낭만적이고 서정적인 것으로만 다뤄 왔다면, 『백치애인』을 읽고 전화기를 든 여성독자의 이야기를 소설화한 『물위를 걷는 여자』는 사랑이 규범적 이성애의 문제일 수 있음을 암시하는 급진주의 페미니즘 인식론의 단초를 보여준다는 점에서 돌출적인 텍스트라고 할 수 있다.

따라서 신달자의 텍스트가 급진주의 페미니즘의 요소를 지닐 수 있다면, 계몽되어야 할 대상으로 여겨진 여성독자의 취향과 삶은 『백치애인』에서 『물위를 걷는 여자』로의 연쇄적인 흐름 속에서 급진주의의 상상력과 그다지 떨어져 있지 않은 것이자 당대의 여성주의 담론과 무관하지 않다는 점에서 동시대적인 것이기도 하다. 『물위를 걷는 여자』에는 보수적 담론과 대항적 담론, 순응적 담론과 비판적 담론이 모순적으로 길항하고 있는 것이다. 그리고 남성과의 사랑이 야기한 곤경으로 인해 스스로 죽음을 다짐했으나 다시 삶을 향해 나아가기를 선택한 1990년의 송난희가, 남성과의 사랑에 빠져 이성을 잃었다는 이유로 자신의 심복에게 살해당하는 1992년의 강민주로 전환된다는 사실은 1990년대 이후 남성과의 사랑이 대중문학/담론의 차원에서 보다 문제적인 것이 될 것임을 징후적으로 보여주는 것이기도 하다.

계급상승 혹은 경제적으로 더 나은 삶을 꿈꾸었던 여성들, 남성과의 관계가 자신의 자아실현에 걸림돌이 된다고 생각했던 여성들, 그럼에도 사랑하지 않을 수 없었던 여성들 혹은 그 반대의 여성들은 따로 또같이 혹은 하나의 신체로 분명히 존재해 왔다. "페미니즘의 역사"는 "오로지 역설만을 던져 온 여성들의 역사"[93]라는 점에서, 신자유주의 페미니즘과 급진주의 페미니즘을 교차하는 『물위를 걷는 여자』 역시 신달자의 행보와 당대 페미니즘의 자장 안에서 다시 독해될 필요가 있다. 여성문학과 여성독자 그리고 페미니즘은 언제나 이상적인 형태로만 존재하는 것은 아니기 때문이다.

---

93 Joan W. Scott, *Only Paradoxes to Offer: French Feminists and the Rights of Man*, 『페미니즘 위대한 역사』, 공임순 · 이화진 · 최영석 옮김, 앨피, 2017, 56쪽.

# 참고문헌

## 백낙청이 신경숙을 만났을 때
: 1990년대 문학주의 레짐의 비평적 기원

### 1. 논문 및 평론

강동호, 「'언표'로서의 내면—1990년대 문학사의 비판적 재구성을 위한 예비적 고찰들」, 『한국학연구』 56, 인하대학교 한국학연구소, 2020.

______, 「문학이라는 시뮬라크르—신경숙의 『외딴방』과 문학적 진정성에 대한 해체적 읽기」, 『상허학보』 69, 상허학회, 2023.

김영찬, 「'90년대'는 없다—하나의 시론(試論), 1990년대를 읽는 코드」, 『문학이 하는 일』, 창비, 2018.

______, 「저개발의 근대와 백낙청의 리얼리즘」, 『문학이 하는 일』, 창비, 2018.

김영희, 「진리와 이중과제: 백낙청의 과학과 예술 논의를 중심으로」, 설준규·김명환 엮음, 『지구화시대의 영문학』, 창비, 2004.

남진우, 「우물의 어둠에서 백로의 숲까지—신경숙의 『외딴 방』에 대한 몇 개의 단상」, 『외딴 방』 해설, 문학동네, 1995.

류보선, 「전환기적 현실과 민족문학의 운명」, 『문학동네』, 1994년 겨울호.

박혜경, 「사인화(私人化)된 세계 속에서 여성의 자기 정체성 찾기」, 『문학동네』, 1995년 가을호,

배하은, 「만들어진 내면성: 김영현과 장정일의 소설을 통해 본 1990년대 초 문학의 내면성 구성과 전복 양상」, 『한국현대문학연구』 50, 한국현대문학회, 2016.

백낙청, 「작품·실천·진리」, 『민족문학의 새 단계』, 창작과비평사, 1990.

______, 「민중·민족문학의 새 단계」, 『민족문학의 새 단계』, 창작과비사, 1990.

______, 「지구시대의 민족문학」, 『창작과비평』, 1993년 가을호.
______, 「보론」, 『창작과비평』, 1993년 겨울호.
______, 「'통일시대'의 한국문학—최근의 시를 중심으로」, 『통일시대 한국문학의 보람』, 창비, 2006.(유종호 외, 『한국현대문학 50년』, 민음사, 1995.)
______, 「『외딴 방』이 묻는 것과 이룬 것」, 『창작과비평』, 1997년 가을호.
______, 「지구화시대의 민족과 문학」, 『통일시대 한국문학의 보람』, 창비, 2006.(『내일을 여는 작가』, 1997년 1~2월호)
______, 「2000년대의 한국문학을 위한 단상」, 『창작과비평』, 2000년 봄호.
______, 「서장: 민족문학, 세계문학, 한국문학」, 『통일시대 한국문학의 보람』, 창비, 2006.
서영채, 「신경숙의 『외딴 방』과 1990년대의 마음」, 『문학동네』, 2017년 봄호.
신수정, 「다시 문학이란 무엇인가」, 『문학동네』, 2000년 봄호.
안세진, 「1990년대 후반 『문학과사회』의 변별성 연구—90년대 '결산' 담론을 중심으로」, 『한국현대문학연구』 74, 한국현대문학회, 2024.
안지영, 「'문학' 혹은 '근대'란 무엇인가 하는 물음—'(포스트)진정성'의 탈구축과 90년대 미적 근대성 비판」, 『상허학보』 63, 상허학회, 2021.
염무웅, 「글쓰기의 정체성을 찾아서」, 『창작과비평』, 1995년 겨울호.
이광호, 「문학 장치의 경계에서—'문학권력론'의 재인식」, 『작별의 리듬—문학·예술에 관한 횡단 비평』, 문학과지성사, 2024.
정은경, 「신경숙 표절 논란에 대하여」, 『창작과비평』, 2015년 가을호.
조연정, 「『문학동네』의 '1990년대'와 '386세대'의 한국문학」, 『한국문화』 81, 서울대학교 규장각 한국학연구원, 2018.
______, 「문학주의의 자기동일성: 1990년대 『문학동네』의 비평 담론」, 『상

허학보』 53, 상허학회, 2018.
차미령, 「진정성의 아포리아—1990년대 후반 문학비평의 진정성 담론을 중심으로」, 『상허학보』 69, 상허학회, 2023.
천정환, 「1980년대 문학·문화사 연구를 위한 시론 (1) — 시대와 문학론의 '토픽'과 인식론을 중심으로」, 『민족문학사연구』 56, 민족문학사연구소, 2014
______, 「창비와 '신경숙'이 만났을 때: 1990년대 한국 문학장의 재편과 여성문학의 발흥」, 『역사비평』, 2015년 가을호.
최원식, 「만해문학상 심사경위」, 『창작과비평』, 1996년 가을호.
______, 「'리얼리즘'과 '모더니즘'의 회통: 작품으로의 귀환」, 『문학의 귀환』, 창비, 2003.
황종연, 「개인 주체로의 방법적 귀환: 구효서, 박상우, 신경숙, 채영주의 소설에 대한 고찰」, 『문학과사회』, 1993년 겨울호.
______, 「민족을 상상하는 문학—한국소설의 민족주의에 대한 비판적 고찰」, 『문학동네』, 1994년 겨울호.
______, 「내향적 인간의 진실—신경숙, 윤대녕, 내면성의 문학에 대한 고찰」, 『비루한 것의 카니발』, 문학동네, 2001.

## 2. 단행본

피터 브룩스, 『정신분석과 이야기 행위』, 박인성 옮김, 문학과지성사, 2017.
루이 알튀세르, 『자본론을 읽는다』, 김진엽 옮김, 두레, 1991.
지그문트 프로이트, 『성욕에 관한 세 편의 에세이』, 김정일 옮김, 열린책들, 1996.

3. 기타

문학동네 편집위원, 「계간 문학동네를 창간하며」, 『문학동네』, 1994년 겨울호.

도정일·황현산·임규찬·김명인·손경목(좌담), 「90년대 문학계의 신쟁점을 논한다」, 『실천문학』, 1995년 여름호.

백낙청·백영서·김영희·임규찬, 「회화: 백낙청 편집인에게 묻는다」, 『창작과비평』, 1998년 봄호.

황종연·백낙청(인터뷰), 「무엇이 한국문학의 보람인가: 문학평론가 백낙청과의 대화」, 『창작과비평』, 2006년 봄호

황호덕·김영찬·소영현·김형중·강동호(좌담), 「표절 사태 이후의 한국문학」, 『문학과사회』, 2015년 가을호.

## 진정성의 아포리아

:1990년대 후반 문학비평의 진정성 담론을 중심으로

1. 기본자료

『문학과 사회』『한길문학』『녹색평론』『비평의 시대』『새로운』『문학동네』

2. 논문 및 비평

강동호, 「'언표'로서의 내면—1990년대 문학사의 비판적 재구성을 위한 예비적 고찰들」, 『한국학 연구』 56, 인하대 한국학 연구소, 2020.

권성우, 「예술성·다원주의·문학적 진정성—최근의 민족문학 논의에 대한 몇 가지 생각」, 『비평의 매혹』, 문학과지성사, 1993.

김영찬, 「'90년대'는 없다—하나의 시론(試論), '1990년대'를 읽는 코드」,

『한국학논집』 59, 한국학연구원, 2015.
김예리, 「부정의 윤리와 진정성 너머의 문학—종교로서의 자본주의를 향한 장정일의 시적 대응」, 『한국현대문학연구』 56, 한국현대문학회, 2018.
김유하, 「진정성 기획으로서의 인도여행」, 『문화와 사회』 22, 한국문화사회학회, 2016.
김종철, 「인간, 흙, 상상력」, 『시적 인간과 생태적 인간』, 삼인, 2020.
김홍중, 「진정성의 기원과 구조」, 『한국사회학』 43(5), 한국사회학회, 2009.
배하은, 「만들어진 내면성—김영현과 장정일의 소설을 통해 본 1990년대 초 문학의 내면성 구성과 전복 양상」, 『한국현대문학연구』 50, 한국현대문학회, 2016,
______, 「혁명성과 진정성의 탈신비화—1980~90년대 문학 연구의 동향과 과제」, 『상허학보』 66, 상허학회, 2022.
백지연, 「문학적 진정성, 계몽과 전망을 넘어서」, 『미로 속을 질주하는 문학』, 창작과비평사, 2001.
서영채, 「소설의 운명, 1993」, 『상상』 1, 살림, 1993.
______, 「냉소주의, 죽음, 마조히즘: 90년대 소설에 대한 한 성찰」, 『문학동네』 21, 문학동네, 1999.
______, 「왜 문학인가: 문학주의를 위한 변명」, 『문학동네』 23, 문학동네, 2000.
______, 「유토피아 없이 사는 법: 유령 작가 김연수」, 『문학동네』 30, 문학동네, 2002.
______, 「루카치의 『소설의 이론』 세 번 읽기」, 『문학과 사회』 114, 문학과지성사, 2016.
______, 「신경숙의 『외딴방』과 1990년대의 마음」, 『문학동네』 90, 문학동네, 2017.

안지영, 「'문학' 혹은 '근대'란 무엇인가 하는 물음 —'(포스트)진정성'의 탈구축과 90년대 미적 근대성 비판」, 『상허학보』 63, 상허학회, 2021.
오자은, 「전환기의 내면, 진정성의 분화—김인숙 소설을 중심으로」, 『현대문학의 연구』62, 한국문학연구학회, 2017.
이미림, 「윤대녕 소설의 여행구조와 여성타자 연구-「신라의 푸른 길」, 「피아노와 백합의 사막」과 『눈의 여행자』를 중심으로」, 『여성문학연구』 17, 한국여성문학학회, 2007.
정과리, 「민중문학론의 인식 구조」, 『문학과사회』 1, 문학과지성사, 1988.
정주아, 「이념적 진정성의 시대와 원죄의식의 내면—1980년대 이문열 소설의 존재방식과 텍스트의 이중성」, 『민족문학사연구』 54, 민족문학사연구소, 2014.
조연정, 「'문학주의'의 자기동일성-1990년대 『문학동네』의 비평 담론」, 『상허학보』 53, 상허학회, 2018.
천정환, 「세기를 건넌 한국 노동소설(2)—『노동자의 이름으로』에 나타난 열사, 진정성 그리고 1990년대」, 『반교어문연구』 56, 반교어문학회, 2020.
황종연, 「모더니즘의 망령을 찾아서—마셜 버먼의 『단단한 것은 모두 녹아 날아간다』에 관하여」, 『세계의 문학』 19(2), 민음사, 1994.
______, 「진정성의 이념과 소설」, 『창작과비평』 98, 창작과비평사, 1997.
______, 「내향적 인간의 진실—신경숙, 윤대녕, 내면성의 문학에 대한 고찰」, 『21세기 문학이란 무엇인가』, 민음사, 1999.
______, 「비루한 것의 카니발」, 『문학동네』 21, 문학동네, 1999.
Livingstone, Rodney, "Introduction", Georg Lukacs, *Essays on realism*, ed. Rodney Livingstone, trans. David Fernbach, Cambridge, Mass.: MIT Press, 1981.

3. 단행본
김현, 『행복한 책읽기』, 문학과지성사, 1992.
서영채, 『소설의 운명』, 문학동네, 1996.
_____, 『문학의 윤리』, 문학동네, 2005.
황종연, 『비루한 것의 카니발』, 문학동네, 2001.
이글턴, 테리, 이재원 옮김, 『이론 이후』, 길, 2010,
테일러, 찰스, 송영배 옮김, 『불안한 현대사회』, 이학사, 2001,

Berman, Marshall, *The Politics of Authenticity: Radical Individualism and the Emergence of Modern Society*, (New ed.) London; New York: Verso, 2009.
Boltanski, Luc & Chiapello, Eve, The New Spirit of Capitalism, trans. Gregory Elliott, London ; New York: Verso, 2005.

4. 기타
권성우·박상우·박철화·유하·이광호 좌담, 「새로운 세대의 문학적 지평」, 『비평의 시대 1: 문학을 향하여 문학을 넘어서』, 문학과지성사, 1991.

## 1990년대 후반 『문학과 사회』의 변별성 연구
: 90년대 '결산' 담론을 중심으로

1. 기본자료
『문학과 사회』, 『문학과 지성』, 『문학동네』, 『창작과 비평』

권성우,「신세대 문학에 대한 비평가의 대화」,『문학과 사회』 1997년 겨울호.
권오룡,「시간이여, 강낭콩 꽃빛으로 흘러라 -『서유기』의 탈근대적 지향」,『문학과 사회』 1999년 가을호.
김양헌,「불상유통(不相流通)/동기감응(同氣感應) - 90년대 시읽기의 방법적 시론」,『문학과 사회』 1998년 봄호.
류보선,「역사와 기억, 그 영원한 화두」,『문학동네』 1999년 겨울호.
박수연,「「꽃잎」, 언어적 구심력과 사회적 원심력」,『문학과 사회』 1999년 겨울호.
박혜경,「소설이 주체의 위기를 살아내는 방식 - 90년대의 소설을 위한 밑그림」,『문학과 사회』 1998년 봄호.
_____,「필사적으로 '나'를 찾아서 - 김연경과 김설의 작품들」,『문학과 사회』 1998년 여름호.
백낙청,「2000년대 한국문학을 위한 단상」,『창작과 비평』 2000년 봄호.
서영채,「냉소주의, 죽음, 매저키즘: 90년대 소설에 대한 한 성찰」,『문학동네』 1999년 겨울호.
신수정,「푸줏간에 걸린 고기: 신인(新人)의 탄생」,『문학동네』 1999년 겨울호.
신승엽,「벗어날 수 없는 일탈, 머무를 수 없는 정주」,『창작과 비평』 1999년 여름호.
우찬제,「소설성의 탐색, 탐색의 소설성 - 서정인의「원무」「남문통」다시 읽기」,『문학과 사회』 2000년 봄호.
윤지관,「90년대 정신분석」,『창작과 비평』 1999년 여름호.
이광호,「'90년대'는 끝나지 않았다 - '90년대 문학'을 바라보는 몇 가지 관점」,『문학과 사회』 1999년 여름호.
_____,「보이지 않는 '비평의 시대' - 90년대 비평의 반성」,『문학동네』

1999년 가을호.
이영진, 「90년대라는 가설, 황무지를 구원하는 견딤의 미학」, 『창작과 비평』 1999년 여름호.
정과리, 「옛날 옛적에 문학이 있었다」, 『문학과 사회』 1998년 여름호.
최원식, 「문학의 귀환」, 『창작과 비평』 1999년 여름호.
홍정선, 「공허한 언어와 의미 있는 언어」, 『문학과 사회』 1998년 여름호.
황종연, 「비루한 것의 카니발 – 90년대 소설의 한 단면」, 『문학동네』 1999년 겨울호.

2. 단행본

이봉범, 『전향, 순수, 전후, 참여』, 성균관대학교출판부, 2023.

3. 논문 및 비평

강동호, 「반시대적 고찰 – 1980년대 '문학과지성'과 『우리 세대의 문학』」, 『상허학보』 52, 2018.
______, 「'언표'로서의 내면 – 1990년대 문학사의 비판적 재구성을 위한 예비적 고찰들」, 『한국학연구』 56, 인하대학교 한국학연구소, 2020.
______, 「'문학주의'와 '새로운 자본주의 정신' - 1990년대 『문학동네』의 자본주의 비판 분석」, 『지나간 시간들의 광장』, 문학과지성사, 2022
김병익 외, 좌담 「『창작과비평』, 『문학과지성』을 말한다 – 김병익, 염무웅 초청 대담」, 『동방학지』 165, 연세대학교 국학연구원, 2014.
김영찬, 「끝에서 본 기원과 비평/문학 연구」, 『상허학보』 35, 상허학회, 2012.
김정란 외, 좌담 「90년대 문학을 결산한다」, 『창작과 비평』 1998년 가을호.

김정환, 「새 천년의 언어는 무엇인가」, 『문학과 사회』 1999년 겨울호.
김홍중, 「진정성의 기원과 구조」, 『한국사회학』 43(5), 한국사회학회, 2009.
노태훈, 「전형기 소설사의 풍경 – 1990년대 초 '새로움'에 관한 논의를 중심으로」, 『상허학보』 62, 상허학회, 2021.
______, 「비평의 시대와 그 무수한 흔적들 – 90년대 문학의 매체와 그 지형도」, 『현대소설연구』 83, 한국현대소설학회, 2021.
______, 「문학의 자율성이라는 난경 - 《문학과지성》과 《문학과사회》를 다시 연결하며」, 『한국근대문학연구』 24(2), 한국근대문학회, 2023.
배하은, 「만들어진 내면성 – 김영현과 장정일의 소설을 통해 본 1990년대 초 문학의 내면성 구성과 전복 양상」, 『한국현대문학연구』 50, 한국현대문학회, 2016.
소영현, 「좀비 비평의 미래: 비평의 죽음에 관한 다섯 개의 주석」, 『문학과 사회』 2012년 겨울호.
안서현, 「계간지 시대 비평 담론 연구 – 1966-1980년 『창작과비평』과 『문학과지성』을 중심으로」, 서울대학교 국어국문학과 박사학위 논문, 2017.
안세진, 「1990년대 한국 문학 비평의 '패배할 수 없는 구조' - 포스트모더니즘과 미적 근대성이라는 두 개의 선택지」, 『상허학보』 72, 상허학회, 2024.
안지영, 「'문학' 혹은 '근대'란 무엇인가 하는 물음 - '(포스트)진정성'의 탈구축과 90년대 미적 근대성 비판」, 『상허학보』 63, 상허학회, 2021.
이광호 외, 좌담 「다시 문학이란 무엇인가」, 『문학동네』 2000년 봄호.
이광호, 「문학 장치의 경계에서 - '문학권력론'의 재인식」, 『문학과 사회』

2015년 겨울호.
인아영, 「『문학과지성』의 이론적 기반과 미학적 실천」, 서울대학교 국어국문학과 석사학위논문, 2017.
조연정, 「『문학동네』의 '90년대'와 '386세대'의 한국 문학」, 『한국문화』 81, 서울대학교 규장각한국학연구원, 2018.
_____, 「'문학주의'의 자기동일성 – 1990년대 『문학동네』의 비평 담론」, 『상허학보』 53, 상허학회, 2018.
_____, 「'문학주의' 시대의 '포스트모더니즘' - 1990년대 비평이 '포스트모더니즘'과 접속하는 방식」, 『대중서사연구』 24(4), 대중서사학회, 2018.
조영일, 「문학을 보호해야 한다: 장편소설 대망론에 대하여」, 『작가와 비평』 2008년 하반기.
천정환, 「창비와 '신경숙'이 만났을 때 – 1990년대 한국 문학장의 재편과 여성문학의 발흥」, 『역사비평』 112, 역사비평사, 2015.
최가은, 「여성-문학, 자기이론적 글쓰기: 1990년대를 중심으로」, 한양대학교 국어국문학과 박사학위논문, 2024.
한수영, 「'순수문학'이라는 오해」, 『역사비평』 74, 역사문제연구소, 2006.
허선애, 「『문학과 지성』의 비평적 글쓰기 연구 - '문학-지식'의 형성과 전개를 중심으로」, 서울대학교 국어국문학과 박사학위논문, 2019.

## 4. 기타 자료

「'소설'로 떨어진 90년대 문학」, 『한겨레』, 1999.6.1.
「4.19세대의 문학비평에 숨은 의도 있었나? - "헤게모니 장악 위해 50년대 폄하" 권성우씨 주장에 인터넷 논쟁」, 『조선일보』 2000.5.28. (https://www.chosun.com/site/data/html_dir/2000/05/28/2000052870396.html)

## 1990년대 이후 문학/문화 연구와 그 시차
: 기원론, 문화론적 연구, 미적 근대성론을 중심으로

강동호, 「'언표'로서의 내면」, 『지나간 시간들의 광장』, 문학과지성사, 2022.

강용훈, 「한국근대문학비평사 연구의 변화 양상과 또 다른 문학/비평사 서술」, 『민족문학사연구』 72, 민족문학사학회, 2020.

김동식, 「풍속, 문화, 문학사」, 『민족문학사연구』 19, 민족문학사연구소, 2001.

______, 「한국 문학의 근대성에 대한 고고학적 탐색」, 『문학과 사회』 65, 문학과지성사, 2004년 봄.

김성기 외, 『모더니티란 무엇인가』, 민음사, 1994.

김우창, 「감각, 이성, 정신」, 권영민 외 공편, 『한국 문학이란 무엇인가』, 민음사, 1995.

김홍규, 『근대의 특권화를 넘어서: 식민지 근대성론과 내재적 발전론에 대한 이중비판』, 창비, 2013.

류보선, 「그러므로 문제는 문학이다」, 『돈암어문학』 32, 돈암어문학회, 2017.

배하은, 「만들어진 내면성」, 『한국현대문학연구』 50, 한국현대문학회, 2016.

______, 「혁명성과 진정성의 탈신비화: 1980-90년대 문학 연구의 동향과 과제」, 『상허학보』 66, 상허학회, 2022.

백낙청, 「문학과 예술에서의 근대성 문제」, 『창작과비평』 82, 창작과비평사, 1993.

서영채, 「냉소주의, 죽음, 매저키즘: 1990년대 소설에 대한 한 성찰」, 『문학동네』, 문학동네, 1999.

______,「한국소설과 근대성의 세 가지 파토스」,『문학동네』19, 문학동네, 1999.

손정수,「트로이의 목마: 문학 연구의 대중성과 자율성을 둘러싼 아포리아들」,『문학동네』39, 문학동네, 2004.

안지영,「'문학' 혹은 '근대'란 무엇인가 하는 물음: '(포스트)진정성'의 탈구축과 90년대 미적 근대성 비판」,『상허학보』63, 상허학회, 2021.

오혜진,「누가 민주주의를 노래하는가: 신자유주의 시대 한국 장편 남성서사의 문법과 정치적 임계」,『지극히 문학적인 취향』, 오월의봄, 2019.

이선영 외,『민족문학과 근대성』, 문학과지성사, 1995.

이혜령,「인종과 젠더 그리고 민족 동일성의 역학」,『한국소설과 골상학적 타자들』, 소명출판, 2007.

이철호,「『무정』의 문학사: 민족주의, 자유주의, 탈민족주의론」,『한국문학연구』55, 동국대 한국문학연구소, 2017.

______,「해금 이후 90년대 학술장의 변동」,『구보학보』19, 구보학회, 2018.

조연정,「'문학주의'의 자기동일성: 1990년대『문학동네』의 비평 담론」,『상허학보』53, 상허학회, 2018.

천정환,「새로운 문학연구와 글쓰기를 위한 시론」,『민족문학사연구』26, 민족문학사학회, 2004.

______,「'문화론적 연구'의 현실 인식과 전망」,『상허학보』19, 상허학회, 2007.

______,「탈근대론과 한국 지식문화(1987-2016): 전개 과정과 계기들」,『민족문학사연구』67, 민족문학사학회, 2018.

______,「2019 한국 문화연구, 현황과 과제」,『안과 밖』46, 영미문학연구회, 2019.

황종연, 「문학이라는 역어: '문학이란 何오' 혹은 한국 근대 문학론의 성립에 관한 고찰」, 『동악어문논집』 32, 동악어문학회, 1997.
______, 『탕아를 위한 비평』, 문학동네, 2012.
슬라보예 지젝, 『시차적 관점』, 마티, 2009.

## 문학이라는 시뮬라크르
: 신경숙의 『외딴방』과 문학적 진정성에 대한 해체적 읽기

### 1. 기본 자료

김윤식, 「소설 형식에 대한 성찰」, 『문예중앙』, 1992년 가을호.
______, 「후일담 문학과 소설가 소설의 넘어서기론」, 『문예중앙』 1993년 여름호.
______, 「63세대와 공룡의식」, 『90년대 한국소설의 표정』, 서울대학교출판부, 1994.
______, 「체험으로서의 한국근대문학사론」, 『한국근대문학연구방법입문』, 서울대학교출판부, 1999.
______, 「계간 『문학동네』의 '자전소설'과 그 소설사적 의의」, 『문학동네』 2012년 가을호.
남진우, 「우물의 어둠에서 백로의 숲까지」, 『외딴방-II』, 문학동네, 1995.
류보선, 「두 개의 성장과 그 의미-〈외딴방〉과 〈새의 선물〉에 대한 단상」, 『경이로운 차이들』, 2002, 문학동네, 23쪽.
박해현, 「우물 속의 하얀 새」, 『문학동네』 1996년 봄호.
박혜경, 「사인화(私人化)된 세계 속에서 여성의 자기 정체성 찾기」, 『문학동네』 1995년 가을호.

백낙청, 「지구시대의 민족문학」, 『창작과비평』, 1993년 가을호.
______, 「『외딴 방』이 묻는 것과 이룬 것」, 『창작과비평』 1997년 가을호.
서영채, 「냉소주의, 죽음, 매저키즘: 1990년대 소설에 대한 한 성찰」, 『문학동네』 1999년 겨울호.
______, 「왜 문학인가: 문학주의를 위한 변명」, 『문학동네』 2000년 여름호.
______, 「신경숙의 『외딴방』과 1990년대의 마음」, 『문학동네』, 2017년 봄호.
신경숙, 『겨울우화』, 고려원, 1990.
______, 『풍금이 있던 자리』, 문학과지성사, 1993.
______, 「연재를 시작하며」. 『문학동네』 1994년 겨울호.
______, 『외딴방-I, II』, 문학동네, 1995.
______ · 김미현 · 이광호 · 이성욱 · 황종연, 「다시 문학이란 무엇인가」, 『문학동네』 2000년 봄호.
염무웅, 「글쓰기의 정체성을 찾아서」, 『창작과비평』 1995년 겨울호.
이성욱, 「'참을 수 없는' 최근 소설들의 '가벼움'」, 『실천문학』, 1992년 여름호.
최원식, 「제 11회 만해문학상 심사경위」, 『창작과비평』 1996년 겨울호.
황종연, 『비루한 것의 카니발』, 문학동네, 2001.

## 2. 논문

강동호, 「'언표'로서의 내면 - 1990년대 문학사의 비판적 재구성을 위한 예비적 고찰들」, 『한국학연구』 56호, 인하대학교 한국학연구소, 2020.
류은영, 「오토픽션의 논리: 오토=픽션의 미학과 현대성」, 『외국문학연구』 46호, 한국외국어대학교 외국문학연구소, 2012.
배하은, 「혁명성과 진정성의 탈신비화 - 1980~90년대 문학 연구의 동향과 과제」, 『상허학보』 66호, 상허학회, 2022.

변광배, 「오토픽션의 이론: 기원과 변천 및 글쓰기 전략」, 『세계문학비교연구』 36호, 세계문학비교학회, 2011.
이혜령, 「포스트 80년대, 비범한 날들의 기억-신경숙과 김인숙의 소설을 중심으로」, 『반교어문연구』 39호, 반교어문학회, 2015.

### 3. 단행본

가라타니 고진, 박유하 옮김, 『일본근대문학의 기원』, 민음사, 2005
루스 배러클러프, 김원·노지승 옮김, 『여공문학-섹슈얼리티, 폭력 그리고 재현의 문제』, 후마니타스, 2017
리처드 로티, 김동식·이유선 옮김, 『우연성, 아이러니, 연대』, 사월의책, 2020
미셸 푸코, 홍성민 옮김, 『지식과 권력: 미셸 푸코와의 대담』, 나남, 1991
________, 허경 옮김, 『문학의 고고학』, 인간사랑, 2015
자크 데리다, 김성도 옮김, 『그라마톨로지』, 민음사, 2010
__________, 정승훈·진주영 옮김, 『문학의 행위』, 문학과지성사, 2013
장 스트로뱅스키, 이충훈 옮김, 『투명성과 장애물』, 아카넷, 2012
지크문트 프로이트, 윤희기 옮김, 「슬픔과 우울증」, 『정신분석학의 근본개념』, 열린책들, 2004
필립 르죈, 윤진 옮김, 『자서전의 규약』, 문학과지성사, 1998

## '진정성'의 심연에 도달하기 위하여
: 운동권 여대생 소설의 1990년대적 주체 구성의 기획과 그 역설

공지영, 『그리고, 그들의 아름다운 시작』 1·2, 동녘, 1991.

권인숙, 『대한민국은 군대다』, 청년사, 2005.
김남옥, 「‘386’세대 경험의 문학적 형상화: 김인숙, 공지영을 중심으로」, 『사회와 이론』 16, 한국이론사회학회, 2010.
김은하, 「이중의 글쓰기와 비스듬히 읽기—김인숙의 『긴밤 짧게 다가온 아침』을 중심으로」, 『우리문학연구』 제77호, 우리문학회, 2023.
김인숙, 『긴밤 짧게 다가온 아침』 상·하, 동광출판사, 1991.
김재은, 「민주화운동 과정에서 구성된 주체 위치의 ‘성별화’에 관한 연구(1985~1991): 상징정치 담론 분석을 중심으로」 서울대학교 사회학과 대학원 석사학위 논문, 2003.
김 철, 「진정한 대중문학을 위하여」, 『실천문학』, 1991년 가을호.
김홍중, 『마음의 사회학』, 문학동네, 2009.
배하은, 「섹슈얼리티와 폭력의 아이러니: 1980년대 운동권 여대생의 정치적 주체성 구성에 관한 연구」, 『인문학연구』 제40집, 인천대학교 인문학연구소, 2023.
심진경, 『더러운 페미니즘』, 민음사, 2023.
이남희, 『민중 만들기』, 후마니타스, 2015.
이한나, 「부인된 성적 자기결정과 기이한 평화—김인숙, 『긴 밤, 짧게 다가온 아침』을 중심으로」, 『여성문학연구』 제55호, 한국여성문학학회, 2022.
임마누엘 칸트, 『판단력비판』, 백종현 옮김, 아카넷, 2009.
인아영, 『진창과 별』, 문학동네, 2023.
전희경, 『오빠는 필요없다』, 이매진, 2008.
천정환, 「열사의 정치학과 그 전환: 2000년대 노동자의 죽음을 중심으로」, 『문화과학』 제74호, 문화과학사, 2013.
한국기독교교회협의회·인권위원회 편, 『우리들의 딸 권양: 고문·성고문 자료집1』, 빈중사, 1987.

「대학마다 '여학생 급증'에 고심」, 『동아일보』, 1983. 12. 12.
「[르포] 오늘의 여대생—화염병에서 마이카까지」, 『여성동아』 1986년 7월호.
「[독점인터뷰] 13개월만에 감옥에서 풀려난 '성고문 사건'의 권양」, 『여성동아』, 1987년 8월호.
민주화운동기념사업회 웹사이트 〈https://www.kdemo.or.kr/patriot/category/%ED%95%99%EC%83%9D%EC%97%B4%EC%82%AC/page/1〉 최종 검색 일자: 2024년 5월 15일.
Trilling, Lionel. *Sincerity and Authenticity*, Massachusetts: Harvard University Press, 1971,

## 1990년대 장편 후일담과 죽음-사랑의 배치들
: 공지영, 김형경, 김인숙 소설 겹쳐 읽기

1. 기본 자료
공지영, 『고등어』, 웅진출판, 1994.
김형경, 『새들은 제 이름을 부르며 운다』 1, 민예당, 1994.
______, 『새들은 제 이름을 부르며 운다』 2, 민예당, 1994.
김인숙, 「세 번째 밤의 약속」, 『경향신문』, 1996.4.1.~1997.4.30.
『국민일보』, 『경향신문』, 『조선일보』

2. 논문
김경원, 「〈고등어〉가 지닌 통속성의 원리—공지영의 〈고등어〉」, 『문학사상』, 1995.11.

김남옥, 「'386'세대 경험의 문학적 형상화: 김인숙, 공지영을 중심으로」, 『사회와 이론』 16, 한국이론사회학회, 2010.
김영찬, 「무라카미 하루키, 사라지는 매개자와 1990년대 한국문학」, 『한국학논집』 72, 계명대학교 한국학연구원, 2018.
김윤식, 「후일담문학과 실종문학의 수준」, 『한국문학』, 1991.7.
김은하, 「286세대 여성 후일담과 성/속의 통과제의—공지영과 김인숙의 소설을 대상으로」, 『여성문학연구』 23, 한국여성문학학회, 2010.
김정한, 「1980년대 운동사회의 감성—애도의 정치와 멜랑콜리 주체—」, 『한국학연구』 33, 인하대학교 한국학연구소, 2014.
류보선, 「산문적 현실과 시적 대응—김영현론」, 『오늘의 문예비평』 14, 오늘의 문예비평, 1994 가을.
방현석, 「후일담문학과 90년대 인기소설 비판」, 『월간 말』, 1997.11.
오자은, 「전환기의 내면, 진정성의 분화—김인숙의 소설을 중심으로」, 『현대문학의 연구』 62, 한국문학연구학회, 2017.
이소영, 「1990년대 문학과 망각된 정동—1991년 5월 유서대필 조작사건과 김영현의 소설을 중심으로」, 『민족문학사연구』 74, 민족문학사연구소, 2020.
이혜령, 「포스트 80년대, 비범한 날들의 기억—신경숙과 김인숙 소설을 중심으로」, 『반교어문연구』 39, 반교어문학회, 2015.
임희현, 「1990년대 한국 후일담 문학과 '애도'의 의미」, 서울대학교 박사학위논문, 2024.
정종현, 「뒤늦게 도착한 '68혁명'-1990년대 한국문학과 '무라카미 하루키', '밀란 쿤데라','다이 호우잉'의 번역 소설」, 『한국학연구』 58, 인하대학교 한국학연구소, 2020.
조윤정, 「1980년대 운동권에 대한 기억과 진보의 감성—김영현, 박일문, 공지영의 90년대 소설을 중심으로」, 『민족문화연구』 67, 고려대학교 민족문화연구원, 2015.
허 민, 「강경대와 서태지: 91년 5월 투쟁의 소설적 재현과 저항의 대중문화화」, 『한국현대문학연구』 69, 한국현대문학회, 2023.
_____, 「후일담의 역사와 '운동권'의 글쓰기」, 『구보학보』 37, 구보학회, 2024.
홍성태, 「의문사에 투영된 정치적 억압」, 『기억과 전망』 46, 민주화운동기념사업회, 2022 여름.

3. 단행본

김정한, 『비혁명의 시대—1991년 5월 이후 사회운동과 정치철학』, 빨간소금, 2020.
신희주, 『응답하라, 한총련』, 민플러스, 2021.
작가와비평 엮음, 『비평, 90년대 문학을 묻다』, 여름언덕, 2005.
천정환, 『숭배, 애도, 적대』, 서해문집, 2021.
황종연·진정석·김동식·이광호 외, 『90년대 문학 어떻게 볼 것인가』, 민음사, 1999.
Enzo Traverso, *Left-Wing Melancholia: Marxism, History, and Memory*, 엔조 트라베르소, 『'좌파'의 '우울'』, 김주은·석민지·조형준 옮김, 새물결, 2024.
Srecko Horvat, *The Radicality of Love*, 스레츠코 호르바트, 『사랑의 급진성』, 변진경 옮김, 오월의봄, 2017.

4. 기타

민주화운동기념사업회 오픈아카이브, https://archives.kdemo.or.kr/oral-archives/view/1080, 접속일: 2024.5.13.
〈1381회 그것이 알고싶다: 서울의 봄과 프락치 전쟁—보안사령부와

205 부대의 비밀〉, SBS, https://programs.sbs.co.kr/culture/unansweredquestions/vod/55075/22000520606, 접속일: 2024.5.12.

## 90년대가 '여성 문학'을 부르는 방식

### 1. 기본 자료

『문학과사회』 1(창간호), 문학과지성사, 1988.
『창작과비평』 59(복간호), 창작과비평, 1988.
『문학동네』 1994년 창간호.
『문학동네』 4, 1995년 가을호, 1995.

### 2. 국내 논저

#### 논문

강동호, 「'언표'로서의 내면-1990년대 문학사의 비판적 재구성을 위한 예비적 고찰들」, 『한국학연구』 56, 인하대학교한국학연구소, 2020.
김문주, 「1980년대 무크지 운동과 문학장의 변화」, 『한국시학연구』 37, 한국시학회, 2013.
김은하, 「1980년대 바리케이트 뒤편의 성(性) 전쟁과 여성해방문학 운동」, 『상허학보』 51, 상허학회 2017.
김은하·박숙자·심진경·이정희, 「90년대 여성문학 논의에 대한 비판적 고찰」, 『여성과사회』 10, 한국여성연구소, 1999.
노태훈, 「80년대를 건너가는 방식과 문학 체제 재편, 『창작과비평』, 『문학과사회』의 복·창간 전후를 중심으로」, 『한국현대문학연구』 61,

한국현대문학회, 2020

박혜경, 「사인화(私人化)된 세계 속에서 여성의 자기 정체성 찾기」, 『문학동네』 4, 1995.

배하은, 「만들어진 내면성」, 『한국현대문학연구』 50, 한국현대문학회, 2016.

서영인, 「1990년대 문학지형과 여성문학 담론」, 『대중서사연구』 24(2), 대중서사학회, 2018,

서영채, 「냉소주의, 죽음, 매저키즘: 90년대 소설에 대한 한 성찰: 신경숙, 윤대녕, 장정일, 은희경의 소설을 중심으로」, 『문학동네』 1999 겨울호.

손유경, 「1980년대 학술운동과 문학운동의 교착」, 『상허학보』 45, 상허학회, 2015.

신수정, 「환멸의 사막을 건너는 여성적 글쓰기의 세 가지 유형」, 『문학동네』 4, 문학동네, 1995.

이성욱, 「비평의 길-90년대 비평의 흔적에 관하여」, 『문학동네』 20, 문학동네, 1999.

이혜령, 「여성해방문학의 저자란 무엇인가」, 『문학과사회 하이픈』 2019 봄, 문학과지성사, 2019.

조연정, 「『문학동네』의 ‘90년대’와 ‘386세대’의 한국 문학」, 『한국문화』 81, 서울대학교규장각한국학연구원, 2018.

_____, 「1980년대 문학에서 여성운동과 민중운동의 접점」, 『우리말글』 71, 우리말글학회, 2016.

천정환, 「창비와 ‘신경숙’이 만났을 때」, 『역사비평』 2015년 가을호.

한경희, 「나는 왜 여성이 되었는가」, 『현대소설연구』 71, 현대소설학회, 2018.

허윤, 「1990년대 페미니스트 여성 대중의 등장과 잡지 『if』의 정치학」,

『상허학보』 53, 상허학회, 2018.
황종연, 「『늪을 건너는 법』 혹은 포스트모던 로만스-소설의 탄생- 한국 문학의 1990년대를 보는 한 관점」, 『문학동네』, 2016.
_____, 「여성소설과 전설의 우물」, 『문학동네』 4, 문학동네, 1995.

## 3. 단행본

김미정, 『움직이는 별자리』, 갈무리, 2019.

## 4. 국외 논저

Joan W. Scott, Only Paradoxes to Offer: French Feminists and the Rights of Man, 『페미니즘 위대한 역사』, 공임순·이화진·최영석 옮김 ,앨피, 2017

# 1990년대 후반 박정희 신드롬의 전개와 그 의미

## 1. 기본 자료

강준만, 「"지식인 발언에는 책임이 따른다"」, 『시사저널』 405호, 1997. 7.31, 88.
______, 「'박정희 신드롬'을 해부한다」, 『월간 인물과사상』, 인물과사상사, 1999.2, 28-43.
______, 「임지현 당신의 『조선일보』 관이 '일상적 파시즘'이다」, 『월간 인물과사상』, 인물과사상사, 2000.2, 19-35.
______, 「박정희를 어떻게 볼 것인가?: 진중권의 반론에 답한다」, 『월간 인물과사상』, 인물과사상사, 2000.9, 138-146.

______,「‘박정희 신드롬’과 ‘공적 영역’의 소멸」,『월간 인물과사상』, 인물과사상사, 2002.12, 24-37.

강준만 외,『인물과 사상 2』, 개마고원, 1997.

강준만 외,『인물과 사상 4』, 개마고원, 1997.

강준만 외,『인물과 사상 6』, 개마고원, 1998.

강준만 외,『인물과 사상 7』, 개마고원, 1998.

강준만 외,『인물과 사상 9』, 개마고원, 1999.

강영희·이인화,「“나는 박정희의 어용학자이고 싶다”」,『사회평론 길』 90호, 사회평론, 1997.6, 78-87.

김석영·정용희,「“우리에게도 이런 지도자가 있다는 것 보여주고 싶었다”」,『뉴스메이커』 219호, 경향신문사, 1997.4.24, 24.

박홍규,「경계해야 할 ‘박정희 신화’ - 영웅숭배의 선정적 상업주의 극복해야」,『출판저널』 217호, 한국출판금고, 1997.7.5, 2.

손호철,「정말 ‘유신’으로 돌아가고 싶은가」,『뉴스메이커』 219호, 경항신문, 1997.4.24, 25.

이인화,「“사실을 직시했을 뿐 영웅 콤플렉스는 없다”」,『시사저널』 404호, 1997.7.24, 86-87.

______,『인간의 길 1』, 살림, 1997.

______,『인간의 길』에 나타난 근대성 문제」,『상상』 5권 3호, 살림, 1997.9, 259-286.

조갑제,「조갑제 기자의 하버드 연수보고(1)-한국사의 실용과 자주」,『월간 조선』 18권 9호, 조선일보사, 1997.9, 254-284.

______,「조갑제 기자의 하버드 연수보고(2)-김유신, 지압, 폴 니츠의 대전략」,『월간 조선』 18권 9호, 조선일보사, 1997.10, 252-283.

______,「조갑제 기자의 하버드 연수보고(5)-사대적 문민들의 대한민국 죽이기」,『월간 조선』 18권 9호, 조선일보사, 1998.1, 314-336.

______, 『내 무덤에 침을 뱉어라 1』, 조선일보사, 1998.
______, 『내 무덤에 침을 뱉어라 2』, 조선일보사, 1998.
______, 『내 무덤에 침을 뱉어라 7』, 조선일보사, 2001.
진중권, 『네 무덤에 침을 뱉으마! 1』, 개마고원, 1998.
______, 『네 무덤에 침을 뱉으마! 2』, 개마고원, 1998.
______, 「이재경 교수의 「진중권식 글쓰기…」에 대한 반론」, 『월간 인물과사상』, 인물과사상사, 1999.6, 16-21.
______, 「박정희교에 관하여-박정희교의 종파들과 그 교리 해설」, 『아웃사이더』 1호, 아웃사이더, 2000, 47-64.
진형준, 「악마적 초인들의 영웅서사시」, 『상상』 5권 2호, 살림, 1997.5, 330-335.
하정일, 「파시즘의 신화, 단선적 근대관의 역설」, 『실천문학』 47호, 실천문학사, 1997.9, 65-77.
한기, 「위험한 형이상학의 허구, 혹은 신화—이인화 『인간의 길』, 그리고 박정희 시대에 대한 생각」, 『문예중앙』 20권 3호, 중앙일보사, 1997. 9, 404-435.
홍세화, 「박정희 신드롬은 집단적인 '정의의 포기'」, 『월간말』 134호, 월간말, 1997.8, 44-47.

『동아일보』, 『조선일보』, 『중앙일보』, 『한겨레』

2. 국내 논저

강우진, 「박정희 신드롬과 한국의 민주주의 : 네 가지 쟁점을 중심으로」, 『한국과 국제정치』 29집 2호, 경남대학교 극동문제연구소, 2013, 73-105.
고재석, 「미디어 권력에 균열내기: 강준만의 상징투쟁(1989-2005)에 내한 사회학적 해석」, 『지역과 세계』 45집 1호, 전북대학교 사회과학연구소, 2021, 7-45.
김내훈, 『프로보커터』, 서해문집, 2021.
김동춘 외, 『자유라는 화두 : 한국 자유주의의 열 가지 표정』, 삼인, 1999.
김민웅 외, 『조선일보를 아십니까?』, 개마고원, 1999.
김희선, 『혐오 미러링』, 연암서가, 2018.
박노승, 「박정희 신드롬, 무엇이 문제인가」, 『기억과전망』 13집, 민주화운동기념사업회, 2005, 105-121.
손정수, 「인간의 길, 작가의 길—이인화론」, 『작가세계』 59호, 세계사, 2003.12, 117-137.
안영배, 「대기자 조갑제의 '오만과 편견'」, 『월간말』 94호, 월간말, 1994.4, 126-133.
이유진, 「누가 관에 누운 박정희를 일으켜 세우는가」, 『사회평론 길』 91호, 사회평론, 1997.7, 82-85.
조갑제, 「박정희와 그의 시대 1」, 『월간 조선』 8권 1호, 조선일보사, 1987.1, 222-254.
______, 「박정희와 그의 시대 2」, 『월간 조선』 8권 2호, 조선일보사, 1987.2, 354-383.
______, 「박정희와 그의 시대 3」, 『월간 조선』 8권 11호, 조선일보사, 1987.11, 448-479.
______, 『박정희1』, 까치, 1992.
최종욱 외, 『보수주의자들』, 삼인, 1997.
한국정치연구회, 『박정희를 넘어서』, 푸른숲, 1998.
한민, 「문화심리학적 관점에서 본 박정희 신드롬의 무속적 의미」, 『한국무속학』 16집, 한국무속학회, 2008, 391-415.

학술단체협의회 편, 『박정희시대 재평가와 오늘의 한국사회』, 학술단체협의회, 1997.
한윤형, 『안티조선운동사』, 텍스트, 2010.

3. 국외 논 저
柄谷行人, 『日本近代文学の起源』, 『일본 근대문학의 기원』, 박유하 역, 도서출판 b, 2020.
Assmann, A., *Erinnerungsräume*, 『기억의 공간』, 변학수·채연숙 역, 그린비, 2011.
Jameson, F., "Metacommentary", 「메타코멘터리」, 유종호 역, 『현대문학비평론』, 한신문화사, 1996.
Lacan, J., *The Other Side of Psychoanalysis*, eds. J.A. Miller, trans. R. Grigg, New York : W.W.Norton & Company, 2007.

## 1990년대 문학의 이성애 강박과 로맨스 중독
: 양귀자의 『나는 소망한다 내게 금지된 것을』을 중심으로

1. 기본자료
양귀자, 『나는 소망한다 내게 금지된 것을』, 쓰다, 2019.

2. 논문, 신문기사
고갑희, 「1990년대 성 담론에 나타난 성과 권력의 문제-섹슈얼리티와 젠더의 정치성」, 『세계의 문학』, 1997년 봄.
김양선·김은하, 「양귀자의 『나는 소망한다 내게 금지된 것을』에 이르는

길」, 『여성과 사회』4호, 한국여성연구소, 1993,4.
김영민, 「행복한 글쓰기, 불행한 글읽기」, 『문학정신』, 1992.
이경덕, 「여성문제의 인식과 소설적 형상화」, 『실천문학』30호, 1993.
이광호, 「리얼리즘이 있던 자리-현길언·양귀자의 소설」, 『문학과 사회』 6(4), 1993.
이소영, 「페미니즘은 그 이름이 페미니즘이 아니더라도-양귀자의 소설에 드러난 시스템과 적대의 문제를 중심으로-」, 『사이』 제33호, 2022.
이소희, 「페미니즘 문학에 대한 몇 가지 생각들」, 『또 하나의 문화』제9호, 1992.
이정안, 「하드보일드 소설 관습의 수용과 변용」, 『현대소설연구』제86호, 2022.
이한나, 「양귀자 소설의 정치성 재고: 양귀자, 『나는 소망한다 내게 금지된 것을』을 중심으로」, 『동악어문학』 제80집, 2020.
이혜령, 「어느 페미니스트 범죄 서사의 딜레마-양귀자의 『나는 소망한다 내게 금지된 것을』 소고」, 『대중서사연구』제25권 4호, 2019.
전청림, 「양귀자 소설의 정신분석학적 연구-『나는 소망한다 내게 금지된 것을』을 중심으로」, 『현대소설연구』 제81호, 2021.
주은우, 「자유와 소비의 시대, 그리고 냉소주의의 시작: 대한민국, 1990년대 일상생활의 조건」, 『사회와 역사』88권0호, 한국사회사학회, 2010.
허주영, 「1990년대 페미니즘의 대중화, 그 직전의 풍경: 양귀자의 『나는 소망한다 내게 금지된 것을』(1992)을 중심으로」, 『민족문학사연구』 80호, 2022.
「20년 동안 인터뷰도, 책 광고도 없었는데… 양귀자의 힘」, 『조선일보』 2021년 3월 17일(검색일자: 2024년 5월 10일), https://n.news.naver.com/mnews/article/023/0003602073?sid=103.

## 1990년대 여성대중문학과 여성독자, 그리고 남성/이성애라는 적
: 신달자의 『물위를 걷는 여자』에 대한 징후적 독해


### 1. 기본 자료

신달자, 『물위를 걷는 여자』, 자유문학사, 1990.

『경향신문』, 『동아일보』, 『매일경제』, 『조선일보』, 『한겨레』, 『YTN』

### 2. 국내 논저

『페미니스트 저널 IF』 제3호, 도서출판 이프, 1997.

신경숙, 『외딴방 1』, 문학동네, 1995.

양귀자, 『나는 소망한다 내게 금지된 것을』, 살림, 1992.

영화진흥공사 엮음, 『1991년도판 한국영화연감』, 영화진흥공사, 1991.

허윤, 『위험한 책읽기: '문학소녀'에서 페미니스트까지, 한국 여성 독서문화사』, 책과함께, 2023.

강동호, 「문학이라는 시뮬라크르: 신경숙의 『외딴방』과 문학적 진정성에 대한 해체적 읽기」, 『상허학보』 제69권, 상허학회, 2023, 591-644쪽.

김보명, 「급진 페미니즘」, 『여/성이론』 제39호, 도서출판여이연, 2018, 158-178쪽.

김은석, 「'여류문학전집'(1967~1979)과 여성문학의 젠더 정치」, 동국대학교 박사학위논문, 2019.

김종원·송영길·이명희, 「90년대의 여성 이미지: 김유진 감독의 『단지 그대가 여자라는 이유만으로』와 박철수 감독의 『물 위를 걷는 여자』」, 『영화』 제18권 제5호, 영화진흥공사, 1990, 100-105쪽.

김혜인, 「기업가적 자아와 젠더: 90년대 여성 기업가 자시진을 중심으로」, 『동악어문학』 제90집, 동악어문학회, 2023, 37-80쪽.
신달자, 「생활 에세이: 보통여자들에게서 배우는 지혜」, 『(KBS-TV) 여성백과』 제4권 제7호, 한국방송사업단, 1985, 120-121쪽.
______, 「특집II: 나의 삶, 나의 문학」, 『제주문학』 제36집, 제주문인협회, 2002, 376-379쪽.
문예지, 「30대 페미니스트 서사에서 세대의 교차와 분화 읽기: 공지영의 『무소의 뿔처럼 혼자서 가라』(1993)를 중심으로」, 『한국현대문학연구』 제65집, 한국현대문학회, 2021, 221-257쪽.
박혜경, 「잘 팔리는 수필집과 범중산층주의 증후군: 신달자와 유안진의 수필에 대한 분석」, 『사상문예운동』 제7호, 풀빛, 1991, 114-136쪽.
백창화, 「여성 자전 에세이에 나타난 여성의 성공과 정체성: 1990년대 베스트셀러를 중심으로」, 서강대학교 석사학위논문, 2000.
엄혜진, 「신자유주의 시대 한국의 자기계발 담론에 나타난 여성 주체성과 젠더 관계: 1990년대 이후 베스트셀러 여성 자기계발서 분석을 중심으로」, 서울대학교 여성학협동과정 박사학위논문, 2015.
이명호, 「새롭게 싹틔워야 할 진보성의 씨앗: '신달자문학'의 베스트셀러화현상을 생각한다」, 『출판저널』 제76호, 대한출판문화협회, 1991, 2-3쪽.
이문재, 「[확인취재] '백치애인'의 필자는 신달자 시인이었다」, 『솜씨』 제33호, 한국솜씨개발원, 1988, 88-89쪽.
이소영, 「페미니즘은 그 이름이 페미니즘이 아니더라도: 양귀자 소설에 드러난 시스템과 적대의 문제를 중심으로」, 『사이間SAI』 제33권, 국제한국문학문화학회, 2022, 15-49쪽.
이영미, 「1990년대 초중반 여성연극의 대중연극적 본질」, 『대중서사연구』 제13호, 대중서사학회, 2005, 139-163쪽.

이정희, 「자전적 여성 에쎄이의 두 측면」, 『여성과사회』 제5호, 한국여성연구소, 1994, 280-288쪽.

이진주, 「여성성공담론의 변화와 함의: 1990~2004 비문학 부문 베스트셀러를 중심으로」, 서울대학교 언론정보학과 석사학위논문, 2006.

이혜령, 「어느 페미니스트 범죄 서사의 딜레마: 양귀자의 『나는 소망한다 내게 금지된 것을』 소고」, 『대중서사연구』 제25권 제4호, 대중서사학회, 2019, 223-261쪽.

정혜진, 「고정희 시와 '페미니즘의 급진성'」, 『구보학보』 제29호, 구보학회, 2021, 333-391쪽.

조애리·이혜경·강영희·이명호·백지숙, 「좌담: 페미니즘과 대중문화의 만남, 뿌리내리기」, 『여성과사회』 제5호, 한국여성연구소, 1994, 6-38쪽.

최가은, 「90년대 여성문학의 곤란한 '대중성': 공지영 담론을 중심으로」, 『여성문학연구』 제56호, 한국여성문학학회, 2022, 342-374쪽.

허주영, 「1990년대 페미니즘의 대중화, 그 직전의 풍경: 양귀자의 『나는 소망한다 내게 금지된 것을』(1992)을 중심으로」, 『민족문학사연구』 제78호, 민족문학사학회·민족문학사연구소, 2022, 171-205쪽.

### 3. 국외 논저

Chantal Jaquet, *Les transclasses, ou la non-reproduction*, 『계급횡단자들 혹은 비—재생산』, 류희철 옮김, 그린비, 2024.

Joan W. Scott, *Only Paradoxes to Offer: French Feminists and the Rights of Man*, 『페미니즘 위대한 역사』, 공임순·이화진·최영석 옮김, 앨피, 2017.

Lisa Duggan, *The Twilight of Equality?: Neoliberalism, Cultural Politics, and the Attack on Democracy Neoliberalism, Cultural Politics, And The Attack On Democracy*, 『평등의 몰락: 신자유주의는 어떻게 차별과 배제를 정당화하는가』, 한우리·홍보람 옮김, 현실문화연구, 2017.

Rita Felski, *The gender of modernity*, 『근대성의 젠더』, 김영찬·심진경 옮김, 자음과모음, 2010.

Schulamith Firestone, *The Dialectics of Sex: The Case for Feminist Revolution*, 『성의 변증법: 페미니스트 혁명을 위하여』, 김민예숙·유숙열 옮김, 꾸리에북스, 2016.

# 집필진 소개

**김영찬** : 백낙청이 신경숙을 만났을 때
: 1990년대 문학주의 레짐의 비평적 기원

성균관대 국어국문학과에서 박사학위를 받았으며, 현재 계명대학교 국어국문학과 교수로 재직하고 있다. 저서로 『비평극장의 유령들』, 『근대의 불안과 모더니즘』, 『비평의 우울』, 『문학이 하는 일』, 『명작은 시대다』, 『언어와 혁명-혁명 이후의 한국문학』, 『사랑의 혁명』 등이 있고, 역서로 『성관계는 없다-성적 차이에 관한 라캉주의적 탐구』, 『근대성의 젠더』가 있다. 현대문학상, 대산문학상, 팔봉비평문학상을 수상했다.

E-mail: youngcritic@kmu.ac.kr

**차미령** : 진정성의 아포리아
: 1990년대 후반 문학비평의 진정성 담론을 중심으로

서울대학교 국어국문학과를 졸업하고 박사 학위를 받았다. 현재 광주과학기술원(GIST) 인문사회과학부 교수로 재직 중이며, 대표 논문으로 「한국 전쟁과 신원 증명 장치의 기원-박완서 소설에 나타난 주권의 문제」 등이 있다.

E-mail: mrcha@gist.ac.kr

**안세진** : 1990년대 후반 『문학과 사회』의 변별성 연구
: 90년대 '결산' 담론을 중심으로

서울대학교 국어국문학과를 졸업하고 같은 대학원에서 석사 학위를 받았다. 현재 박사 과정에 재학중이다. 주요 논문으로 「오정희 소설의 장애 표상 연구」, 「1990년대 한국 문학 비평의 '패배할 수 없는 구조': 포스트모더니즘과 미적 근대성이라는 두 개의 선택지」, 「1990년대 한국 소설과 음모론적 상상력」(공저) 등이 있다.

E-mail: toddlerrr@naver.com

**이철호** : 1990년대 이후 문학/문화 연구와 그 시차

: 기원론, 문화론적 연구, 미적 근대성론을 중심으로

현재 대구교대 국어교육과 교수로 재직 중이다. 한국소설사 백 년을 포괄하는 개념어, 역사-이미지, 지성사 연구에 관심이 있다. 주요 논저로는 『영혼의 계보』, 「이미지의 섬광: 한강 소설과 5.18 재현」, 「1970년대 김지하의 민중론과 생명사상」 등이 있다.

E-mail: lchulho@dnue.ac.kr

**강동호** : 문학이라는 시뮬라크르

: 신경숙의 『외딴방』과 문학적 진정성에 대한 해체적 읽기

연세대학교 경제학과를 졸업하고, 연세대학교 국어국문학과에서 박사 학위를 받았다. 현재 인하대학교 한국어문학과 부교수로 재직중이며, 계간 『문학과사회』 편집 동인으로 활동중이다. 저서로는 『지나간 시간들의 광장-문학의 동시대성과 비평의 정치』(문학과지성사, 2022) 등이 있다.

E-mail: kangdh@inha.ac.kr

**배하은** : '진정성'의 심연에 도달하기 위하여

: 운동권 여대생 소설의 1990년대적 주체 구성의 기획과 그 역설

서울대학교 영어영문학과를 졸업하고, 서울대학교 국어국문학과에서 박사 학위를 받았다. 현재 대구경북과학기술원 교양학부 부교수로 재직 중이다. 저서로 『문학의 혁명, 혁명의 문학』(2021)이 있다.

E-mail: haeunbae@dgist.ac.kr

**문예지** : 1990년대 장편 후일담과 죽음-사랑의 배치들

: 공지영, 김형경, 김인숙 소설 겹쳐 읽기

대학원에서 한국현대문학 전공 박사과정을 수료한 뒤, 1990년대 문학과 페미니스트 예술이론을 중심으로 공부를 지속하고 있다. 공지영, 김영현 등 1990년대 작가의 소설에 관한 논문들을 썼다. 최근 페미니즘 예술 실천과 관련된 책 『자기이론(Autotheory)』(로런 포니에)을 공역했다.

E-mail: stardust_121@snu.ac.kr

**최가은** : 90년대가 '여성문학'을 부르는 방식

한양대학교 대학원 국어국문학과에서 박사학위를 받았다. 최근 논문으로는 「90년대 여성문학의 곤란한 '대중성'」, 「여성해방문학의 여성 독자 만들기」 등이 있으며, 참여한 책으로는 『페미니즘 리부트 시대, 다시, 고정희』가 있다.

E-mail: geschoi__@naver.com

**장원석** : 1990년대 후반 박정희 신드롬의 전개와 그 의미

서울대학교 국어국문학과 박사과정 재학중이며 석사학위 논문으로 「1990년대 장정일의 소설가소설 연구」를 썼다.

E-mail: tangi97@naver.com

**심진경** : 1990년대 문학의 이성애 강박과 로맨스 중독

: 양귀자의 『나는 소망한다 내게 금지된 것을』을 중심으로

서강대학교 국어국문학과에서 1930년대 후반 장편소설에 나타난 여성 섹슈얼리티 연구로 박사학위를 받았다. 현재 서강대학교 전인교육원에서 대우교수로 재직중이다. 1990년대 여성문학에 관심을 갖고 연구를 진행하고 있다.

E-mail: stariz87@naver.com

**유승희** : 1990년대 여성대중문학과 여성독자, 그리고 남성/이성애라는 적
: 신달자의 『물위를 걷는 여자』에 대한 징후적 독해

성균관대학교 국어국문학과에서 「최윤소설의 역사기억 연구」로 석사학위를 받았으며, 현재 같은 대학원에서 박사과정을 수료했다. 논문으로는 「『실천문학』이라는 아카이브: 운동-기록으로서의 문학과 1980년대의 『실천문학』」, 「'작가'가 '문학'이 될 때: 『문학동네』의 작가 발굴 제도와 자전소설을 중심으로」가 있다.

E-mail: yeoreumnal95@gmail.com

# 1990년대 한국문학의 주체

초판1쇄 인쇄　2025년 6월 16일
초판1쇄 발행　2025년 6월 30일

지 은 이　계명대학교 한국학연구원 편
펴 낸 이　신일희
펴 낸 곳　계명대학교 출판부
출판등록　제347-1998-1호(1970. 9. 1.)
주　　소　대구광역시 달서구 달구벌대로 1095
대표전화　053-580-6233
팩　　스　053-580-6235
홈페이지　www.kmupress.com

ISBN 979-11-6516-254-2　93810　정가 33,000원